111 GRÜNDE, SURFEN ZU GEHEN

EIN BUCH SCHREIBEN IST WIE
SURFEN LERNEN – EIN LANGER UND
SEHR FASZINIERENDER PROZESS!

MEIN DANK GEHT AN ALLE, DIE AUF
DER WELLE MITGESURFT SIND.

UND BESONDERS AN SONIA –
OHNE DICH WÄRE DIESES PROJEKT
NICHT MÖGLICH GEWESEN!

STEFAN HEINRICH

111 Gründe SURFEN zu gehen

EINE LIEBESERKLÄRUNG AN DIE SURFKULTUR, DEN OZEAN UND DIE REISE AUF DER SUCHE NACH DER PERFEKTEN WELLE

SCHWARZKOPF & SCHWARZKOPF

INHALT

AUF DER WELLE ZUM GLÜCK

Vorwort

Meine Gründe, surfen zu gehen? Da reichen 111 eigentlich nicht aus, es sind schon eher 1.111 und mehr – aber das wäre dann wohl ein zu dicker Wälzer geworden. Doch ganz egal, ob ein Grund oder Tausende – ich paddle jeden Tag hinaus aufs Meer, um die enorme Zufriedenheit zu spüren, die mir der Ozean immer wieder beschert. Dort draußen, nur mit mir, meinem Surfbrett und den Elementen, kann ich entspannen, auftanken und einfach nur das tun, was ich liebe: surfen! Das Reiten von Wellen verlangt außerdem absolute Konzentration und Hingabe – für mich ist das Surfen also auch eine Art zu überprüfen, wie fokussiert, wie fit und am Ende auch wie glücklich ich gerade in meinem Leben bin. Natur, Wellen und der Ozean sind meine Leidenschaft und ein Lebensgefühl, ohne das ich mir mein Dasein nicht mehr vorstellen kann.

Kurzum: Surfen ist für mich die schönste Nebensache der Welt – keine Diskussion. Das Reiten auf einer Welle zu erlernen war allerdings eine der schwierigsten Aufgaben, die ich in meinem Leben jemals angepackt habe. Während ich dieses Buch schrieb, wurde ich oft an diese Anfangszeit auf dem Brett erinnert. Denn beide Projekte waren ein langwieriger, anstrengender und manchmal frustrierender Erfahrungsprozess. Allerdings haben mir beide Erfahrungen auch wunderschöne Momente des Glücks beschert und ich möchte keine Sekunde davon missen.

Die Parallelen sind nicht von der Hand zu weisen: Ein langer Ritt auf einer perfekten Welle kann enorme Glücksgefühle produzieren. Diese ganz besondere Zufriedenheit verspüre ich manchmal auch nach dem Schreiben. Und auch als Surfer im Line-up höre ich niemals auf dazuzulernen – genau wie das Schreiben dieses Buches für mich ein Lernprozess war.

Vor über 20 Jahren konnte ich mir nicht vorstellen, einmal Wellen zu reiten, die größer sind als ich selbst – genauso wenig dachte ich im Frühling 2018, dass ich jemals ein Buch schreiben würde. Als mich also der Verlag fragte, ob ich Lust habe, ein Buch über das Surfen zu schreiben, hatte ich zunächst ziemlich großen Respekt – ähnlich dem gesunden Respekt, den ich als Surfer verspüre, wenn ich an einem Tag mit großen Wellen raus auf den Ozean paddle.

Doch was gibt es Schöneres, als über das schreiben zu dürfen, was ich mitunter am meisten liebe? Außerdem sah ich es sportlich, denn auch beim Surfenlernen gibt es Rückschläge und Muskelkater – wenn du aber irgendwann auf deiner ersten Woge den Wellenkamm in Richtung Strand surfst, hat sich aller Aufwand mehr als gelohnt. Und so ist das Buch, das jetzt vor dir liegt, gefühlt wie meine erste Welle. Es hat viel Arbeit, Schweiß und Durchhaltevermögen gekostet, es hat Spaß gemacht, sie zu erwischen, und jetzt genieße ich den Ritt in vollen Zügen – hast du Lust, mich ins Line-up zu begleiten?

Stefan Heinrich

1. KAPITEL

SURF-KULTUR & -LIFESTYLE

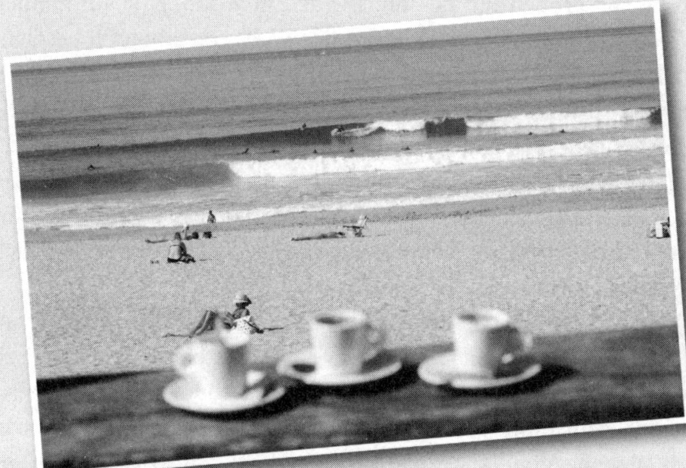

1. GRUND

WEIL AUS DEINER LEIDENSCHAFT EINE LEBENSEINSTELLUNG WIRD

Ich möchte glauben, dass mich das Wellenreiten zu einem besseren Menschen gemacht hat – wirklich belegen kann ich das natürlich nicht. Fest steht: Ohne meine Passion wäre ich heute ein anderer. Das Wellenreiten und das damit verbundene Reisen haben mich viel gelehrt, mir verschiedene Emotionen und Erlebnisse beschert und einen großen Einfluss auf meine Entwicklung, ja auf meinen Werdegang gehabt. Der »Ritt auf der Welle«, symbolisch betrachtet, kann auch für den eigenen Lebensweg stehen: Es geht langsam los, irgendwann musst du ein bisschen Gas geben, um die Welle zu erwischen, danach folgen Höhen und Tiefen, Glück und Pech, manchmal Schmerzen, ab und zu hast du einen Lauf und bist im Tunnel, und am Ende stirbt die Welle, und dein Wellenritt mit ihr! Das mag esoterisch klingen, für mich als Wellenreiter ist es aber auch irgendwie romantisch.

Surfen hat mit Sicherheit eine ganz unterschiedliche Wirkung auf die Menschen. Für die einen ist es ein Sport, bei dem ausschließlich radikale Manöver, viele Follower bei Facebook und das Foto im Surfmagazin zählen. Für andere ist es ein Hobby, das sie zweimal pro Jahr nebenbei im Urlaub ausüben. Und dann gibt es noch die Gruppe, zu der ich mich zähle: Surfen als Lebenseinstellung. Es gab Zeiten, da habe ich das Surfen vor alles andere gestellt: Familie, Job und Freunde. Ich hatte nur eine Sache im Kopf: mit echter Hingabe Wellen jagen! Das war übertrieben und überhaupt nicht gut für mein soziales Leben. Auch bedingte dieser Lifestyle den Willen zu einer gewissen Askese – Wellenreiten bezahlt mir schließlich keine Rechnungen oder füllt den Kühlschrank. Ich denke, dass ich für eine gewisse Zeit in meinem Leben im wahrsten Sinne des Wortes süchtig nach Wellen war. Und Sucht ist nie gut – nicht mal in Bezug auf

Surfen. Dieses suchtähnliche Verhalten ist aber durchaus nachvollziehbar, hat das Wellenreiten doch eine vergleichbare Wirkung wie Drogen: Es lenkt vom Alltag ab, es ist eine intensive Erfahrung, die ich immer wiederholen möchte, und es pustet Geist und Seele frei.

Manchmal muss ich selber schmunzeln, wie sehr ich mein Leben einer einzigen Sache unterordne. Auf den eigentlichen Ritt auf der Welle bezogen wirkt das sehr, sehr übertrieben – der dauert schließlich nur ein paar Sekunden. Der Aufwand für diesen einen Moment der Glückseligkeit dagegen ist enorm. Allerdings kommt der Begriff »Leidenschaft« ja auch nicht von ungefähr! Zudem reicht es nicht, diese Lebenseinstellung auf ein paar Sekunden zu reduzieren, es ist das Gesamtbild, das die Verrücktheit erklärt – oder zumindest ein wenig verständlicher macht.

Vielleicht ist das Wellenreiten aber auch nur meine Zuflucht vor allen Ängsten, Sorgen und Nöten und wurde so im Laufe der Jahre zum emotional und körperlich anstrengenden Lebenssinn? Vielleicht schreibe ich ja auch dieses Buch oder stecke endlose Nachtschichten in meine beiden Online-Magazine über das Surfen und den Lifestyle der Wellenreiter nur, um den öden Plackereien des Lebens zu entkommen? Ist das meine Art, dem Alltag zu entfliehen und das Verlangen nach Wellen im Zaum zu halten?

Inzwischen kann ich mein »Leben als Surfer« sehr gut mit dem »Leben als Mann, Vater, Freund« vereinbaren. Ich kann die schönen Seiten des Wellenreitens genießen und bin nicht mehr getrieben von der Gier nach neuen Surfspots und immer mehr Wellen. Ich habe gelernt, meine Probleme und Bedenken dem Meer zu übergeben – zumindest für die Dauer der Surf-Session. Die Ozeane sind groß genug, und meine Allerweltsproblemchen passen da allemal rein. Und ich brauche kein schlechtes Gewissen zu haben, denn anders als das ganze Plastik haben meine Sorgen keine Haltbarkeitsdauer von 1000 Jahren oder landen im Magen eines Wals. Der Ozean ist mein Seelenklempner, meine Therapie – nach einem guten Wellenritt und dem Kampf mit den Elementen fühle ich mich oft wie ein neuer Mensch. Mein Kopf ist frei, ich habe zwei Stunden lang die Kontrolle abgegeben an etwas, was viel größer ist als ich. Obwohl ich vom Paddeln kaputt bin, habe ich neue Energie getankt, und meine Batterien sind wieder aufgeladen. Ich bin überzeugt davon, dass es sehr vielen Surfern da draußen genauso geht wie mir: Surfen heilt!

Abgesehen von der emotionalen Wellnesskur, die mir das Surfen immer wieder beschert, hat es mich auch zu einem gesünderen Menschen gemacht. Ich weiß nicht, ob ich ohne den Wunsch, Wellen zu reiten, genauso auf meinen Körper achten würde. Schlaf, Ernährung, Yoga – wäre mir all das genauso wichtig, wenn ich nicht wüsste, dass ich am nächsten Tag gegen meterhohe Wellen bestehen muss? Und dann ist da noch das Ausdauer- und Krafttraining, das jede Surf-Session automatisch ist: paddeln, Luft anhalten, auf dem Surfbrett stehen – dafür zahlen andere viel Geld, um dann stundenlang in einem schlecht gelüfteten Fitnessstudio unter Neonlicht zu trainieren. Wahrscheinlich wäre ich ohne das Surfen heute in einem dieser »Wellnessklubs« angemeldet, um viel zu selten hinzugehen – so fahre ich lieber an den Strand und verbinde dort das Schöne mit dem Nützlichen!

Es ist müßig, über »hätte, wenn und aber« nachzudenken – aber trotzdem, in einer stillen Minute im Line-up sinniere ich manchmal darüber, was eigentlich passiert wäre, wenn ich nicht mit dem Wellenreiten angefangen hätte. Was wäre, wenn ich vor über 20 Jahren, nach meiner ersten Surf-Session in San Diego, mit schmerzenden Muskeln und einer Beule am Kopf nie mehr ein Surfbrett angefasst hätte? Ich denke, dieser Weg war für mich vorbestimmt, Surfen hat mich magisch angezogen und ist dann für immer geblieben. Ich möchte sogar behaupten: Ohne Surfen wäre ich heute definitiv ein anderer! Und bin ich nicht dank des Wellenreitens heute genau der, der ich sein soll? Ich surfe – also bin ich!

2. GRUND

WEIL ES SOGAR BEIM SURFEN EINE ETIKETTE GIBT

Das Line-up ist ein Ort, wo viele Menschen nach einer Ressource suchen, die sehr begrenzt vorkommt: surfbare Wellen! Da das Verhältnis von Angebot und Nachfrage hier selten im Gleichgewicht ist, sind einige Surfer gewillt, sehr viel zu riskieren und einiges an Einsatz zu bezahlen, um am Ende den Zuschlag zu bekommen. Das kann sich durch ganz unterschiedliche Verhaltensweisen äußern: »Snaken«, also das Stehlen einer Welle, die laut Vorfahrtsregeln einem andern Surfer gehört, ist so eine gängige Methode. Oder einfach per se unfreundlich, machohaft oder aggressiv gegenüber den anderen sein. Zum einen sorgt das für eine sehr unangenehme Stimmung im Line-up, zum andern kann es gefährlich werden, wenn ein Surfer dem anderen »reindroppt« – dadurch kommt es zu schmerzhaften Auffahrunfällen in der Welle.

Ähnlich wie auf der Skipiste gibt es auch im Line-up inoffizielle Regeln – diese Regeln sollen Angelegenheiten wie Vorfahrt, Reihenfolge und Verhalten klären, damit sich die Gemeinschaft nicht irgendwann gegenseitig an die Gurgel geht. Das Problem ist nur, dass das Line-up ein Ort ist, an dem die Mitglieder kontinuierlich wechseln – von Land zu Land, von Surfspot zu Surfspot, ja sogar innerhalb eines Tages verändert sich die »Belegschaft« dort draußen in den Wellen ständig. Eine einheitliche Durchsetzung ist schwierig, zumal es auch keine Line-up-Polizei gibt, die auf die Einhaltung achtet. Wenn Regeln und Gesetze nicht angewandt oder durchgesetzt werden können, dann ist die nächste, weniger verbindliche Stufe die Etikette – also freiwillige Regeln, an die sich die Gemeinschaft halten sollte. Und genau das ist es, was in den Line-up dieser Welt angewandt wird oder werden sollte – eine Art Knigge für Surfer: die Surf-Etikette.

Spießig, wird jetzt der eine oder andere sagen, passt überhaupt nicht zum entspannten Surfer – ist aber leider notwendig. Ohne diese Etikette würde der Mikrokosmos Line-up überhaupt nicht funktionieren. Leider wird dieses ungeschriebene Gesetz immer unterschiedlich definiert und angewandt. Ich surfe jetzt seit über 20 Jahren, und mein Eindruck ist, dass dem Ehrenkodex der Surfer leider nicht genug Respekt gezollt wird. Das Line-up ist ein sehr wichtiger Teil der Surfkultur, und wer Wellen reiten möchte, sollte sich an diese Regeln halten – egal ob Surfanfänger oder Profi. Aber wie es eben so ist mit den kulturellen und sozialen Angelegenheiten des Lebens – sie scheinen an Bedeutung zu verlieren. Die Gemeinschaft ist immer weniger wert, nur noch das Individuum zählt – und das möchte möglichst viele Likes, Follower und vielleicht den nächsten Surfmagazin-Covershot. Selbst Surfer, die es noch nicht mal mit allen Regeln der Photoshopkunst in ein Heft schaffen würden, benehmen sich, als stünde der kommende Sponsorenvertrag auf dem Spiel. Oft sind es auch die sogenannten Locals, also die einheimischen Surfer, welche die Surfetikette sehr eigennützig interpretieren. Ich kann gut nachvollziehen, dass einige Locals sauer sind, weil ihr Surfspot von den Massen überrannt wird. Ich bin auch der Meinung, dass Locals an ihrer Welle Vorfahrt bei den größten Wellen genießen sollten, gleichzeitig aber gehört auch das richtige Verhalten eines Gastgebers zum guten Ton. Das »Miteinander« ist verloren gegangen, ich finde das sehr, sehr traurig, habe aber gelernt, damit zu surfen.

Am Ende sollten sich alle Surfer dieser Welt vor Augen halten: Mindestens genauso wichtig wie Wellen reiten ist die Art, wie du sie bekommst. Klauen kann jeder, sich die nächste Welle rechtmäßig zu erarbeiten, das hat richtig Stil.

3. GRUND

WEIL WELLEN WIE GELIEBTE SEIN KÖNNEN

Früher war diese Welle einer meiner absoluten Lieblinge an der portugiesischen Algarve. Bei der richtigen Dünung und optimaler Windrichtung ist der Surfspot so perfekt, dass man ihn am Computer nicht besser hätte gestalten können: Entlang der eindrucksvollen Klippen baut sich die Welle mit viel Kraft auf, läuft dann wie an der Schnur gezogen entlang der Bucht, um sich zum Schluss mit lautem Getöse auf den Sandstrand zu entladen. Neben den perfekten Bedingungen für uns Wellenreiter ist es vor allem die Schönheit der Natur, die mich immer wieder an diesen einen Strand zurückzog. Im Lauf der Jahrtausende hat der Ozean mit seiner Beständigkeit die Klippen ausgefranst, die Felsen sind schwarz und messerscharf. Als Kontrast leuchtet der weiße Strand in der Sonne, und die grünen Flechten liegen wie Sommersprossen verteilt im Sand. Als ich vor vielen Jahren zum ersten Mal den Weg über die Küstenstraße hier runter genommen habe und die Bucht nach der letzten Kurve vor mir auftauchte, habe ich mich direkt verliebt: eine wilde Schönheit, dazu der Ozean, der durch das Riff zu wunderschönen Rundungen aus Wasser geformt wird. Noch bevor ich das Auto geparkt hatte, wusste ich: Diese Welle soll die meine sein!

Viele Jahre hatten wir eine leidenschaftliche Beziehung! Ich liebte die Welle dafür, dass sie mir fast jedes Mal ihre absolute Perfektion schenkte und mich damit zu einem glücklichen Wellenreiter machte. Sie nahm es mir nicht übel, wenn ich mich oft tagelang, manchmal sogar wochenlang nicht bei ihr blicken ließ. Lange ging diese offene Beziehung gut, aber in letzter Zeit hat unsere Liebe sehr gelitten – der Surfspot betrügt mich inzwischen mit Hunderten, wahrscheinlich sogar mit Tausenden anderen Surfern pro Saison. Meine begehrenswerte Schönheit befindet sich nur knapp zehn Minuten mit dem Auto von Sagres entfernt – das macht es für die anderen Surfer aus der Stadt einfach, hier eine regelmäßige Affäre zu starten.

Die Nebenbuhler sind so zahlreich geworden, dass ich aus Eifersucht und gebrochenem Herzen schon lange nicht mehr hier war – ich konnte den Anblick einfach nicht ertragen, wie meine Geliebte von Dutzenden anderen gesurft wird. Doch an diesem einen Tag im Dezember dachte ich, wir versuchen es noch einmal, bevor das Jahr zu Ende geht.

Der Forecast war nicht besonders gut – die Wellen zu klein, zu viel Wind aus der falschen Richtung. Trotzdem wollte ich der guten alten Zeiten wegen meiner Ex nochmals eine Chance geben. Außerdem hatte ich die Hoffnung, dass aus dem kleinen Funken Zuneigung vielleicht ja doch wieder mehr werden könnte. Und ich hatte Glück, sogar mehr als das! Die Wellen waren zwar nicht perfekt, aber einige doch kopfhoch und mit ordentlichem Druck. Zudem schien der Wind immer mehr nachzulassen, was die Schönheit meiner Welle nur noch mehr betonte! Und das Beste war: Meine Nebenbuhler hatten wohl wegen der schlechten Vorhersage keine Lust auf die Zicken der impulsiven Schönheit – es war kein Mensch weit und breit, weder im noch am Wasser.

»Meine« Welle und ich – wir waren wieder vereint und verstanden uns auf Anhieb, gerade so, als wäre nie etwas zwischen uns vorgefallen. Wir hatten drei Stunden lang Spaß miteinander, völlig erschöpft gingen wir nach einer letzten langen Welle einmal mehr getrennte Wege.

Ich bin gespannt, was die Zukunft für uns bereithält. Hoffentlich sehen wir uns jetzt öfter – wahrscheinlich immer dann, wenn der Spot einsam ist und etwas Zuneigung von einem Ex-Surfer gebrauchen kann.

4. GRUND

WEIL HUEY, ORO UND BENGALI IM MEER AUF DICH AUFPASSEN

Bibel, 1. Korinther: »Und wiewohl welche sind, die Götter genannt werden, es sei im Himmel oder auf Erden, so haben wir doch nur einen Gott, den Vater, von welchem alle Dinge sind und wir zu ihm; und einen HERRN, Jesus Christus, durch welchen alle Dinge sind und wir durch ihn.«

Ich möchte nicht von mir behaupten, dass ich ein sehr gläubiger Mensch bin. Schon gar nicht in Bezug auf die Kirche – aber ich denke doch, dass es irgendwo etwas gibt, was uns Menschen übergeordnet ist und die Dinge lenkt, die nicht vom Schicksal bestimmt sind. Ich muss mit den folgenden Zeilen daher vorsichtig sein, denn ich bin weit davon entfernt, ein Gotteslästerer zu sein. Und doch will ich den Korinthern, diesen schlauen alten Griechen, hier zumindest teilweise widersprechen. Es mag ja nur diesen einen allmächtigen Gott geben – trotzdem möchte ich hier folgende Nachricht verkünden: Ich kenne da einen Typen, der zumindest von uns Surfern als anbetungswürdige und gottähnliche Figur angesehen wird! Wir nennen ihn »Huey«!

Die Herkunft des Namens kann nicht genau belegt werden, aber die Australier, bei denen Götter oft wenig gottgleich, dafür umso betrunkener sind, haben ihre eigene Erklärung: Ein Landwirt weit draußen im Busch, bekannt für seinen großen Bierdurst und die genauen Wettervorhersagen, hörte auf den Namen Mr Hughi. In Perioden langer Trockenheit neigte der Hobby-Meteorologe dazu, nach ein paar Bierchen seine Weltkriegskanone in den Himmel abzufeuern, um so die Götter zu provozieren, damit sie es endlich regnen lassen. Daraus strickten sich die Aussies ihre Surf-Gottheit, die sie bis heute gerne herbeibeschwören! An Tagen ohne Wellen wird der Gute verwunschen und seine Existenz angezweifelt, bei sechs

Fuß und offshore loben sie Huey in den Himmel. Aber dafür sind Götter schließlich da, als emotionales Auffangbecken der Gemeinde. Am Anfang meiner Surf-Laufbahn fragte ich mich jedes Mal, wer denn mit Huey eigentlich gemeint ist – was ist das für ein Typ, der hier für die schlechten Wellen verantwortlich gemacht wird? Als ich mich traute nachzufragen, erntete ich einen erstaunten Blick. »Du kennst Huey nicht«, fragte der Australier ungläubig, »ein Wunder, dass dir nie etwas zugestoßen ist da draußen!« Ich hätte ihm erklären können, dass es in Deutschland nicht so weit her ist mit Surf-Göttern, ließ es aber sein. Seit ich mir seiner Gegenwart allerdings bewusst bin, habe ich mich auch schon das eine oder andere Mal dabei erwischt, wie ich dem Wellengott Huey für einen fetten Swell oder ordentlichen Wellenritt gedankt habe. Es macht das Leben einfacher, wenn positive sowie negative Dinge auf jemanden abgewälzt werden können – und der auch noch alles kommentarlos hinnimmt! Im Übrigen wird die Barrel auch gerne als Kathedrale oder Gebetsraum der Surfer tituliert. Inmitten der Wassermassen, dort, wo die Energie die größte Wirkung entfaltet, ist man vielleicht auch Huey am nächsten?

Wie bei den Weltreligionen auch haben verschiedene Länder oder Ethnien ihren eigenen Gott. Mit den Wellen- und Surfgöttern verhält es sich ähnlich – zumindest überall dort, wo gesurft wird. In Polynesien ist es Oro, er ist der Gott des Meeres und des Krieges! Wahrscheinlich plant Oro hauptberuflich Kampfhandlungen und geht in der Freizeit surfen – oder woher stammt diese ungewöhnliche Jobanforderung? Auf Tahiti war Oro ein Gott, der in Friedenszeiten den Speer niederlegt, um sich den schönen Künsten zu widmen – offensichtlich zählten die Polynesier das Surfen dazu! Als Gegenleistung wurden ihm für gewöhnlich Schweine, hin und wieder auch Menschenopfer dargebracht. Dass dieses Ritual in irgendeiner Weise mit »reindroppen« – dem Stehlen einer Welle – zu tun hat, ist geschichtlich nicht überliefert.

Bengali ist der hinduistische Meeresgott, in der spirituellen Welt der Balinesen zum Beispiel hat er eine Nebenrolle. Kein Wunder, denn auf der Insel der Götter gibt es wirklich für alles und jeden eine Gottheit. Auch wenn der Gute in der Rangliste nicht ganz oben steht, scheint er doch ein sehr arbeitsamer Mann und surfaffiner Typ zu sein. Bali selber hat unzählige Weltklassewellen und mindestens noch mal so viel Surfspots, die an jedem anderen Ort mit dem Prädikat »fantastisch« versehen würden. Vielleicht hat sich Bengali gedacht: Wenn ich hier schon nicht der wichtigste Mann am Platz bin, dann lass ich es mir wenigstens richtig gut gehen.

Ich finde es ziemlich sympathisch, dass es mehrere Götter gibt – wieso soll auch einer die ganze Arbeit übernehmen. Ist doch logisch, dass Spezialisten ihre Aufgabenbereiche besser meistern als der Big Boss alleine! Das gilt in der Kirche natürlich als Gotteslästerung, aber den surfenden Priester, der das anprangert, möchte ich kennenlernen!

5. GRUND

WEIL DIR DIE BEACH BOYS UND JACK JOHNSON DEN RHYTHMUS VORGEBEN

Die Beach Boys sind für die Surfmusik, was Elvis für den Rock 'n' Roll war – der Anfang von (fast) allem. Die fünf jungen Männer begründeten in den 60er-Jahren mit Alben wie *Surfin' Safari*, *Surfer Girl* oder *Endless Summer* den Mythos Kalifornien und damit den Wunsch nach einem hedonistischen Leben ohne Sorgen. Die Beach Boys transportierten durch die Lautsprecher der Welt die Stimmung des endlosen Sommers zu den Menschen nach Hause – die Klischees, Metaphern und Symbole wussten die Kalifornier dabei für sich und ihre Songs perfekt auszunutzen. Vor allem ihr berühmtester Song, *Surfing USA*, ist für viele der Ur-Song der Surfmusik. Was aber keiner, vor allem nicht die Manager und Plattenbosse, gerne erzählt, ist, dass nur einer der fünf Musiker wirklich surfte. Der Schlagzeuger Dennis Wilson war es, der die kalifornischen Wellen abritt und eines Tages seine Bandkollegen erst auf die Idee brachte, über das Surfen zu musizieren: »Hey, Surfing's getting really big – you guys ought to write a song about it.« Selbst heutzutage, wenn Menschen von Surfen und Musik sprechen, müssen meistens die Beach Boys herhalten – insbesondere die Gattung der Radiomoderatoren beweist immer wieder aufs Neue, wie viel Einfluss das Image auf den Erfolg einer Band hat. Geschenkt – die Songs der Beach Boys sorgten dafür, dass das Surfen über die Grenzen Kaliforniens, Hawaiis und Australiens hinaus bekannt wurde. Wer weiß, ob wir Europäer ohne die Beach Boys jemals etwas von dem Tanz auf den Wellen mitbekommen hätten.

Die erste Welle der Surfmusik in den 60ern und frühen 70ern war vor allem geprägt von Einflüssen aus dem Rock 'n' Roll. Surfmusik sollte sich nach Ausbruch aus der spießigen Gesellschaft, nach der Revolution gegen das kapitalistische Prekariat anhören. Vibrierende Akustikgitarre mit pumpenden Riffs waren die gefährliche Brandung gepaart mit einer Prise Fernweh. Nachdem die Energie der Flower-Power-Bewegung mit dem berühmten Woodstock Festival verpuffte, suchte sich auch die Surfmusik eine neue Strömung. In den 80ern war die Musik, die über den Walkman in die Ohren der Surfer drang, sehr punklastig, vor der Jahrtausendwende dann elektronisch beeinflusst, heute wird das Prädikat »Surfmusik« nicht mehr nur aufgrund eines bestimmten Musikstils vergeben, sondern auch durch die Menschen am Mikrofon definiert. Es sind vor allem die sogenannten Singer-Songwriter, denen dieser Surf-Musikstil zugesprochen wird – meistens ein gut aussehender junger Mann, dazu langsame Akustikgitarre mit einfühlsamen Texten, die mehr von Herzschmerz und Liebe als von Barrels und Offshore geprägt sind.

Auch gibt es heutzutage viele Surfprofis, die zwischen den Surf-Sessions musizieren. Selbst der Gott der Surfer, der elffache Weltmeister Kelly Slater, hat einst mit Kollegen aus dem Line-up eine Band gegründet: rockiger bis schnulziger Musikstil, Marke »moderne

Beach Boys« – über den Namen »The Surfers« lässt sich streiten. Auch experimentelle Musik wird im Regal Surfmusik einsortiert: Die Tochter des dreimaligen Surfweltmeisters und der Ikone des Surf-Styles, Tom Curren, macht ziemlich abgedrehte Musik mit außergewöhnlichen Texten. Lee-Ann Curren ist selbst begnadete Surferin und geht mit ihrer Band »Betty the Shark« auf Tour, manchmal mit ihrem berühmten Vater am Schlagzeug. Vor ein paar Jahren hatte ich in Hamburg die Ehre: Tom Curren, genau wie ich offensichtlich auf dem Weg zu seinem Konzert, kam mir im Schanzenviertel entgegengeschlurft. Wobei »schlurfen« der falsche Ausdruck ist, der Mann hat sogar beim alltäglichen Gang einen gewissen Style. Nachdem ich realisiert hatte, dass da tatsächlich ein dreifacher Surfweltmeister durch mein Viertel schlendert, sprach ich ihn an und begleitete ihn ein Stück. Ich – Surfweltmeister – Hamburg: selten habe ich mich so hip gefühlt beim Gang durch eins der angesagtesten Viertel meiner Stadt! Leider war ich da so ziemlich der Einzige – Tom Curren zählt nicht gerade zu den bekannten Gesichtern der norddeutschen Metropole!

Die aktuelle Surfmusik kann im Grunde ganz simpel beschrieben werden – es reicht ein einziger Name: Jack Johnson. Einst Profisurfer ohne den ganz großen Erfolg, sattelte der Hawaiianer um auf Musik zum Dahinschmelzen und wurde weltberühmt. Musikkritiker und eingefleischte Surfmusiker werden vehement bestreiten, dass Jack Johnson Surfmusik macht, aber der »Beach Boys«-Effekt ist einfach nicht zu leugnen. Auch wenn der Ex-Surfer den Stereotypen nicht ganz so platt bedient wie die fünf Kalifornier, so ist sein Musikerfolg sicher auch dem Wunsch nach »Endless Summer« geschuldet. Oder liegt es einfach daran, dass Jack Johnson wirklich ein Surfer ist und nicht nur so tut?

Welchen der genannten Surf-Interpreten ich auch höre, ich habe immer den Geschmack von Salzwasser auf der Zunge und höre hinter den gespielten Noten das Meer rauschen. Ganz gleich welche Laune ich habe oder an welchem Ort ich mich befinde, Surfmusik versetzt mich immer in eine gute Stimmung.

Die heute noch lebenden Beach Boys haben sich übrigens wiedervereint und wollen bald nach Deutschland kommen – als Surfer sollte man eigentlich einmal *Surfing USA* live erlebt haben, oder?

6. GRUND

WEIL DU IM FAHRWASSER DES DUKE KAHANAMOKU SURFST

Hawaii gilt als das Paradies für Surfer! Jeder, der Wellen liebt, möchte einmal dorthin, um die berühmten Surfspots der North Shore oder am Waikiki Beach zu erleben. Allerdings war Wellenreiten auf den Pazifikinseln nicht immer das, was es heute ist: Massensport, Industriezweig und fester Bestandteil der Gesellschaft! In vorkolonialer Zeit durften nur Könige die Wellen von Hawaii surfen – wer dagegen verstieß, über den wurde die Todesstrafe verhängt. Es ist heute kaum mehr vorstellbar, aber selbst zu Beginn des 20. Jahrhunderts war Surfen auf den hawaiianischen Inseln nicht besonders populär. Die christlichen Missionare hatten den Ritt auf der Welle als Gotteslästerung und sündigen Müßiggang eingestuft und so beinahe aus der Gesellschaft verbannt. Zum Glück gibt es aber in der Geschichte immer wieder einzelne Menschen, die das Schicksal einer ganzen Nation zum Positiven beeinflussen können. In diesem Fall war es ein kleiner Junge, der sich gegen allen Widerstand ein rund 50 Kilo schweres traditionelles Holzsurfbrett aus Zuckerkiefer schnappte und damit auf Wellenjagd ging. Es vergingen ein paar Jahre, aber die Leidenschaft des jungen Hawaiianers sollte von Waikiki in die ganze Welt schwappen. Dieser Junge gilt heute als Pate des modernen Surfens: Duke Kahanamoku.

Als eines von insgesamt neun Kinder durfte Duke die Schule nicht beenden, er musste arbeiten, um Geld für die große Familie zu verdienen. Der Ozean war sein Rückzugsort, dort war er alleine und konnte auf Entdeckung gehen. Mit 21 Jahren machte sich der sportliche junge Mann weltweit zum ersten Mal einen Namen: Im Hafenbecken von Honolulu unterbot er den Weltrekord über 100 Meter Freistil um mehr als vier Sekunden. Am Festland wollte ihm keiner glauben – die Markierungen seien nicht richtig befestigt gewesen und während des Rennens verschoben worden, behaupteten die Experten. Dass Duke schnell schwimmen konnte, bewies er aber nochmals nachhaltig: Der Hawaiianer gewann 1914, 1920 und 1924 olympische Medaillen. Bei den Spielen in Paris teilte er sich mit seinem jüngeren Bruder und dem späteren Tarzan-Darsteller Johnny Weissmüller das Siegerpodest. Nach der aktiven Schwimmkarriere spielte Duke in kleinen Hollywoodrollen, im Gegensatz zu *Tarzan* schaffte er aber nie den großen Durchbruch als Schauspieler. Stattdessen wurde er Sheriff von Honolulu, bis zu seiner Pensionierung wählten ihn die Bürger ganze 13-mal wieder – auch das ist ein Rekord.

Als wäre es ihm noch nicht genug gewesen, sein geliebtes Surfen in Hawaii wieder salonfähig zu machen, bediente er sich noch zwei weiterer Momente in der Historie, um den Ritt auf den Wellen in die Welt zu tragen. Im Rahmen einer Schwimmshow, damals sehr populäre Veranstaltungen, reiste Duke 1914 nach Australien. In der Nähe von Sydney kaufte er sich in einem Geschäft für Baumaterial ein langes Holzbrett und schnitzte daraus kurzerhand ein Surfbrett. Der 24. Dezember 1914, der Tag, an dem Duke mit seinem selbst gebauten Surfbrett die Wellen am Freshwater Beach in Manly ritt, gilt als der Geburtstag des Surfens in Australien. Heute hat das Wellenreiten in »Down Under« ungefähr den Stellenwert von Fußball in Europa! Das erste Surfbrett Australiens hängt übrigens als Andenken im Freshwater Surfclub am gleichnamigen Strand!

Das zweite Ereignis machte den »Surfkönig von Hawaii«, wie ihn die australische Presse inzwischen nannte, in den USA berühmt. In Newport Beach in Kalifornien rettete er eigenhändig acht Fischer, die mit ihrem Boot in großer Brandung gekentert waren. Dank seines großen Surfbretts konnte er mehrmals durch die Wellen hin und her paddeln und die Seeleute so ans Festland bringen. Nach diesem Ereignis begannen die Rettungsschwimmer in ganz Amerika, Surfbretter für die Menschenrettung einzusetzen. Der Polizeichef von Newport bezeichnete die Rettungsaktion als das »Übermenschlichste, was ich jemals gesehen habe«! Die Amerikaner sorgten daraufhin dafür, dass die Geschichte den Weg in die Weltpresse fand – a star was born!

Indem der hawaiianische Junge ein Leben lang einfach nur das machte, was er liebte – Schwimmen und Wellenreiten – war Duke zum Idol, zur Ikone und zum Superhelden des Surfens avanciert. Nach seinem Tod im Alter von 77 Jahren stellten die Menschen von Waikiki eine überlebensgroße Bronzestatue von Duke Kahanamoku mit Blick in Richtung Meer auf. Seine Asche wurde verstreut – irgendwo draußen in der Bucht von Honolulu in seinem zweiten Zuhause, dem Pazifik!

7. GRUND

WEIL DEIN SURFOUTFIT IN JEDES HANDGEPÄCK PASST

Wunderschöne halb nackte Menschen, die nach dem Wellenritt mit einem Drink in der Hand am Strand chillen – eine gern genommene Szene in diversen Werbekampagnen, die viel Wahres in sich birgt und damit unseren Sport zur wahrscheinlich attraktivsten Freizeitbeschäftigung der Welt macht. Zugegeben, dieser traumhafte Anblick ist sehr davon abhängig, wo sich besagter Strand befindet. Surfer, die in Dänemark oder auf den Lofoten auf Wellenjagd gehen, werden dies mit Sicherheit nicht in Boardshorts und Bikini tun, sondern in einem dicken Neoprenanzug. Wer schon einmal in solch einem Anzug gesteckt hat, weiß, dass es nicht nur gewöhnungsbedürftig aussieht, sondern sich auch ungemütlich anfühlt – eng, reibt überall, viel zu warm an Land. Auch die sogenannte Haube aus Neopren bringt nicht gerade die Schönheit des jeweiligen Trägers zum Vorschein. Wer diesen Kopfschmuck aus Gummi aufsetzt, sieht aus wie jemand, der sich gerade das Gesicht in der schließenden Aufzugtür eingeklemmt hat. Aber gut, wer von Sommer, Sonne und Surfen spricht, meint für gewöhnlich Surfer eingekleidet in möglichst wenig Textilien. Die Textil-Freiheit unseres Sports hat viele Vorzüge: Das Outfit passt in ein Handgepäck, die Körperbräune kann fast bis in den hintersten Winkel vordringen, und die Wechselklamotten können wir uns eigentlich auch sparen – das wenige, was wir anhaben, trocknet schnell in der Sonne!

Es gibt auf unserem Planeten glücklicherweise viele Orte, an denen sich die Menschen, ganz gleich ob Surfer, Sonnenanbeter oder einfach nur Strandgänger, in wenig Kleidung zeigen. Und nirgendwo wird so wenig davon eingesetzt wie an den Surfspots dieser Welt. Dafür gibt es sicher viele Gründe. Vielleicht ist es die gefühlte Freiheit, die nicht nur durch die Passion nach Wellen, sondern auch in der Freizügigkeit der Kleiderwahl ausgedrückt wird. Hinzu kommt, dass die meisten Surferinnen und Surfer ziemlich gut gebaut sind – wieso also nicht zeigen, was man hat? Bali, Brasilien, Kalifornien – alles ziemlich sexy Orte.

Aber das wahre Paradies für Surfer, die neben einer guten Welle auch viel nackte Haut zu schätzen wissen, ist Südfrankreich. Die Strände der französischen Atlantikküste sind vor allem in den Sommermonaten von schönen Menschen in knapper Bademode geradezu übersät – einige lassen das Strandkleid gleich ganz im Schrank und zeigen sich, wie Gott sie schuf. Der eine oder andere Surfer hat es zwischen Lacanau und Biarritz so zwar bis an den Strand, aber nicht mehr bis ins Line-up geschafft – die Verlockungen auf dem Weg zur Welle waren einfach zu groß. Manche wellenreitenden Kollegen berichten, dass sie sich in Frankreich auf dem Weg zur Welle gleich mehrfach verliebt haben – ganz zu schweigen von den langen Abenden in den diversen Surfer-Bars entlang der französischen Atlantikküste.

Surfen ist definitiv die Sportart mit dem attraktivsten und knappsten Sportoutfit – das können Athleten anderer Disziplinen nicht gerade behaupten. Die schwedische Wasserball-Nationalmannschaft der Damen könnte in Zivilkleidung sicher bei jeder Modenschau über den Catwalk schreiten, sobald sie aber diese seltsamen Kappen mit den überdimensionalen Plastikohren aufsetzen, wird jeder Anflug von Verliebtheit im Olympiapool ersäuft. Oder hat sich schon mal ein weiblicher Biathlon-Fan in den norwegischen Wikinger verliebt, während der am Schießstand mit eingefrorener Rotze an der Nasenspitze die kleinen schwarzen Scheiben abschießt? Ach so, ganz zu schweigen von den russischen Bobfahrerinnen, die sich in eine Lycrapelle zwängen, um dann als Vierer-Presswurst den Eiskanal herunterzusausen. Das Attribut »hauteng« bekommt da plötzlich eine völlig neue Bedeutung.

Wir Surfer hatten mit unserer kaum vorhandenen Sportkleidung also definitiv Glück – wir brauchen nicht nur wenig, es sieht auch noch sexy aus. Hinzu kommt, dass die Freizügigkeit der surfenden Gemeinde ganz freiwillig geschieht. Das ist nicht selbstverständlich: Die Beachvolleyballerinnen zum Beispiel haben vor einigen Jahren vom Verband die genauen Maße ihrer Bikinis verordnet bekommen, um damit mehr »Sex-Appeal im Wettkampf » abzuliefern – ganz ehrlich, darauf hat dann doch irgendwie auch niemand mehr Bock.

Wir Surfer stehen zum freizügigen Wellenritt aus freien Stücken ganz nach dem Motto: »Sexy beim Surfen, und zwar ganz natürlich!« Wenn das mal nicht richtig geil ist!

8. GRUND

WEIL DU ZUR »POLITICAL CORRECTNESS« BEITRAGEN KANNST

Der Moment, in dem die Sexismus-Debatte auch in der Surfszene so richtig Wellen schlägt, beginnt mit einer jungen Dame, die sich leicht bekleidet im Bett rekelt. Der Fokus liegt dabei vor allem auf ihrem Hinterteil – der Po taucht insgesamt zwölf Mal in dem rund eineinhalb Minuten dauernden Clip auf. Ein keuscher Blick ins Gesicht, das zum Hintern gehört: Fehlanzeige! Es handelt sich hier nicht etwa um den Anfang eines schlüpfrigen Films, sondern um die Werbung für eine Surfmarke, die Frauenklamotten herstellt. Das kopflose Sexy-Wesen rekelt sich in den Laken, checkt auf ihrem Handy die Wellenvorhersage, packt dann ihre Sachen und fährt ans Meer, wo sie über den Laufsteg, pardon, den Strand ins Wasser marschiert und in Richtung Line-up lospaddelt. Jetzt, wo endlich das zu sehen sein sollte, worum es eigentlich geht – Wellenreiten –, ist der Clip zu Ende. Im Übrigen handelt es sich bei der Frau nicht um irgendjemand, sondern um niemand Geringeren als die siebenfache Surfweltmeisterin Stephanie Gilmore. Die Australierin ist eine der erfolgreichsten Surferinnen aller Zeiten, aber dieses Verdienst scheint nicht gut genug zu sein, um ihr von Seiten der Filmemacher etwas Persönlichkeit zuzugestehen. Die weiblichen Rundungen reichen den Marketingverantwortlichen der Surfmarke völlig aus, um ihre Botschaft zu vermitteln – da wird das Hinterteil schon mal zum Hauptdarsteller. »Sex sells« – auch, oder gerade beim Surfen. Das Unternehmen verteidigte das Video mit dem Argument, dass für Surfer naturgemäß gutes Aussehen und Sex-Appeal keine Voraussetzung seien, um Surfprofi zu werden. Aha – dann wundert mich nur, dass in Surfwerbefilmen, in denen männliche Surfprofis die Hauptrolle spielen, nicht einfach nur der Schritt gezeigt wird.

Der kleine Clip ist nur eins von vielen Beispielen dafür, dass der Mikrokosmos Surfen nicht einfach nur die schöne, freigeistige Welt aus Sommer, Sonne und perfekten Wellen darstellt. Wie an Land auch spielen hier die gesellschaftlichen und sozialen Probleme eine Rolle – schade eigentlich. Aber genau wie in anderen Profisportarten auch werden diese von Verband und Wirtschaft nach Möglichkeit totgeschwiegen – schadet schließlich dem Image und damit den Verkaufszahlen. Ich persönlich finde es gut, wenn sich Frauen sexy fühlen und auch gerne so kleiden. Eine befreundete Surferin erzählte mir mal, wie viel mehr Wellen sie bekommt, wenn sie im knappen Bikini surft – das Problem liegt aber vor allem auf Unternehmensseite. Frauen sollten als Athletinnen respektiert werden und nicht einfach nur als Models mit einem Surfbrett unterm Arm über den Strand hüpfen. Wenn es zur Voraussetzung wird, als Frau gut auszusehen und wenig anhaben zu müssen, um bei Wettkämpfen und Sponsoren erfolgreich zu sein, läuft etwas ganz grob schief. Der Druck und die Angst sind inzwischen so groß, dass die Athleten sich oft um Reporterfragen herumwinden, wenn es um Themen wie Kapitalismus, Sexismus oder Rassismus geht. Bis zu einem gewissen Grad auch nachvollziehbar – schließlich will sich kein Sportler das zerstören, was er sich in jahrelanger harter Arbeit erschaffen hat. Es gibt aber auch diejenigen, die aufbegehren. Carissa Moore, eine der besten Surferinnen der letzten zehn Jahre, führt ihre Essstörung auch darauf zurück, dass sie andauernd in knappen Klamotten vor der Kamera posieren muss. Der erste brasilianische Surfweltmeister, Gabriel Medina, sprach in einem Interview offen über den Rassismus, der ihm als Sportler entgegenschlägt, da er nicht aus den »Surfnationen USA und Australien« stammt. Cori Schumacher, eine Longboarderin aus San Diego, zog sich nach drei Weltmeistertiteln aus dem Profisport zurück, als die Offiziellen einen Wettkampf in China anberaumten – sie wollte aufgrund der Menschenrechtslage vor Ort nicht das glückliche Surferleben vorgaukeln. Sie prangert auch den Rassismus und die Schwulenfeindlichkeit der Industrie an: »Auf der einen Seite hat das Surfen seinen nicht weißen, nicht westlichen Ursprung in Hawaii, was auch stetig so beworben wird. Auf der anderen Seite wird das Image des Sports von weißen, heterosexuellen Männern repräsentiert. Das passt nicht zusammen.«

Doch wie könnte eine Lösung aussehen? Es dürfte schwierig sein, gegen die Marketingmaschine der Surfindustrie und die Kampagnen der Mainstream-Medien anzukommen. Helfen können eigene Plattformen, Webseiten und Initiativen, die gegen die kapitalistische, sexistische und rassistische Ausbeutung des Surfens angehen.

Ich will die Surfszene, die Industrie und die Medien nicht per Rundumschlag kritisieren, es gibt zum Glück immer noch mehr als genug positive Beispiele, aber etwas mehr »Sein« als immer nur »Schein« würde allen Beteiligten durchaus guttun. Wir reden und schreiben immer von friedlichem Miteinander, Toleranz und dem sonnenverwöhnten freiheitsliebenden Geist der Surfszene. Es ist höchste Zeit, das auch mal wirklich zu leben. Ein gutes Vorbild ist die Reaktion im Netz auf den beschriebenen »Po-Film«. Das Unternehmen veröffentlichte eine Pressemeldung, in welcher es sich von der Öffentlichkeit missverstanden und angegriffen fühlte. Statt den Fehler einzugestehen, stellten die Verantwortlichen die Rezipienten für ihre maßlose Kritik an den Pranger. Chance vertan – statt eine Message mit der richtigen Aussage zu produzieren, hatten die Macher nur den Profit vor Augen. Wieso versuchen diese Leute eigentlich immer wieder aufs Neue, modernen und emanzipierten Frauen das weibliche Gedankengut der zweiten Hälfte des 20. Jahrhunderts anzuhaften? Und wieso kommen sie damit eigentlich immer wieder durch?

9. GRUND

WEIL DU NUR DICH, EIN SURFBRETT UND DIE WELLEN ZUM GLÜCKLICHSEIN BRAUCHST

Ich finde, Eishockey ist ein toller Sport – schnell, hart, gespielt von richtigen Männern. Gerne würde ich das Spiel mal ausprobieren, ich kann Inlineskaten und habe die Hoffnung, auch auf dem Eis zurechtzukommen. Was ich mir überhaupt nicht vorstellen kann, ist jedes Mal diese Ausrüstung an- und auch wieder auszuziehen! Ich habe mal gelesen, dass ein Eishockeytorwart über eine Stunde benötigt, um sich seine ganzen Schützer und Protektoren überzustreifen. Bedeutet das auch, die Torhüter kommen immer mehr als eine Stunde früher als alle anderen Teamkollegen zum Training? Oder ziehen die sich zu Hause schon an und fahren dann in Ausrüstung zum Training? Ich habe noch nie einen Eishockeytorwart in voller Ausrüstung irgendwo im Auto sitzen sehen, geschweige denn im Bus oder der S-Bahn. Ich finde es ja schon immer komisch, wenn ich mit meinem Boardbag in der Bahn zum Flughafen fahre und mich viele anstarren, als hätte ich meine Oma da drin versteckt.

Zugegeben, der Boardbag nervt, aber einmal am Strand angekommen, war es das auch schon mit der Materialschlacht beim Surfen. Normalerweise reiße ich mir die Klamotten vom Leib, steige in meine Boardshorts, schnappe mein Surfbrett, und los geht es. Vor Ort brauche ich ungefähr eine Minute, um bereit zu sein – das benötigen Fußballer alleine, um sich die Haare schön zu machen, bevor sie raus auf den Platz gehen. Darum liebe ich das Surfen: Ich brauche dazu nur ein paar Wellen und mein Surfbrett. Draußen im Line-up zählen keine teuren Statussymbole, die den Gegner oder die Mannschaftskollegen beeindrucken sollen. Teure Golfausrüstung, die neuesten Markenklamotten der berühmten Sportmarke, die Fußballschuhe von Cristiano Ronaldo – alles überflüssig!

Wenn überhaupt ist das Surfbrett das potenzielle Statussymbol beim Surfen. Es gibt sehr bekannte und sehr teure Surfbrett-Hersteller, sozusagen die Ferraris unter den Surfboards. Manch einer trägt so ein Markensurfbrett gerne über den Strand, aber mal ehrlich: Dem Besitzer taugt so ein Board weniger als Statussymbol, sondern eher als Trugschluss, dass er damit besser surfen kann – nur weil ein berühmter Shaper das Ding gebaut hat. Surfboards taugen per se nicht besonders gut als Statussymbole – die Dinger lassen sich so schlecht am Samstagmittag durch die Einkaufsmeile schleppen, und abends in der Bar ist meistens auch kein Platz mehr für so einen steifen Kollegen. Auch im Line-up interessiert sich niemand für dein schickes Surfbrett, wenn gerade die nächste Welle angerollt kommt. Und was hilft dir ein »Ferrari mit Finnen«, wenn du damit kaum Wellen erwischst? Und wenn sich an Land mal die Chance zum Angeben bietet, ist das Surfbrett meistens für die Reise dick eingepackt, um es gegen Schäden zu schützen. Zugegeben, die neuen schicken Boardshorts oder der sexy Surf-Bikini können beeindrucken – aber ein Statussymbol für rund 50 Euro? Ich weiß nicht!

Wer sich als Surfer um Statussymbole schert, sollte sich eine andere Beschäftigung suchen, denn den wahren Sinn des Surfens hat er dann nicht so ganz verinnerlicht. Die wertvollsten Dinge, die mir das Surfen schenkt, sind gar nicht unbedingt die Momente auf der Welle, sondern die Augenblicke darum herum: Wenn morgens die Sonne am Horizont aufgeht, die Wasseroberfläche dampft und sich die Wellen bei absoluter Windstille wie flüssiges Silber in meine Richtung bewegen. Oder wenn ich nach einer schönen Surf-Session mit einem leckeren Kaffee am Strand sitze und aufs Meer hinausblicke. Oder die Vorfreude, wenn für den nächsten Tag gute Wellen vorhergesagt sind. Wenn überhaupt, sind das Statussymbole, die nicht durch ihren monetären Wert beeindrucken, sondern durch den emotionalen. Surfer sind keine reichen Menschen im Sinne von Vermögen und Macht, sondern Multimillionäre in Bezug auf Erfahrungen mit sich und der Natur.

Ich kann mir nicht vorstellen, dass Eishockeyspieler unglücklich sind, nur weil sie so viel Ausrüstung mit sich herumschleppen müssen – trotzdem würde ich gerne mal das Gesicht eines Kufenmannes sehen, wenn er schlicht und einfach in eine Boardshorts springen muss, um loszulegen!

10. GRUND

WEIL DU DAS VANLIFE LIEBEN LERNST

Meine Eltern sind Segler, darum bin ich praktisch auf einem Boot groß geworden. Der Bezug zum Wasser war also schon früh da – ebenso wie der Spaß am Campen. Wer auf einem Schiff viel Zeit verbringt und Urlaub macht, erlebt viele Dinge, so wie Camper das im Alltag in Wohnmobilen, Wohnwagen oder im Zelt handhaben müssen: Kochen unter erschwerten Bedingungen, Schlafen auf harten Matratzen und viel organisatorisches Umräumen. Das »Campergen« wurde mir in die Wiege gelegt – etwas, was mir als herumreisender Surfer irgendwann sehr zugutekam.

Wenn du irgendwo zwischen dem Auszug aus dem Elternhaus und dem ersten Lohn stehst, sind die finanziellen Mittel sehr begrenzt – zumindest war das während meiner Studienzeit so. Auf Surftrips war es ein Anreiz, so billig wie möglich unterzukommen: Einen halben Tag Arbeit auf dem Feld für den Schlafplatz in der Scheune, fünf Dollar für die Nacht in der Hängematte oder doch einen Zehner für das verwanzte Bett. Diese günstige Art des Reisens funktioniert super in Lateinamerika und Asien, in Europa aber klettern die Lebenshaltungskosten schnell in die Höhe. Wie also Kosten sparen auf den regelmäßigen Surftrips durch Frankreich, Spanien und Portugal?

Ganz einfach: Das Segelboot auf vier Rädern musste her! Ein Campingbus ist mobil, bietet kostenlose Übernachtungen und hat genug Platz für das Surfequipment. Nach einem Sommer mit Promo-Jobs und Maloche am Fließband hatte ich das nötige Geld für meinen ersten Bulli zusammengespart – einen T2 für ein paar Tausend Mark. Was ich allerdings nicht mit eingeplant hatte, waren meine drei Studienkollegen, die sich spontan für die Jungfernfahrt nach Südfrankreich eingebucht hatten. Statt die Surfbretter sicher vor Langfingern im Bulli zu transportieren, vereinnahmten stattdessen meine drei Kumpels den Platz im »Wohnzimmer«. Auch der Stauraum für Neoprenanzug und andere Utensilien war weg – die 15 Paletten Dosenbier mussten schließlich irgendwo verstaut werden. Es wurde ein Wahnsinnstrip – im wahrsten Sinne des Wortes. Zu den Herausforderungen, die sich ergeben, wenn sich vier testosterongesteuerte und trinkfreudige junge Männer drei Wochen lang acht Quadratmeter teilen, kamen auch noch eine defekte Kupplung und fast eine Vermisstenmeldung bei der französischen Polizei. Einer der drei Kumpels war nach dem Feiern in einer Bar spurlos verschwunden und erst einen Tag später wieder aufgetaucht. Die sympathische Schwedin »sah nicht nur besser aus als ihr«, so seine Erklärung, sondern auch »ihr Zelt hatte mehr zu bieten als unsere rollende Massenunterkunft«. Zum Glück wusste ich da schon, wie Campen auch sein kann, ansonsten wäre wohl meine Bulli-Karriere mit diesem Urlaub zu Ende gewesen.

Auf meiner Weltreise bin ich einmal rund um Australien gefahren – natürlich im Bulli. Auch wenn es kein klassischer VW-Bus war, sondern ein asiatisches Fabrikat, so war das doch ein absolutes Highlight meines fast 25-jährigen Camperlebens. Ich kaufte den Bus in Sydney für 3000 Australische Dollar, steckte noch mal 500 rein und tuckerte los. Australien ist ein Mekka für Camper – wenn du dich nicht gerade in einer Großstadt aufhältst, ist es eigentlich überall erlaubt, wild zu campen. Mein Bruder kam mich down under für einen Monat besuchen, und wir teilten uns mein fahrendes Zuhause. Unser Ziel war »the Bluff« in West-Australien – ein sagenumwobener Ort, wo eine perfekte Welle in einer Bucht bricht, welche das

Meer mit der Wüste verbindet. Nach der letzten Siedlung, in der wir Proviant für zehn Tage eingekauft hatten, ging es ein paar Stunden über eine Schotterstraße und Sandpisten ins Nichts. Es war, als wären wir durch eine Mondlandschaft gefahren, um anschließend in einer anderen Welt anzukommen. Bis auf ein paar andere Surfer mit ihren Camperbussen waren wir alleine, rund drei Stunden von der Zivilisation entfernt. Morgens frühstückten wir im Sand oben auf der Düne, welche die Wüste mit dem Ozean verbindet – einer von ganz wenigen Orten auf der Welt, wo dieses Phänomen vorkommt. Während mein Bruder und ich in unserem Frühstücksmüsli stocherten, hüpften hinter uns die Kängurus durch den Sand, vor uns pusteten Wale ihren nassen Atem in den stahlblauen Himmel. Rund um den Bulli bauten wir uns ein provisorisches Lager, schaufelten Sand über die Reifen, um den Gummi vor der Sonneneinstrahlung zu schützen, und stellten eine Art Pavillon aus Mückennetzen auf, um die Biester nachts fernzuhalten. Tagsüber surften, schwammen und chillten wir, nach Sonnenuntergang saßen wir mit den anderen Einsamen am Lagerfeuer, tranken Bier und lutschten an süßen Kaktusfrüchten. Wir hatten es gefunden, unser Camper-Paradies – und kosteten es voll aus. Nach zwölf Tagen mussten wir unsere Sachen packen und abreisen, der Proviant war alle – für mich war der Trip zum »Bluff« mit das Beste, was ich als Camper, Surfer und mit meinem Bruder je erlebt habe.

Nach der Rückkehr wusste ich, dass ich für immer als surfender Hippie mit einem Bus durch die Gegend campen möchte – so habe ich es in meinem Tagebuch jedenfalls notiert. Manches davon sollte zutreffen, einiges musste ich aufgrund sozialer und gesellschaftlicher Verpflichtungen nach und nach aufgeben. Weder lebe ich in einem Bulli, noch würde ich mich als Hippie bezeichnen, aber ich surfe noch immer leidenschaftlich gerne und besitze einen Campervan. Der ist allerdings etwas größer als mein erster T2, und als Reisebegleitung habe ich inzwischen keine Kommilitonen mehr, sondern meine Familie an Bord. Ihr konnte ich das Camper-Gen übrigens weitergeben – ohne dabei allzu viel von Surftrips nach Südfrankreich mit drei betrunkenen Bulli-Mitbewohnern zu erzählen.

11. GRUND

WEIL DU AN EINEM EINZIGEN TAG SURFEN UND SNOWBOARDEN GEHEN KANNST

Lange hatte ich davon geträumt, endlich war der Tag gekommen: Ich hatte die Chance, an einem einzigen Tag surfen und snowboarden zu gehen. Ich liebe beide Arten der Fortbewegung, das Ding ist nur: Das eine geht in den Bergen, das andere am Meer. Und es gibt nicht allzu viele Orte auf der Welt, an denen beide Regionen unmittelbar aufeinandertreffen – in Neuseeland allerdings ist das der Fall!

Ich hatte mir die Aktion lange vorher überlegt und viel dazu recherchiert, wo und wie das Vorhaben möglich wäre. Vieles musste zusammenkommen: gutes Wetter, der richtige Swell und keine unvorhergesehenen Ereignisse wie zum Beispiel ein Erdrutsch, der die Straße versperrt (in Neuseeland nicht so abwegig). Das Ganze war kein aufwendiger oder gefährlicher Trip an den Nordpol oder Ähnliches, aber die nötige Portion Glück war durchaus erwünscht – und der Teufel steckt ja bekanntlich im Detail.

Irgendwann hatte ich mir den Ort namens Queenstown auf der Südinsel ausgeguckt. Von dort war es eine knappe Stunde in das Skigebiet, wo wir morgens snowboarden wollten. Anschließend sollte es in einem Gewaltmarsch von hoffentlich dreieinhalb Stunden in die Küstenstadt Dunedin gehen, wo eine Auswahl von rund zehn verschiedenen Surfspots zur Verfügung stand – einer davon würde schon ein paar surfbare Wellen liefern.

Wir brachen früh auf, um mit der ersten Gondel auf den Coronet Peak zu fahren. Es schneite leicht, und ein Einheimischer sagte mir, dass für später heftiger Schneefall angesagt war. Das Wetter war nicht katastrophal, aber die dichten Wolken gefielen mir gar nicht. Ich machte mir Sorgen – anders als in Deutschland wird in Neuseeland auf den Straßen nicht gestreut. In Bezug auf die Umwelt finde ich das eine tolle Sache, für »meinen« Tag aber hätte ich mir ein Mittel gegen zugeschneite Straßen durchaus gewünscht. Egal, wir gaben das »Go« und stiegen in die Gondel. Und tatsächlich kämpfte sich die Sonne hin und wieder durch die Wolken und schickte ein paar Strahlen Zuversicht in unsere Richtung. Wir cruisten über die frisch verschneiten Hänge und freuten uns, dass wir auf einem Surftrip snowboarden gehen konnten. Nach ziemlich genau zwei Stunden – ich hatte das Vorhaben minutiös durchgeplant – brachten wir unsere geliehene Snowboardausrüstung zurück und stiegen flott in den Mietwagen. Die ersten Kilometer waren wegen der Schneelage extrem mühsam, und es ging nur langsam voran. Ich betete: »Bitte keinen Unfall, bitte keine Straßensperre!« Wir kamen endlich heil im Tal an, und es ging besser voran. Die Strecke bis ans Meer beträgt nur rund 200 Kilometer, aber in Neuseeland kann das dauern. Ich saß wie auf heißen Kohlen, denn mein Zeitplan sah vor, dass wir nur rund eine Stunde vor Sonnenuntergang am Strand ankommen würden. Ein Reifenschaden oder die obligatorische Schafherde auf der Straße könnten mit einem Schlag alles zunichte machen. Wir schafften es mit Verspätung, aber als wir über den letzten Hügel vor Dunedin fuhren und ich die kleinen, aber sehr feinen Lines in die Bucht laufen sah, wusste ich, dass ich gewonnen hatte. Uns blieb nur eine halbe Stunde, aber noch nie waren mir Dauer und Qualität der Surf-Session so egal gewesen – wichtig war nur, dass sie stattfand. Auf dem Parkplatz wechselte ich Skihose gegen Wetsuit, legte Sonnencreme nach und erfüllte mir meinen Traum!

12. GRUND

WEIL SICH WELLENREITEN UND KITESURFEN ERGÄNZEN

Als ich nach meiner zweijährigen Weltreise nach Hamburg gezogen bin, war ich erst einmal ziemlich niedergeschlagen. Ich hatte mir die Hansestadt nicht extra als Domizil ausgesucht, aber aufgrund einiger beruflichen Chancen war ich im hohen Norden gelandet – ein glücklicher Umstand, aber das lernte ich erst später.

Mein erster Gedanke aber war: Wo sollte ich regelmäßig surfen gehen? Die Zeiten, in denen ich dreimal am Tag ins Line-up paddeln konnte, waren wohl erst einmal vorbei. Ich geriet mehr und mehr in Panik und fühlte mich wie ein Wasserpflänzchen, das langsam, aber sicher an Sauerstoffmangel eingeht. Ich dachte nach: Ab und zu mal nach Sylt oder an die Ostsee, um Wellen zu surfen? Ziemlich aufwendig, unter Umständen ziemlich kalt, und wie gut können die Wellen dort schon sein? Damals wusste ich noch nicht, dass es auch an Deutschlands Küsten ganz passable Wellen gibt. Ich hatte zwar schon Gerüchte über Surfspots gehört, aber nach zwei Jahren Weltklassewellen weltweit wollte ich von Ostsee-Gemurkse nichts hören. Ein Fehler, wie sich später herausstellen sollte.

Was aber konnte ich mittelfristig tun, um nicht vor Sehnsucht nach Wellen, Meer und Salzgeschmack auf der Zunge einzugehen? Ein Kumpel schlug vor, mich zum Wakeboarden mitzunehmen. Habe ich gemacht – das erste und letzte Mal. Nichts gegen Wakeboarder – aber an einem Seil im Kreis durch einen See gezogen zu werden war nicht so mein Ding. Mal ganz abgesehen von meinen Kniescheiben, die nach der erste Runde am liebsten direkt nach Hause gefahren wären. »Melde dich in einem Fitnessklub mit Saunalandschaft an«, schlug ein anderer Kumpel vor, »das hat auch mit Spaß und Wasser zu tun!« Witziger Typ. Windsurfen fiel aus, das hatte ich in meiner Jugend am Bodensee extensiv betrieben und irgendwann die Lust auf die Materialschlacht verloren. Außerdem war es fast unmöglich, mit komplettem Windsurfmaterial zu reisen, ohne dabei am Flughafenschalter ein Vermögen für Übergepäck loszuwerden. Mist – ich saß echt in der Klemme. Ohne meine regelmäßige Dosis Salzwasser und Wellen war ich dem Untergang oder zumindest einer ernsthaften Depression geweiht.

Kitesurfen steckte damals noch in den Kinderschuhen, und irgendwie kam es mir auch nicht in den Sinn, eine völlig neue Sportart zu erlernen – ich war einfach zu sehr ins Surfen verliebt. Als ich aber das erste Mal die Jungs an ihren bunten Schirmen hängen sah, war mir sofort klar: Das ist es, das ist meine Rettung! Ich machte also einen Kitesurfkurs, legte mir Material zu und machte mich ab da in jeder freien Minute auf den Weg an die Ost- oder Nordsee. Auch wenn ich das Wellenreiten vermisste, Kitesurfen war mein Ticket an den Strand und meine Rückkehr ins Leben als reisender Surfer. Die Surftrips dauerten jetzt zwar nur ein Wochenende oder einige Tage, machten mich aber trotzdem glücklich. Der Lifestyle eines Kitesurfers kommt dem eines Wellenreiters sehr nahe, nur dass er eben an einem Schirm hängt und den Wind jagt, statt auf einem Surfbrett zu sitzen und den Swells hinterherzureisen. Kitesurfen macht mich glücklich und ist eine weitere Leidenschaft von mir geworden – am Ende steckt das Wort »surfen« nicht umsonst in der Bezeichnung. Du surfst mit großer Geschwindigkeit übers Wasser, kannst enorme Sprünge absolvieren oder immer neue Tricks ausprobieren – kommt mir bekannt vor! Und was viel wichtiger ist: Ganz egal ob Surfer oder Kitesurfer – du riechst morgens das Meer, wenn du im Bulli am Strand aufwachst, die Sonne kitzelt deine Stirn, und die Vorfreude auf die kommenden Stunden im Meer ist riesig. Ich möchte behaupten: Kitesurfen hat meinem Leben als Surfer einen neuen Sinn gegeben.

Wenn ich diese Geschichte erzähle, werde ich oft gefragt, wofür ich mich entscheiden würde, wenn ich vor die Wahl gestellt würde – die Antwort ist eindeutig und ohne zu überlegen: Surfen! Auch wenn ich Kitesurfen sehr gerne mache, für nichts auf der Welt würde ich es gegen das Wellenreiten eintauschen. Sehr wahrscheinlich werde ich zum Glück nicht vor diese Wahl gestellt werden, im Gegenteil: Für mich ergänzen sich Kitesurfen und Surfen einfach perfekt. Wenn ich von Hamburg aus auf einen Surftrip losziehe, habe ich meistens beides dabei: Kitesurf-Ausrüstung und Surfbrett. Denn an der deutschen Küste und in Dänemark gibt es zwei Dinge im Überfluss: Wind und Wellen. Und bis auf wenige Ausnahmen ist mindestens eine Ressource immer vorhanden. Bei genügend Wind oder Onshore gehe ich kitesurfen, wenn die Wellen gut sind, schnappe ich mir das Wellenreitbrett. Bei Surftrips in Dänemark komme ich regelrecht in Zeitnot: Morgens Surfen, mittags Kitesurfen, abends wieder Wellenreiten – und die Familie beschwert sich! Für mich ergänzen sich die beiden Brettsportarten perfekt, nicht nur zeitlich, sondern auch physisch und mental. Beim Kitesurfen werden andere Muskeln beansprucht als beim Surfen, während ich am Kite hänge, trainiere ich automatisch fürs Surfen – und andersrum. Und mental bin ich dank dem Kitesurfen ein glücklicherer Mensch geworden. Das Meer schenkt mir innere Ruhe, draußen auf dem Wasser kann ich entspannen und den Alltag an Land vergessen – und das funktioniert, egal ob ich auf dem Surfbrett stehe oder am Kite hänge.

Wer als Surfer landlocked ist oder an einer Küste ohne surfbare Wellen lebt, sollte das Projekt »Kitesurfen« unbedingt in Erwägung ziehen!

13. GRUND

WEIL ES AUCH UM DAS PERFEKTE FOTO GEHT

Surfen ist paradox. Einerseits will der Surfer alleine im Line-up sein, die Natur und die Wellen für sich genießen können, andererseits will man den kleinen, mittleren oder großen Narzissten in sich befriedigen und dafür beim Ritt auf der Welle gesehen und bestaunt werden. Daraus ergibt sich, dass manche Surfer geradezu besessen sind von Fotos, auf denen sie selbst beim Wellenreiten zu sehen sind.

Beim Surfprofi ist die Jagd nach dem besten Bild nachvollziehbar: Er bekommt von Unternehmen oder Surfzeitschriften Honorare für Fotos, auf denen er in der Welle performt. Es gibt sogar Profis, deren Beruf es ist, auf Fotos gut auszusehen! Diese Spezies der professionellen Wellenreiter ist weniger auf Surfwettkämpfen unterwegs, sondern eher mit einem Surffotografen an exotischen Orten, um den einen Moment, der sich zu Geld machen lässt, auf die Speicherkarte zu bannen.

Bei allen anderen Surfern, mich eingeschlossen, spielt der Narzissmus, der in jedem von uns steckt, eine Rolle. Es ist einfach schön, ein Foto von sich auf der Welle zu haben. Die einen interessiert es ganz einfach, wie sie dabei aussehen, die anderen nutzen die Momentaufnahme, um an ihrer Technik zu schrauben. Viele möchten das Foto ihren Freunden und Familien zeigen und so von ihren Erfolgen im Line-up berichten können.

Mit dem Narzissmus von Surfern lässt sich sogar Geld verdienen. Es gibt immer wieder Orte, an denen Locals oder surfende Expats wahllos Fotos von Surfern im Wasser schießen, um diese anschließend an die Abgelichteten zu verkaufen. Ich musste bisher noch nicht auf diesen Service zurückgreifen, entweder hatte ich meine Freundin oder aber einen Kumpel am Strand, die mich mit der langen Linse ablichtete. Eins meiner Lieblingsfotos ist dabei auf Bali entstanden – es zeigt mich in geduckter Haltung, mit dem Rücken zur Kamera und mit Blick auf das Wellenface, kurz bevor ich in die Tube reinziehe. Ein professioneller Surffotograf würde behaupten, das Foto sei den Bruchteil einer Sekunde zu früh geschossen. Der Surfer, in diesem Fall ich, wird gleich erst von dem Vorhang aus Wasser verdeckt werden – für einen Fotografen oder ein Surfmagazin ist das der Moment, den man sehen will. Grundsätzlich würde ich dem zustimmen, in diesem Fall aber ist es anders. Mein Kumpel ist selber kein Surfer, er wusste also nicht genau, was als Nächstes passieren würde, und genau darum hat er im richtigen Moment auf den Auslöser gedrückt. Es ist der Augenblick, in dem ich mitunter die größte Freude, den stärksten Adrenalinkick beim Wellenritt verspüre, denn ich weiß: Gleich geht es in den Tunnel, und die Elemente werden ihre Energie versprühen, es ist ein Moment aus reiner Vorfreude. Jedes Mal, wenn ich das Foto betrachte, verspüre ich etwas von dieser Energie und bekomme eine Minidosis an Adrenalin geliefert – auch wenn ich eigentlich nur in meiner Küche in Hamburg stehe.

Bei Surffotografen ist es allerdings so, dass sie ganz genau wissen, wann sie abdrücken müssen, wo für sie der »moneyshot« lauert. Ich habe dafür keinen Beweis, aber ich bin mir ziemlich sicher, dass weltweit alle Surffotografen auch gleichzeitig exzellente Surfer sind. Mit dem Blick durch den kleinen Sucher des Fotoapparats musst du antizipieren können, was der Surfer als Nächstes genau vorhat. Du musst wissen, dass nach einem Bottomturn meistens der Angriff auf die Lippe kommt, wann die Welle anfängt, hohl zu brechen oder Close-out geht. Wie bei jeder anderen Sportart oder Freizeitbeschäftigung auch ist es nahezu unmöglich, gute Fotos zu schießen, wenn du keine Ahnung von der Materie hast. Ich habe allergrößten Respekt vor Surffotografen. Es gibt diejenigen, deren Fotos für mich wahre Kunst sind: Laurent Pujol, Alan van Gysen oder der deutsche Lars Jacobsen – um nur einige zu nennen. Ihre Fotos bestechen durch besondere Belichtung, spezielle Perspektiven oder unglaubliche Bildausschnitte und bannen den Blick manchmal minutenlang.

Und dann gibt es noch diejenigen, die wirklich mitten im Geschehen sind: die Wasserfotografen. Und hier bin ich mir hundertprozentig sicher: Jeder Knipser, der sich mitten ins Line-up wagt, ist auch Surfer. Wenn du die Kraft und das Verhalten von Wellen nicht aus eigener Erfahrung kennst, wirst du da draußen mit ziemlicher Sicherheit verletzt werden – oder noch Schlimmeres. Wasserfotografen bewegen sich an Orte, die wirklich gefährlich sind: mitten in der Impactzone, um die beste Sicht auf den heranschießenden Surfer zu haben, oder direkt unterhalb eines Surfers, der zwei Meter durch die Luft wirbelt. Wenn sie nicht die Lippe der Welle erwischt, dann vielleicht die Finnen des Surfbretts oder das messerscharfe Riff.

Ich könnte das nicht, die Gefahr wäre mir einfach zu groß. Außerdem kommt hinzu, dass die fotografierenden Frauen und Männer immer dann hinter der Linse kleben, wenn die Wellen pumpen – offensichtlich ist die Sehnsucht nach einem guten Foto größer als nach einer perfekten Welle. Ich verstehe Surffotografen, kann es aber kaum nachvollziehen – was bringen mir Fotos von super Wellen, wenn ich sie selber nicht surfen könnte? Da ziehe ich für mich doch hin und wieder lieber ein wenig Narzissmus vor, surfe selber Wellen und habe anschließend auch noch ein schönes Foto davon.

14. GRUND

WEIL DU FÜR DEN »SURFERLOOK« KEIN GELD BEIM FRISEUR AUSGEBEN MUSST

»Surfermatte« heißt doch tatsächlich ein Haarwax, das in deutschen Supermärkten feilgeboten wird. Was soll das denn sein – Surferlook auf dem Kopf? Mir war lange nicht bewusst, dass das Aussehen der Wellenreiter eine Art definierter Stil ist, den Leute gerne tragen – auf dem Kopf, am Körper, bei den Accessoires.

Bei Klamotten ist das noch nachvollziehbar – die Boardshorts, das Hawaiihemd, die Flip-Flops. Spätestens jedoch seit eine große Modefirma, die Billigklamotten produziert, ein Surferpärchen auf ihre Plastiktüte gedruckt hat, ist klar, dass dieser Stil in Zukunft als eigenständiger Begriff unterwegs sein wird. Inzwischen sind Kleider im »Surferlook« allgegenwärtig, die entsprechenden Marken werden wohl auch nicht mehr als Surfermarken, sondern eher als Lifestyle-Marken wahrgenommen.

Meinetwegen – aber ein »Surferlook« bei der Frisur? Scheint mir irgendwie übertrieben. Zumal ich überhaupt nicht weiß, wie diese spezielle »Surfermatte« überhaupt aussehen soll? Ich kenne Surfer mit langen Haaren, kurzen Haaren oder gar keinen Haaren. Der elffache Surfweltmeister Kelly Slater hat eine Glatze, und zwar seit 20 Jahren – wer will dem Wellengott aufgrund seines fehlenden Haupthaares die Zugehörigkeit zur stylishen und trendigen Surfszene absprechen? Niemand, der bei Trost ist: »Entschuldigung, du bist zwar der beste Surfer aller Zeiten, aber ohne die Surfermatte kommst du hier nicht rein!« Ich hatte also keine Ahnung, was mit »jeden Morgen die perfekte Surfermatte kreieren« gemeint ist – bis ich in der Mitte von Deutschland, weitab vom Meer, die Antwort fand.

Ich musste beruflich nach Frankfurt am Main – viel weiter weg von einer surfbaren Welle ist in Deutschland kaum möglich. Mit dem Zug kam ich am Hauptbahnhof an, auf dem Weg zur S-Bahn entdeckte ich bei einem Friseur türkischer Abstammung das Angebot: »Wir machen dich zum Surfer – Surferlook heute für zehn Euro«. Nun ist die Türkei nicht gerade für ihre Weltklassewellen oder herausragenden Wellenreiter bekannt, und ich war plötzlich in einer dieser klassischen Situationen, in denen du dich fragst, ob du weinen oder lachen sollst.

Anstatt mich die letzten 20 Jahre auf Reisen und in den Wellen abzurackern, um zum Surfer zu werden, hätte ich jetzt einfach zehn Euro bezahlen und mich nach 15 Minuten Surfer nennen können? Zugegeben, die Versuchung war groß, hier zwischen gestressten Zugreisenden und anderem Hauptbahnhof-Klientel so einfach den Schritt zum Surferlook zu machen. Aber am Ende siegte die Angst davor, mein Lebenswerk als Surfer innerhalb einer Viertelstunde auf diesem von Männerhaaren übersäten Fliesenboden zerschellen zu sehen. Trotzdem war ich neugierig und fragte den Friseur, was denn genau bei der Wahl des »Surferlooks« zu erwarten wäre. »Locker, cool, verstrubbelt – so als würdest du gerade vom Surfen kommen«, entgegnete er, » am Ende hau ich dir noch Strandmatte rein!« Der Mann wusste so viel über Wellenreiten wie ich über Haare schneiden – rein gar nichts! Vielleicht könnten wir uns ja mit unserem Wissen in verschiedenen Fachbereichen zusammentun und später als Gründer der ultimativen Frisur für Surfer in die Geschichte eingehen? Wieder war ich kurz davor, auf dem Stuhl Platz zu nehmen und das unschlagbare Angebot, das mein Leben potenziell hätte verändern können, anzunehmen – doch die nun folgende Frage wirkte wie eine Kahlrasur. Ob ich mir denn auch die Haare mit Wasserstoffperoxid blondieren wolle? Oh Mann, dieser Friseur, all die Marketingmenschen, die den Stempel »Surferlook« auf ihre Produkte knallen, keiner von diesen Herrschaften war doch jemals auch nur in der Nähe einer surfbaren Welle gewesen. Wäre dem so, dann wüssten sie, wie jemand aussieht, der gerade drei Stunden mit den Elementen gerungen hat: müde, glücklich, etwas abgekämpft – wie es sich nach einer super Surf-Session eben gehört. Was dann aber definitiv nicht mehr sitzt, das ist die Frisur! Das Haar klebt in allen Himmelsrichtungen am Kopf, zerzaust, vom Salzwasser ausgetrocknet und ausgebleicht von der Sonne – wie eine Strandmatte eben.

15. GRUND

WEIL DU AUF DER WELLNESS-WELLE SURFST

»Hast du denn keine Angst zu ertrinken?« ist immer eine der ersten Fragen, wenn ich von großen Wellen erzähle. Es scheint eine Urangst zu sein, dem Meer hilflos ausgeliefert zu sein und darin unterzugehen. Zugegeben, Ertrinken ist sicher keine angenehme Art, dem Leben Lebewohl zu sagen. Und ja, ich habe manchmal Angst, aber das ist eine sehr gesunde Angst. Sie macht mich wachsam und vorsichtig, sie hält mich in großen, kraftvollen Wellen am Leben. Und sie sorgt für einen so intensiven Adrenalinkick, dass mein Herz wild schlägt, sich meine Atmung beschleunigt und mein Muskeltonus locker mit den Ruderern des olympischen Deutschland-Achters mithalten könnte.

Mal abgesehen vom schlimmen Szenario der ultimativen Surf-Session, dem einen oder anderen Sonnenbrand oder einer Magenverstimmung durch Kolibakterien im Wasser ist Surfen echt gesund. Gesund für Körper, Geist und Seele – wer braucht da schon einen dieser modernen Wellness-Tempel, wenn er doch das Meer zur Verfügung hat?

Ich würde sogar noch einen draufsetzen: Surfen ist eine der gesündesten Freizeitbeschäftigungen, die der Mensch ausüben kann – zusammen mit Schwimmen wahrscheinlich, aber das ist ja auch irgendwie artverwandt. Zum einen ist da das körperliche Training, welches jeder Surfer während der Surf-Session automatisch absolviert – und zwar jede erdenkliche Form davon. Ein Beispiel: An manchen Surfspots ist eine derart starke Strömung, dass kontinuierlich dagegen angepaddelt werden muss. Fotos, auf denen Surfer entspannt im Sonnenuntergang dasitzen und darauf warten, dass die Welle zu ihnen kommt, sind ungefähr so realistisch wie *Baywatch* als realitätsnahes Abbild von Rettungsschwimmern zu bezeichnen. Auch die Ausdauer ist eine körperliche Eigenschaft, die bei Menschen, die viel und oft surfen, sehr ausgeprägt ist. Kein Wunder, wenn möglich gehe ich mehrere Stunden surfen – welche andere Sportart wird am Stück über einen so langen Zeitraum intensiv ausgeübt?

»Und dann kommt da ja auch noch die viele frische Luft hinzu«, würde meine Oma jetzt anmerken – und die surft noch nicht mal. Für ausreichend Frischluft ist während der Surf-Session definitiv gesorgt – und sowieso wird die Atmung durch die körperliche Anstrengung beim Surfen ausdauernd trainiert.

Auch dem Salz im Meerwasser wird viel Gutes nachgesagt. Manche Menschen bezahlen viel Geld dafür, um in Form eines Peelings oder Salzwasserbeckens in den Genuss dieser chemischen Verbindung zu kommen. Im Gegensatz zu anderen Sportarten bringt das Surfen außerdem den großen Vorteil mit sich, dass sich der Verschleiß von Knochen und Gelenken im Rahmen hält. Außer ein paar blauen Flecken oder Dehnungen bei einem Wipe-out ist Surfen sehr schonend für den menschlichen Körper – wenn man nicht gerade auf dem messerscharfen Riff landet.

Bei der Recherche zu diesem Buch konnte ich leider keine wissenschaftlichen Belege dafür finden, dass Surfer ein überdurchschnittlich hohes Alter erreichen. Aber es gibt lebende Beweise, dass Surfen gesund ist. Der elffache Surfweltmeister Kelly Slater ist inzwischen fast 50 Jahre alt und gewinnt immer noch Wettkämpfe, in Kalifornien ritt die Surflegende Woody Brown bis kurz vor seinem Tod mit 96 Jahren die Wellen an den berühmten US-Westküstenstränden. Die Schlussfolgerung ist dementsprechend einfach: Wer fit ist, reitet länger Wellen – wer länger Wellen reitet, lebt länger!

Für Surfanfänger bedeutet das im Umkehrschluss, dass es hilft, mit einer gewissen Fitness und Gesundheit ins Line-up zu paddeln. Überhaupt vergessen viele Surfanfänger, die den klischeebehafteten Bildern und Stereotypen auf den Leim gegangen sind, dass die kürzeste Zeit beim Surfen tatsächlich mit dem Ritt auf der Welle verbracht wird. Wahrscheinlich verbringt ein Surfer im Wasser 99 Prozent der Zeit damit, eine Welle zu erwischen – es macht also Sinn, für die Hauptaufgabe körperlich gerüstet zu sein. Ich habe mit vielen Surfanfängern gesprochen, die an der eigenen, nicht vorhanden Fitness und dem fehlenden Willen, sich durchzubeißen, gescheitert sind. Aber selbst wenn das der Fall sein sollte, brauchen sich Ex-Surfer nicht zu grämen – das gesunde Wellness-Programm haben sie während des Surfkurses gratis mitgenommen.

16. GRUND

WEIL ES EIN FILMGENRE GIBT, DAS DIE SEHNSUCHT NACH WELLEN WECKT

Machen Liebesfilme Lust auf Liebe? Heben Komödien die Laune? Neigt der Zuschauer nach einem Drama zur Melancholie? Die emotionale Reaktion auf einen Film ist die Intention jedes Regisseurs – und eng verknüpft mit dem Erfolg des Streifens. Garantieren kann das im Vorfeld niemand – oder etwa doch?

Es gibt meines Wissens ein einziges Filmgenre, bei dem die Wirkung auf den Zuschauer exakt vorhersehbar ist: Surf-Filme! Nach dem Konsum hat der Zuschauer unbändige Lust, surfen zu gehen. Geweckt werden die Sehnsucht nach Wellen und das Verlangen, sich die Kleider vom Leib zu reißen und in die Boardshorts oder den Bikini zu springen. Zumindest bei mir ist das so – und es würde mich schwer wundern, wenn das nicht auch bei den meisten Wellenreitern der Fall ist. Perfekte Wellen, die wie am Computer animiert die Bucht entlangrauschen, darauf eine wunderschöne Surferin im Bikini oder der junge Super-Surfer, der ohne Anstrengung seine Manöver in die Welle schneidet. Es sind diese Aufnahmen, die jedem Wellenreiter feuchte Hände bescheren und den Finger in Richtung des Buttons »Surftrip buchen« bewegen. Ich könnte stundenlang, wahrscheinlich sogar tagelang Surf-Filme anschauen – bei nichts anderem kann ich besser abschalten und den Gedanken freien Lauf lassen. Wir Surfer kennen den Begriff des »mindsurfings« – der gedanklichen Projektion einer Surf-Session. In Verbindung mit einem Surf-Film kommt das einer »echten« Surf-Session so nah, wie es ohne wahrhaftigen Ozean in der Nähe nur möglich ist. Ähnlich wie bei notorischen Serienfans bin ich laufend in Gefahr, süchtig nach Surf-Filmen zu werden – im wahrsten Sinne des Wortes! Oft ertappe ich mich dabei, wie ich denke: »Ich könnte eigentlich schon wieder einen Surf-Film schauen!« – dann ist der letzte Streifen gerade einmal ein paar Stunden her. Ein Surf-Kollege von mir hatte es sich mal zur Aufgabe gemacht, alle Surf-Filme, die weltweit existieren, auf seine externe Festplatte zu laden. Das Ergebnis war, dass er irgendwann vor lauter Suchen und Downloaden nicht mehr zum »richtigen« Surfen am Strand erschien. Dank einer Art Entziehungskur, Festplatte zerstören und Anwesenheitspflicht am Strand fand er aber den Weg zurück ins analoge Line-up.

Es sind die Bilder und Suggestion des *Endless Summer,* die Surffilme so beliebt machen. Inhaltlich betrachtet sind 95 Prozent aller Surfstreifen eher etwas seicht, der Oscar für die beste Regie ist da in weiter Ferne: Surfer macht sich auf den Weg zu einem sehr berühmten oder sehr einsamen Surfspot, die Aussicht auf Wellen ist entweder wahnsinnig schlecht oder »once-in-a-lifetime« perfekt, am Surfspot sind dann entweder die besten Wellen in 40 Jahren oder gar keine Wellen, dafür entdeckt der Surfer dann aber in der nächsten Bucht die besten Wellen jemals. Das alles wird in einem 3-Sekunden-Rhythmus geschnitten und krachende Musik daruntergelegt. Es ist die simple Machart, die von sehr vielen Surf-Regisseuren adaptiert wird – diese Vorgehensweise kennt das Film-Business sonst eigentlich nur von Filmen, die früher in der Videothek im »Raum mit Altersbeschränkung« standen. Aber ich will Surf-Filmern gar nicht Unrecht tun, denn sie machen ja alles richtig – sie erfüllen mit ihren Filmen die Anforderung: Surfer glücklich machen!

Mal ganz vom Inhalt abgesehen bedeutet so ein Film eine wahnsinnige Arbeit: Das ganze Equipment muss logistisch an die einsamsten Orte des Planeten bewegt werden, ob die Aufnahmen dann überhaupt stattfinden, hängt von Mutter Natur ab, und auch Super-Surfer meistern nicht alle Wellen gleich beim ersten Take! Roter Faden hin oder her – am Ende zählen eben, genau wie auch im »echten« Leben, nur die schönsten Bilder, krassesten Einstellungen und verrücktesten Locations!

Es gibt aber auch Ausnahmen in diesem Genre – ein paar wenige Filmemacher wollen mit ihren Surf-Filmen eine richtige Geschichte erzählen. Dana Brown ist ein begnadeter Filmemacher, mit *Step into Liquid* hat er eine Art Dokumentar-Surf-Filmgenre kreiert, dem viele jüngere Surf-Filmregisseure folgen. Auch der weltberühmte Musiker Jack Johnson machte ein paar Abstecher in den Bereich des bewegten Bildes, sein Film *Thicker than water* ist auch für nicht-surfende Menschen ein Genuss.

Und dann gibt es natürlich noch unzählige kleinere Produktionen, die zwar nicht die Marketing-Macht haben, um weltweit bekannt zu werden, aber doch so gut sind, dass sie es zu lokaler oder nationaler Bekanntheit gebracht haben. In Rostock gibt es eine Gruppe von surfenden Freunden, die ihre unterschiedlichen Talente zusammen in einem Film über das Surfen in kalten Regionen gebündelt haben. Ich weiß nicht, ob *Headache* ein kommerzieller Erfolg war, aber diese Truppe hat einen wundervollen Film über die Herausforderung gedreht, in eisigen Wellen surfen zu gehen. In einer Szene liegt Schnee am Strand, dem Surfer hängt die gefrorene Rotze von der Nase – und trotzdem will man am liebsten direkt selbst in den Neoprenanzug springen und in die Kälte paddeln. Und genau das ist der Sinn und Zweck von Surf-Filmen: Lust machen auf Wellenreiten, egal ob große oder kleine, kalte oder warme Wellen.

17. GRUND

WEIL DU AUF FESTIVALS DIE SURFKULTUR ZELEBRIEREN KANNST

»In the Summer of 69 …«, trällerte einst der Schmusesänger Bryan Adams und widmete damit dem legendären Woodstock-Festival einen seiner berühmtesten Songs. Die Veranstaltung gilt bis heute als der Höhepunkt der Hippie-Bewegung und legte den Grundstein für all die unzähligen Festivals, die heute weltweit veranstaltet werden. Der jeweils anstehende Sommer wird jedes Mal aufs Neue zum

»Festival-Sommer« erkoren. Wer möchte, kann zwischen Mai und Oktober wahrscheinlich jedes Wochenende vor einer anderen Freiluftbühne schwofen. Festivals sind inzwischen eine eigene Industrie geworden, die jährlich mehrere Hunderttausend, wenn nicht sogar Millionen Kunden hat.

In der »special interest«-Sparte der Surf-Festivals und Surf-Veranstaltungen geht es dagegen etwas gemütlicher zu – bis auf eine Ausnahme ist mir keine Veranstaltung bekannt, die in der Vergangenheit die 10.000-Zuschauer-Marke geknackt hat. Das mag daran liegen, dass die Gruppe von surfenden Menschen in Europa nicht so groß ist, als dass Tausende und Abertausende zu einem solchen Event pilgerten. Ich bin aber überzeugt davon, dass es die Surf-Festivals den Line-ups gleichtun und langsam, aber stetig wachsen werden – bis auf surfbaren Wellen haben die beiden Orte schließlich viel gemeinsam. Vom Surfboard-Shaper über die Independent-Bikini-Marke bis hin zum »Hawaiian Bowl«-Foodtruck kommt auf einem solchen Veranstaltungsgelände alles zusammen, was schon einmal am Surf-Lifestyle geschnuppert hat. Zum einen ist es eine Art Messe für diejenigen, die versuchen, mit der Erlebniswelt Surfen ein paar Euro zu verdienen, zum anderen kommen Menschen, die sich entweder der Leidenschaft für Wellen schon hingeben oder einfach den Lebensstil der Surfkultur genießen wollen. Ich bin gerne auf Surf-Festivals, da ich dort alle Facetten unseres wunderbaren Sports an einer Stelle präsentiert bekomme: Die kulturelle Seite mit Kunst und Musik, die sportliche Seite mit neuem Equipment und innovativen Technologien und natürlich die Menschen, die aus allen Himmelsrichtungen herbeiströmen, um sich und das Wellenreiten zu zelebrieren.

Da ist zum Beispiel das Boardmasters in Newquay in England, mit 40.000 Besuchern wahrscheinlich das größte Surf-Festival der Welt. Eine Massenveranstaltung, bei der das Wellenreiten als Zugpferd fungiert. Die Besucher sind inzwischen bunt gemischt, wahrscheinlich surft tatsächlich nur noch ein kleiner Teil der Menschen, die sich für das Boardmasters ein Ticket kaufen. Das Festival fing klein an und ist zu einer Art Musikfestival mit Boardsport-Elementen geworden. Den Machern sei es natürlich gegönnt, sie können inzwischen sicher ganz gut von der Veranstaltung leben!

Wer ein Surf-Festival erleben möchte, bei dem das Wellenreiten im Mittelpunkt steht, wird auch in Deutschland fündig. Hamburg ist in Sachen Surf-Kultur ziemlich weit vorne, nicht nur, dass es hier eine der größten Surf-Communitys in Deutschland gibt, auch das Surf & Skatefestival in Hamburg ist für gestrandete Surfer durchaus ein Muss. Neben zahlreichen Surf-Filmen gibt es Surfkunst, Partys und verschiedene Veranstaltungen, um in die Welt des Brettsports reinzuschnuppern: SUP-Yoga, Surfboard-Art oder kleine Skateparks.

Wer vorfühlen möchte, ob die Surfwelt das Richtige ist, für den ist ein Surf-Festival definitiv die passende Veranstaltung – und für alle landlocked Surfer, deren Sehnsucht nach Wellen riesig ist, definitiv auch!

18. GRUND

WEIL DU EINE NEUE (FACH-)SPRACHE LERNST

»Yesterday the point really fired, it was a solid south swell that rapped around and it was just pumping with double overhead and really hollow sick pits«, antwortet der australische Surfstar auf meine Frage nach den Bedingungen des gestrigen Contest. Ich grinse, gedanklich aber fange ich an zu schwitzen. Während der Surfprofi weiter von »awesome roundhouse cutbacks« und »crazy laybacks in the pocket« labert, überlege ich mir, wie ich das wohl alles in Hochdeutsch übersetzen und aufschreiben soll. Ein deutsches Magazin, das sich sonst kaum mit dem Surfen auseinandersetzt, hatte angefragt, ob ich auf dem Surfcontest in Frankreich nicht einige der anwesenden Surfer interviewen und daraus eine Reportage machen möchte. Ich sagte natürlich zu, ohne mir im Klaren darüber zu sein, welche Schwierigkeiten auf mich warteten. Bei Arbeiten für ein Surfmagazin müssen Fachbegriffe natürlich nicht übersetzt werden, jetzt aber sitze ich am Laptop vor einem Cursor, welcher mich hämisch anblinkt und zu fragen scheint: »Na du deutscher Surfreporter – jetzt ist guter Rat teuer!«

Es ist schon schwierig genug, die Fachsprache eines speziellen Mikrokosmos so einfach und verständlich zu formulieren, dass sie auch Laien verstehen. In Bezug auf das Surfen aber steht der Journalist vor einer doppelten Herausforderung: Er muss sich mit einer Fachsprache auseinandersetzen, die es so eigentlich nur in Englisch gibt. Das hat schlicht und einfach damit zu tun, dass Surfen in Deutschland immer noch ein vergleichsweise junger Sport ist – und die speziellen Begriffe dafür oft nicht existieren. Golf zum Beispiel bedient sich auch vieler englischer Begriffe, »Birdie« oder »Put«, aber diese sind schon so lange im Umlauf und haben eine so genaue Bedeutung, dass auch Laien sie verstehen können. Genauso beim Tennis – »longline« erschließt sich jedem, der ein paar Brocken Englisch versteht.

Die englische Surfersprache hingegen ist ein Mix aus Fachbegriffen und umgangssprachlichen Phrasen, die nur sehr schwer auf Deutsch zu übersetzen sind. Einige haben eine ganz spezielle Bedeutung und beschreiben eine komplette Situation mit wenigen Worten, zum Beispiel »getting barreled« – auf Deutsch: ein Surfer, der gerade in den Tunnel aus Wasser hineinfährt, den die Welle formt. Das ist zum einen viel umständlicher und länger formuliert, und zum anderen liest es sich alles andere als »cool«. Und es beschreibt einfach nur nüchtern die Situation, in der sich der Surfer befindet. Wenn aber ein englischsprachiger Surfer von »getting barreled« spricht, hört sich das lässig an und kann, je nach Kontext, viel an Emotionen beinhalten oder auch unterschiedliche Bedeutungen haben. Vielleicht ist er wirklich gebarreled worden, vielleicht glaubt er aber auch, dass die Wellen so gut werden, dass sie hohl brechen, vielleicht bricht er aber auch zu einem Surftrip auf, um hohle Wellen zu jagen. Es gibt also viele Gründe, warum in der Surfer-Fachsprache die deutsche Übersetzung gegenüber dem Original deutlich »absäuft«.

Auch beim Schreiben dieses Buches stand ich immer wieder vor der Frage, welche Begriffe übersetze ich, welche lasse ich so stehen. Der hoffentlich surfaffinen Leserschaft geschuldet habe ich mich für einen Mittelweg entschieden – die gängigen Begriffe wie »Line-up« oder »Tube« stehen zu lassen, speziellere Begriffe wie »Swell« oder »landlocked« zu übersetzen. Ich hoffe, dieser Weg trifft auf euer Einverständnis?

Bei meinen Interviews mit den Surfprofis habe ich aus lauter Verzweiflung irgendwann die Antwort einfach wortwörtlich übersetzt: »Gestern hat der Punkt gefeuert, es war ein solider Südswell, der sich rumgewickelt hat. Es hat gepumpt mit doppelten Überkopfwellen und kranken, hohlen Röhren.« Daraus habe ich dann versucht, einen sinnvollen Satz zu bilden, der sich auch nicht-surfenden Menschen erschließt: »Die Wellen waren gestern richtig gut, die südliche Dünung hat den Surfspot zum Leben erweckt. Die Wellen waren gute drei Meter groß und hatten richtig Druck, es gab sogar Bereiche, an denen die Surfer durch die hohl brechende Welle surfen konnten.« Manche Texte und Begriffe sind einfach nicht dafür vorgesehen, übersetzt zu werden – you got that, mate?

19. GRUND

WEIL DU ALS SURFER DEINEN EIGENEN STYLE ENTWICKELST

Ungepflegt! Was soll das denn heißen? Das grenzt ja schon an Diskriminierung! Nach dem ersten Besuch meiner »Schwiegereltern in spe« erzählte mir meine Freundin, dass ihre Mutter gefragt habe, warum ich eigentlich so ungepflegt herumlaufe? Dabei hatte ich eben das an, was ich meistens in meiner Freizeit trage: kurze, aufgrund des Tragekomforts etwas zu weite Hosen, immerhin mit Gürtel, meine ausgelatschten, aber sehr gemütlichen Skaterschuhe, dazu ein T-Shirt mit Palmen drauf, das ich irgendwo in Costa Rica auf einem Markt gekauft hatte. Okay, damit kann ich vielleicht nicht beim nächsten Businessmeeting aufkreuzen – aber ungepflegt? Die Sachen waren frisch gewaschen, ich frisch rasiert – wo war also das Problem?

Es ist nicht nur meine Familie, die mich manchmal aufgrund der Wahl meiner Klamotten etwas schräg anschaut. Ich habe schon öfter Bemerkungen gehört, dass ich mich doch »sehr leger« anziehe – im Freundeskreis, bei der Arbeit, beim Sport. Woher kommt diese Ansicht? Gibt es in Deutschland so eine Art Schablone, wie man auszusehen hat? Anscheinend schon – wer mit seinem Style nicht ins vorgegebene Raster passt, fällt auf. Dabei rede ich nur von zu weiten Hosen, bunten Hemden oder T-Shirts mit Wellen drauf – was sollen denn die Punks, Heavy-Metal-Dudes oder Hip-Hopper sagen? Außerdem will ich gar nicht auffallen – ich will einfach nur das anziehen, worin ich mich wohlfühle, was bequem ist und mir einigermaßen gefällt. Ich habe mich auch nie bewusst für das eine oder andere Kleidungsstück entschieden, sondern die Sachen sind einfach bei mir gelandet. Ich gehe nie gezielt shoppen; wenn ich irgendwo etwas sehe, was mir gefällt, kaufe ich es: secondhand, auf dem Markt in Peru, beim Surfshop in Portugal. Klar bevorzuge ich einen bestimmten Kleidungsstil, aber anscheinend wird dieser von der nicht-surfenden Gesellschaft mit »zu leger« eingestuft. Ist mir persönlich – ganz ehrlich – ziemlich egal. Aber woher kommt diese Ansicht?

Es gibt einen klassischen Surferstyle, der aber ist eher von der Industrie lanciert und der breiten Öffentlichkeit geschickt aufgedrückt worden. Es gibt viele Unternehmen, die einst mit Surfprodukten gestartet und heute Millionen-Dollar-Lifestyle-Marken sind – und in erster Linie mit Textilien und weniger mit Surfboards ihr Geld verdienen. Diese Klamotten werden wahrscheinlich in der breiten Öffentlichkeit als Surferstyle wahrgenommen, als Uniform der Wellenreiter. Ein Verdienst des Marketing und der Werbung, die den vermeintlichen Lifestyle des Surfens natürlich gerne nutzt, um ihre Produkte zu verkaufen. Und es funktioniert – wer von oben bis unten mit Billabong, Hurley und Co. herumläuft, muss wohl ein Surfer sein!

Es ist interessant zu beobachten, dass in Ländern, in denen Surfen zur Kultur gehört, der lockere Kleiderstil ganz normal ist. In Australien zum Beispiel würde nie jemand bemerken: »Du läufst aber rum wie ein Surfer!« Die wenigsten sind von unten bis oben mit bekannten Surfmarken ausstaffiert, ausgenommen die gesponserten Profisurfer natürlich, sondern kleiden sich ganz normal – zumindest in deren Verständnis. Wahrscheinlich liegt das auch einfach am Klima und dem Stellenwert, den das Surfen dort hat – würden in Deutschland mehr Menschen etwas legerer gekleidet statt in Anzügen und der Jeans-Hemd-Kombination daherkommen, wären wir entspannten Surfer auch nicht so auffällig.

Was also ist *der* Surfklamottenstil? Gibt es den überhaupt? Eine schwierige Frage, auf die es nicht die eine richtige Antwort gibt. Bei Hip-Hoppern oder Punks ist das eindeutiger – aber bei einem Surfer? Ist es der Surfer, der komplett in Surf-Markenklamotten rumläuft? Oder ist es der feine Anzug bei einem, der jeden Tag vor und nach der Arbeit surfen geht?

Für mich steht fest: Ich bleibe bei meinem Kleidungsstil – zu leger hin oder her. Allerdings werde ich beim nächsten Besuch meiner Schwiegermutter festes Schuhwerk und eine eng anliegende Jeans tragen.

20. GRUND

WEIL DER SHAKA ZU DEINEM GRUSS WIRD

Der Gruß aller Grüße stammt meiner Meinung nach von Winnetou. Jedes Mal, wenn der Häuptling der Indianer seinen Arm senkrecht vor die Brust führte, bekam ich als kleiner Junge eine Gänsehaut. Ich war wahrscheinlich der größte Fan des berühmtesten aller amerikanischen Ureinwohner. Eine Zeit lang grüßten wir uns in der Grundschule wie Winnetou und fühlten uns dabei wie sehr gefährliche Krieger. Der Häuptlingsgruß wurde irgendwann abgelöst vom Gruß der Hip-Hop-Musiker: abklatschen und dann lässig Schulter an Schulter bouncen. Der schönste Gruß allerdings war mein erster Kuss – schade eigentlich, dass diese Art im Alltag nicht häufiger Verwendung findet.

All diese Grüße sind Gesten – ein vom Menschen oft verwendetes Kommunikationsmittel. Wikipedia listet fast 100 international gebräuchliche Gesten auf – darunter solche wie Mano Cornuta, den Teufelsgruß, die Neidfeige als Zeichen für den Geschlechtsverkehr oder den »Facepalm« als Ausdruck der Dummheit.

Wo kämen wir denn da hin, wenn wir Surfer nicht auch unseren eigenen Gruß hätten: den Shaka. Die Technik ist leicht: Bei geschlossener Faust Daumen und kleinen Finger abspreizen. Die fortgeschrittene Version sieht ein leichtes Schütteln der Hand während des Grußes vor. Wikipedia bietet folgende Definition: »Das Wort ›Shaka‹, begleitet von einer typischen Handhaltung, bei der die geschlossene Faust mit abgespreiztem Daumen und kleinem Finger gehoben wird, ist eine ganz allgemein auf Hawaii und per Übernahme durch die dortigen Surfer unter diesen Sportlern gebräuchliche Geste, die zu verschiedenen Anlässen gebraucht wird und etwa so viel bedeutet wie ›Cool!‹, ›Locker!‹, ›In Ordnung!‹, ›Gute Welle‹.«

Dass die Geste aus Hawaii stammt liegt nahe, schließlich benutzen die Bewohner des polynesischen Raums das Zeichen bis heute als Gruß, egal ob Surfer oder nicht. Wie die Geste entstanden ist, bleibt allerdings bis heute ungeklärt. Das Polynesian Cultural Center meint, dass ein Herr namens Kalili Hamana dafür verantwortlich ist – ihm fehlten an einer Hand die drei Mittelfinger! Andere behaupten, der Shaka stehe für den A-Frame, das manche Wellen bilden: der Wellenkamm – zur Faust zusammenklappende Mittelfinger – bricht an einer Stelle und läuft dann zu beiden Seiten – abgespreizte Finger – aus. Wie der Name für die Geste zustande kam, ist völlig ungeklärt. Sprachwissenschaftler vermuten, dass es sich aus dem amerikanischen »shake it up«, »wie läufts?«, ableitet. Manchmal wird der Gruß auch mit dem Ausspruch »hang loose« begleitet, was mehr oder weniger »alles klar, alles entspannt« bedeutet. Vielleicht ist es mit dem Surfergruß wie mit Wellen – keine ist gleich, keiner weiß so ganz genau, wo sie entstanden sind.

Während ich das gängige »Victory-Zeichen« als anstrengend für die Finger- und Handmuskulatur empfinde, macht der Shaka richtig Spaß und lockert das Handgelenk – eine kleine Übung für zwischendurch. Was dem Shaka am Ende zu internationaler Bekanntheit verholfen hat, vermag ich nicht zu sagen. Bestimmt ist es die Einfachheit der Geste, auch hat die steigende Bekanntheit des Surfens zur Verbreitung des Szene-eigenen Grußes geführt. Auch einige berühmte Menschen, die sich selber sicher nicht als Surfer bezeichnen würden, haben zur internationalen Verbreitung des Shaka beigetragen. Elvis Presley nutzte die Geste, als er im Januar 1973 nach seinem Konzert auf Hawaii die Bühne verließ, der Weltfußballer Ronaldinho zeigte den Gruß während seiner aktiven Karriere nach dem Torerfolg, und der Ex-Präsident Barack Obama grüßte damit seine Abgeordneten aus Hawaii – von wo er selber auch stammt.

Ich persönlich habe mir in den letzten Jahren den Shaka wieder abgewöhnt, er wurde einfach zu inflationär benutzt. Irgendwie habe ich das Gefühl, das wir ihm damit unrecht tun. Auch weil irgendwelche Leute, die noch nie ein Surfbrett unter der Brust hatten, den Shaka unbedacht durch die Gegend schleudern. Ich spare mir die

Geste für besondere Momente auf – zum Beispiel wenn ich versuche, den Gruß meinem kleinen Sohn beizubringen. Auch wenn mich ein anderer Surfer im Line-up grüßt, gebe ich den Shaka verziert mit einem freundlichen Lächeln zurück. Dinge die überstrapaziert werden, verlieren einfach ihren Reiz – und dieses Schicksal möchte ich meinem Shaka ersparen. Das Größte allerdings wäre, wenn in der Zukunft eine ganz bestimmte Person den Gruß der Surfer benutzen würde, vielleicht in einem Hollywoodfilm oder auf der Bühne in Bad Segeberg. Folgendermaßen stelle ich mir das Szenario vor: Winnetou steigt von seinem schwarzen Hengst Iltschi, umarmt seine wunderschöne Schwester Nscho-tschi und wirft dann extrem lässig Old Shatterhand den Shaka zu – hach wie schön!

21. GRUND

WEIL SICH SURFEN UND YOGA OPTIMAL ERGÄNZEN

Yoga hat mich gerettet – davor, dass Surfen mich kaputt macht!! Hört sich komisch an, ist aber wahr! Vor ein paar Jahren bin ich auf einen Surftrip nach Sri Lanka gefahren – um ehrlich zu sein, war es eher ein Urlaub mit meiner Freundin. Wir waren zu der Zeit sehr viel beruflich unterwegs, hatten Stress und uns kaum gesehen. Sri Lanka war als Destination ein Kompromiss, weil ich ein wenig surfen gehen konnte, während wir in einem Ayurveda-Retreat wohnten – win-win sozusagen.

Nach einer der ersten Surf-Sessions bekam ich plötzlich extreme Rückenschmerzen – ein Leiden, von dem ich bisher immer verschont geblieben war. Zurückblickend denke ich, dass eine Kombination aus vielen Stunden am Schreibtisch, Stress und den Surf-Sessions in untrainiertem Zustand zu den Problemen geführt hat. Selten bin ich so unfit in einen Surfurlaub gestartet – wurde dafür allerdings auch bitter bestraft. Vor den ersten Surf-Sessions habe ich mich kaum aufgewärmt und gedehnt – Surfer kennen das Gefühl: Die Vorfreude ist so groß, dass es nicht schnell genug ins Line-up gehen kann! Nach einigen Tagen dann streikte mein Körper. Der Arzt vor Ort kannte sich mit Organen, Hormonen und Blut aus, aber nicht besonders gut mit der Orthopädie. Was tun? Urlaub abbrechen? In ein lokales Krankenhaus gehen?

Meine Rettung war der Yogalehrer in unserem Ayurveda-Retreat. Ich wehrte seine Einladung für eine Yogastunde zunächst ab, irgendwelche Verrenkungen waren wirklich das Letzte, was ich jetzt brauchen konnte. Ich hatte mich doch bisher nicht umsonst gegen jegliche Überzeugungsversuche meiner Freundin gewehrt, doch endlich mal zum Yoga mitzukommen, um dann im Surfurlaub einzuknicken. Die Schmerzen wurden immer stärker, irgendwann konnte ich alleine nicht mehr aus dem Bett aufstehen! Also doch zum Yogalehrer – letzte Chance, um das Ende des Urlaubes zu vermeiden. Der ältere Yogi empfing mich mit einem Lächeln, so als habe er genau gewusst, dass ich mich irgendwann in sein Studio schleppe. Wir fingen ganz langsam an und machten nur leichte Dehnübungen, die er an mir durchführte.

»Du arbeitest viel am Computer?«

»Ja!«

»Du dehnst dich nicht vor dem Surfen?«

»Ja!«

Du machst auch sonst nichts für deine Körperflexibilität?«

»Ja – woher weißt du das?«

»Dein Körper erzählt es mir gerade!«

Schon nach der ersten Yogasession verspürte ich eine leichte Entspannung, die schlimmen Schmerzen waren weg. Ab da ging ich zweimal am Tag zu ihm, und irgendwann fingen wir an, richtige Yogaübungen zu machen. Es half nicht nur, Yoga machte mir sogar richtig Spaß! Neben der körperlichen Entspannung relaxte mein Geist, und was ich nie für möglich gehalten hatte: Ich surfte in diesem Urlaub sogar noch! Bei einem Orthopäden in Deutschland hätte ich wahrscheinlich irgendwelche Spritzen bekommen, das hätte die Schmerzen gelindert, nicht aber die Ursache beseitigt. Seit meinem Erlebnis in Sri Lanka versuche ich regelmäßig Yoga zu machen und hatte seitdem nie mehr Rückenschmerzen – überhaupt ist mein Körpergefühl ein viel besseres geworden.

Ich bin übrigens nicht der Erste, dem die Vorteile der Kombination »Surfen und Yoga« aufgefallen sind. Einige der weltbesten Surfer schwören darauf: Kelly Slater, Gerry Lopez, Dave Rastovich. Ihnen wird nachgesagt, »katzenhaft« zu surfen – gemeint ist damit ihre enorme Flexibilität und Dynamik, und mit Sicherheit hat Yoga einen großen Teil zu diesem Style beigetragen. Yoga ist wie Surfen viel mehr als ein Sport, es ist eine Lebenseinstellung, die sich auf Körper und Geist auswirkt. Surfen und Yoga sind wie Yin und Yang; was das eine nicht kann, macht das andere wett. Yoga hilft Surfern, einen stärkeren Körper, einen klareren Geist und eine tiefere Verbindung zum Meer zu erreichen. Auch kann Yoga zu deiner Sicherheit im Wasser beitragen – das sogenannte »Pranayama« ist eine Form der Atemkontrolle, die das Lungen- und Herzvolumen steigert – etwas, was ein Surfer bei heftigen Wipe-outs ganz gut gebrauchen kann. Yoga fördert deinen Gleichgewichtssinn, Yoga steigert deine Achtsamkeit und das Auffassungsvermögen, Yoga schützt dich vor Verletzungen, Yoga … kurzum: Nichts ergänzt sich besser mit Surfen als Yoga! Ich rate jedem Wellenreiter, es mal auszuprobieren und nicht wie ich den Fehler zu begehen, diese uralte Technik als »Quatsch« abzutun.

22. GRUND

WEIL SURFLEHRER DIE NEUEN TENNISLEHRER SIND

Als ich jung war, habe ich mich oft gefragt, wieso meine Mutter mit ihren Freundinnen immer diese Gespräche über Tennislehrer führte, inklusive Tuscheln und Kichern. »Hat er mal wieder Ihre Rückhand genau untersucht?«, »Der hat so einen Aufschlag bei den Frauen« oder auch »Da hat er das Kompliment super retourniert«. Heute ist mir natürlich klar, dass der Tennislehrer im Freundeskreis meiner Mutter als Synonym für »gut aussehender junger Mann, der flirten kann« gehandelt wurde. Damals war Tennis der Trendsport überhaupt – Boris Becker hatte sich erfolgreich über einen englischen Rasen gehechtet, sich damit in die Herzen der Deutschen geschlagen und so das Spiel mit der gelben Filzkugel wieder attraktiv gemacht. Jeder rannte auf einmal auf den Tennisplatz – die Männer brachten sich alles selber bei, die Frauen nahmen Stunden bei »dem durchtrainierten Tennislehrer«. Skilehrer und Golflehrer umgibt eine ähnliche Aura – ich habe diese Anziehungskraft auf das andere Geschlecht nie ganz verstanden.

Aber es existiert, ich habe es mit eigenen Augen gesehen – und zwar an den Stränden dieser Welt. Surfen ist das neue Tennis – der Trendsport dieses Jahrzehnts. Was Tennis- oder Skilehrer in den 80ern und 90ern verkörperten, übernehmen heute die Surflehrer – Fleisch gewordener Liebhaber aus dem letzten Film von Rosamunde Pilcher, der in Zukunft als Hauptdarsteller für die eigenen wilden Träume engagiert wird.

Im Gegensatz zu den Lehrern auf dem Tennisplatz kann ich mir die Anziehungskraft von Surflehrern durchaus erklären. Von der Sonne gebleichte lange Haare, gut gebaut und ein Lebensstil, der die Aussicht auf ungezwungene Zweisamkeit und die freie Liebe an den Sandstränden dieser Welt verspricht. Bei jeder Surfschule, die am Strand aufkreuzt, gibt es mindestens eine junge Dame oder einen jungen Herrn, die dem Surflehrer an den Lippen hängen und mit Sicherheit nach der Lehrstunde eher über die wunderschönen blauen Augen des Surflehrers als die Surftechniken berichten könnten. Ich selber bin zwar kein Surflehrer, allerdings kenne ich einige, die in dieser Funktion unterwegs sind.

Auch ein ehemaliger Surf-Buddy von mir hat den Weg des Wellenreitlehrers eingeschlagen – was mich damals überhaupt nicht verwundert hat, waren doch neben dem Surfen die Frauen seine zweite große Leidenschaft. Seine vorläufige Berufswahl war überraschend und doch logisch zugleich. Im Grunde konnte er andere Surfer nicht leiden – zumindest die männlichen. Sie nahmen ihm seine Wellen im Wasser und die Mädchen an Land weg, surften wie Anfänger und nervten einfach – im Grunde war er ein surfender Misanthrop. Aber seine Faszination für das andere Geschlecht überwog – das brachte ihn dazu, die Kunst des Wellenreitens weitergeben zu wollen. »Der Nachschub an Frauen ist einfach unglaublich«, erklärte er mir einmal seine Berufswahl, »jede Woche kommen neue, und die alten verschwinden auf Nimmerwiedersehen«! Eine höchst chauvinistische, geradezu frauenverachtende, aber für ihn durchaus logische Lösung für seinen Nachschub-Engpass. Ich besuchte ihn für zwei Wochen in seinem Surfcamp und erlebte hautnah mit, wie sich die Damen um die Plätze im Line-up zankten – nicht um mehr Wellen zu erwischen, sondern um immer in seiner Nähe zu sein. Ich habe Frauen gesehen, die extra vom Surfbrett gefallen sind, um sich von seinem festen Griff wieder auf selbiges helfen zu lassen. Absurd – aber anscheinend war mein Kumpel in seiner Funktion das Prachtexemplar für ein kleines Liebesabenteuer im Urlaub, eine surfende Sexbombe sozusagen, die regelmäßig abends im Surfcamp explodierte. Er brachte seinen Surfschüler(innen) das Wellenreiten bei, sah dabei gut aus, war charmant, dazu die heiße Sonne und ein paar kühle Drinks – genug, um mit der jungen Dame zu nächtlicher Stunde auf ihr Zimmer zu surfen. Ich will den Surfergirls dieser Welt auf keinen Fall zu nahe treten – in der umgekehrten Konstellation würden die Männer mit

Sicherheit Schlange stehen, um der Surflehrerin das Surfbrett einzuwachsen. Aber ich habe ebendieses »Surflehrer – Surfschülerin«-Beispiel, und ich bin bis heute baff, welche Wirkung mein Kumpel allein durch seine Position im Surfcamp entfaltete.

Auch will ich die Surflehrer nicht alle über einen Kamm scheren, mein Surf-Buddy ist da sicher ein ziemlich extremes Beispiel. Es kommt am Ende ja auch darauf an, mit welcher Intention sich der Übungsleiter vor die Gruppe stellt. Es gibt tolle Surflehrer auf dieser Welt – fachlich kompetent, exzellente Wellenreiter und mit Spaß bei der eigentlichen Sache. Und die meisten gehen abends auf ihr eigenes Zimmer oder dorthin, wo ihre Frau und Familie warten. Und wenn nicht, ist das auch okay – es steht mir gar nicht zu, die surflehrenden Menschen dieser Welt zu kritisieren. Das Liebesleben kann schließlich jeder so handhaben, wie er möchte. Ich weiß nur eins: Auch wenn sich die Frauentruppe um meine Mutter immer mit leuchtenden Augen über ihre Übungsleiter unterhalten haben – so richtig cool sind die Tennis,-, Golf- und Skilehrer bei mir damals nicht rübergekommen, geschweige denn nachhaltig in Erinnerung geblieben.

23. GRUND

WEIL DU ZUM INFLUENCER WIRST

Wer auf der Internet-Fotoplattform Instagram schöne Fotos von sich beim Surfen einstellt, kann sicher sein, geliebt zu werden – mehrfach! Für den Cutback bekommt der Profisurfer zum Beispiel 3.957 digitale Herzen und über 400 wohlwollende Kommentare. Überhaupt wird in der Onlinewelt mit Zuneigung ziemlich verschwenderisch umgegangen. Wert einer Barrel: 1.475 Likes. Ein Sprung: 2.513 Likes. Ein Foto mit dem halb geöffneten Neoprenanzug und einem sexy Bikini darunter: 6.891 Likes.

Die sozialen Medien haben in den letzten Jahren immer mehr an Bedeutung gewonnen – im privaten und unternehmerischen Bereich. Für Firmen und ihre Marken ist der digitale Content emotional wertvoll, aber auch monetär und aus Marketingperspektive – und auch die Surfindustrie profitiert davon. Nutznießer sind die sogenannten Influencer: Menschen, die in ihrer Zielgruppe eine so große Gefolgschaft haben, dass es sich für Unternehmen lohnt, mit ihnen zu werben. Diese Reichweite bezahlen die Marketingmenschen mit viel Geld: Die erfolgreichsten Instagramer verdienen Millionenbeträge mit Fotos, auf denen sie einen bestimmten Pulli, den neusten Lippenstift oder das angesagte Getränk in die Kamera halten.

In der Surfszene geht es vielleicht nicht um siebenstellige Beträge, aber auch hier funktionieren die sozialen Medien mehr als gut. Die Surfwelt ist eine sehr visuelle Welt, sie lebt von Fotos und Filmen – wer das bedienen kann, ist klar im Vorteil. Was beim Ritt auf der Welle wirklich passiert, ist mit Worten manchmal nur schwer zu vermitteln, denn das Gefühl, das uns Surfer so fasziniert, ist im Grunde unbeschreiblich. Umso besser funktionieren die spektakulären Aufnahmen von schönen Wellen, Surfern in türkisblauem Wasser und nackter Haut. Ein weltweit bekannter Hersteller von Energydrinks hat diese Wirkung schon vor Jahren, noch weit vor der Social-Media-Generation, erkannt und »Actionsportler«, darunter auch Surfer, als Testimonials unter Vertrag genommen. In diese Athleten, und den Content den sie produzieren, investiert das Unternehmen seitdem reichlich und konnte dadurch sehr erfolgreiche Marketingkampagnen abliefern: Fallschirmspringen aus dem All, mit dem Motorrad über die Wellen heizen oder Wettrennen mit Sportflugzeugen sind nur einige der waghalsigen Aktionen, die nicht nur viral durch die Decke gegangen sind. Dass der Brausehersteller damit im Gegenzug dem einen oder anderen Sportler in den sozialen Medien Flügel verliehen hat, ist selbstverständlich.

Innerhalb der Surfszene gibt es einige Profisportler, die sich ihre Surftrips nicht mit Sponsoren- oder Preisgeldern von Wettkämpfen finanzieren, sondern durch das Honorar von Firmen, die mit ihnen werben. Eine der erfolgreichsten ist Victoria Vergara, eine französische Longboarderin, die eher durchschnittliche Erfolge beim Wettkampfsurfen vorzuweisen hat, dafür aber mit anderen Qualitäten überzeugt: Sie ist außerordentlich hübsch und hat kein Problem damit, sich relativ freizügig auf dem Surfbrett in ihrem Instagram-Kanal zu präsentieren. Keine Frage, sie kann surfen, wer aber mal an der französischen, spanischen oder portugiesischen Atlantikküste unterwegs war, hat mit Sicherheit viele junge Frauen gesehen, die das mindestens genauso gut können. Spannend für Marketingmenschen allerdings ist die Mischung, die bei Madame Vergara eine wertvolle Gleichung ergibt: »Gutes Aussehen« plus »Surfen« ist gleich »toller Lifestyle und privater und beruflicher Erfolg«. Das wiederum bedeutet große Reichweite und Sichtbarkeit der werbenden Unternehmen und ihrer Produkte. Auch in der Onlinewelt gilt der Leitspruch »sex sells« – ein Beispiel: In einem Foto sind Victoria Vergaras Brüste zu sehen, nur bedeckt mit einer feinen Schicht Sand: 10.700 Likes! Das direkt darauffolgende Foto zeigt die Schönheit, wie sie relativ unkreativ ein Schönheitsprodukt in die Kamera hält und dafür immerhin knapp 3.000 Likes kassiert. Hinter beiden Fotos steckt die gleiche Firma – wenn das mal nicht eine erfolgreiche Kampagne ist: mit den Geschlechtsorganen anlocken, um dann die eigentliche Message loszuwerden. Wie wichtig »Sein und Schein« in der digitalen Welt sind, zeigen meine Instagram-Ambitionen als Vergleich: Mein erfolgreichstes Foto auf Instagram hat ganze 173 Likes bekommen. Ich kann zwar den Lifestyle »Surfen« anbieten, was allerdings die »sexyness« angeht, verliere ich deutlich gegen Frau Vergara – nicht umsonst hat sie über 150.000 Follower, ich nicht mal 2.000.

Ein wenig nackte Haut also und das ein oder andere gelungene Foto, und schon verdienst du mächtig Kohle mit deinem digitalen Fotoalbum? Mitnichten – so einfach ist es dann mal wieder doch nicht. Bei Instagram gibt es jede Menge junger Frauen, die im Stile einer Victoria Vergara posten und trotzdem nur mäßig geliebt werden. Mit den sozialen Medien und Influencern ist es wie in der analogen Werbewelt: Warum die eine Anzeige besser funktioniert als die andere, kann nicht immer mit definierten Parametern gemessen werden. Auch in der Kunst ist nicht immer transparent oder konkret, warum ein Gemälde gefällt oder nicht. Wer also als Surfer gleichzeitig Social-Media-Star sein will, muss sich richtig was einfallen lassen und auf sein Quäntchen Glück hoffen. Fest steht: »Sex« und »Surfen« alleine machen noch keinen erfolgreichen Influencer!

24. GRUND

WEIL DU DEINE SURF-NATIONALMANNSCHAFT ANFEUERN KANNST

Ich habe es im Vorfeld der Weltmeisterschaften nicht für möglich gehalten, es ist dann aber tatsächlich so geschehen: Die Mitglieder der Deutschen Surf-Nationalmannschaft tragen alle einen einheitlichen Trainingsanzug samt Bundesadler auf der Brust. Ja richtig, es gibt eine Nationalmannschaft der deutschen Surfer, und sie nehmen auch noch an Weltmeisterschaften teil, »World Surfing Games« genannt. Als ich das erste Mal davon hörte, dachte ich nicht, dass sich freiheitsliebende Individualsportler einem gemeinsamen Trainingsplan und Mannschaftsregeln unterwerfen würden. Auch würde ich Surfer nicht gerade zu der Gruppe Menschen zählen, die es toll finden, mit einer gesurften Welle Punkte für die eigene Nation zu holen – aber gegen Bundesadler, einheitlichen Trainingsanzug und »Wir-Gefühl« kann dann doch kein Coolheits-Faktor ankommen. Und es funktioniert ziemlich gut, die Deutsche Surf-Nationalmannschaft ist bei internationalen Wettkämpfen regelmäßig im Mittelfeld der teilnehmenden Nationen zu finden. An Länder wie Frankreich, Spanien oder Portugal reichen unsere surfenden Athleten zwar noch nicht heran, aber die verfügen ja auch wirklich über perfekte Trainingsbedingungen an den heimischen Küsten. Wir erwarten ja auch nicht, dass Malta uns auf dem Fußballplatz besiegt – zumindest noch nicht!

Auch bei der letzten WM an der französischen Atlantikküste schlug sich die surfende Mannschaft gut, sowohl bei den Damen als auch bei den Herren waren die deutschen Athleten in den Halbfinals vertreten. Insgesamt holte Deutschland am Ende den 18. Platz, vor Nationen wie Panama, Argentinien oder den Niederlanden. Das aber ist nur Nebensache – viel spannender ist es, wie ernst die jungen Athletinnen und Athleten die ganze Veranstaltung nehmen. Es gibt einen festen Trainingsplan, an den sie sich strikt halten, auch der gesunde Ernährungsplan steht fest, und Alkohol ist ein No-Go. Der Betreuerstab besteht aus Teamchef, Cheftrainer, Fitnesstrainer und Koch – da steht die Surf-Nationalmannschaft den berühmten Fußballern in nichts nach. Anders als beim Fußball allerdings geht es hier nicht in erster Linie ums Geld und den ultimativen Erfolg, und das merkt man den Surfern auch an – der nötige Sinn für Spaß an der eigentlichen Sache steht hier am französischen Strand im Vordergrund. Auch ist die »Mannschaft« nicht bloß eine Idee der Marketingabteilung, sondern wird bei Sieg und Niederlage gleichwertig gefeiert. Es geht bei diesen »World Surfing Games« um viel mehr als irgendwelche Schecks oder gut dotierte Verträge, es geht indirekt um olympisches Edelmetall. Der Wettkampf ist Teil des sogenannten Olympischen Zirkels, was bedeutet, dass nach und nach ausgewählt wird, wer für die Spiele im Jahre 2020 in Japan infrage kommen könnte. Das alleine schon sollte doch für jeden Sportler Motivation genug sein, auch oder gerade für Surfer! Die deutschen Surf-Hoffnungen heißen Frankie Harrer, Leon Glatzer oder Arne Bergwinkel – außer einem deutschen Pass allerdings verbindet diese Sportler nur wenig mit ihrem Heimatland. Entweder sind sie früh mit ihren Eltern ausgewandert oder gleich im Ausland geboren. Frankie Harrer zum Beispiel lebt in Malibu, andere haben ihre Homebreaks in Portugal oder Costa Rica – die Athleten der deutschen Surf-Nationalmannschaft sind zum großen Teil Auswanderer, die so gute Surfer sind, weil sie in ihrer neuen Heimat tolle Wellen zum Trainieren vorfinden. Das mag die überflüssige und dämliche Diskussion provozieren, wie deutsch eine deutsche Nationalmannschaft sein muss – ich finde, dass diesbezüglich ausnahmsweise mal der Fußball mit seiner »Causa Özil« die Antworten geliefert hat. Meiner Meinung nach sollte man das nicht so eng sehen, gerade beim Surfen kann es doch für Deutschland nicht besser laufen: Die jungen Frauen und Männer trainieren in Weltklassewellen, um dann bei Olympia erfolgreich für Deutschland zu sein – und wir Durchschnittssurfer haben unsere heimischen Wellen weiter für uns alleine.

Wer jetzt die Lust auf Wettkampfsurfen verspürt, der muss sich nicht gleich für Olympia qualifizieren, es gibt jedes Jahr auch die Deutschen Surfmeisterschaften und sogar die Deutschen Hochschulmeisterschaften – Teilnahmebedingungen: keine!

25. GRUND

WEIL DU VIELLEICHT SCHON BALD ALLEINE IM LINE-UP SITZT

Die Surfindustrie ist ein hungriges Monster! Sie will Geld, Wachstum und ihre Produkte am besten in jedem Klamottenladen zwischen Portugal und Dänemark an die Frau oder den Mann bringen. Mit Surfindustrie meine ich nicht die eingefleischten Surfer, denen Klamotten, Marken und Style ziemlich egal sind. Ich verbinde damit die Mainstream-Industrie, die neben Textilien das eine oder andere Surfbrett, jedoch vor allem aber einen Traum, ein Klischee, verkauft. Es gab eine Zeit, da waren die großen Surfmarken nah dran, ihren Traum von der »nächsten Fußball-Industrie« zu verwirklichen: 2016 lag der weltweite Umsatz mit Surfartikeln immerhin bei 7,3 Milliarden Dollar. Mit stylishen Klamotten hatten sie es bis an die Börse geschafft, Kelly Slater war ein leuchtender Repräsentant des Sports und ein amerikanischer TV-Rechtevermarkter interessiert daran, das Produkt »Surfen« weltweit populär zu machen. Der steile Weg direkt an die Spitze der Sportindustrie war also vorprogrammiert – oder?

Wer die letzten 20 Jahre in den Line-ups dieser Welt verbracht hat, wird zähneknirschend festgestellt haben, dass es immer voller wird. Die Nischensportart Surfen ist zur Trendsportart geworden. Wer aber hinter die Klischees und Marketingversprechen und über die Line-ups hinausschaut, stellt fest: Die nackten Zahlen belegen das Gegenteil. Wer bei Google Trends – einer Plattform, bei der online die Entwicklung bezüglich der Beliebtheit bestimmter Begriffe im Internet verglichen werden kann – nach den Begriffen »Surfen« und »Fußball« sucht, stellt fest, dass Surfen nicht einmal annähernd »König Fußball« das Wasser reichen kann. Das ist erst einmal nicht sonderlich überraschend, wird wohl niemand das runde Leder je vom Thron stoßen können. Interessant ist aber, dass Fußball immer mehr an Popularität dazugewinnt, Surfen sich dagegen auf der Beliebtheitsskala auf dem absteigenden Ast befindet. Ich konnte es erst auch nicht glauben – aber das ist ein belegter Fakt. Ich beschäftigte mich sieben Tage die Woche oder 365 Tage im Jahr mit Surfen, meine Wahrnehmung mag zugegebenermaßen etwas subjektiv sein, trotzdem hätte ich es nicht für möglich gehalten, dass Surfen gar nicht so cool ist wie gedacht. Wenn man sich den Trend des Suchbegriffs »Surfen« anschaut, dann gab es zwischen 2003 und 2014 einen Abstieg um 64 Prozent. Mehr als die Hälfte aller Online-User haben in diesen Jahren dem Surfen im Netz den Mittelfinger gezeigt. Das Internet ist zum Glück nicht allmächtig und kann schon gar nicht die Zukunft voraussagen, aber was Trends angeht, ist die digitale Welt oft ein Vorreiter der analogen. Dementsprechend hat die digitale Talfahrt irgendwann auch die Surfindustrie zu spüren bekommen. Eine der weltweit führenden Surfmarken verzeichnete in den vergangenen zehn Jahren einen Wertverlust an der Börse um 97 Prozent! Eine andere hat sogar direkt Insolvenz angemeldet. Als ich für diesen Text recherchiert habe, fiel mir eine Sache auf: Vor einigen Jahren gab es ein großes Schiff, das von einer Surfmarke gesponsert mit den besten Surfern der Welt über die Weltmeere schipperte und am Fließband unfassbare Fotos und Videos lieferte. Kurz war auch noch ein Hubschrauber mit von der Partie, um das Projekt aus der Luft zu dokumentieren. Eigentlich sollte auch Aufmerksamkeit auf den Umweltschutz gelenkt werden, aber in erster Linie hatten hier die Marketingleute das Ruder fest in der Hand. Das muss zu der Zeit gewesen sein, als sich die Surfindustrie auf einem absoluten Höhenflug befand und Geld keine Rolle spielte – doch wieso ist irgendwann erst der Hubschrauber und dann das Schiff klammheimlich von der Bildfläche verschwunden? Sicher nicht, weil es irgendjemandem an Bord zu langweilig wurde. Den Jungs und Mädels auf Unternehmerseite sind erst die Verkaufs- und dann die Gewinnzahlen weggebrochen – die Folge: Panik! Budget für irgendwelche Spielereien war da nicht mehr drin.

Im Jahr 2014 keimte die Hoffnung noch einmal, als Gabriel Medina der erste Brasilianer war, der den Weltmeistertitel holte. Die Popularitätskurve für »Surfen« schoss bei Google Trends auf ein Achtjahreshoch – allerdings war der Höhenflug nur von kurzer Dauer, da Medina zunächst nicht so richtig nachlegen konnte. Und es war sowieso schon zu spät – in Goldgräbermanier haben sich die Macher vom Erfolg blenden lassen, am Ende folgte dann ein ordentlicher wirtschaftlicher Wipe-out.

Der kurze Aufwärtstrend allerdings hat die Surfmanager in den Glauben versetzt, dass es ein Licht am Ende des Tunnels gäbe. Von dort strahlen Brasilien, China, Indien – alles Märkte mit großem Potenzial. Ich bin gespannt, wie sie den ersten Inder auf den Surfthron heben wollen, um das Interesse der knapp 1,4 Milliarden Landsleute vom Cricket oder der englischen Fußballliga auf den Surfzirkus zu lenken. Inzwischen dürfte jedem klar sein, dass der Mikrokosmos Surfen keine Cash Cow und doch nicht alles Gold ist, was glänzt. Im Gegenteil: Google prophezeit beim Dreijahrestrend einen Rückgang der Popularität um weitere drei Prozent. Was ganz genau die Gründe sind – keine Ahnung, die Details überlasse ich lieber den Fachleuten.

Viel wichtiger als ein paar Goldmünzen finde ich folgende Fragen: Was bedeutet das alles ganz konkret? Wie wirkt sich das auf uns Surfer aus, die da draußen wirklich im Line-up sitzen? Für mich ist der Trend klar – eigentlich kann es gar nicht anders kommen! In ein paar Jahren sitzen wir an Surfspots auf Hawaii, in Südfrankreich und Portugal wieder alleine im Line-up, im Laden kann ich nur zwischen zwei Surfmarken wählen, und Biermarken werben wieder mit Fußballern und nicht mehr mit Surfertypen, die in Wirklichkeit noch nie auf einem Brett standen. Ich würde jede einzelne dieser Entwicklungen sofort unterschreiben. So richtig will ich jedoch noch nicht daran glauben, denn ganz am Ende meiner Recherche bin ich auf eine Zahl gestoßen, die mir Angst machte: Die Global Industry Analysis sagt für das Jahr 2022 einen weltweiten Umsatz der Surfindustrie von 9,5 Milliarden Dollar voraus – davon kann das eine oder andere Unternehmen ziemlich gut leben. Obwohl die Popularität des Surfens anscheinend immer weiter sinkt, stabilisieren sich in Zukunft die weltweiten Umsätze der Surfindustrie – Konsum ist eben König, auch auf dem Surfbrett. Bleibt nur die Hoffnung, dass diese Entwicklung nicht mit der Anzahl der Menschen im Line-up korreliert!

Fakt ist wohl: Sobald es surfbare Wellen gibt, finden sich genügend Surfer, die diese reiten wollen – die wiederum brauchen eine Industrie, die sie mit Material, Klamotten und sonstigen Utensilien versorgt! Bleibt nur die Hoffnung, dass das Monster irgendwann mal satt ist – oder sich kräftig verschluckt!

2. KAPITEL

EIN LEBEN ALS SURFER

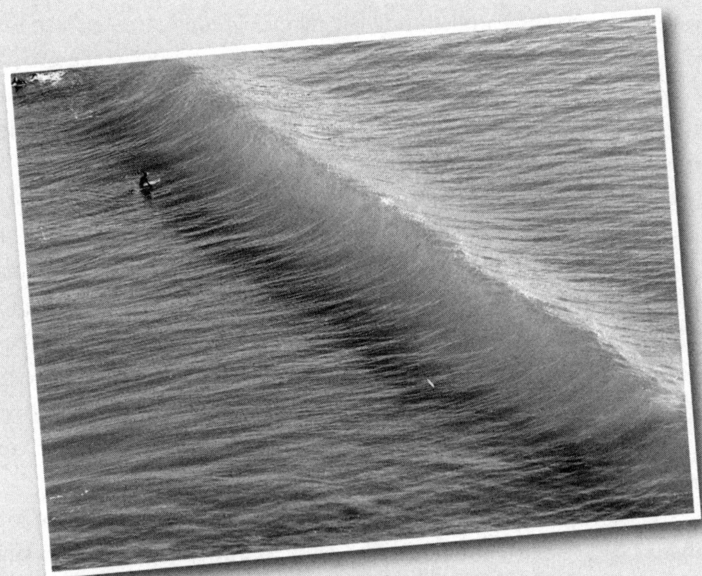

26. GRUND

WEIL DU DIE GROSSE FREIHEIT GESCHENKT BEKOMMST

»Wirklich ein ganzes Jahr – also zwölf Monate am Stück?« war eine der Fragen, oder »Wird das nicht irgendwann langweilig?« eine andere. Fragen, auf die ich noch keine Antworten hatte, kurz nachdem ich meinen Plan für eine einjährige Weltreise kundgetan hatte – schließlich war ich vorher noch nie so lange am Stück unterwegs gewesen. Die Familie und viele meiner Freunde freuten sich für mich, ein paar waren besorgt, und andere zweifelten, dass ich meine Reisepläne wirklich wahr machen würde. Ich war überrascht – alle redeten immer von der großen Auszeit, wenn es dann aber jemand in die Tat umsetzt: allgemeine Aufregung!

»Und was willst du unterwegs den ganzen Tag machen?«, fragte mich jemand aus der Familie. Mal abgesehen davon, dass ich diese Frage bis heute nicht nachvollziehen kann, lautete meine Antwort meistens: »Surfen!« Viele nicht-surfende Leute können es sich nur schwer vorstellen, ein Jahr lang ausschließlich Wellen hinterherzureisen. Wie gut, dass damals weder meine Freunde und Familie noch ich wussten, dass aus dem einen geplanten Jahr unterwegs fast zwei werden würden – ansonsten hätte mich vielleicht irgendjemand vor meiner Reise zwangseinweisen lassen.

Irgendwann war es dann so weit – ich hatte mit meinem ersten Job etwas Geld gespart, ein Flugticket gebucht und mir grob Gedanken über die Route gemacht. So stand ich also mit meinen Siebensachen und dem Boardbag am Frankfurter Flughafen und verabschiedete mich von meinen Lieben. Meine Gefühle variierten zwischen »ich kann es kaum erwarten, frei zu sein« bis zu »was hast du dir nur dabei gedacht?«. Und dann saß ich im Flugzeug nach Kalifornien, von wo aus mich mein XXL-Surftrip über Zentral- und Südamerika, Australien und Neuseeland zum Abschluss nach Indonesien führen sollte. Es dauerte einige Zeit, bis ich mich an den Fakt gewöhnt hatte, dass es nach einem kurzen Urlaub erst mal nicht nach Hause, sondern immer weiter ging. Als es sich dieser Gedanke dann aber irgendwann in meinem Oberstübchen bequem gemacht hatte, war es ein Gefühl, das ich vorher und auch nachher nicht oft in meinem Leben verspürt habe: absolute Freiheit! Ich war nichts und niemandem etwas schuldig, ich konnte mich einzig und alleine auf eine Sache konzentrieren: Wellenreiten! Viele meiner Traumwellen durfte ich auf dieser Reise surfen, und es war einfach ein herrliches Gefühl, jeden Tag im Line-up zu sitzen. Ich musste mich nicht mehr von Surftrip zu Surftrip hangeln und die Zeit dazwischen mit Surf-Filmen überbrücken.

Bis heute stelle ich mir die Frage, ob ich auf diese lange Reise auch gegangen wäre, wenn ich vorher nicht der Sucht nach Wellen erlegen wäre. Sicher reise ich sehr gerne, lerne fremde Menschen und andere Kulturen kennen, aber dieser unwiderstehliche Drang nach Aufbruch, nach Neuem und Unbekanntem ist erst durch das Surfen bei mir so richtig entflammt. Ich weiß mit Sicherheit, dass ich ohne das Surfen an vielen Orten nie gewesen wäre – sie sind außerhalb der ausgetretenen Touristenpfade und bieten vordergründig nicht mehr als surfbare Wellen. In Wirklichkeit findet man dort unberührte Natur, vom Tourismus verschont gebliebene Menschen und das reine Leben im Hier und Jetzt.

Diese beiden Jahre auf Reisen waren aber nicht nur für mich als Surfer wichtig, sondern vor allem auch als Mensch. Ich habe gelernt, dass andere Werte im Leben mindestens genauso wichtig sind, wenn nicht sogar wichtiger als diejenigen, die bei uns in der westlichen Welt zählen. Ich weiß seitdem, dass ich mit sehr wenig materiellen Dingen und finanziellen Mitteln klarkommen kann. Ich weiß jetzt auch, dass ich mit dem Bau eines Swimmingpools oder dem Putzen von Hostel-Toiletten genug Geld verdienen kann, um davon eine Weile leben zu können. Ich habe in den zwei Jahren erfahren, was es bedeutet, die Welt zu entdecken – und zwar jeden Tag aufs Neue. Dafür bin ich meiner Leidenschaft, dem Surfen, zu tiefem Dank verpflichtet. Ohne die Suche nach Wellen glaube ich nicht, dass ich die Motivation für diesen prägenden Abschnitt in meinem Leben gehabt hätte. Die Wellen haben mir meinen Planeten gezeigt und mich mehr mit dieser Welt in Einklang gebracht, als dies jemals von zu Hause aus möglich gewesen wäre.

Falls es übrigens potenzielle Nachahmer interessiert: Mir war nach knapp drei Monaten klar, dass ein Jahr nicht ausreichen würde – erzählt habe ich das damals aber noch niemandem. Und was das Thema mit der Langeweile angeht – was glaubst du, wie oft mir in den 22 Monaten langweilig war? Ich rate jedem passionierten Wellenreiter, sollte sich die Möglichkeit dazu ergeben, die Chance beim Schopf zu packen. Und allen, die sich Sorgen machen bezüglich Kinder und Karriere, möchte ich sagen: Mach es, das Leben zu Hause geht weiter, du verpasst nichts! Im Gegenteil: Du wirst sehr wahrscheinlich reifer zurückkehren. Okay, wer erfolgreicher Investmentbänker oder Unternehmensberater werden möchte, der sollte sich den Schritt zweimal überlegen, auch mit Familie ist das natürlich etwas anderes. Wer aber relativ ungebunden ist und der beruflichen Karriere nicht die alleroberste Priorität im Leben gibt, der sollte seine sieben Surf-Sachen packen und losziehen. Ich habe noch keinen Surfer getroffen – mich eingeschlossen –, der einen solchen Schritt bereut hat. Das Gleiche gilt übrigens auch für alle Nicht-Surfer.

27. GRUND

WEIL SURFER VON DER SONNE GEKÜSST SIND

Selbstbräuner auf einer Ferienmesse? Was soll das denn? Bei meinem letzten Besuch der Internationalen Tourismus-Börse (ITB) in Berlin hatte sich ein eifriger Marketing-Mensch überlegt, seinen Gästen nach dem Gespräch eine kleine Tube Selbstbräuner zu schenken.

»Für dunkle Wintertage«, waren seine Worte, die er mit einem schelmischen Grinsen verzierte. Ich musste aus gegebenem Anlass nett sein und nahm das »Geschenk« dankend an. Eine seltsame Gabe – einem Surfer Selbstbräuner zu schenken ist ungefähr so, als würde einer mit einer Wurst zum Metzger gehen.

Ich surfe, also bin ich meistens braun, da ich im Wasser ganz automatisch der Sonne ausgesetzt bin. Als Westeuropäer sticht man in diesem Zustand aus der Masse hervor wie die einzelne Sonnenblume auf einer frisch gemähten Frühlingswiese. Dieser Zustand ist Fluch und Segen zugleich. In den ersten Jahren meiner Surfkarriere war das eine angenehme Randerscheinung meiner Freizeitbeschäftigung, vor allem wenn man in den 20er-Jahren seines Lebens und Student ist. Alles, was auf junge Frauen anziehend wirkt und dazu auch noch umsonst ist, kommt da sehr gelegen. Inzwischen ist der dunkle Teint etwas, auf das ich auch gut verzichten kann. Oder sagen wir mal, ein paar Bräunungsstufen weniger würden es auch tun. Das mag für einige komisch klingen, aber inzwischen nervt es, dass sowohl die Kassiererin im Supermarkt als auch der Arbeitskollege immer und immer wieder die gleichen Sprüche auf Lager haben: »Mensch, Sie sind aber braun!« oder »So viel Urlaub möchte ich auch mal haben«. Früher habe ich dann immer versucht, mich zu erklären: »Ja, ich war zum Wellenreiten in Nicaragua, und da ist es ziemlich sonnig …!« Das wiederum hatte meistens einen ganzen Fragenkatalog meines Gegenübers zur Folge, sodass ich irgendwann dazu übergangen bin, mit den »südländischen Genen meiner Mutter« zu argumentieren.

Das ist die emotionale Seite eines sonnenverwöhnten Surfers, die gesundheitliche kommt allerdings noch dazu. In Australien zum Beispiel erkranken sechs von zehn Menschen im Laufe ihres Lebens an Hautkrebs. »Heute rot, morgen tot« ist bei den Menschen zwischen Perth und Sydney ein geflügelter Satz geworden. Es gibt inzwischen umfassende Aufklärungskampagnen, berühmte Menschen wie der Schauspieler Hugh Jackman engagieren sich. Nun haben wir in Europa, wo ich die meiste Zeit auf Wellenjagd gehe, weder das Ozonloch direkt über uns noch eine so starke Sonneneinstrahlung wie »Down Under«. Trotzdem ist die Sonne ein Faktor, mit dem wir Wellenreiter uns auseinandersetzen sollten. Die Sonnencreme-Industrie bietet ja mannigfaltige Lösungen an – das Drogeriemarkt-Regal mit den Cremes und Mittelchen gegen die Strahlen des glühenden Sterns kann locker mit der endlosen Auslage an Chipstüten im Supermarkt mithalten. Ganz abgesehen davon, dass vom stolzen Preis dieser Produkte auch die Diskussion angeregt wird, wie viele gesundheits- und umweltschädliche Stoffe zusätzlich zum Sonnenschutzfaktor in diesen Produkten zu finden sind. Gerne gebe ich einen Tipp aus meiner persönlichen Erfahrungskiste: Zink! Einfaches, simples Zink als Creme oder Paste aus der Apotheke. Diese sind günstig, ohne Zusatzstoffe und mit einem Sonnenschutzfaktor von nahezu einhundert Prozent ausgestattet. Die Frage nach einer handelsüblichen Zinkcreme ist in Australien ganz normal, projiziert dagegen auf die deutsche Apotheker-Stirn meistens ein DIN-A6-Fragezeichen: »Also, ich will zum Wellenreiten nach Nicaragua, und da brauche ich gegen die Sonne ...!« Ich finde, dass etwas mehr Aufklärung in unseren Breitengraden durchaus ganz guttun würde. Es gibt eben auch die Schattenseite der Sonne. Mein Eindruck ist, dass die Surf-Community, zumindest die europäische, im Vergleich zu den Vorsichtsmaßnahmen bei anderen Sportarten manchmal noch etwas hinterherhinkt. Zumindest habe ich noch nie einen Bergsteiger ohne Sonnenbrille gesehen oder einen Mountainbikefahrer ohne Helm.

Die Sonne schenkt uns das lebenswichtige Vitamin D, hat viele andere gesunde Auswirkungen und ist der Ursprung allen Lebens auf der Erde – darum will ich mich auch gar nicht beschweren. Wenn ich morgens in den Spiegel schaue und mein gebräuntes Gesicht sehe, weiß ich, dass ich viel surfen war und gutes Wetter hatte.

28. GRUND

WEIL SURFEN PURES ADRENALIN BEDEUTET

Anstrengend? Ja, sehr sogar! Benötigt es viel Training und Übung? Oh ja, definitiv! Wirst du besser, je öfter du es machst? Ja, meistens ist das so! Im Grunde alles Kriterien, die als Definition eine Sportart beschreiben – mit einer Ausnahme: Surfen. Ich versuche immer wieder, das Surfen nicht als Sport zu bezeichnen. Es würde dem Wellenreiten einfach nicht gerecht werden. Nicht, dass ich Sportarten weniger wertschätze – im Gegenteil, ich habe großen Respekt vor allen Sportlern, die ihre Sportart mit Freude und Engagement betreiben – aber Surfen bedeutet mir einfach viel mehr als das.

Surfen ist meine Leidenschaft. Für keine andere Beschäftigung empfinde ich so viel wie für das Wellenreiten – Bereiche, die meine Familie und Freunde betreffen natürlich ausgenommen. Für mich ist Surfen eine Lebenseinstellung. Es gab Zeiten in meinem Leben, da habe ich für die Sucht nach Wellen einfach alles andere stehen und liegen lassen, es war das Wichtigste, was es für mich gab. Familie, Freunde, Beruf – ich habe alles untergeordnet und bin verschwunden, irgendwohin an eine Küste mit surfbaren Wellen. Dort war ich ein zufriedenes Individuum und im Reinen mit mir selbst. Ich war nur richtig glücklich, wenn ich mit dem Surfbrett im Gepäck irgendwo in einem fremden Land unterwegs sein konnte. Ich hätte kein Problem damit gehabt, den Rest meines Lebens den Wellen hinterherzureisen und von Swell und Offshore zu leben. Hat nicht ganz geklappt, irgendwann haben mich die Verpflichtungen der westlichen Welt dann doch wieder eingeholt, aber die Lebenseinstellung und der unbändige Wunsch nach Wellen sind geblieben – etwas, was ich mit großer Wahrscheinlichkeit mit ins Grab nehme. Außer ich finde etwas noch Besseres, aber das kann ich mir beim besten Willen nicht vorstellen.

Surfen ist wie eine Überdosis Adrenalin, nach welcher der Körper süchtig wird – das ist wissenschaftlich erwiesen. Nach einer richtig guten Welle kann es schon mal vorkommen, dass ich am ganzen Körper zittere. Die ersten Male wusste ich nicht so recht, was eigentlich los ist, aber spätesten nach dem dritten Ritt war mir klar: Du hast so viel Adrenalin im Körper, dass es dir beinahe zu den Ohren herauskommt! Aber das Hormon ist nicht alles – auch die Nähe zur Natur gibt mir immer wieder einen richtigen Kick. Wenn ich irgendwo draußen im Line-up sitze, den Geruch des Meerwassers in der Nase und das Rauschen der Brandung in meinen Ohren, bin ich ausnahmslos glücklich. Nirgendwo fühle ich mich so entspannt und fokussiert zugleich wie draußen in den Wellen. Es kann eine Art meditativer Zustand sein, der nach der Surf-Session in eine geistige Zufriedenheit und körperliche Entspannung übergeht, die ich so nur beim Surfen erlebe. Früher habe ich viel Fußball oder Basketball gespielt, aber dieses pure Glück kenne ich erst, seit ich in den Wellen umherpaddle. Und es sind auch die Erlebnisse, welche man als reisender Surfer abseits des Line-ups hat. Erfahrungen, die die Wellensuche zu einer lebenserfüllenden Aufgabe machen: neue Menschen, Kulturen und Länder kennenzulernen. Immer wieder ein neues Abenteuer und intensive Begegnungen, die einen verändern und weiterbringen im Leben. Ohne den Wunsch, Wellen zu surfen, wäre ich nicht in über 50 Länder dieser Erde gereist oder ganz sicher nicht zwei Jahre auf eine Weltreise gegangen. Auch das Glücksgefühl, wenn du nach einer langen Anreise an einem Surfspot ankommst und siehst, wie die Wellen perfekt in die Bucht rollen, ist mit kaum etwas anderem aufzuwiegen.

29. GRUND

WEIL DU DICH »SCHÖN« SURFEN KANNST

Manchmal ist es kaum zu ertragen, wie gut gebaut manche Surferinnen und Surfer sind. Ähnlich wie Schwimmer haben sie muskulöse Arme, sehr definierte Schultern und einen breiten Rücken. Das Ganze wird garniert mit einer schlanken Taille und wohlproportionierten Beinen – das sind schon mehr als die Hälfte der insgesamt sieben Merkmale, die laut einer wissenschaftlichen Untersuchung einem Menschen nach dem westeuropäischen Verständnis das Prädikat »schön« verleihen. Und als wenn das nicht schon reichen würde, ist da auch noch ein gewisser Musculus gluteus maximus – besser bekannt als der große Gesäßmuskel. Dieses dicke Muskelbündel ist der Grund dafür, dass wir bei der Begegnung mit einem Prachtexemplar dieser Gattung an »Knackarsch« denken. Bei Surfern ist dieser Muskel sehr ausgeprägt, denn durch die stundenlange Bauchlage und den ständig angehobenen Oberkörper wird der Gluteus intensiv und dauerhaft trainiert. Wer schon mal im Hochsommer an der französischen Atlantikküste war, weiß genau, was ich meine. Wobei dort die Aufmerksamkeit durchaus auch auf andere, komplett freiliegende Körperteile entgleiten kann.

Selbstverständlich sind Sportler aus anderen Disziplinen auch durchtrainiert und sehen gut aus – aber woher kommt bei Surfern diese nicht zu übersehende Häufigkeit an wohlgeformten Menschen? Und ich meine nicht die Surf-Profis oder richtig guten Surfer – selbst durchschnittliche Surfer haben meistens einen muskulösen und drahtigen Körper. Dafür gibt es mindestens zwei Gründe, die Wellenreiter den sportlichen Kollegen voraus haben: Surfer brauchen keine Extra-Schichten im Kraftraum, ihre Muskeln sind natürlich definiert, zudem macht das »Training« auf dem Surfbrett einfach Spaß. Und wer gerne, freiwillig und viel Sport macht, sieht irgendwann automatisch durchtrainiert aus.

In Bezug auf den erstgenannten Aspekt gibt es ein gutes Beispiel: Den Fußballer Cristiano Ronaldo. Der Portugiese ist für seine Qualitäten am Ball bekannt, weltweit berühmt geworden ist er aber auch wegen seines Adoniskörpers, den er gerne oberkörperfrei nach dem Spiel vor diversen Kameras zeigt oder in zahlreichen Werbekampagnen entblößt. In einem Interview hat der Superstar zugegeben, dass er fast genauso viel Zeit an den Hanteln verbringt wie auf dem Trainingsplatz. Mal ehrlich, der Mann ist Profi – und wer würde bei 10.000 Euro Stundenlohn nicht auch freiwillig auf die Hantelbank? Aber wie viele Kreisligafußballer können mit Ronaldos Body mithalten? Selbst ein Hobbysurfer, der einigermaßen regelmäßig paddeln geht, wird auch ohne zusätzliches Training einen gut definierten Körper haben. Die wenigsten Surfer, die ich kenne, stemmen Eisen: Schlecht für die Beweglichkeit, außerdem ist zu viel Muskelmasse nur unnötiges Gewicht auf dem Brett.

Wenn also alle Hobbysurfer faul sind und einfach immer nur surfen gehen, woher dann diese Astralkörper? Damit wären wir beim zweiten Aspekt, den Surfer sportlichen Kollegen aus den anderen Disziplinen voraus haben.

Es ist ganz einfach: Surfen ist nicht wirklich ein Training, es ist kein Muss, sondern macht Spaß! Langläufer, Schwimmer, Leichtathleten – immer wieder berichten sie von »unmenschlichen Trainingseinheiten« oder »endlosen Trainingslagern«. Ich habe noch nie gehört, dass sich ein Surfer über einen dreiwöchigen Surftrip oder die intensive Surf-Session beschwert hat. Spaß beim Training kombiniert mit einer der forderndsten Bewegungsformen überhaupt sind eine kraftvolle Kombination. Surfen ist eine Mischung aus Schwimmtraining (Paddeln), Ausdauertraining (Dauer der Surf-Session), Krafttraining und Schnellkrafttraining (Anpaddeln einer Welle), Gleichgewichts- (stehen auf dem Surfboard) und Atemübungen (Tauchen unter einer Welle) – das alles fordert den Körper von der Kopfhaut bis zu den Zehenspitzen. Dazu kommt, dass an Tagen mit guten Wellen durchaus bis zu drei »Trainingseinheiten« durchgezogen werden – alle zwischen einer und drei oder mehr Stunden. Das ist objektiv betrachtet das Pensum eines Spitzensportlers, nur haben wir Surfer eben Freude daran und gehen gerne mehrmals täglich zum »Training«. Der durchtrainierte Körper ist da nur ein positiver Nebeneffekt!

Die folgende These ist nicht wissenschaftlich bewiesen, trotzdem möchte ich behaupten, dass drei Viertel aller surfenden Menschen ziemlich fit sind. Wieso ich das behaupte? Nur ein Klischee kann es nicht sein, dafür gibt es zu viele handfeste Beweise. Basierend auf diesem Fakt sind unter anderem sehr erfolgreiche Fernsehserien entstanden, deren Hauptdarsteller zu Weltruhm gelangten – zumindest temporär. Ein David Hasselhoff oder eine Pamela Anderson sind sicher nicht für ihre schauspielerischen, gesanglichen oder sonst nicht genau definierten Qualitäten bekannt geworden, sondern wohl eher für ihr Aussehen und Sex-Appeal. Übrigens bekam einst ein Surfprofi namens Kelly Slater eine Gastrolle bei *Baywatch*, inklusive nachgesagter Affäre mit Frau Anderson. Sowohl bei den Serienmachern als auch bei Pam waren die Einstellungskriterien wohl weniger die starke Ausdrucksweise oder eine überzeugende Mimik des damaligen Nachwuchs-Surfprofis und heute elfmaligen Weltmeisters. In der Surfwelt wird behauptet, der heute fast 50-jährige Amerikaner sei immer noch extrem beweglich und einen gewissen Anteil an seinen Titeln habe sein überdurchschnittlich ausgeprägter Musculus gluteus maximus.

30. GRUND

WEIL SURFER VORBILDER FÜR TOLERANZ SEIN KÖNNEN

Eigentlich darf ich das keinem erzählen – es ist einfach zu entlarvend! Vor vielen Jahren hatte ich die Möglichkeit, mit einem Stipendium als Journalist für mehrere Wochen nach Israel zu reisen. Was für ein tolles Angebot! Der Nahostkonflikt ist für die Menschen dort jeden Tag eine Herausforderung mit vielen traurigen Begebenheiten – für Reporter allerdings ist es eine der spannendsten Regionen, um ihrer journalistischen Arbeit nachzugehen. Ich nahm das Angebot natürlich gerne an! Die Unterschrift unter dem Vertrag war noch nicht getrocknet, da checkte ich bereits die Wellen, die über das Mittelmeer in Richtung Naher Osten marschieren. Wo andere Journalisten sich wahrscheinlich als Erstes Literatur über Israel, Palästina und Gaza besorgt hätten, recherchierte ich bei der Webseite mit Wellenvorhersagen nach den Bedingungen an Israels Küste. Und die sahen gar nicht so schlecht aus. In der Zeit, in der ich dort sein wollte, war Wellensaison und die Chance, surfen zu gehen, durchaus gegeben. Auch fand ich im Internet Fotos von Wellen in Tel Aviv, die mehr als vielversprechend waren. Natürlich bereitete ich mich akribisch auf diese einmalige berufliche Aufgabe vor, ich freute mich wirklich sehr über diese Chance, aber noch bevor Bleistift und Block eingepackt waren, hatte ich meinen Boardbag für das Abenteuer parat.

Ein paar Wochen später stand ich dann im Heiligen Land und blickte auf das Mittelmeer – das sich leider so flach präsentierte wie der Ententeich in meinem Park hinterm Haus. Egal, dachte ich, so kann ich mich erst mal voll auf den neuen Job konzentrieren! Und das tat ich: Recherche im Westjordanland, Freitagsdemonstrationen, erschütternde und wunderschöne Begegnungen mit Israelis und Palästinensern, Ausfahrten in die Wüste und ans Tote Meer, und immer wieder schreiben, filmen und vertonen. Die Zeit verging wie im Flug, ich war von dieser Region und den journalistischen Herausforderungen fasziniert und schockiert zugleich. Noch nie davor, und eigentlich auch nicht danach, zumindest nicht in diesem Ausmaß, habe ich ein so ambivalentes, vielschichtiges und aufregendes Land erlebt. Durch meine Arbeit bin ich in Regionen vorgedrungen und habe Menschen kennengelernt, die mir bei einem privaten Besuch oder einem einfachen Surftrip mit Sicherheit vorenthalten geblieben wären – und dafür bin ich bis heute sehr dankbar. Ich hatte zum

Beispiel über Umwege von ein paar Männern gehört, die im Gazastreifen, einem kleinen gebeutelten Küstenstreifen zwischen Ägypten und Israel, surfen gehen. Ich hatte gerade Kontakt aufgenommen und wollte mich mit den Mitgliedern des Gaza Surf Clubs treffen, da brach eine erneute Krise aus, Raketen flogen in Richtung Israel, und die Chance war vorbei. Inzwischen haben viele Kollegen darüber berichtet, es gibt sogar einen sehenswerten Dokumentarfilm darüber, und ich habe nach wie vor einen Grund, vielleicht doch mal wieder dorthin zurückzukehren.

Und da war doch noch etwas? Ja richtig, eigentlich wollte ich in Israel ja auch surfen gehen! In jenen Wochen war etwas passiert, was ich niemals für möglich gehalten hätte: Ich hatte so viel Spaß an meiner Arbeit, dass ich das Surfen beinahe vergessen hatte. Doch das änderte sich ganz schnell, als ich wie jeden Morgen am langen Strand von Tel Aviv auf dem Weg zur Arbeit war und die Wellen entdeckte. Es hatte die Tage davor ordentlich gepustet, was zu einer Mischung aus Wind- und Groundswell führte und wirklich ansehnliche Brecher produzierte. Ich rief meinen Chef an, dem ich bereits am Anfang erklärt hatte, dass dieser Tag vielleicht kommen würde, ein Tag, an dem ich wegen guter Wellen nicht ins Büro kommen könnte. Ich ging, oder rannte vielmehr, zurück in meine Wohnung, tauschte Arbeitsklamotten gegen Boardshorts und Arbeitsmappe gegen Surfbrett aus. Ich hatte mich in den letzten Tagen immer mal wieder mit lokalen Surfern und einem Surfshop-Besitzer über die Bedingungen am Stadtstrand unterhalten und wusste daher, wohin ich gehen musste. Fußläufig von mir entfernt war der Surfspot »Hilton«, benannt nach dem gleichnamigen Hotel, ein entspannter Beachbreak mit schönen Peaks. Dort angekommen, nahm ich ein paar Wellen und war ziemlich glücklich. Glücklich, nach all dem Erlebten endlich das Hirn auszuschalten und einfach nur den Wellenkamm runterzurauschen. Nach den ersten gesurften Peaks und dem Abklingen des Adrenalinrausches überwältigte mich plötzlich eine Welle aus Gefühlen, ich fragte mich: War es überhaupt in Ordnung, dass ich hier surfte, während ein paar Kilometer weiter Raketen flogen und Menschen starben? Ich dachte nach, und mir wurde klar: Ich hatte eine Mission, der heutige Tag war für mich praktisch vorbestimmt, surfen zu gehen! Zum einen sollte man sich die Gewalt nicht aufdrängen lassen und sein Leben, so gut es eben geht, in einer Krise weiterleben – das hatte ich in den letzten Wochen von Israelis und Palästinensern gleichermaßen gelernt. Zum anderen saß ich zwischen all der Gewalt, den menschlichen, sozialen und politischen Tragödien mit israelischen Surfern in Israel in einem Line-up! Ein deutscher Surfer, der sich mit israelischen Surfern Wellen teilt! Einen größeren Stinkefinger kann man der gemeinsamen schrecklichen Vergangenheit doch gar nicht zeigen.

Ich erkannte einen der Jungs, mit dem ich mich am Strand schon öfter übers Surfen unterhalten hatte. Er erzählte mir, dass der Forecast für die nächsten Tage fantastisch aussehen würde und ich mir unbedingt frei nehmen sollte. »Dieser journalistische Quatsch, den du da machst, der muss warten«, erklärte mir mein neuer Surf-Buddy mit einem Grinsen im Gesicht. Und genauso war es, ich ging zwar ins Büro, sobald dort jedoch das Nötigste erledigt war, traf ich mich mit Juri, um gemeinsam surfen zu gehen. Wir gingen nach Jaffa, dem alten Stadtteil von Tel Aviv, wo es auch ein paar schöne Surfspots gibt. Bei einer der Sessions fiel mir ein Junge auf, weil er extrem gut surfte, aber auch weil er arabische Gesichtszüge hatte. Ich fragte Juri, ob er den Kleinen kenne. »Ja sicher«, sagte er, »der kleine Araber ist der zukünftige israelische Kelly Slater.« Aus der nicht sehr netten Bezeichnung »kleiner Araber« schloss ich, dass Juri damit einen Israeli mit arabisch-palästinensischer Herkunft meinte. Rund 20 Prozent aller Israelis gehören dieser kulturellen und ethnischen Menschengruppe an, sie sind israelische Staatsbürger, werden aber aufgrund ihrer Herkunft von den eigenen Landsleuten immer wieder angefeindet. Selbst mein Surf-Buddy, eigentlich ein weltoffener und herzensguter Mensch, konnte sich diesem unbewussten Rassismus nicht gänzlich entziehen. Trotzdem merkte ich, dass alle im Line-up großen Respekt vor dem Jungen und seinen Fähigkeiten auf dem Surfbrett hatten. Immer, wenn er auf einer Welle war, drehten sich alle Köpfe nach ihm um. Wenn er rausgepaddelt kam, grüßten ihn die anderen Surfer – bei einem zehnjährigen Jungen, in diesem Fall auch noch arabischer Abstammung, ist das sonst eher nicht der Fall.

Einen Tag vor meiner Abreise saß ich ein letztes Mal im Line-up vor Jaffa und beobachtete mehr meine Surfkollegen, als dass ich selber surfte – auch »Kelly junior« rippte wieder ordentlich. Ich fragte mich: Wieso, verdammt noch mal, funktionierten die verschiedenen Ethnien miteinander in diesem Line-up und bringen sich jedoch an Land gegenseitig um? Auch hier in den Wellen mochten sie sich nicht gerade über die Maßen, wahrscheinlich waren sie sich noch nicht einmal besonders sympathisch, aber sie respektierten sich und ließen einander in Ruhe. Ich denke, dass meine Erlebnisse, Erkenntnisse und Erfahrungen der letzten Wochen in diesem Augenblick hochkamen und der kleine arabische Junge das Fass zum Überlaufen gebracht hatte. Ich war wütend, gerührt und traurig zugleich, ich fühlte mich hilflos und doch voller Zuversicht – wenn es in diesem Mikrokosmos funktionierte, wieso dann nicht vielleicht auch irgendwann im Ganzen? Juri kam herübergepaddelt und fragte mich, was passiert sei. Ich lächelte: »Das, mein Freund, erkläre ich dir, wenn der arabische Junge da drüben den ersten Surfweltmeistertitel nach Israel geholt hat!«

31. GRUND

WEIL DU LERNST, KEIN WEICHEI ZU SEIN

»Du hast die Wahl«, fragte mich der Mann, »mit oder ohne Betäubung?« Ein Arzt, zumindest behauptete das sein Namensschild – ich allerdings war davon noch nicht so ganz überzeugt. Der Herr Doktor war einer von der Sorte, welche dir als Patient das Gefühl geben, dass du nervst und der Grund, warum du hier bist, eigentlich zu vermeiden gewesen wäre. Zugegeben, ich hatte mich dämlich angestellt: Anstatt einfach aus der Welle rauszufahren, wollte ich meinen Ritt mit einem eleganten Sprung beenden. Im Nachhinein kann ich nur sagen: »Schuster bleib bei deinen Leisten«! Das änderte aber auch nichts mehr an der Tatsache, dass ich am Unterarm einen rund drei Zentimeter langen Riss in der Haut hatte, für den meine Finnen verantwortlich waren. In Deutschland hätte ich einfach ein Pflaster draufgeklebt, aber hier in den Tropen könnte so eine offene Wunde üble Folgen nach sich ziehen: Infektion, Entzündung und irgendwelche tropischen Krankheiten, bei denen mir schon vom Namen her schlecht wird.

Mit meinem Surf-Buddy Olli war ich während eines Surftrips an die Karibikküste Panamas gereist – und saß jetzt im einzigen Krankenhaus in einem Umkreis von mehreren Hundert Kilometern. Nach dem kleinen Surfunfall waren wir direkt an Land gepaddelt, hatten unsere Boards weggebracht und waren dann durch den Dschungel zu Fuß zu dem kleinen Krankenhaus gelaufen. Jetzt standen wir vor der Tür – und zögerten. Das Gebäude machte nicht den Anschein, als sei es eine medizinische Einrichtung: Der Urwald war dabei, sich den frei gerodeten Vorplatz zurückzuerobern, riesige Wurzeln wuchsen an den Mauern entlang, und einzelne Äste klopften schon an die vermoosten Fenster. Falls der Horror-Schriftsteller Stephen King mal ein Krankenhaus für einen seiner Filme sucht, dann kann ich ihm das von Bocas del Toro als Kulisse sehr empfehlen. Im Inneren plärrte ein Fernseher so laut, dass ich die Krankenschwester kaum verstand, als sie mir bei der Anmeldung ihre Fragen stellte. Dass die Dame in Zivil gekleidet war, förderte nicht gerade das Vertrauen in diese Institution. Im Wartezimmer war die Klimaanlage auf die Stufe »Eisfach« eingestellt – vielleicht, um die vorhandenen Viren und Bakterien kaltzustellen? Nach einer halben Stunde Wartezeit kam der Arzt durch die Vordertür, drückte seine Kippe im Aschenbecher aus und plärrte: »El próximo«! Ich flüsterte Olli zu, dass ich eine wichtige Verabredung in der Stadt hätte und jetzt sofort losmüsse, aber mein Kumpel packte mich und zog mich in Richtung Behandlungsraum. »Alter, kennst du die Fotos auf den Kippenpackungen, auf denen den Menschen ein Bein abgefault ist?«, fragte mich Olli. Wenn ich da jetzt nicht reinginge, würde mir ein ähnliches Schicksal sicher sein! Der Doktor sah sich die Verletzung an und erklärte mir, dass die Wunde mit zwei Stichen genäht werden müsse. Nach ein wenig Desinfektion stellte er mir die »mit-oder-ohne«-Frage. Als ich zögerte, fügte er an: »Sieh es mal so – ohne Betäubung ist es billiger!« Das Geld war mir egal, aber ich wollte vor meinem Kumpel und dem vermeintlichen Arzt dann doch nicht als Weichei dastehen. Der Doc sah mir meine Unentschlossenheit wohl an und meinte, er würde Nadel und Faden schon mal vorbereiten, ich könne ja noch mal überlegen. Ich diskutierte mit Olli, der faselte etwas von »seinen Mann stehen« und stellte die Sterilität der Betäubungsnadel infrage. Nach einer Minute drehte sich der Arzt zu mir um und meinte, ich solle ihm die Stelle doch noch mal zeigen – dann stach er zu! »Alteeeeeeeeeeeeeeer«, jaulte ich, »ich hab mich doch noch gar nicht entschieden!« Obwohl der deutschen Sprache nicht mächtig, hatte der Herr Doktor verstanden und grinste nur: »No passa nada, amigo.« Und bevor ich etwas erwidern konnte, stach er ein zweites Mal zu. Olli dagegen konnte sein Grinsen nur schwer unterdrücken. »Du Penner«, winselte ich ihm entgegen, »Hauptsache du hast Spaß!« Im Nachhinein muss ich zugeben, dass es kein unerträglicher Schmerz gewesen war. Mein Jaulen war wohl eine Mischung aus Schmerz und Überraschung – darüber, wie unverfroren dieser Arzt war. Und mal ehrlich: Der Typ hat ohne Betäubung zweimal eine Nadel durch meine Haut gesteckt – da darf eine Beschwerde ja wohl erlaubt sein. Nach der Mini-OP gab es ein großes Pflaster, einen festen Händedruck und die Info, dass ich ein paar Tage Surfverbot hätte. Gelohnt hat es sich trotzdem, denn letztendlich ist alles gut gegangen, die Wunde hat sich nicht entzündet!

Das war nur eine von mehreren Krankenhauserfahrungen, die ich auf meinen Surftrips gemacht habe – meistens war ich der Patient, manchmal nur Begleitperson oder »Händchenhalter«. Lebensmittelvergiftung, Tetanusspritze nach Hundebiss, Loch im Kopf – medizinisch betrachtet sind Surfer hochinteressante Forschungsobjekte! Ich muss allerdings auch sagen, dass ich immer sehr gut behandelt worden bin in den Krankenhäusern dieser Welt, und das Ergebnis war bisher immer zufriedenstellend. Meiner Meinung nach sind »Feld-Wald-und-Wiesen-Krankenhäuser« weltweit um einiges besser als ihr Ruf. Mal ganz abgesehen davon, dass die Organisation und Handhabung der Patienten in deutschen Krankenhäusern auch nicht immer top sind. Ein großes Plus unseres heimischen Gesundheitssystems jedoch sind die geringen Kosten, die der Patient im Normalfall zu tragen hat. In Panama musste ich die Behandlung direkt cash bezahlen. Die Krankenschwester kassierte und sagte mir, dass die »Operation« ohne Betäubungsspritze zehn Dollar kostet, mit dem Sedativum hätte es sich schon um einen Betrag von 20 Dollar gehandelt – ich hätte mich also richtig entschieden!

32. GRUND

WEIL DU VIELLEICHT ZUM OLYMPIONIKEN WIRST

Im Jahr 2020 wird bei den Olympischen Spielen in Tokyo um olympisches Gold gesurft – eine Aussage, die irgendwie holprig klingt. Nicht nur phonetisch, sondern auch inhaltlich. Wie soll das denn gehen?, habe ich mich gefragt, als ich zum ersten Mal davon gelesen habe. Die japanische Großstadt ist schließlich nicht gerade für ihre endlosen Pointbreaks bekannt. Wir Surfer sind von der Natur abhängig, darum sind Surfwettkämpfe inklusive Wartezeit meistens über einen Zeitraum von mehreren Wochen angesetzt – Wellen können im Ozean nicht einfach auf Knopfdruck herbeigezaubert werden.

Aber das stimmt im 21. Jahrhundert eben nicht mehr ganz. Seit es Wavepools gibt, können Wellen jederzeit durch einen überdimensionalen Swimmingpool geschickt werden. Um künstliche Wellen hat es in der Surfwelt einen Hype gegeben – etwas, was auch dem Olympische Komitee (IOC) nicht entgangen ist. Meistens wird eine neue Sportart bei den Spielen einmal »getestet«, um dann vier Jahre später offiziell dabei sein zu dürfen – nicht so das Surfen. Nachdem die wichtigen Herren des Gremiums dann noch darüber aufgeklärt wurden, welche wirtschaftliche Entwicklung das Wellenreiten weltweit genommen hat, und vor allem welches Potenzial darin steckt, machten sie mit Dollarzeichen in den Augen das Surfen ohne Vorgeplänkel zur olympischen Disziplin.

»Das ist doch super«, werden die meisten jetzt denken – es ist schließlich der Traum eines jeden Sportlers, einmal bei den Olympischen Spielen dabei sein zu können! Einmal mit der eigenen Nation im Stadion einzulaufen und um olympisches Edelmetall zu kämpfen. Wirklich? Ist das so? Bei vielen Surfern verhält sich das nämlich ein wenig anders! Die Begeisterung über diese Nachricht wurde in der Surfszene unterschiedlich aufgenommen – ich habe das Gefühl, dass die Verteilung ziemlich genau 50/50 war. Die eine Hälfte, vor allem die Industrie, sowie Surfer und Fans, die sich über das Wettkampf-Surfen definieren, befürworteten die Entscheidung. Logisch – die Olympischen Spiele werden dem Wellenreiten eine Aufmerksamkeit verschaffen, die alle Surfmagazine der Welt, kein Kelly Slater und kein Haiangriff zusammen jemals schaffen können. Die anderen 50 Prozent sehen diese Entwicklung sehr verhalten. Die Angst besteht darin, dass Surfen bei den Olympischen Spielen für noch vollere Line-ups sorgt und die Seele des Sports dadurch endgültig der Kommerzialisierung zum Opfer fällt. Viele Wellenreiter sind freiheitsliebende und liberale Charaktere, für die, neben ihrer Liebe zu den Wellen der Schutz der Ozeane und das Bewahren ihrer Leidenschaft vor zu großer Ausbeutung im Vordergrund stehen. Alles Dinge, die beim IOC sicher nicht auf der Prioritätenliste standen, als sie Surfen in ihren elitären Zirkel aufgenommen haben. Es gibt viele Beispiele aus der Brettsportszene, wo Athleten kurzerhand ihre eigene Profitour organisieren, weil sie mit den Richtlinien und Vorgaben eines Verbandes nicht mehr einverstanden sind – bei den Kitesurfern war das so, und auch bei den Snowboarder gab es diese Diskussion vor ihrer Aufnahme zu den Olympischen Spielen. Einige Snowboarder boykottieren die Veranstaltung auch vehement – und verzichten dadurch auf viel Geld, Ruhm und Anerkennung. Die Amerikaner sagen »stay real« und meinen damit die Verpflichtung, die Werte einer Sportart zu bewahren. Manchmal wird diese Bezeichnung etwas überstrapaziert oder missinterpretiert, aber in Bezug auf Surfen und die Olympischen Spiele ist es sicher gerechtfertigt, darüber nachzudenken, welche Bedeutung das für unseren Sport haben wird.

Die Entscheidung des IOC steht und ist nicht mehr rückgängig zu machen. Meine Hoffnung ist jedoch, dass die positiven die negativen Effekte überlagern werden. Wer weiß, vielleicht wird mit dem Surfen bei Olympia auch der Schutz der Ozeane in den Fokus rücken, vielleicht führt es auch dazu, dass sich manche Surfer im Line-up besser benehmen. Wenn die kleine Welt des Surfens auf den riesigen Planeten Olympia kracht, ist nur schwer abzusehen, welcher der beiden Mikrokosmen davon profitiert und welcher Schaden nimmt. Wir werden sehen – irgendwann im September 2020!

33. GRUND

WEIL DU ZUM SURFENDEN UMWELTSCHÜTZER WIRST

Als ich in den 90er-Jahren mit Surfen begonnen habe, gab es bereits massive Umweltprobleme, aber der Fokus lag da eher beim Waldsterben, der Ozonhülle oder der Atomkraft. Wie schlimm es um unsere Ozeane bestellt ist, rückt gefühlt erst seit ungefähr zehn Jahren in den Mittelpunkt. Zwar kämpfen Organisationen wie Greenpeace oder Sea Shepherd schon lange gegen die Vergewaltigung des blauen Planeten, aber erst seit wir Menschen direkt betroffen sind, scheinen wir uns wirklich Sorgen zu machen. Begriffe wie steigender Meeresspiegel, Mikroplastik und Müllteppiche haben die Gesellschaft hellhörig werden lassen. Schließlich sind jetzt unsere Urlaubsparadiese, wie Mallorca oder Sylt, davon bedroht und nicht einfach nur ferne Länder wie Indonesien oder die Malediven. Der ganze Müll landet in veränderter Form irgendwann unweigerlich auch auf unserem Teller. Und was würde passieren, wenn einer dieser riesigen Plastikteppiche irgendwann in Nord-und Ostsee ankommt?

Zugegeben, Kunststoff ist in vielen Bereichen wirklich praktisch. Vieles in unserer heutigen Welt würde ohne Plastik nicht funktionieren – allerdings sind Konsum und Gebrauch völlig ausgeartet. In der Chemie als Polypropylen bekannt ist das Plastik im 21. Jahrhundert zu einer existenziellen Bedrohung für Mensch und Natur geworden. »Wir ersticken an unserem Plastikmüll« war eine Floskel, die lange keiner ernst genommen hat – viel zu lange. Das Zeug schwimmt inzwischen überall in den Weltmeeren und den Mägen ihrer Bewohner, wird durch UV-Strahlung und andere Einflüsse zersetzt und zerfällt in so kleine Teile, dass sie für das menschliche Auge nicht mehr sichtbar sind. Die sogenannten Mikropartikel fliegen und schwimmen durch die Gegend, wir atmen sie ein oder bekommen sie auf anderem Wege in unseren Körper. Die Folge: kaputte Lungen, verklebte Därme, tödliche Krankheiten. Noch gibt es keine verlässlichen Statistiken, wie viele Todesopfer Mikroplastikpartikel jedes Jahr fordern, fest steht aber, dass bereits einige unserer Mitmenschen am Ende ihres Lebens daran sprichwörtlich ersticken. Andere Zahlen, belegte Zahlen, sprechen eine deutliche Sprache: Zwischen fünf und 13 Millionen Tonnen Kunststoff landeten 2010 im Meer (*Science:* Jambeck et al., 2015). Daraus entstanden sind rund 1,8 Billionen Mikropartikel – das ist eine Zahl mit elf Nullen – und das wiederum sind gerade einmal acht Prozent der Gesamtmasse, die da draußen schwimmt (*Scientific Reports:* Lebreton et al., 2018). Diese soll sich auf insgesamt 140 Millionen Tonnen belaufen (*Plastikmüll im Meer*, Geomar, 2018, PDF). Wer das nächste Mal von Kalifornien nach Hawaii paddelt, wird mit ziemlicher Sicherheit dem »Great Pacific Garbage Patch« begegnen, der größten Müllhalde der Welt. Auf einer Fläche von 1,6 Millionen Quadratkilometern verteilt sich hier der Plastikdreck – das ist eine Fläche, in die Deutschland viermal hineinpassen würde (*Scientific Reports:* Lebreton et al., 2018).

Bei den Tieren ist die Auswirkung des Plastikmülls schon sehr deutlich: 2012 verendete ein Pottwal an der spanischen Küste an den insgesamt 17 Kilo Plastik, die er im Magen hatte. Einige Forscher behaupten, dass es im Jahr 2050 mehr Plastikteile im Meer geben wird als Fische (The New Plastics Economy, 2016, PDF). Die Hälfte aller Plastikabfälle stammt aus fünf Ländern, darunter China, Indonesien und die Philippinen – alles Länder, in denen auch fantastische Wellen brechen und Surfer ihren Teil zur Verschmutzung beitragen.

Mit diesen Zahlen sollte selbst das größte Umweltschwein ins Grübeln kommen – warum also wird immer noch so wenig getan gegen die Vermüllung durch Kunststoff? Wieso kleben auf Äpfeln immer noch die fingernagelgroßen Aufkleber aus Plastik, die lediglich dem Zweck dienen, dem Konsumenten die Schmackhaftigkeit bildlich zu versprechen? Wieso wird um jede einzelne Tulpenblüte aus den Niederlanden ein Netz aus Plastik gestreift? Wieso sind Einwegkaffeelöffel aus Plastik? Fragen wie diese könnten ein eigenes Buch füllen.

Ich will nicht behaupten, dass Surfer die besseren Menschen sind – aber wir beschäftigen uns so oft und so viel mit dem Meer, dass Themen wie Wasserverschmutzung oder die Veränderung von Küstenlinien schon länger in der Szene präsent sind. Im Laufe des letzten Jahrzehnts sind viele tolle Projekte entstanden, welche sich mit diesen Problemen auseinandersetzen. Manche Surfer haben es sich neben der Jagd nach Wellen zu ihrer Lebensaufgabe gemacht, ihren Spielplatz besser zu schützen. Einige gaben das Surfen sogar komplett auf, um sich dem Schutz der Meere widmen zu können.

Das bekannteste Gesicht dieser Bewegung ist das des Kanadiers Paul Watson, Gründer der Sea Shepherd Conservation Society, des etwas militanteren Pendants zu Greenpeace. Und aus den Reihen der Profisurfer ist es vor allem Dave Rastovich, der sich vehement in Sachen Meeresschutz engagiert. Der Australier riskierte 2009 Leib und Leben, als er mit einer Gruppe Freiwilliger raus ins Japanische Meer paddelte, um die Delfinjäger von ihrem jährlichen Schlachten abzuhalten. Und dann sind da natürlich noch die zahllosen Menschen, die nicht mit ihrem berühmten Namen, sondern allein durch Einsatz und Willen versuchen zu retten, was hoffentlich noch zu retten ist. Organisationen wie »Surfers for Cetaceans«, die »Surfrider Foundation« oder das »Cleanoceanproject« wollen Gutes für unsere Ozeane tun. Es gibt auch Surfer, in denen kleine Erfinder stecken, wie die Gruppe »Great Bubble Barrier« oder »Waves for Water«. Und natürlich sorgen sich surfende Journalisten und Filmemacher um unsere Meere und versuchen, mit ihren Projekten auf das Problem aufmerksam zu machen – *White Waves* ist zum Beispiel so ein sehenswerter Dokumentarfilm. Hinzu kommen Künstler, Maler, Musiker und noch viel mehr surfende und umweltbewusste Menschen – alleine ihre Namen würden ein ganzes Buch füllen!

Aber – und ist bei Umweltthemen nicht immer ein »aber« involviert – wir Surfer haben ebenfalls unseren Anteil an der Verschmutzung der Meere, keine Frage. Oft vergessen wir bei unserer Suche nach der perfekten Welle, dass der Ozean und seine Bewohner sehr gut ohne die Menschen auskommen würden, die Wellen reiten. Vor jedem Surftrip stelle ich mir die gleiche Frage: Wie kann ich meine Leidenschaft »Wellenreiten« leben, ohne dem Meer allzu sehr zu schaden? Der Traum, die perfekten Wellen in Bali, Nicaragua oder Sri Lanka zu surfen, lässt sich eben nur mit einer Reise in einem Flugzeug verwirklichen. Es gibt sicher Menschen, die würden ganz auf ihr Hobby verzichten oder sich mit den Wellen in Ost- und Nordsee zufrieden geben – ganz ehrlich: Ich schaffe das nicht! Vielleicht bin ich einfach zu schwach, aber die Sucht nach der perfekten Welle ist (noch) zu groß. Und doch versuche ich mehr denn je, mein Gewissen etwas zu erleichtern und Gutes im Rahmen meiner Möglichkeiten zu tun. Ich leiste vor jeder Flugreise einen Klimaschutzbeitrag, um so einen Teil des CO_2 zu kompensieren, das der Flieger in die Luft bläst. Und es muss auch nicht mehr immer gleich Bali sein, auf Sylt oder in Dänemark gibt es ebenfalls gute Wellen, und dorthin kann ich mit dem Zug fahren. Und dann sind da ja noch die kleinen Dinge des Lebens, die in ihrer Gesamtheit die Umwelt entlasten helfen: keine Plastiktüten benutzen, überhaupt Plastik reduzieren, keine Coffee-to-go-Becher, feste Seife am Stück benutzen, Klamotten aus Fleece vermeiden – auch hier ist die Liste endlos. Überhaupt ist der Verzicht auf Konsum etwas, was auch Surfern ganz gut zu Gesicht steht. Es müssen schließlich nicht jedes Jahr ein neues Surfbrett, der neue Neoprenanzug oder fünf Boardshorts sein.

Ich habe die Hoffnung, dass die zunehmende Popularität des Surfens einhergeht mit einer gesteigerten Aufmerksamkeit auf die Umweltprobleme. Während ich dieses Buch schreibe, hat die EU-Kommission entschieden, dass Einwegplastik, also Trinkhalme, Plastikteller oder die berühmten Coffee-to-go-Becher ab 2020 verboten werden. Wow – das ist fast zu schön, um wahr zu sein. Ich bin gespannt, wie diese politische Entscheidung in die Praxis umgesetzt werden wird, und hoffe auf weitere Gesetze zum Schutz der Umwelt.

Einige werden behaupten, dass wir uns ziemlich weit aus dem Fenster lehnen mit unseren Surfboards aus Kunststoff und den Neoprenanzügen, die mit Rohöl und anderen hochgiftigen Stoffen hergestellt werden. Dazu die Surftrips an die entlegensten Winkel dieser Erde, bei der ein Surfer mit seinen Flügen so viel CO_2 mitverantwortet, dass es eigentlich für ein ganzes Surferleben reicht. Stimmt, bisher war das ein ziemlich schmerzhafter Spagat – einerseits wollen wir die Meere von Plastik befreien, auf der anderen Seite verrotten Berge von ausgedienten Surfboards unter irgendwelchen Palmen an den Stränden dieser Welt. Wir Surfer sind wahrlich keine Umwelt-Engel, aber ich habe schon das Gefühl, dass ein Umdenken in Sachen Plastik zuletzt auch aus der Surferszene kam: Holzbretter aus nachhaltigen Beständen, Wetsuits aus recycelten PET-Flaschen oder parabenfreies Surf-Wax. Ich persönlich versuche jedes Jahr besser zu werden, was meinen Plastikverbrauch angeht. Ich war schon an dem einen oder anderen Beach-Clean-up beteiligt und versuche, in meinem Onlinemagazin travelonboards.de entsprechenden Themen eine Bühne zu bieten. Aber natürlich geht da noch viel, viel mehr.

Das gilt natürlich auch für die Allgemeinheit. Spätestens wenn die Menschen keine frische Nahrung mehr aus der Natur gewinnen können, weil die Pflanzen und Tiere mit Mikroplastik kontaminiert sind, wird es ein Umdenken geben. Dann allerdings ist es zu spät – das hat eine weise Frau mit indianischer Abstammung schon vor vielen Jahren prophezeit: »Erst wenn der letzte Baum gerodet, der letzte Fluss vergiftet, der letzte Fisch gefangen ist, werdet ihr merken, dass man Geld nicht essen kann.«

Ich selber bin weit entfernt vom nachhaltigen Surfer – aber wenn sich jeder Wellenreiter auf diesem Planeten nur etwas bemühte, wäre das zusammengenommen ein ganz großer Schritt in die richtige Richtung.

34. GRUND

WEIL DU LERNST, MIT FRUSTRATION UMZUGEHEN

So, jetzt wird Tacheles geschrieben: Surfen kann mitunter auch sehr frustrierend sein! Oft wartet man tagelang auf gute Wellen, auf den richtigen Swell oder darauf, dass endlich der Wind dreht. Manchmal ist zu viel Wind, oder die Tide stimmt nicht, oder der Swell trifft nicht im richtigen Winkel auf das Riff. Ich bin leider schon oft ziemlich frustriert von einem Surftrip nach Hause zurückgekehrt, weil die Wellen mich im Stich gelassen haben. Du planst deine Reise, bist ewig unterwegs, gibst Geld aus, und endlich angekommen, ist alles toll: Sonne, Palmen, eine wunderschöne Unterkunft! Nur eine Sache will einfach nicht mitspielen: der Swell. Nicht anwesend, einfach abwesend und auch nicht in Sicht – eine bodenlose Frechheit! Andere Reisende können das oft nicht nachvollziehen, warum schlecht gelaunte Surfer durch die Gegend stapfen, aber stellt euch doch mal folgendes Szenario vor: Eine Golfreise, alles ist super, nur der Golfplatz ist nicht bespielbar, weil eine Armee von Maulwürfen den grünen Rasen zu einer Hügellandschaft umgegraben hat. Oder die Segeljacht in der Karibik ist gechartert, nur leider kann nicht in See gestochen werden, weil ein Hurrikan das Meer zu einer tödlichen H_2O-Achterbahn macht. Bitte, wer würde da keine schlechte Laune bekommen?

Was also soll die Faszination des Surfens sein, fragt sich jetzt der Außenstehende, nicht surfende Mensch. Zu Recht! Wer allerdings einmal, nur ein einziges Mal, den Adrenalinrausch und das damit verbundene Glücksgefühl beim Ritt auf dem Surfbrett gespürt hat, wird verstehen, warum Surfer gerne mal als frustrierte Wellenjunkies durch die Weltgeschichte reisen. Früher, in den ersten Jahren meiner Surfkarriere, war ich nicht nur frustriert, ich war richtiggehend sauer und als Partner und Surf-Buddy mit Sicherheit manchmal nur schwer zu ertragen. Das Ganze nahm irgendwann solch absurde Züge an, dass ich schon vor einem Surftrip schlaflose Nächte mit Angstzuständen hatte: »Was, wenn es keine Wellen gibt?« Irgendwann bin ich von einem zweiwöchigen Surftrip auf Fuerteventura zurückgekommen, bei dem es nur an zwei, drei Tagen gute Wellen gab. Ich war sauer, frustriert und traurig – tagelang. Ich bekam den Gedanken einfach nicht aus meinem Kopf, dass der Surftrip nicht nach meinen Wünschen verlaufen war. Eines Abends saß ich auf der Couch, schaute mir einen Surffilm als Gegenmaßnahme an und entschied, dass es so nicht weitergehen konnte. Ich musste mit der Frustration, keine Wellen zu haben, anders umzugehen lernen. Ich machte mir bewusst, wie glücklich ich mich schätzen durfte, dass ich auf Surftrips gehen und fantastische Länder bereisen konnte. Wellen waren nicht alles – die Begegnung mit fremden Kulturen und neuen Menschen ist mindestens genauso viel wert. Ich fing an, den Surftrip als Ganzes zu schätzen, seine Abenteuer, die Geschichten und Erlebnisse, und nahm mir fest vor, Wellen als Sahnehäubchen zu betrachten. Etwas, über das ich mich freuen sollte, wenn es da war, aber nicht frustriert sein wollte, wenn die Wellen nicht nach meinen Vorstellungen liefen. Das war die emotionale Herangehensweise, die sanfte Art, meine impulsive Leidenschaft für Wellen zu besänftigen. Wenn das nicht funktionierte, trat Plan B in Kraft – die nüchterne, ganz praktische Art, mit der Situation klarzukommen. Ich durfte mich kurz aufregen, dann wollte ich das Wellenmantra flüstern: »Du spielst mit der Natur, sie entscheidet, was du bekommst. Ärgere dich nicht über Dinge, die du nicht ändern kannst.« Überraschenderweise funktionierte dieser Ansatz ganz gut und änderte mein Leben als Surfer. Seitdem kann ich (fast) ganz entspannt auf Surftrips gehen und anders genießen. Ich verspüre diesen Druck nicht mehr und freue mich, wenn es wenigstens ein paar Wellen zum Surfen gibt. Zugegeben, das eine oder andere Mal musste ich schon auf meinen Plan B zurückgreifen, aber die wochenlange Frustration nach einem Surftrip ohne Weltklassewellen ist weg. Übrigens hat diese Entwicklung auch Auswirkungen auf mein Leben abseits des Line-ups – ich habe gelernt, mit Frustration und Enttäuschungen besser umzugehen. Vielleicht ist Surfen ja eine gute Therapie-Methode für aufbrausende, negative Menschen, die mit sich und ihrer Umwelt nicht zufrieden sind? Sollten einige einmal versuchen – sicher ist: Eine Stunde Surfen ist billiger als 60 Minuten auf der Couch eines Therapeuten!

35. GRUND

WEIL DU ALS SURFER ETWAS GEGEN DIE SOZIALE UNGERECHTIGKEIT TUN KANNST

Wie gut Tourismus dem jeweiligen Land tut, darüber lässt sich bekanntlich streiten. Es gibt immer zwei Seiten der Medaille: Einerseits bringen die Touristen Devisen ins Land, schaffen Arbeitsplätze und eröffnen neue Industrien. Nachfolgende Generationen haben eine bessere Perspektive, weil Infrastruktur geschaffen wird und das Land zu einem gewissen Wohlstand kommt. Vielleicht ist es sogar so, dass Bildung und Wissen in Bezug auf die fragile Natur und ihre Bewohner den Weg ins Land finden und die Kinder nicht die gleichen Fehler wie ihre Eltern machen. Diese positiven Effekte existieren, allerdings sind sie noch viel zu selten und auch so bilderbuchhaft an zu wenigen Orten auf dieser Erde zu beobachten.

Oft profitieren nur diejenigen vom Tourismus, welche sowieso schon Bildung und Geld besitzen. Meistens ist das der kleinere Teil der Bevölkerung, dem Rest dagegen bleibt immer weniger Platz zum Leben und Arbeiten. Zudem verstärkt sich mit dem Tourismus die Umweltverschmutzung, die natürlichen Ressourcen werden ausgebeutet, Tiere und Natur werden immer weiter zurückgedrängt. Die Liste der negativen Einflüsse durch den Tourismus ist lang – zu lang!

Und mit dem Surf-Tourismus verhält es sich nicht anders – manchmal ist er der Anfang vom Ende. Es gibt Orte, die existieren nur auf der Urlaubslandkarte, weil irgendwann Surfer gekommen sind und die Kunde von schönen Stränden, entspannten Menschen und billigen Lebenshaltungskosten in die Welt hinausgetragen haben.

Durch den aufstrebenden Surftourismus sind weltweit Bauprojekte in Angriff genommen worden, die einzig und allein dazu dienen, für viel Geld Surfer so luxuriös und so nah wie möglich an der Welle zu beherbergen. Die Effekte sind ähnlich denen in der »normalen«

Urlaubsindustrie: Massentourismus, Umweltverschmutzung, Benachteiligung der einheimischen Bevölkerung und vieles mehr. In den letzten zehn Jahren hat diese Entwicklung vor allem in Ländern wie Indonesien, Sri Lanka oder Nicaragua erschreckende Ausmaße angenommen. Das sind alles Länder, in denen Korruption ein gesellschaftliches Problem ist – wer Geld hat, darf bauen, egal wo, egal wie groß, egal wie viel Natur dabei zerstört wird.

In Nicaragua bin ich an einem solchen Ort gelandet: Playa Colorado. Eine Art »Neubaugebiet« an einem einsamen Küstenabschnitt – bekannt geworden durch die perfekte Welle, die dort an den Strand prallt. Playa Colorado wird auch die »Pipeline Zentralamerikas« genannt: hohl, schnell und rechts wie links. Auf meinem Surftrip durch das zentralamerikanische Land lernte ich einen Amerikaner kennen, der mich in sein Haus an besagtem Ort einlud. Cool, dachte ich, das hört sich nach Spaß an. Dort angekommen, konnte ich es kaum glauben. Mehr oder weniger in der Wildnis Nicaraguas liegt diese Siedlung, die genauso gut ein Vorort von San Diego sein könnte: amerikanisches Vorstadtidyll mit geteerten Straßen, gepflegten Vorgärten und kleinen Villen, wie sie in der Mittelschicht Amerikas zuhauf zu sehen sind. Um eingelassen zu werden, musst du mit einem der Bewohner unterwegs sein oder jemand meldet dich an der Pforte an – »gated community« nennen die Amerikaner das. Hier die sonnenverbrannte Erde Nicaraguas, dort zwei Meter hinter dem Schutzzaun der saftige amerikanische Rasen, der den ganzen Tag mit kostbarem Süßwasser gesprengt wird. Bizarr – während du »draußen« für einen Dollar Reis mit Hühnchen und schwarzen Bohnen bekommst, bezahlst du hier drinnen 20 Dollar für einen Cheeseburger mit Pommes. Und es kommen massenhaft Surfer, die meisten sind US-Amerikaner. Nur wenige Flugstunden von den USA entfernt war Nicaragua schon immer ein beliebtes Land bei den Amis – zuerst kamen der Geheimdienst und das Militär, dann die Industriellen und heute die Surfer. Das Ergebnis ist Playa Colorado, ein umzäuntes, von Bestechungsgeldern bezahltes Neubaugebiet mit

Supermarkt, Restaurants und amerikanischem Kindergarten – gelegen an einem Strand mit der besten Wellen Zentralamerikas. Die Einheimischen hatten vor dem Bau nichts zu melden, die Proteste der ansässigen Bauern wurden ausgesessen oder die Menschen enteignet, bis sie Ruhe gaben. Oft wird die Bevölkerung mundtot gemacht oder will nicht protestieren – so ein Projekt schafft schließlich auch Arbeitsplätze: Es werden Putzfrauen, Zimmermädchen, Gärtner und so weiter gebraucht.

Ich zog nach einem Tag wieder aus und quartierte mich bei einem lokalen Surfer ein, den ich im Line-up kennengelernt hatte. Oliver war sein Name, und er berichtete mir, dass die Surfer aus der Gegend große Sorgen hätten. Playa Colorado verkomme zu Klein-Amerika, mit all jenen Sorgen, die auch der große Bruder habe: Umweltverschmutzung, große soziale Unterschiede, Gewalt und fehlgeleitete Macht. Die Organisatoren der Siedlung hatten sogar einen Antrag gestellt, dass die Welle in Zukunft nur noch von Surfern benutzt werden dürfe, die dafür zahlten. Und wo wohnen diejenigen, die sich das leisten können? Zufälligerweise in der fantastischen Gated Community natürlich! Ich erzählte Oliver von Aktionen baskischer, französischer und irischer Surfer und wie sie sich organisierten und aufbegehrten gegen Projekte, die drohten, ihren Lebensraum zu zerstören. Monate nach meiner Heimkehr las ich, dass nach intensiven Protesten der Einheimischen gerichtlich entschieden worden war, die Welle am Playa Colorado müsse auch in Zukunft der Allgemeinheit zur Verfügung stehen. Ich war überrascht – entweder hatten die Amerikaner nicht genug Bestechungsgelder bezahlt, oder aber es hatte sich tatsächlich eine Art Bürgerbewegung vor Ort gebildet. Mir ist bewusst, dass ich nicht der Auslöser für diese Entwicklung war, die Bestrebungen nach öffentlichem Aufbegehren gab es schon vor meinem Surftrip, aber vielleicht konnte ich dennoch meinen kleinen Teil dazu beisteuern. Oliver besitzt weder ein Telefon, noch hat er Internet, aber ich möchte glauben, dass ihm meine Erzählungen Mut gemacht hatten. Ich denke, dass jeder Mensch seinen kleinen Teil dazu beitragen kann, diese Welt zu einem besseren Ort zu machen. Und sei es nur im »Mikrokosmos Wellenreiten« ohne direkte Auswirkung oder sichtbares Ergebnis. Es wird ja auch behauptet, dass es bei uns Auswirkungen hat, wenn in China ein Sack Reis umfällt. So versuche ich meinen Teil zum Besseren beizutragen – oder noch einfacher: Nie mehr an verfluchte Orte zu reisen, wie die Gated Community in Playa Colorado einer ist.

Natürlich sind nicht »der« Tourismus und die Surfer einzig und allein schuld an allem, das wäre zu einfach und auch nicht fair. Aber ich frage mich inzwischen schon, wie sinnvoll es ist, für einen zweiwöchigen Surftrip bis nach Indonesien zu fliegen? Angefangen beim ökologischen Fußabdruck von der Größe eines Bigfoot bis hin zu dem Fakt, dass ich dort ein Urlauber unter vielen bin – Surfen hin oder her – und dadurch automatisch ein paar wenige Vorteile plus massenweise Nachteile mit ins Land schleppe. Inzwischen bin ich zum Surfen viel in Europa unterwegs und schade der Umwelt dadurch auch, aber zumindest bilde ich mir ein, dass so alles noch im Rahmen bleibt.

36. GRUND

WEIL DU DICH IN DER WELT DES SURFENS HOCHARBEITEN KANNST

»Der Sozialvertrag der Surfszene ist ein komplexes Dokument. Er wird mit jedem Rauspaddeln neu verhandelt. Wenn man an überlaufenen Breaks mit einem Mob Wildfremder um Wellen kämpft, helfen Talent, Aggressivität, Ortskenntnis und Ansehen beim Aushandeln einer ungefähren Hackordnung.« – William Finnegang

Die klassenlose Gesellschaft war in der zweiten Hälfte des 20. Jahrhunderts in einigen Ländern dieser Erde das vorherrschende System.

Bis heute halten einige daran fest, auch wenn die Historie bewiesen hat, dass dies eher das Wunschdenken einiger kommunistischer Politiker oder Geheimdienste und weniger eine funktionierende Gesellschaftsordnung ist. Auch wenn die politische Gesinnung im Line-up nicht wirklich eine Rolle spielt – ein Grund, warum ich das Surfen so liebe –, würde mich trotzdem mal interessieren, ob auch Sozialisten ruhigen Gewissens im Line-up sitzen können. Dieser Mikrokosmos ist nämlich das genaue Gegenteil der klassenlosen Gesellschaft und damit ein Graus für jeden geneigten Maoisten, Leninisten oder Trotzkisten – oder nutzen diejenigen das Line-up sogar für einen heimlichen Ausflug in eine andere Gesellschaftsform?

Die Ordnung, in diesem Zusammenhang durchaus als »Hackordnung« zu bezeichnen, spielt in den Line-ups dieser Welt eine große Rolle. Eine Ordnung, die als ungeschriebenes Gesetz jeden Surfer raus in die Wellen begleitet. Das Line-up ist eine Klassengesellschaft mit einer Mischung aus meistens einem oder mehreren Anführern, einer einflussreichen Elite und dem Rest der »Bevölkerung«. Über Jahrzehnte hat sich diese Hackordnung an jedem einzelnen der unzähligen Surfspots rund um den Erdball selbst kreiert – bei manchen als sehr strenges Gebilde, bei anderen mit durchlässigen Schranken.

Am Ende der gedachten Warteschlangen stehen leider erst einmal die Surfanfänger. Wer mit dem Surfen gerade angefangen hat, lebt ein doppelt schweres Leben im Line-up und fängt ganz unten in der Gesellschaftshierarchie an. Er hat sowieso schon mit sich und der ungewohnten Bewegung und Umgebung zu tun und wird dann auch noch vom Rest der anwesenden Surfer nicht sonderlich beachtet – aller Anfang ist schwer! Allerdings gibt es Licht am Ende des (Wellen-)Tunnels: Der Aufstieg erfolgt ganz automatisch, indem der Surfer besser wird und sich durch Können den nötigen Platz in der Rangordnung verschafft. Irgendwann wird es einfacher, sich im »Haifischbecken Line-up« besser zurechtzufinden.

Allerdings ist es auch so, dass man es als Surfer, der nicht am Homespot surft, nie bis ganz oben in dieser Gesellschaft schaffen wird. Die Pole Position ist denjenigen vorbehalten, die an einem Surfspot zu Hause sind – die einheimischen Surfer, auch Locals genannt. Sie sind es, die das Vorrecht auf Wellen haben und den Surfspot als ihr »Wohnzimmer« bezeichnen dürfen – Gäste müssen sich dementsprechend benehmen und an die Regeln des Gastgebers halten. Wie in der »echten« Welt auch sind es nur wenige, die das Schicksal aller beeinflussen. Das mag sich grausam anhören, ist aber in einem Line-up die einzige Möglichkeit, Recht und Ordnung zu bewahren – Locals können eine Art Line-up-Polizei darstellen: Wer nicht spurt, wird zurechtgewiesen. Allerdings kann es auch manchmal zu weit gehen – schließlich sollten sich auch die Gastgeber angemessen verhalten. Manche Surfer schrecken auch vor körperlicher Gewalt nicht zurück – und das geht schlicht und einfach zu weit. An den meisten Orten allerdings sind die Locals offene und warmherzige Menschen, die Fremde in die Geheimnisse ihrer Welle einweihen. Zugegeben, diese Orte werden immer weniger, aber es gibt sie noch.

Ein Phänomen allerdings ist in nahezu jedem Line-up dieser Welt zu beobachten, und ich finde, dafür müsste die Surfkultur das Bundesverdienstkreuz erhalten: Respekt vor dem Alter wird in den Wellen dieser Welt bis heute großgeschrieben! Eine gesellschaftliche Verpflichtung eigentlich, die an Land aber zunehmend vergessen wird. Stehen junge Leute im Bus auf, um der Oma einen Platz anzubieten? Ich hoffe es – und doch habe ich das Gefühl, dass die natürliche Wertschätzung der Älteren in unserer Gesellschaft immer oft zu kurz kommt. Wieso hat dieses Verhalten gerade im Line-up überlebt? Ehrlich gesagt keine Ahnung, müsste man mal einen Sozialwissenschaftler fragen. Ich denke, es liegt an der Erfahrung, die ältere Surfer ausstrahlen. Viele der 60plus Wellenreiter surfen mit einer solchen Ruhe und ganz eigenen Eleganz, dass der Nachwuchs ganz automatisch Respekt zeigt und Vorfahrt gewährt. Die ältere Generation surft nicht gut, gemessen an den heutigen Standards der radikalen Manöver und Sprünge, aber der jahrzehntelange Ritt auf der Welle verleiht den Herrschaften eine natürliche

Autorität, die selbst der ungezogenste Bengel im Wasser spürt. Ich liebe es, den Surf-Omas und Surf-Opas zuzusehen, wie sie auf ihren Longboards, die meistens genauso alt sind wie sie selber, unter den ehrfurchtsvollen Blicken der nachrückenden Generation den Point runtercruisen.

Ein Beispiel, das mich in Sachen Respekt vor dem surfenden Alter nachhaltig beeindruckt hat, beobachtete ich an einem der bekanntesten und am meisten frequentierten Surfspots in Portugal. Eine Surf-Session, die mein Surferherz erwärmte und den Glauben an die surfende Gesellschaft erneuert hat. Folgendes ist geschehen: Nachdem sich eine Gruppe halbstarker Jugendlicher im Line-up völlig danebenbenimmt, paddelt ein etwa zehnjähriges Surfergirl zu den Jungs rüber und sagt mit freundlicher, aber doch sehr bestimmter Stimme: »Mein Opa hat mir gesagt, dass ich ihn holen soll, wenn mir jemals irgendjemand im Wasser auf die Nerven geht – und ihr geht mir gerade ziemlich auf die Nerven!« Interessanterweise spurten die pubertierenden Brettsportler daraufhin und entsannen sich ihrer Manieren. Ich war verwundert und begriff dann aber irgendwann: Der Sinneswandel lag weniger am Furcht einflößenden Auftritt des Mädchens, sondern vielmehr am ziemlich bekannten und respektierten Local, der gleichzeitig ihr Opa war. Dieser hatte sich das ganze Schauspiel mit einem Lächeln im Gesicht aus Schlagdistanz angeschaut – immer bereit einzugreifen.

Ein weiteres Anschauungsbeispiel dafür, dass das Line-up eine Klassengesellschaft ist – mit all ihren Vor- und Nachteilen. Bleibt die Frage zu klären, ob Sozialisten eigentlich surfen.

37. GRUND

WEIL DU DEINEN INNEREN SCHWEINEHUND BESIEGST

Es gibt Wellen, die mir Angst machen! Wellen, bei denen ich gegen die aufkommende Übelkeit ankämpfen und alle mentale Kraft aufwenden muss, um meinen inneren Schweinehund zu besiegen. Eine dieser Wellen befindet sich am anderen Ende der Welt, an der Westküste Tasmaniens.

Die Locals haben diese Welle »Hell's Kitchen«, Teufels Küche, getauft. Schon der Weg ins Line-up brachte mich manchmal an meine Grenzen, ohne meinen tasmanischen Kumpel, der dort Local ist, wäre ich niemals rausgepaddelt. Um ins offene Meer zu kommen, mussten wir zuerst durch einen Wald aus Kelp – Seegras, dessen Stamm die Dicke eines Unterarms hat und Blätter von der Größe eines Esstisches. Das Zeug fühlt sich mit seiner glitschigen Oberfläche nicht nur gewöhnungsbedürftig an, sondern gilt auch als bevorzugtes Jagdrevier von Bullenhaien – neben dem Weißen Hai eine der wenigen Arten, die gerne mal Surfer anknabbern. Wer diesen ersten Abschnitt in einem Stück geschafft hat, muss über die erste Sandbank paddeln, um ins offene Meer zu gelangen. Hier ist der sogenannte Shorebreak, also die Stelle, wo sich die massiven Wellen brechen und mit roher Gewalt auf der Wasseroberfläche einschlagen. Wer hier, auf dem Brett liegend, darunter gerät, wird schlichtweg zerschmettert. Mein lokaler Kumpel verglich es mit einer üblen Kneipenschlägerei, bei der du keinen einzigen Schlag abgeben, dafür aber umso mehr kassieren musst. Hier ist vor allem das Timing wichtig – nur wer die zeitliche Lücke zwischen einem Wellenset abpasst, schafft es hinaus ins offene Meer. Wenn es nicht passt und die dunkle Wasserwand ihren Rachen aufsperrt, bleibt nur eins: abtauchen bis auf den Grund und einen Stein oder eine Kelpwurzel finden, um sich daran festzuhalten. Das eine oder andere Mal blieb mir nur diese Lösung – und es war Furcht einflößend. Die Sicht ist gleich null, das

Wasser eiskalt und der Bullenhai gefühlt direkt hinter dir. Die Wellen über mir schlugen mit einer solchen Kraft ein, dass ich unter Wasser hören konnte, wie die massiven Steine dort unten mit lautem Poltern herumgerollt wurden. Wie oft schrie ich gedanklich im schwarzen Nichts meinem Schweinehund entgegen: »Vergiss es, das ist viel zu heftig – lass dich zurück ans Ufer spülen!« Manchmal ließ ich genau das geschehen, meistens aber half mir das zu einer Jetzt-erst-recht-Haltung. Ich sah es als Prüfung, als eine Aufgabe des tasmanischen Surfgotts, der testen wollte, ob der dämliche Deutsche es wirklich wert sei, hier zu surfen. Wer es allerdings durch die Impactzone, diese Kriegszone aus Wasser, geschafft hatte, wird draußen mit großen, aber sanften Wellen belohnt. Hier in Hell's Kitchen wurde mir eines Tages eine Tatsache bewusst: Meine Angst vor großen Wellen hängt damit zusammen, dass ich sie vermenschliche. Es gab Wellen, in die war ich verliebt, sogar geradezu verzaubert von ihrer Schönheit. Ich freute mich, sie zu surfen, im Spiel mit ihnen wirkten sie geradezu lebendig. Ich kenne aber auch Wellen, die in meinen Augen bösartig wirken, die mir wehtun wollen – die Zuneigung hält sich da eher in Grenzen. In Wirklichkeit ist es natürlich so: Auch wenn jede Welle ihre eigene Persönlichkeit hat – die einen sind rund und langsam, die anderen steil und schnell –, sie sind nicht lebendig. Es kümmert sie nicht, ob sie dem Surfer schmeicheln oder ihn am Riff zerschmettern.

Auch trotz meiner Erfahrung mit Hell's Kitchen habe ich noch immer eine ambivalente Beziehung zu Wellen, aber ich nehme es ihnen nicht mehr persönlich übel, dass sie mich entweder verletzen oder zum glücklichsten Menschen im Line-up machen wollen.

Vielleicht ist es für den einen oder anderen schwer nachzuvollziehen, was diese neue Erkenntnis mit dem inneren Schweinehund zu tun hat, aber seit meinem Erlebnis in Tasmanien zieht er immer öfter den Kürzeren. Vielleicht weil er mir keine Angst mehr machen kann – wo nichts ist, was mir nach dem Leben oder zumindest der Gesundheit trachtet, gibt es auch keinen Grund mehr, sich zu fürchten. Eine Einschränkung allerdings bleibt: Von meiner wohlwollenden Einstellung ausgenommen sind Bullenhaie!

38. GRUND

WEIL DU DIE TRADITION DES WELLENREITENS WEITERTRÄGST

Ob der erste Wellenreiter der Menschheit Hawaiianer war, wird sich wohl nie endgültig klären lassen. Sicher ist aber, dass er aus Polynesien stammte – bereits Höhlenmalereien zeigen dort Menschen, die auf Brettern über das Meer gleiten. Forscher vermuten, dass Seefahrer aus Tahiti oder Tonga rund 1000 n. Chr. auf die hawaiianischen Inseln emigriert sind und die eigentümliche Fortbewegungsart mitbrachten. Der britische Entdecker James Cook war 1778 der erste Mensch der Alten Welt, der auf der Inselkette beobachtete, wie jemand auf einem Holzbrett einen Wellenberg entlangfuhr. Seine Tagebuchaufzeichnungen sind die erste schriftliche Überlieferung des Surfens – der Abenteurer hat damit so eine Art erstes Surfmagazin produziert. James King, einer seiner Kommandeure, beschrieb ebenfalls das Wellenreiten der Locals: »Manchmal gehen 20 bis 30 Männer mit dem Wellengang der Brandung aufs Meer, legen sich flach auf ein ovales Stück Holz ihrer Größe und Breite, lassen ihre Füße direkt darauf und nutzen ihre Arme, um die Holzplanke zu steuern. Sie warten, bis die Brandung am höchsten ist, und paddeln alle zusammen mit den Armen, um auf der Spitze der Wellen zu bleiben und mit erstaunlicher Geschwindigkeit Richtung Strand zu rauschen(…)«.

Die Hawaiianer verehrten schon damals das Meer als Gottheit, durch das Wellenreiten vereinten sich die Menschen mit der Natur und fühlten sich ihr nah. Tempel wurden dort gebaut, wo die heiligen Wellen brachen, und vor den Surf-Sessions überbrachten die Menschen Opfergaben, vermutlich auch menschliche, um die Götter des Meeres zu besänftigen. Den ersten Wellenritt mit einem neuen Brett begleitete meistens eine Zeremonie, um die Kraft der Gottheit auf das Board zu übertragen. König Kamehamema I. war wohl die erste Surf-Celebrity – er ordnete 1812 an, dass nur er alleine die Wellen am Strand von Oahu und Waikikki surfen durfte. Ich könnte mir heute die Rolle als König Kahemamema I. gut vorstellen – Surfspots nur für mich alleine, ein Traum! Auf die Veranstaltungen inklusive der Opfergaben würde ich dafür großzügig verzichten!

Missionare, die im frühen 19. Jahrhundert aus den USA auf die Inseln kamen, hätten die Freizeitbeschäftigung der Einheimischen beinahe zerstört. Sie verboten das Surfen, weil sie die Nacktheit der Surfer nicht ertrugen. Außerdem fanden sie es unerhört, dass Frauen und Männer gemeinsam Spaß hatten. Alexander Hume, ein amerikanischer Journalist und Weltenbummler, »rettete« das Surfen, indem er 1908 den ersten »Surfclub« gründete. Der »Outrigger Canoe Club« von Waikkiki wuchs innerhalb weniger Jahre auf mehrere Tausend Mitglieder an. Duke Kahanamoku trug den Sport dann hinaus in die Welt, und der US-Schwimmer Tom Blake war 1926 der Erste, der Surfbretter industriell produzieren ließ. Nach dem Zweiten Weltkrieg wurde Surfen zum Lifestyle und eroberte, erneut mit Hawaii als Basis, zum zweiten Mal die Menschen rund um den Erdball. Heute ist Surfen vieles: Freizeitbeschäftigung, Lebenseinstellung und eine milliardenschwere Industrie. Die besten Surfprofis verdienen mit dem Wellenreiten und ihren Werbeverträgen inzwischen Millionen. Für viele Surfer hat die heutige Form des Surfens nichts mehr mit der spirituellen Beschäftigung von damals zu tun, die »Seele« des Wellenreitens wurde ihrer Meinung nach an die Industrie verkauft. Darüber lässt sich streiten, denn wie und in welche Richtung sich etwas entwickelt, hängt von vielen Faktoren ab. Ich finde, das moderne Surfen hat viele positive und sicher aber auch negative Aspekte. Wir könnten uns durchaus des

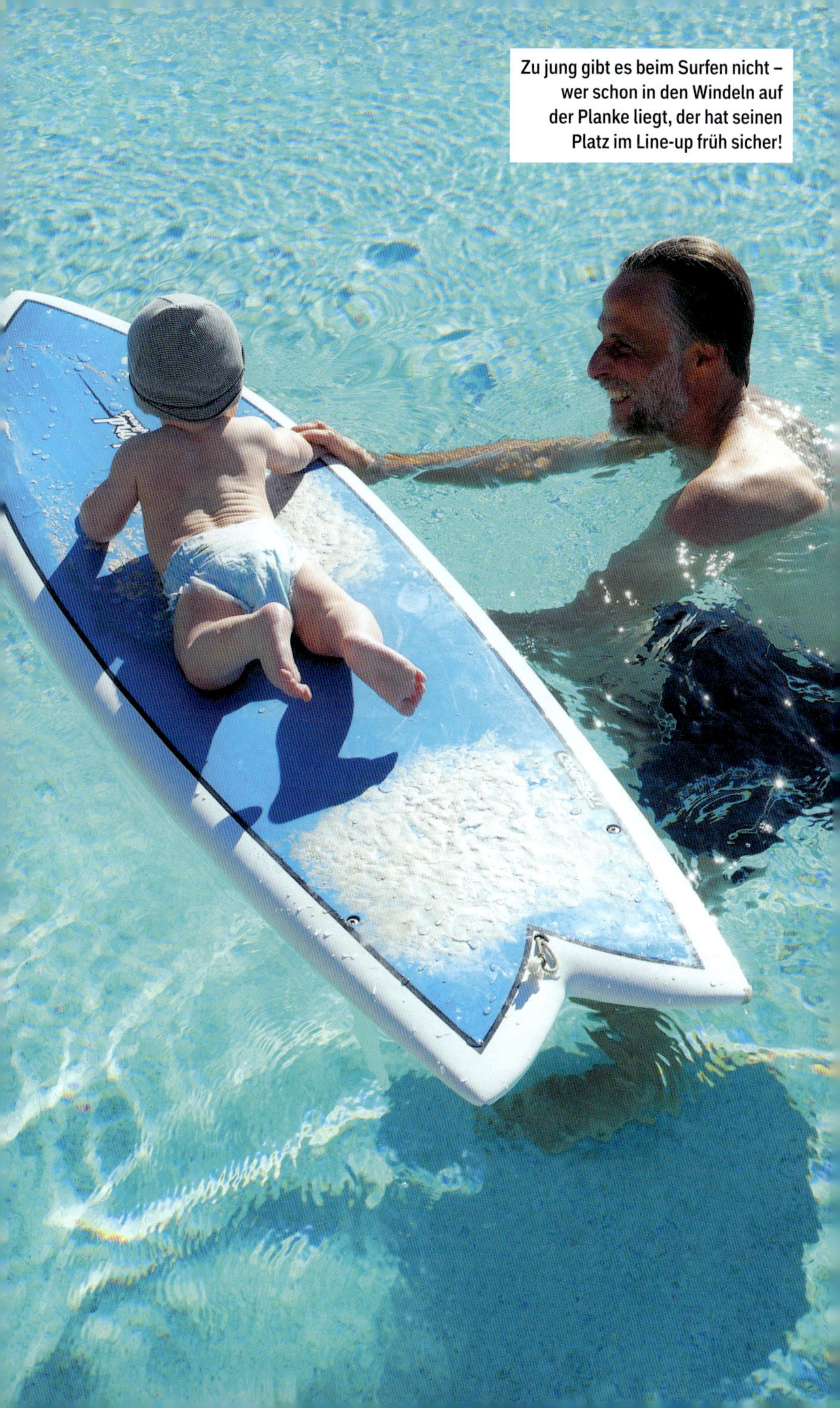

Zu jung gibt es beim Surfen nicht – wer schon in den Windeln auf der Planke liegt, der hat seinen Platz im Line-up früh sicher!

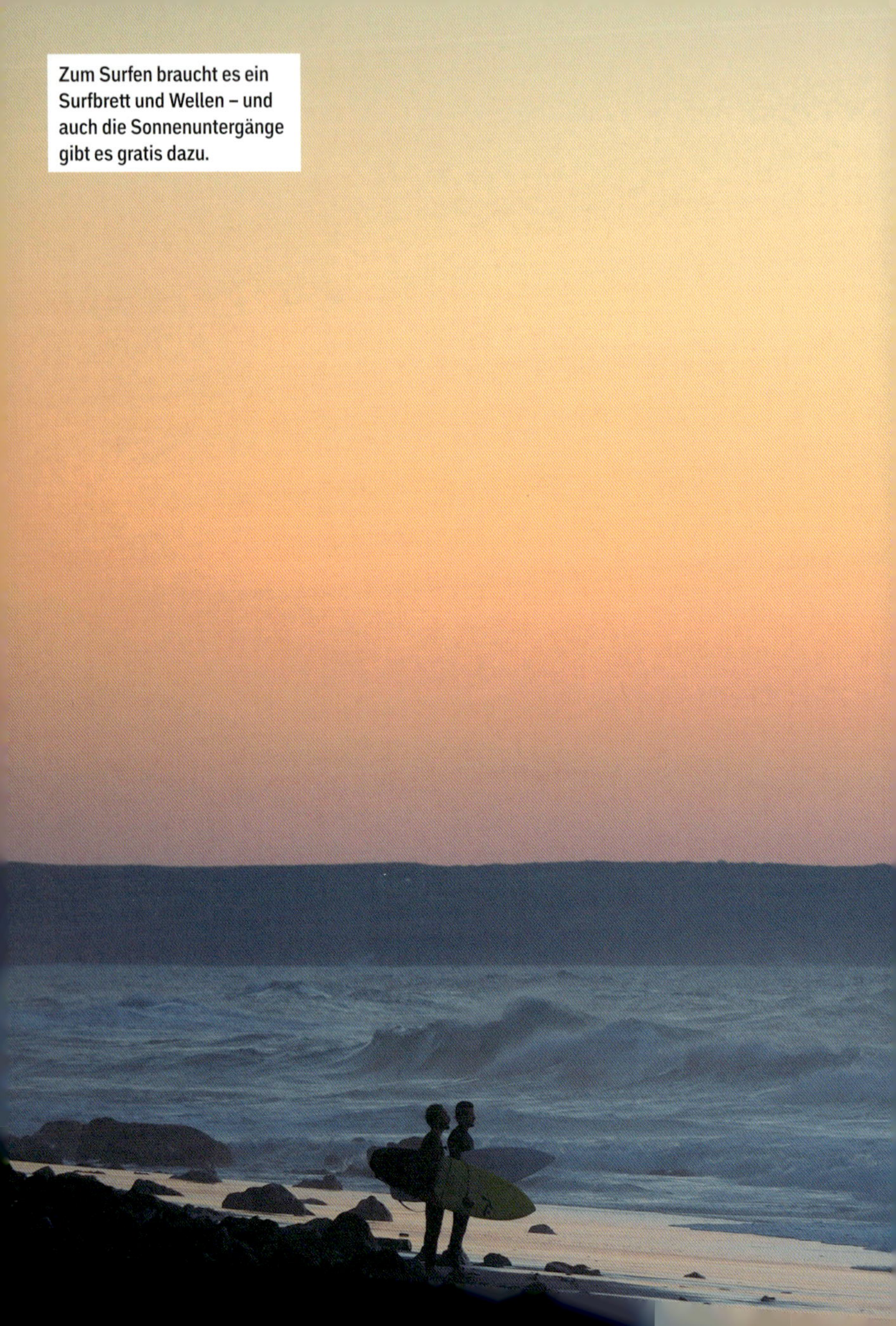

Zum Surfen braucht es ein Surfbrett und Wellen – und auch die Sonnenuntergänge gibt es gratis dazu.

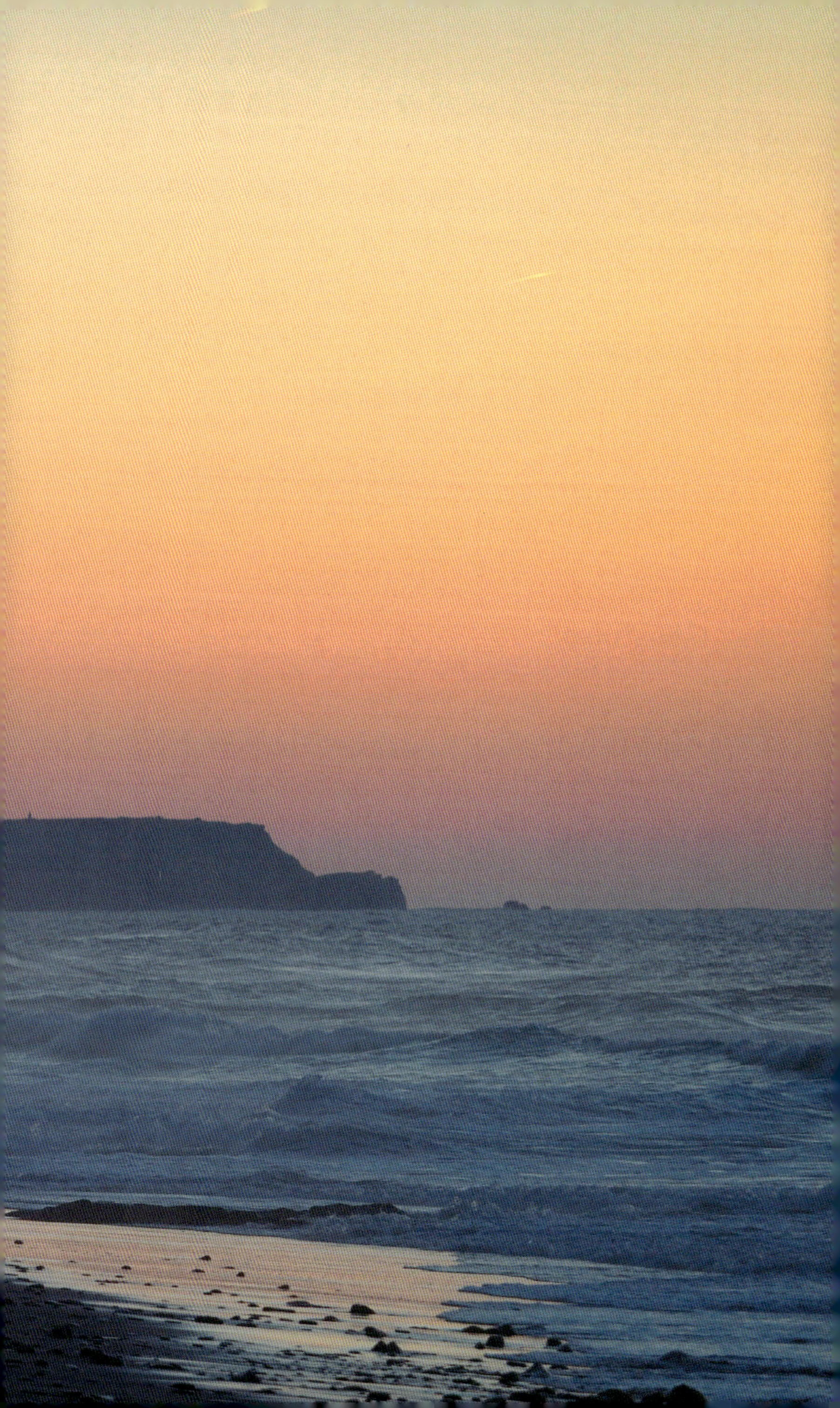

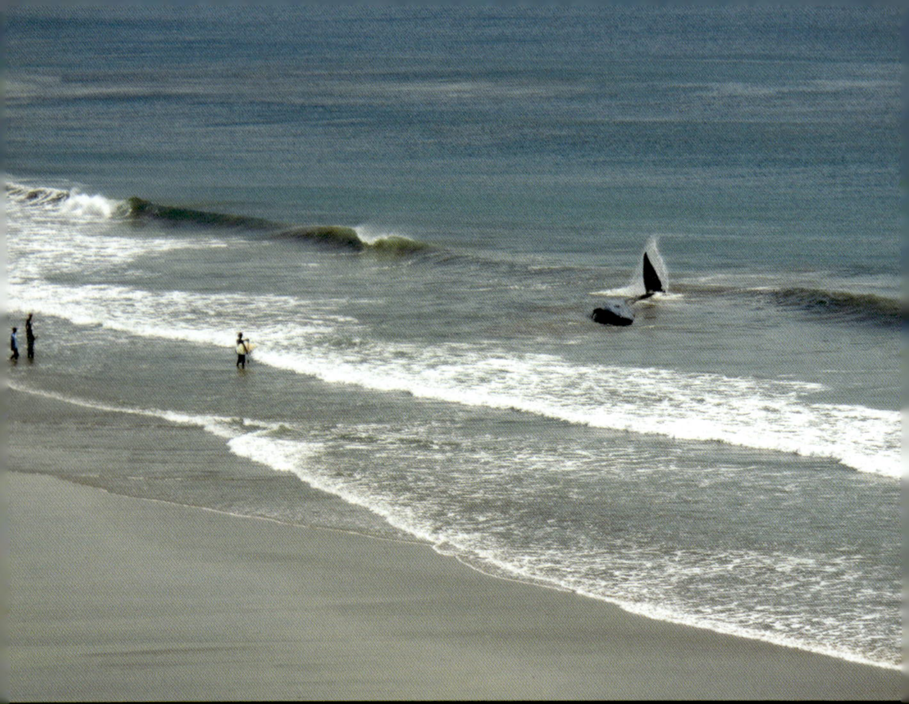

Oben: In Popoyo, Nicaragua, schwimmt der junge Wal auf den Strand.
Unten: In Bocas del Toro, Panama, können Surfer von der eigenen Terrasse ins Line-up paddeln.

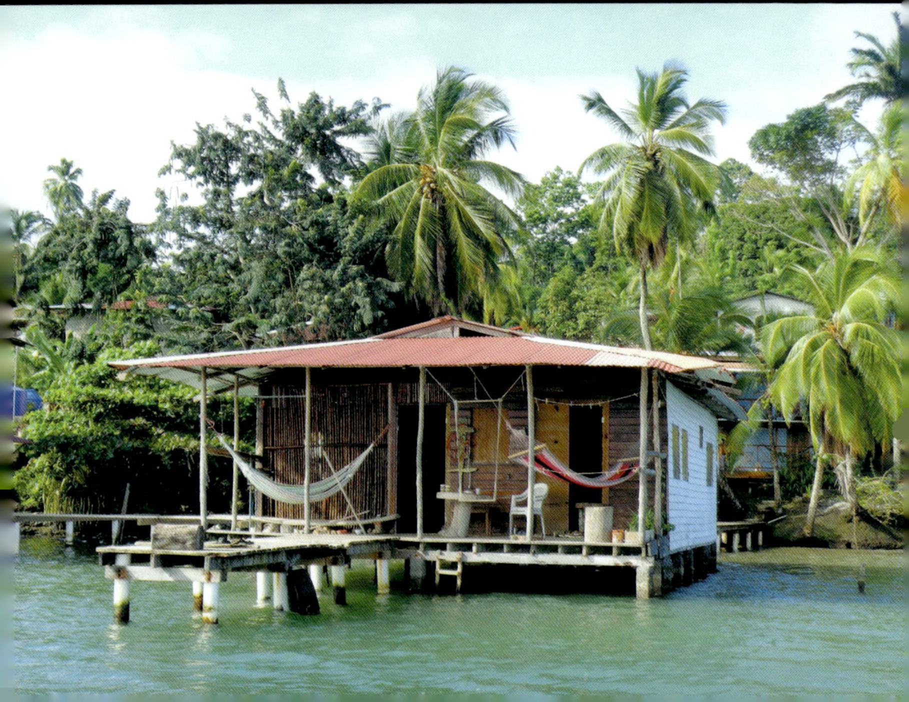

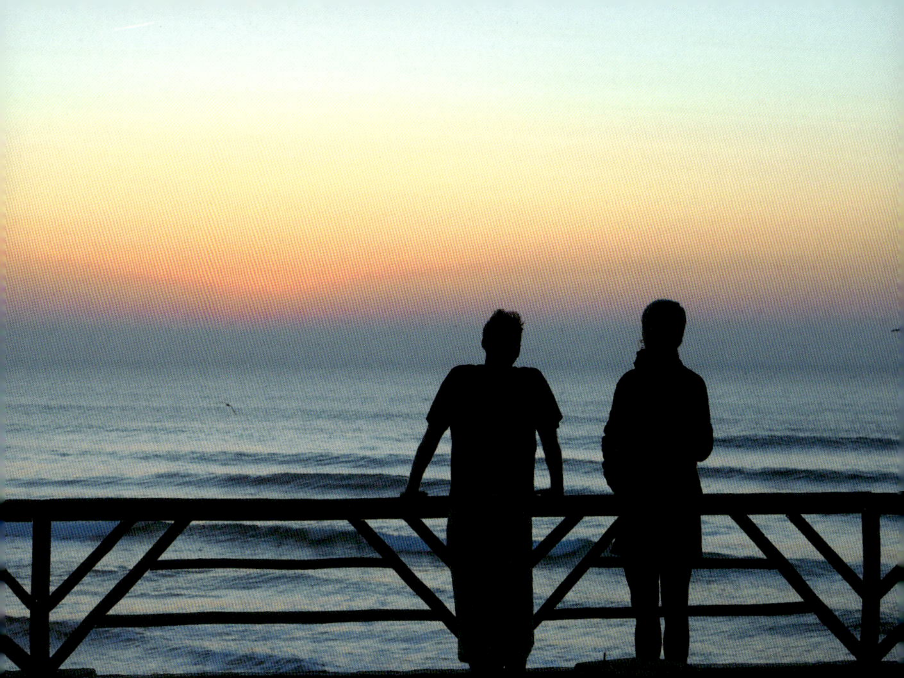

Oben: Das Leben als Surfer hält unvergessliche Momente bereit – wie hier in Guincho in Portugal.
Unten: Die Insel Bali ist bei Touristen und Surfern gleichermaßen beliebt – beeindruckende Natur und Weltklasse-Wellen treffen hier aufeinander.

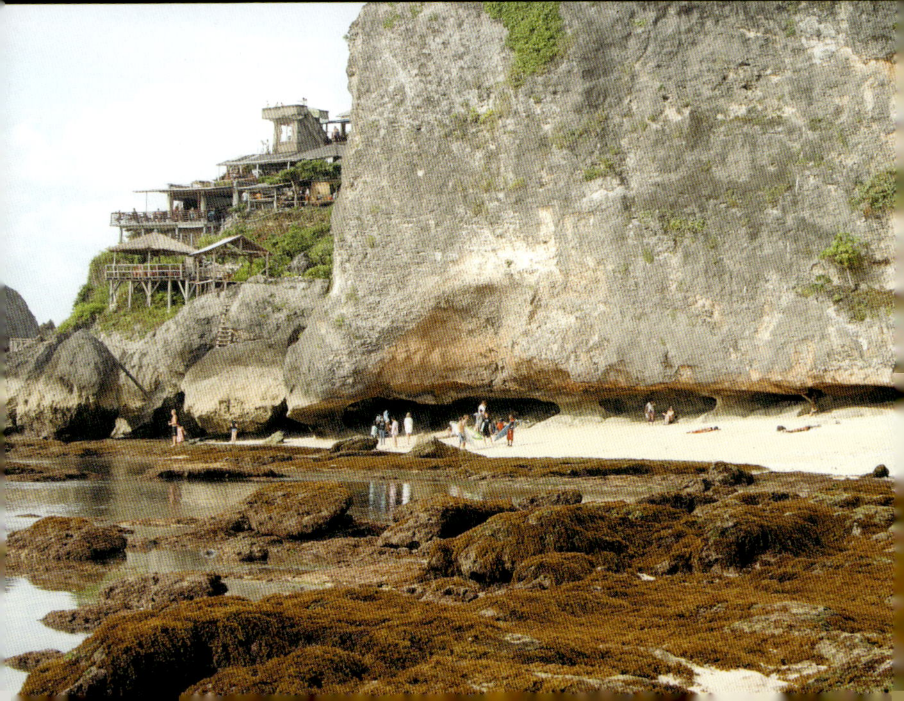

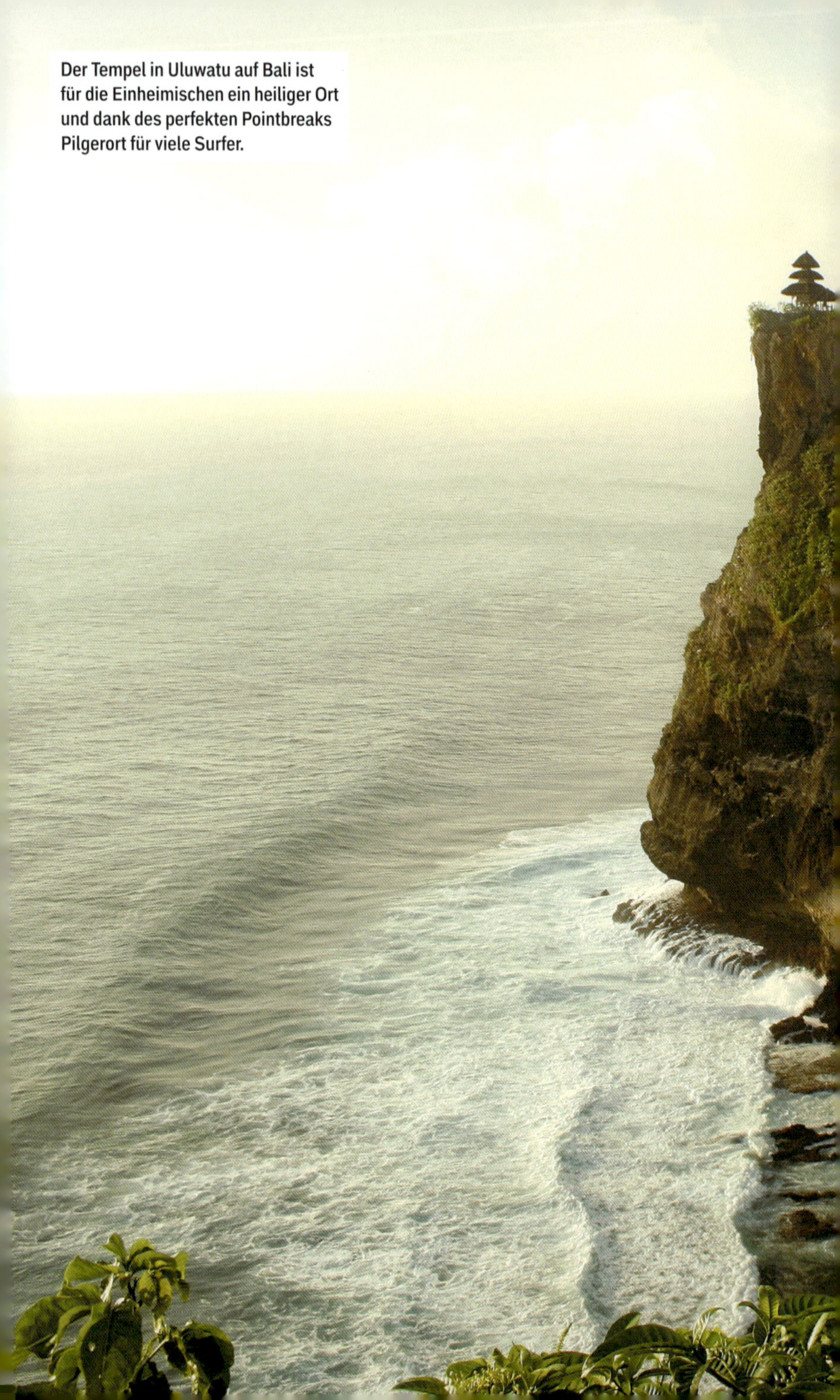

Der Tempel in Uluwatu auf Bali ist für die Einheimischen ein heiliger Ort und dank des perfekten Pointbreaks Pilgerort für viele Surfer.

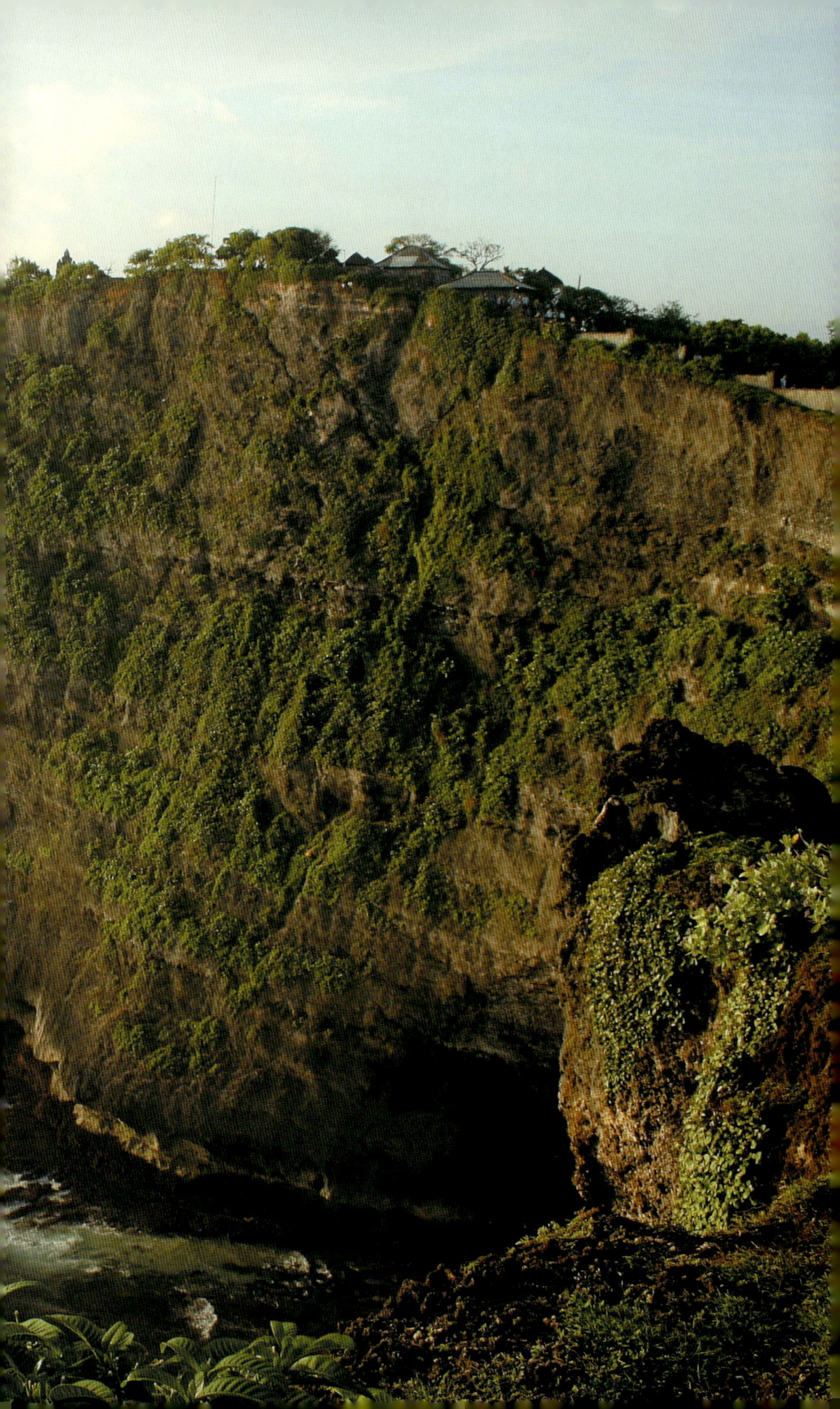

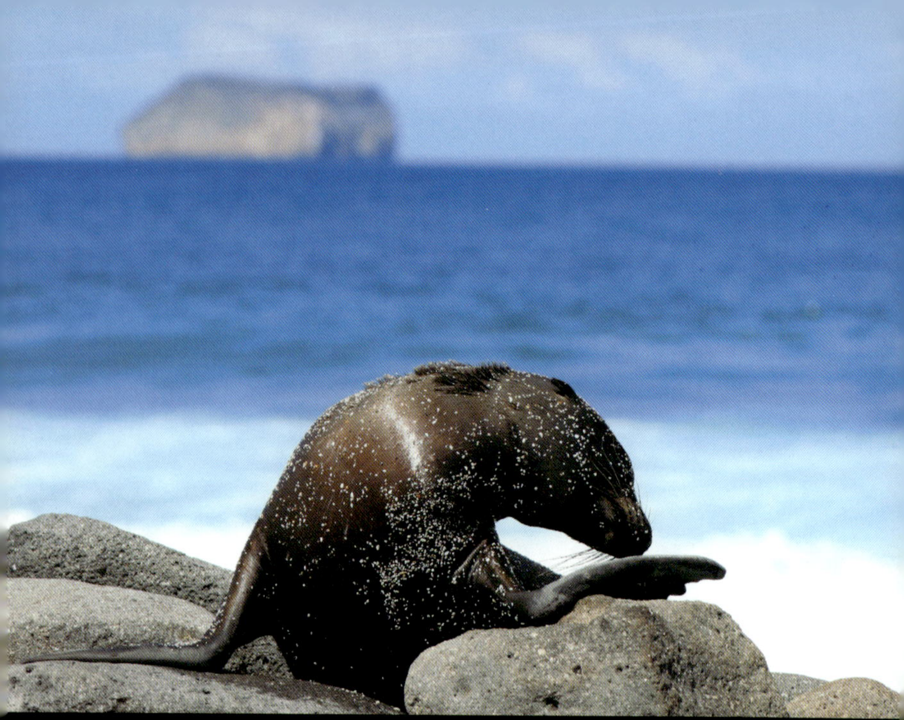

Oben: Um Natur und Tiere auf den Galapagosinseln zu schützen, brauchen Surfer eine Sondergenehmigung. **Unten:** In Klitmøller in Dänemark findet Mensch Ruhe, viel Natur und überraschend gute Wellen.

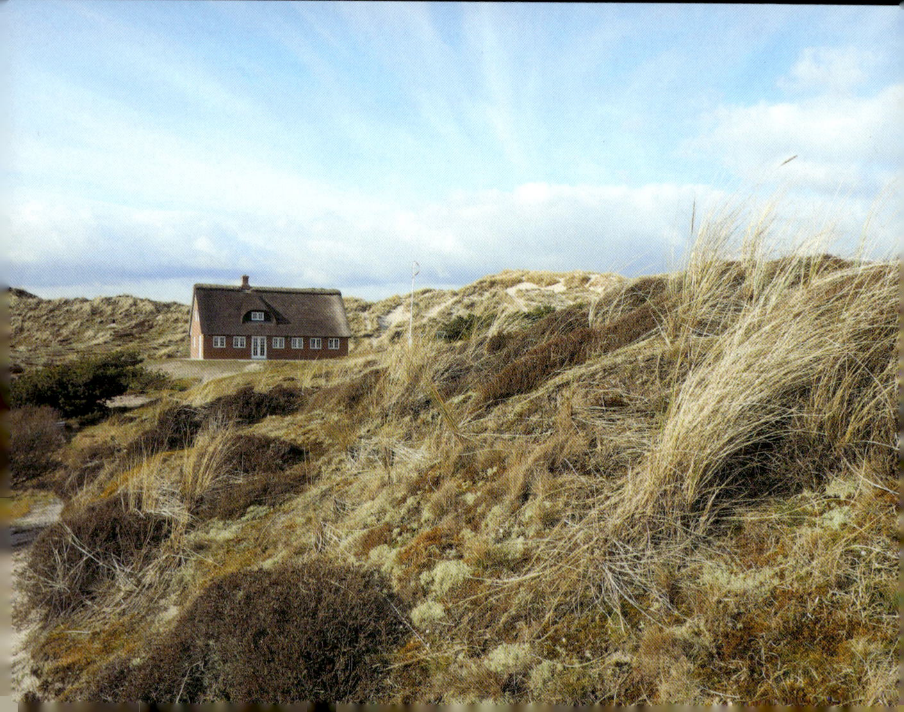

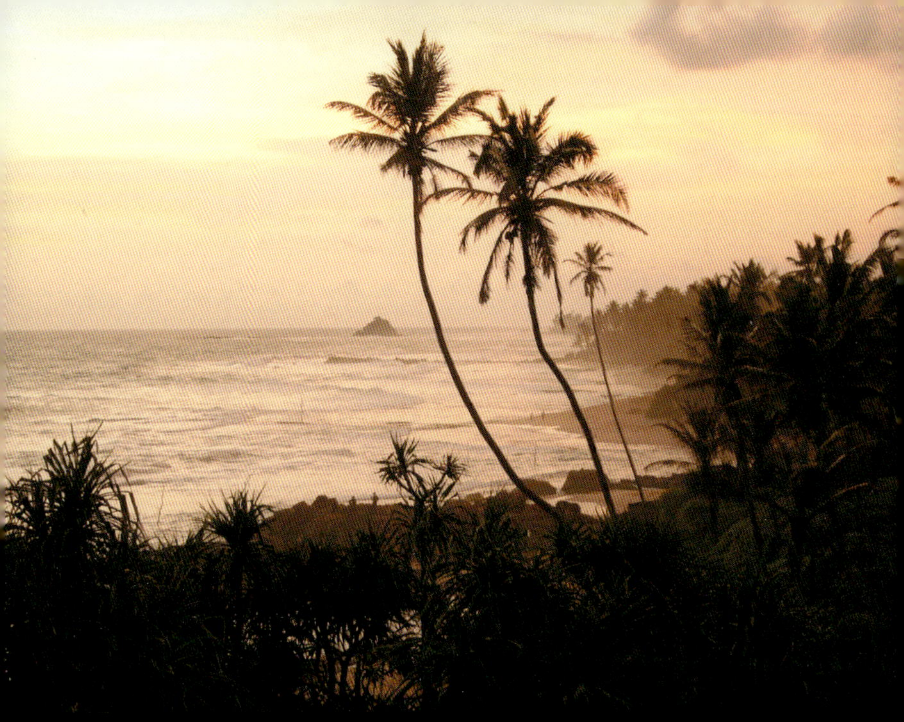

Oben: Es gibt ihn, den Surferhimmel: Sri Lanka Westcoast! **Unten:** Auch wenn am Ringkøbing Fjord in Dänemark eine Mole gebaut wurde, lassen sich die Surfer ihre Surfsession hier nicht nehmen.

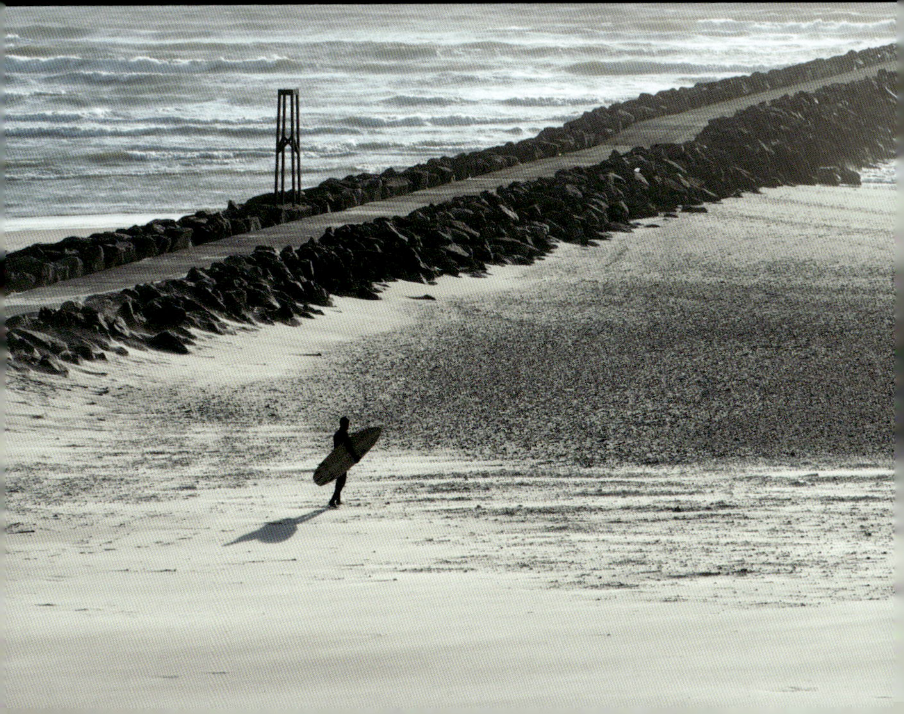

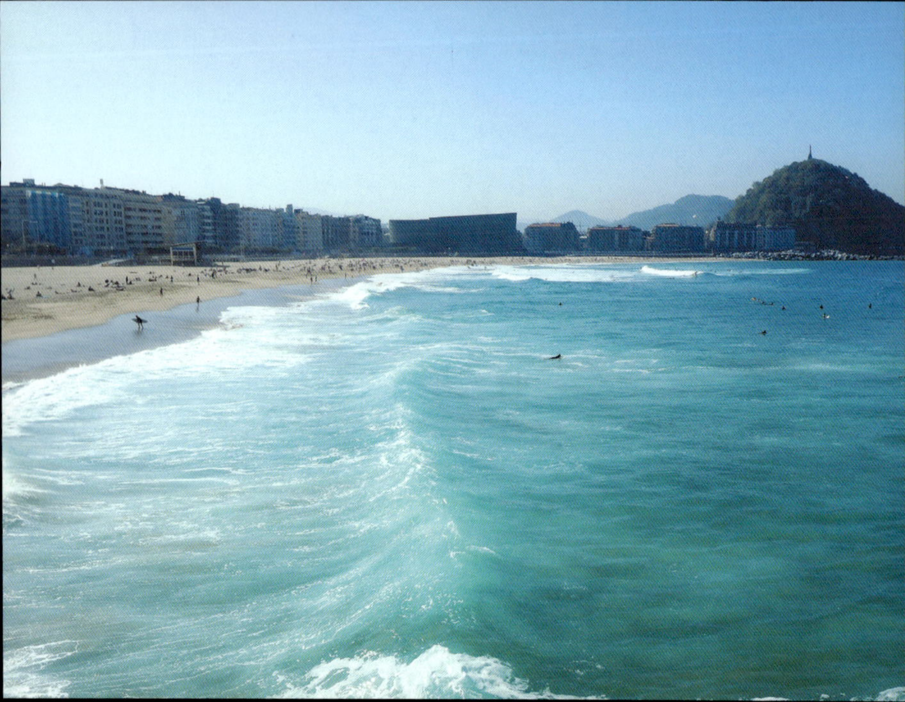

Oben: Es gibt nicht allzu viele Orte auf der Welt, wo Großstadt, Strand und Wellen aufeinandertreffen – San Sebastián in Spanien ist einer davon. **Unten:** Ganz früh am Morgen, noch vor Sonnenaufgang, macht sich dieser Surfer auf den Weg ins Line-up von Oyambre in Spanien.

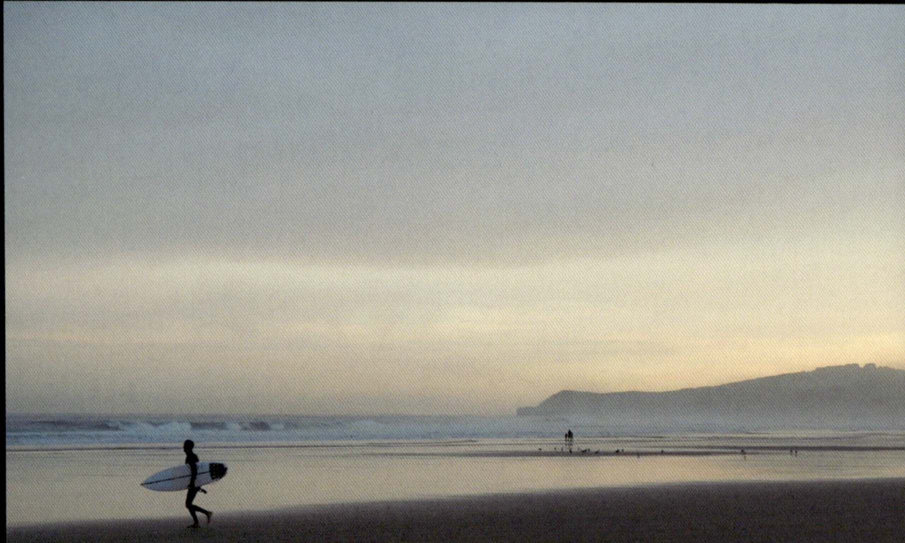

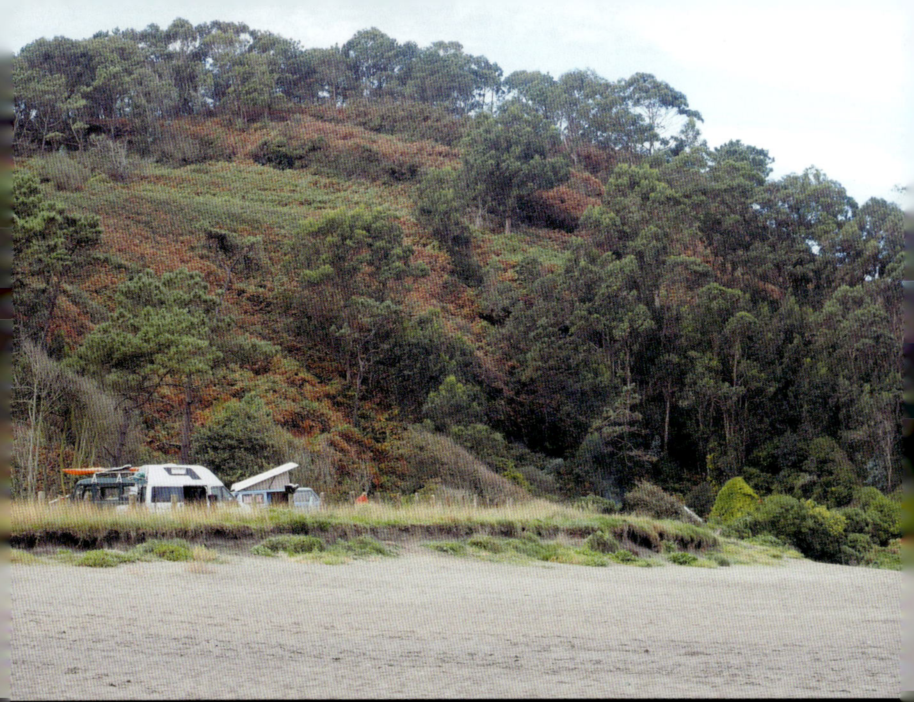

Oben: Wer surft, wird fast immer automatisch zum Camper! Mit dem rollenden Zuhause direkt an den Spot, einfach unbezahlbar – wie hier in Galizien. **Unten:** Der Praia do Amado ist einer der schönsten Strände Portugals – wie praktisch, dass dort auch noch eine ziemlich gute Welle bricht!

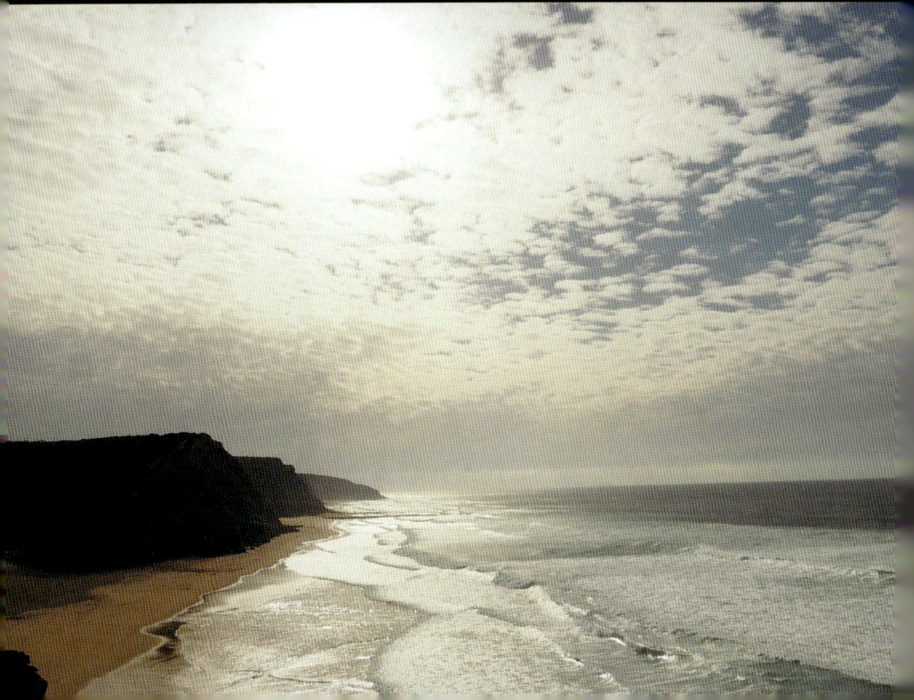

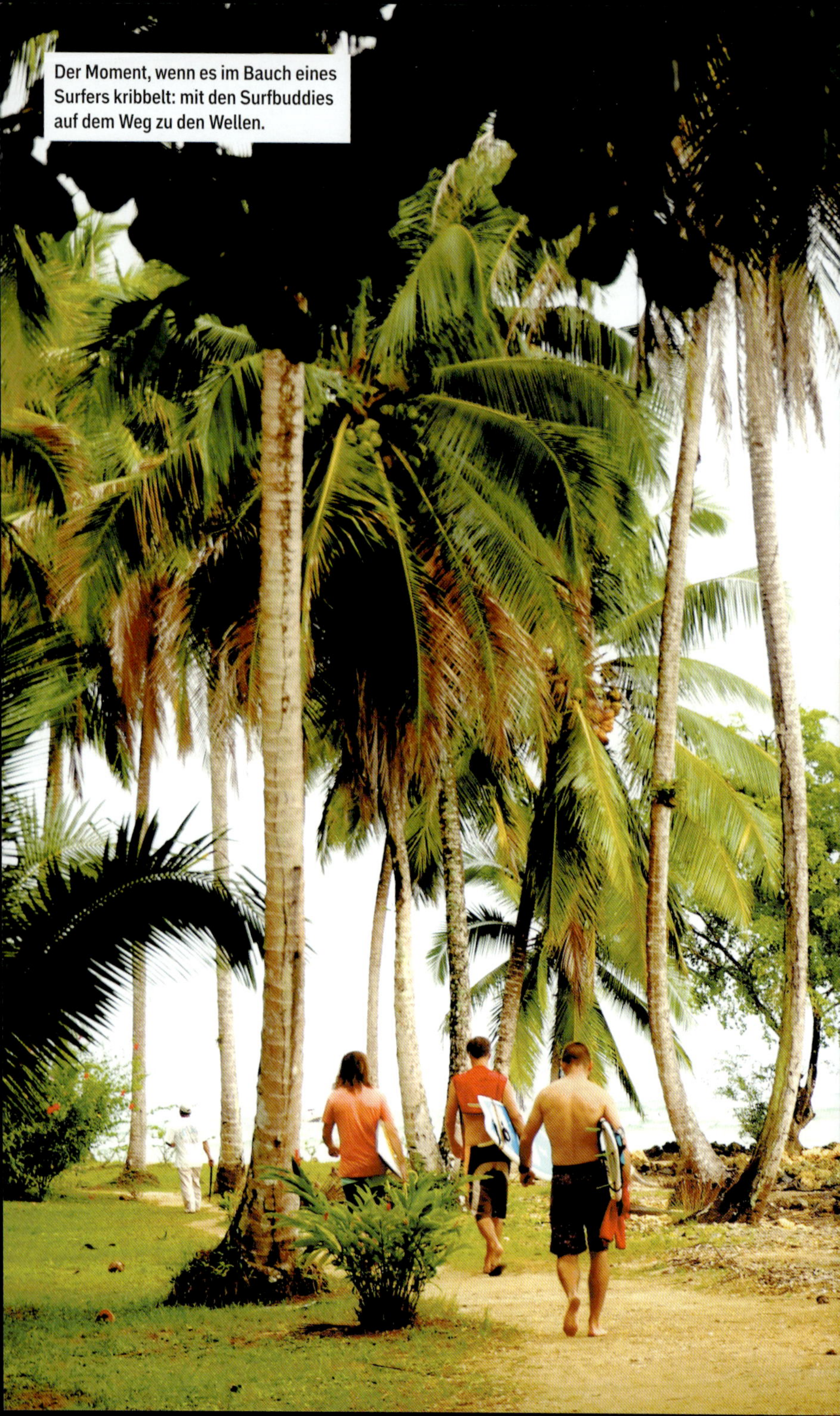

Der Moment, wenn es im Bauch eines Surfers kribbelt: mit den Surfbuddies auf dem Weg zu den Wellen.

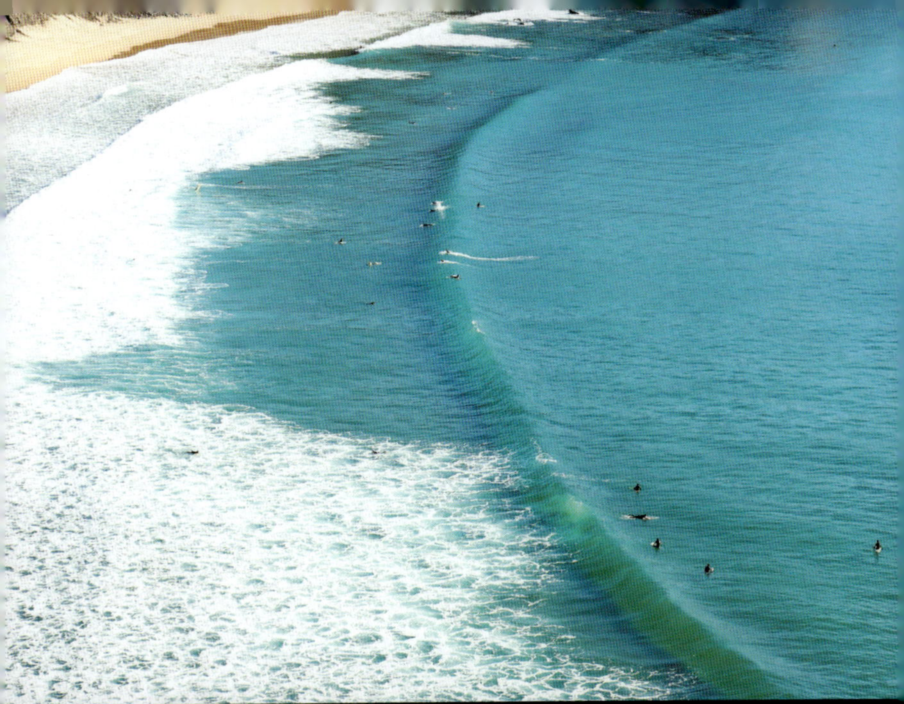

Oben: Der Strand von Arrifana in Portugal ist vor allem bei Anfängern beliebt – die entspannte Welle und der Sandboden verzeihen einige Fehler. **Unten:** Surfen und Kitesurfen ergänzen sich bestens – wenn es mal keine Wellen gibt, dann pustet es meistens, und andersrum.

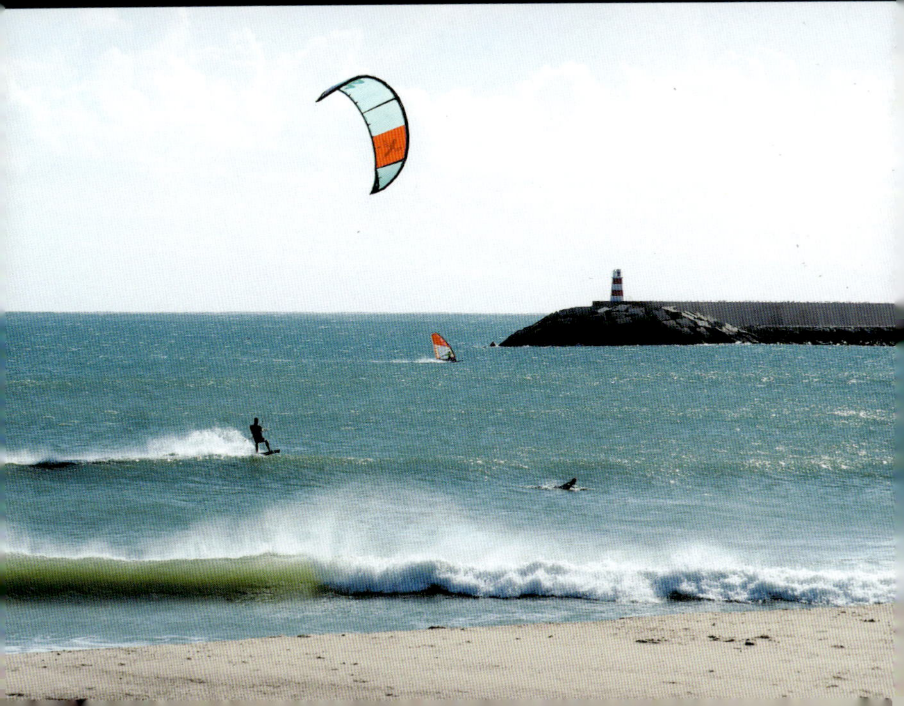

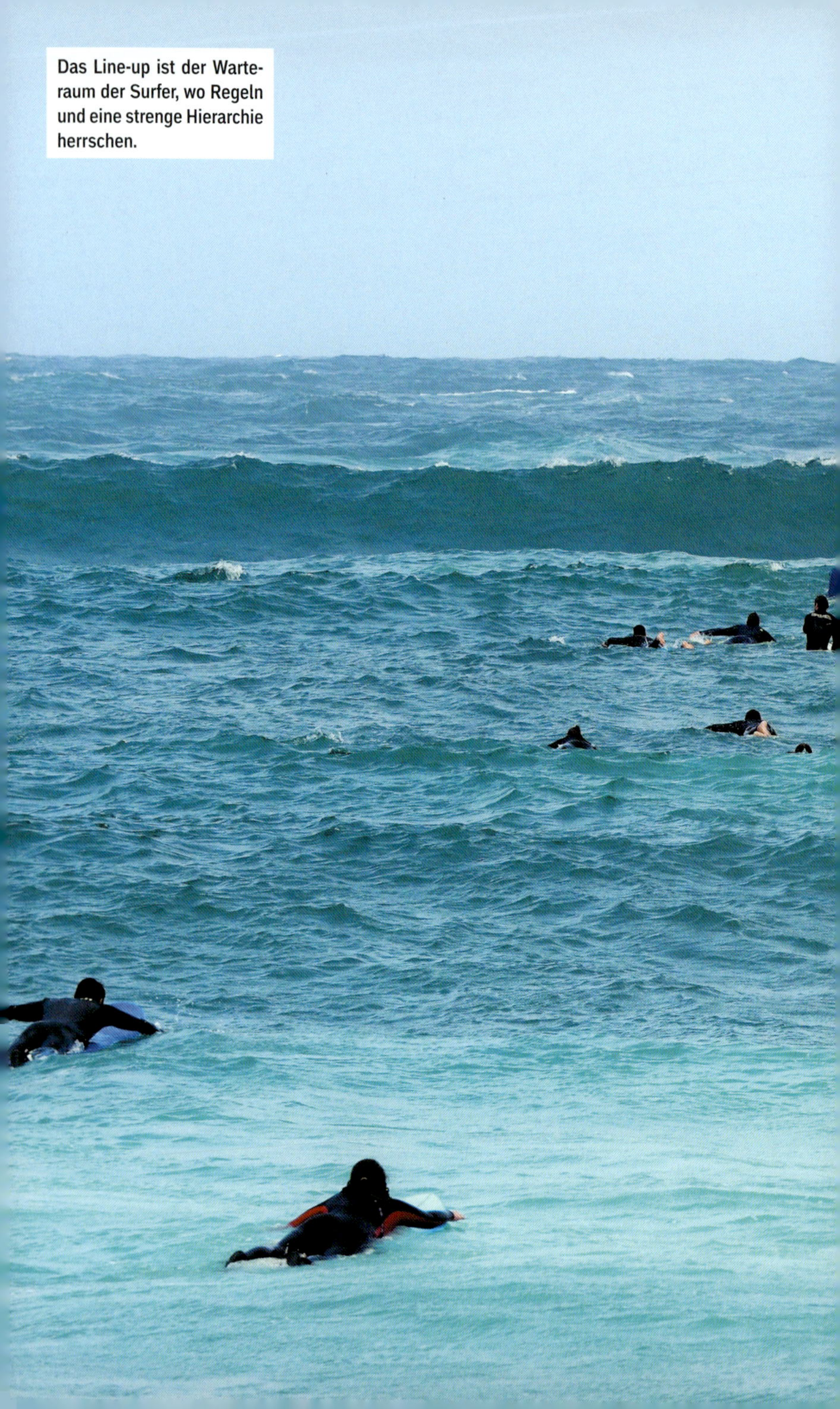

Das Line-up ist der Warteraum der Surfer, wo Regeln und eine strenge Hierarchie herrschen.

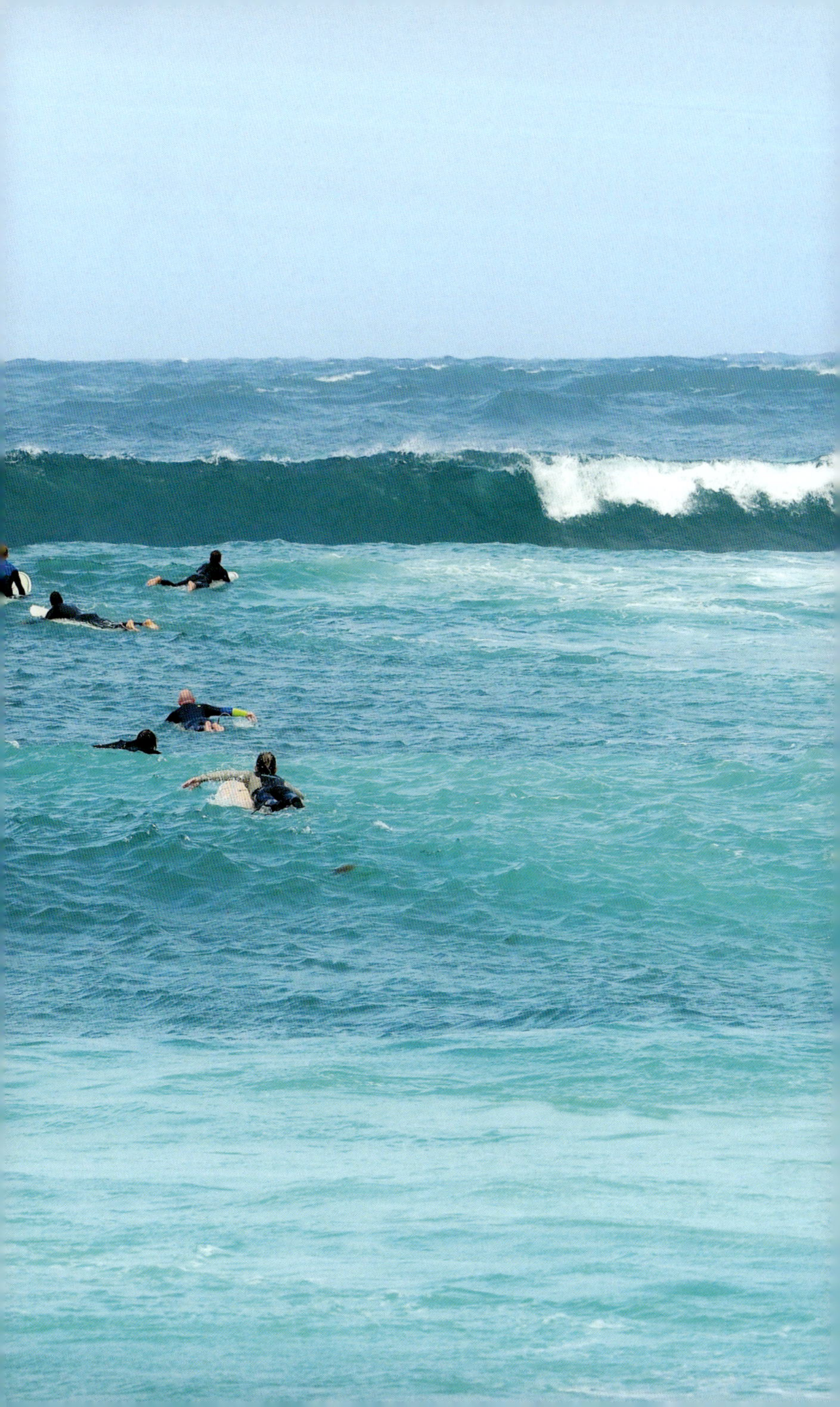

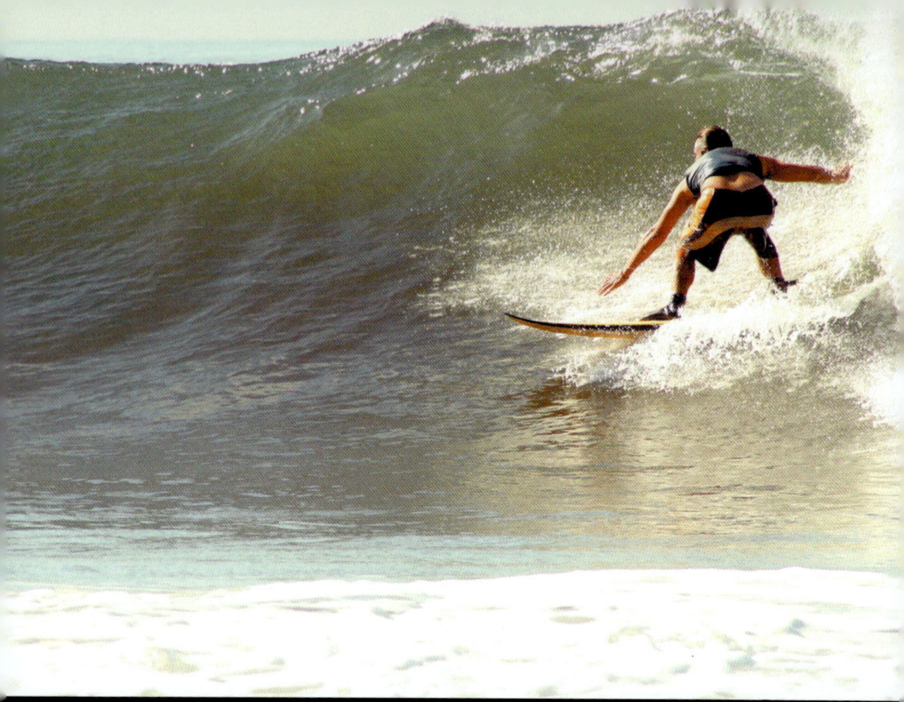

Oben: Die Tube, auch Barrel genannt, der Sehnsuchtsort für Surfer! Wer sich in der brechenden Welle befindet, spürt die Energie des Ozeans. **Unten:** Die Wasserfontäne, die dieser Surfer in Costa Rica versprüht, wird durch die Finnen an der Unterseite des Surfbretts produziert und nennt sich in der Surfersprache »spray«.

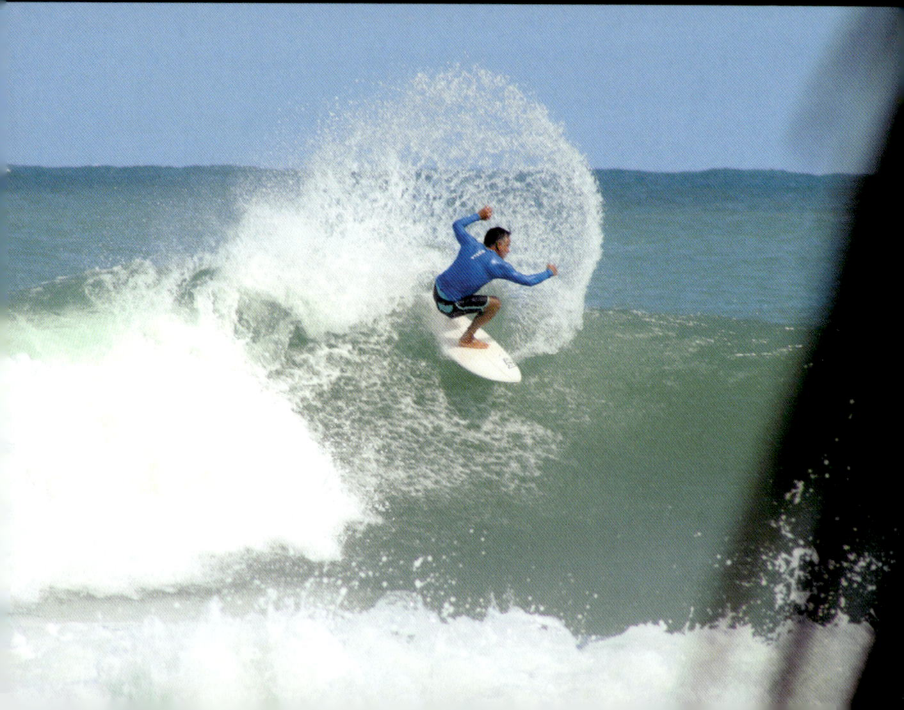

Öfteren bewusst machen, woher unsere Leidenschaft stammt und welche Bedeutung es hatte und immer noch hat. »He'e nalu« ist das polynesische Wort für Wellengleiten – ein Geschenk der Götter an die Könige. »Nalu« steht auf Hawaii für »surfen« und wird übersetzt mit »auf einer Welle ans Ufer gleiten« – es bedeutet aber auch »der Weg zu sich selbst«. Wie schön wenn diese Begrifflichkeit in der heutigen Zeit wieder etwas mehr Bedeutung in der Welt des Wellenreitens haben könnte.

39. GRUND

WEIL DU DIE ZEIT IM LINE-UP NICHT GESCHENKT BEKOMMST

Der Traum ist wahr geworden! Ein befreundetes Pärchen hat den Schritt letztes Frühjahr endlich gewagt: Sie sind nach Portugal gezogen, haben eine Villa gemietet und ein Surfcamp eröffnet. Mein Kumpel Paul ist extrem hungrig nach Wellen, und genau wie ich auch fühlte er sich in seinem bisherigen Leben immer »untersurft«. Wenn wir uns in Hamburg hin und wieder getroffen haben, war es ein einziges Wehklagen: »Jetzt ist es schon wieder zwei Monate her, seit ich das letzte Mal wellenreiten war!« Oder: »So kann das echt nicht weitergehen, ich habe richtige Entzugserscheinungen.« Auch wenn ich mittlerweile ganz gut damit klarkomme, dass ich zeitweise ein »landlocked« Surfer bin, so hat es hin und wieder doch ganz gutgetan, sein Leid klagen zu können – und geteiltes Leid ist schließlich halbes Leid. Für Paul hingegen war die Sehnsucht nach Wellen manchmal kaum auszuhalten. Er ist zehn Jahre jünger als ich, dementsprechend ist die Sucht nach Wellen noch größer, und er hat keine Kinder – einzig und allein sein Job hielt ihn und seine Freundin in Hamburg. »Mach es doch einfach, was hindert euch daran«, ermutigte ich ihn immer, »wenn es schiefgeht, kommt ihr einfach wieder zurück.« Und dann haben sie es tatsächlich gewagt. Im letzten Winter sind sie mit Sack und Pack nach Portugal gezogen, um dort ihr Surfcamp zu eröffnen – Glückwunsch! Dachte ich!

Ich habe dann fast ein ganzes Jahr nicht mehr mit Paul gesprochen – wie das immer so ist: Ich hatte mit Job und Familie zu tun und bin davon ausgegangen, dass er mit seinem Surfcamp genug um die Ohren hat. Und um ehrlich zu sein, hatte ich auch ein wenig Angst davor, mit ihm zu telefonieren: Natürlich gönnte ich ihm sein neues Leben von Herzen, aber seine Berichte über die zahlreichen Surf-Sessions pro Tag hätten mir wohl schon etwas zugesetzt. Irgendwann aber war es dann so weit, ich besuchte ihn in Portugal in seinem neuen Camp – und war geschockt, als ich ihn sah. Erst dachte ich, mich holt ein Zwillingsbruder von ihm am Flughafen ab: Da stand kein fröhlicher, braun gebrannter und voll durchtrainierter Paul vor mir, sondern ein blasser, schlapper Typ mit Augenringen so groß wie das alte Fünfmarkstück. Natürlich wollte ich nicht direkt mit der Tür ins Haus fallen und schaute mir erst mal sein neues Zuhause an. Wunderschön – ich konnte nur erahnen, wie viel Arbeit die beiden da reingesteckt hatten. Und es lief ganz gut, schon in der ersten Saison war die Bude oft voll. Ich freute mich sehr für Paul und seine Freundin, fragte ihn dann aber beim Feierabendbierchen, was passiert sei. Sie hatten den Winter und das Frühjahr über geschuftet ohne Ende, um das Surfcamp für die Saison fertig zu bekommen. Ab Saisonstart waren sie 24 Stunden sieben Tage die Woche für ihre Gäste da – im Oktober, nachdem die letzten Surfer sich verabschiedet hatten, war Paul zusammengeklappt und hatte erst mal eine Woche lang geschlafen. Und surfen? Ja, war er – einmal im Sommer irgendwann! »Ich bin einfach nicht mehr dazu gekommen«, sagte er, »und irgendwann hatte ich auch gar keine Lust und Kraft mehr!« Keine Lust mehr? Erst verstand ich die Welt nicht mehr, aber je mehr Paul von seinem letzten Jahr erzählte, umso besser konnte ich es nachvollziehen. Er war schlichtweg zu fertig gewesen, um surfen zu gehen – körperlich und mental.

Dieses Schicksal ist mir immer wieder begegnet. Menschen, die in der Nähe des Meeres wohnen und arbeiten, kommen nicht mehr dazu, das zu machen, weswegen sie im Grunde in Wellennähe gezogen sind: viel Zeit zum Surfen zu haben! Gründe dafür gibt es sicher verschiedene. Oft steht für diese Personen am fremden Ort ein Neubeginn an, und der erfordert einfach so viel Zeit und Energie, dass keine Ressourcen mehr für Wellenreiten übrig bleiben. Paul und seine Freundin haben noch keine Kinder – das wäre noch mal ein ganz anderer Schnack gewesen! Dieses Jahr habe ich in Frankreich einen Surfcamp-Betreiber kennengelernt, der arbeitet von Montag bis Samstag und schläft sogar in seinem Camp, um den Gästen 24 Stunden zur Verfügung zu stehen. Den Sonntag verbringt er dann mit seiner Familie – Zeit, surfen zu gehen: null! Ein anderer Kumpel schuftet vier Wochen am Stück offshore auf einer Ölplattform in der Irischen See, um dann vier Wochen Zeit zum Surfen zu haben. Nur leider muss er sich von dem Knochenjob immer erst eine Woche erholen, dann möchten Frau und Kind etwas von ihrem Ehemann und Vater haben, und anschließend geht es schon wieder los auf Fortbildungen und Sicherheitstrainings – surfen geht er in den vier Wochen durchschnittlich zwei- bis dreimal.

Das sind drei Beispiele, in denen der Fokus »Surfen« außer Sicht geraten ist. Es gibt natürlich auch andere Beispiele, bei denen der Neustart entspannter funktioniert hat. Vielen ist aber einfach nicht bewusst, dass der Umzug ans Meer nicht unbedingt gleichzusetzen ist mit viel mehr Zeit in den Wellen. Oft wird nämlich vergessen, dass die alltäglichen Herausforderungen wie Geld verdienen oder Freizeit schaffen einfach ungefragt an den neuen Ort mit umziehen. Ich habe auch kein Patentrezept, wie so etwas funktionieren kann, aber ich denke, wer sich den Herausforderungen von vornherein bewusst ist, den trifft die Realität nicht ganz so hart wie meinen Kumpel Paul. Wir sind während meiner Zeit bei ihm übrigens jeden Tag surfen gegangen, auch die gesunde Gesichtsfarbe und die durchtrainierten Schultern sind wieder zum Vorschein gekommen. Am

Flughafen rang ich ihm das Versprechen ab, mindestens dreimal pro Woche surfen zu gehen – auch wenn es nur für eine halbe Stunde sein sollte. Er schlug ein und dankte mir: »Du hast mich daran erinnert, wieso ich das hier eigentlich alles mache!«

40. GRUND

WEIL DU ANDERE ZUM SURFEN INSPIRIERST

»Wie, die Portugiesen surfen erst seit ein paar Jahren?«, ich schaute João verdutzt an und konnte gar nicht glauben, was er mir da eben erzählte. João leitet eine Surfschule in Peniche, einem der absoluten Surf-Hotspots in Portugal, und er behauptet, dass Surfen in seinem Heimatland Portugal noch gar nicht so lange Volkssport sei. Das Land ganz im Süden Europas gilt bei vielen Surfern als das Gelobte Land: 365 Tage im Jahr Wellen, viel Sonne und ein toller Lifestyle. Wie also kann es sein, dass die Einheimischen dem Tanz auf der Welle erst seit Kurzem frönen?

»Surfen galt lange nicht als Sport oder Freizeitbeschäftigung«, erklärt mir João, »es hieß immer, nur Looser gehen surfen.« Erst als der Amerikaner Garrett McNamara in Nazaré, nicht weit von Peniche entfernt, den Weltrekord mit der höchsten jemals gesurften Welle holte, sei Surfen in Portugal gesellschaftsfähig geworden. Mit dem Aufschwung gründete João seine Surfschule, inzwischen kommen komplette portugiesische Familien, um gemeinsam Surfunterricht zu nehmen. Schon erstaunlich, dass in einem Land, in dem das Meer und die Küstenregion eine so große Rolle spielen, der Spaßfaktor so lange unbeachtet blieb.

Ich habe dieses Phänomen auf Surftrips schon öfter erlebt: Während die Surf-Touristen scharenweise ins Land strömen, um sich in den Wellen zu vergnügen, standen die Einheimischen am Ufer. In

Indonesien ist das so, in Sri Lanka, Nicaragua und Marokko ebenfalls. Ich denke, es gibt dafür verschiedene Begründungen.

Auf Bali zum Beispiel betrachten die Menschen das Meer als etwas Heiliges, einen Ort, der nicht dafür gedacht ist, um sich zu vergnügen. Surfen als Freizeitbeschäftigung entspricht einfach nicht ihren kulturellen Regeln und sozialen Vorstellungen. Viele der Einheimischen haben außerdem gar keine Zeit, Wellen zu jagen. Der Alltag hält schon genug Herausforderungen für sie bereit. Es gibt auf Bali auch einen Tag, an dem alles stillsteht, nichts passiert, nichts geöffnet hat. Alle bleiben zu Hause, niemand arbeitet. »Nyepi« ist das balinesische Neujahr und bedeutet übersetzt so viel wie »Tag der Stille« – selbst die balinesischen Surfer lassen ihre Boards auf dem Trockenen. Als ausländischer Wellenreiter ist es immer eine Gratwanderung, ob man surfen geht oder nicht. Ich habe mich aus Respekt bisher immer an die Regeln gehalten, hatte aber auch Glück, dass es an Nyepi noch nie »sechs Fuß offshore« hatte. Erst mit den jüngeren Generationen lockern sich moralische, kulturelle und soziale Vorstellungen – ausnahmsweise einmal ein positiver Effekt von Globalisierung und Internet. Die Menschen haben verstanden, dass das Surfen auch eine Chance sein kann, um als Profi Geld zu verdienen, mit einem Surfcamp oder einer Surfschule den Lebensunterhalt zu bestreiten oder anderweitig im Surf-Business erfolgreich zu sein.

In Marokko ist das ganz ähnlich – erst seit einigen Jahren gibt es Locals im Line-up. Klar, da war immer die eine oder andere Ausnahme, aber eine Local-Szene wie an anderen Surfspots war praktisch nicht vorhanden. Als ich das letzte Mal in Marokko war, tauchte sogar eine Frau im Line-up auf – in einem islamischen Land! Schön, diese Entwicklung weiter zu beobachten.

Surf-Tourismus, genau wie der normale Urlaubstourismus auch, hat viele negative Einflüsse auf die Länder, in denen er stattfindet – aber eben nicht nur. Wenn wir Wellenreiter mit Sinn und Verstand agieren, können wir als »Szene« dazu beitragen, dass wir den Menschen den Zugang zu einer fremden Welt möglich machen, die im Grunde direkt vor ihrer Haustür liegt. Indem wir sie mitnehmen ins Line-up, ihnen Surf-Equipment organisieren oder ihnen anderweitig die Tür zum Mikrokosmos Surfen aufstoßen und ihnen so zeigen, was durch das Surfen alles möglich ist. Und um das zu erreichen, müssen wir nicht erst 30 Meter hohen Wellen reiten!

41. GRUND

WEIL DAS SURFERLEBEN UNVERGESSLICHE MOMENTE BEREITHÄLT

Während eines Surftrips in Nicaragua beobachtete ich beim Frühstück von der Terrasse meiner Unterkunft aus, wie ein Wal in der Bucht auftauchte. Nach einigen Runden kreuz und quer über das flache Riff schien er Anlauf zu nehmen, um dann mit hoher Geschwindigkeit an den Strand zu schwimmen. Es wirkte fast so, als habe er sich erst eine geeignete Stelle ausgesucht, um sein tödliches Vorhaben durchzuführen. Ein sehr trauriges, ja tragisches und gleichzeitig faszinierendes Naturschauspiel, dem ich da bei Rührei und Toast beiwohnte.

Gestrandet ist der Wal gegen elf Uhr morgens, gestorben ist er wohl so gegen 16 Uhr am Nachmittag. Noch bis zum Sonnenuntergang haben Surfer, Einheimische und ich versucht, ihn wieder ins offene Meer zu bugsieren – aber so einen riesigen Körper gegen die Brandung ins tiefere Wasser zu schieben ist fast unmöglich. Was wiegt so ein riesiges Säugetier – zehn Tonnen? Die ersten Stunden hat der Wal immer mal wieder die Augen geöffnet, durch das Loch ausgepustet oder die Schwanzflosse bewegt, aber im Laufe des Tages lag er nur noch da und wippte als Spielball der kleinen Brandungswellen hin und her. Es war einfach frustrierend! Die Einheimischen erklärten, der Wal sei noch jung, wahrscheinlich hatte er seine Mutter verloren oder war absichtlich zurückgelassen worden – weil er krank oder verletzt war?

Erstaunlich und gleichzeitig berührend, dass so viele Menschen über Stunden nicht aufgegeben haben – Einheimische und fremde Surfer versuchten gemeinsam, das riesige Säugetier zu retten. Irgendwann organisierte jemand Wasserflaschen für die Helfer, und ein paar ältere Frauen brachten Empanadas, gefüllte Teigtaschen. Es entstanden automatisch kleine Gruppen, die in Schichtarbeit den Wal drückten, zogen und ihm nasse Tücher zur Kühlung auflegten. Auch in den Tagen danach herrschte in dem kleinen Dorf zwischen Surfern und Einheimischen eine Stimmung, wie ich sie vorher und nachher nie mehr erlebt habe. Ein Gefühl der Verbundenheit war entstanden, wir Wellenreiter wurden stillschweigend von der Dorfgemeinschaft akzeptiert, das gemeinsame Ringen um das Leben eines jungen Wals hatte uns zusammengeschweißt.

Nach dem Tod des Wals waren die Menschen im Dorf besorgt, dass der Kadaver Haie anlocken könnte und diese sich, nach dem Wal-Hauptgang, ein paar Surfer zum Nachtisch gönnen könnten. Zudem schreitet die Verwesung bei Temperaturen von 30 Grad und einer Luftfeuchtigkeit von mehr als 70 Prozent rasend schnell voran. Vor ein paar Jahren schon habe ich auf Bali einen halb verwesten Walkadaver gerochen – eine olfaktorische Vergewaltigung des Geruchssinns. Am nächsten Morgen kamen Männer in Uniform von irgendeiner offiziellen Stelle, im Schlepptau einen Bagger und zahlreiche Kettensägen. Erst zogen sie das tote Tier auf den Strand, raus aus den Wellen, dann zerlegten sie es. Der Bagger grub eine sehr, sehr tiefe Grube, in der die zerkleinerten Körperteile landeten. Am nächsten Morgen war nichts mehr zu sehen, nur die Hunde und Geier drehten beinahe durch und buddelten wie wild im Sand nach den Leckerbissen. Für einen Westeuropäer, der sich auf Veterinärämter und Hygieneaufsicht verlässt, mag dies ein grausiger Vorgang sein, doch in einer nicaraguanischen Bucht, fernab von Großstadt und entsprechender Infrastruktur, erscheint dies die einzig logische Amtshandlung.

Einerseits bin ich froh, so ein Naturschauspiel miterlebt zu haben. Ich durfte einen Wal berühren, seine raue, von Muscheln und Meerespocken übersäte Haut fühlen. Ich konnte ihm tief in die Augen schauen und erfahren, wie mächtig dieses Tier ist. Andererseits war es eines der traurigsten Ereignisse, die ich als reisender Wellenreiter jemals erlebt habe.

42. GRUND

WEIL DIE SUCHE NACH DER PERFEKTE WELLE NIE ZU ENDE GEHT

In unserer westlichen Leistungsgesellschaft dreht sich viel um Perfektion: die »perfekte Ausbildung« – »die perfekte Wohnung« – »der perfekte Job«. Ich persönlich finde das schade, denn nach meiner Erfahrung sind es meistens nicht die perfekten Dinge, die glücklich machen – die kleine Holzhütte am Strand, der Tisch mit Patina, die Lücke im Lebenslauf (die natürlich zum Surfen genutzt wurde). Auch beim Surfen wird immer viel von der perfekten Welle geredet, zugegeben auch in diesem Buch. Die »perfekte Welle« ist das gängige Synonym für Surfer auf Reisen, für die Suche nach der Welle, die unendliches Glück verspricht. Wer sich in Surferkreisen aufhält, wird es schon öfter mal zu hören bekommen haben: »Ich bin auf der Suche nach der perfekten Welle« oder »gestern hättest du hier sein sollen, da gab es perfekte Wellen« und »dort soll es anscheinend perfekte Wellen geben«. Wenn es um Perfektion geht, sind Surfer Fetischisten: Die beste Welle des Tages ist oft nicht gut genug.

Ich möchte niemandem die Illusion rauben, aber meiner Meinung nach gibt es sie nicht, diese perfekte Welle. Natürliche Wellen sind keine festen Objekte, die am Fließband produziert werden wie Autos oder Taschenrechner. Wellen sind Molekülhaufen am Ende einer sehr langen Ereigniskette, und das Endprodukt hängt von den äußeren Einflüssen an jenem Tag ab. Wie ist die Strömung? Woher weht der Wind? Wie hoch ist die Tide? Alles Faktoren, die eine Welle mal so oder eben so formen. Es gibt schon Wellen, die nahezu symmetrisch laufen – Teahupoo vor Tahiti ist so eine Welle: Sie bricht an fast genau der gleichen Stelle immer und immer wieder, sie trifft auf das Riff und biegt sich in Richtung Land, dort bricht die Barrel in sich zusammen und spuckt die Gischt in Richtung Channel. Ein solches Phänomen kommt in der Surfwelt äußerst selten vor, und auch Teahupoo bricht ebenfalls nur wie am Fließband, wenn Wind, Tide und Swell mitspielen. Von den natürlichen Gegebenheiten mal abgesehen, jeder Surfer definiert »Perfektion« anders. Für den einen ist es die entspannte Longboardwelle, die glücklich macht, für den anderen das Barrel-Monster, das perfektes Glück verspricht. Aber die eine Welle, die jeden Tag für alle Surfer perfekt daherrollt, gibt es schlicht und einfach nicht, zumindest nicht auf diesem Planeten – oder sie ist noch nicht entdeckt worden.

Was es aber gibt sind Wellen, die sich an einem bestimmten Tag für den jeweiligen Surfer perfekt anfühlen. Auch ich habe diese perfekten Wellen gefunden – Chicama in Peru ist so eine, oder Coxos in Portugal – wäre ich aber an Tagen mit onshore oder falscher Tide dort gewesen, würde ich jetzt vielleicht anders über diese Wellen denken. Es gibt auch Surf-Sessions, die nahezu perfekt sind, ohne dabei perfekte Wellen zu haben: Surfen mit Delfinen oder bei einem glutroten Sonnenuntergang über dem Line-up. Und dann sind da natürlich noch die Wavepools. Die produzieren perfekte Wellen auf Knopfdruck, immer und immer wieder genau so, wie der Surfer sie haben will – aber das lasse ich nicht gelten. Für mich liegt die Perfektion beim Surfen im Augenblick, der unerwartet kommt und einzigartig ist, der mir Freiheit, Glück und Entspannung bringt. Für mich ist es perfekt, wenn ich in den Wellen »loslassen« kann, wenn ich vergesse, was mich in meinem Leben an Land beschäftigt, und ich beseelt nach ein paar Stunden das Line-up verlasse. Die Natur ist selten perfekt, aber genau das macht ihre Faszination aus.

Ich werde für den Rest meines Lebens auf der Suche nach der perfekten Welle sein – mit der Definition im Hinterkopf, die für mich Vollkommenheit bedeutet. Natürlich werde ich nie die Hoffnung aufgeben, irgendwo da draußen diese eine Welle zu finden, dieser Wunsch lässt mich immer wieder aufs Neue reisen und in die Welt aufbrechen. Sollte es aber nicht geschehen, bin ich glücklich mit den vielen einzelnen perfekten Momenten, die mir das Surfen bisher beschert hat.

3. KAPITEL

SURFTRIPS & REISEN

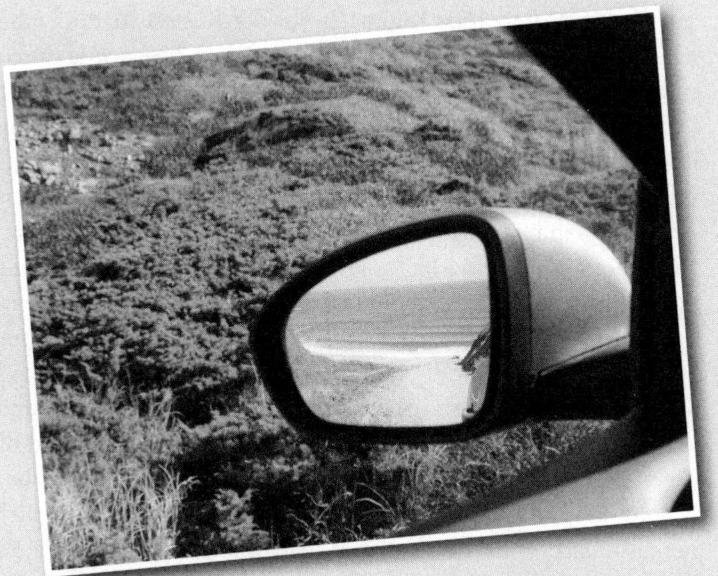

43. GRUND

WEIL DU EINE (SONDER-)GENEHMIGUNG BEKOMMST, UM IM PARADIES SURFEN ZU GEHEN

So sieht es also aus, das Ende der Welt! Oder der Anfang, je nach Betrachtungsweise. Ist auch egal, ich bin einfach froh, nach rund 25 Stunden in diversen Flugzeugen auf den Galapagosinseln angekommen zu sein. Aus der Luft habe ich einen ersten Überblick über den Archipel rund 1000 Kilometer vor der Küste Ecuadors erhaschen können. Die rötlich-schwarzen Lavafelsen liegen wild durcheinandergewürfelt im Meer – gerade so als hätte der liebe Gott am siebten Tag noch etwas Erde übrig gehabt und wahllos mitten im Pazifik verteilt. Hier also hat Darwin die Daten für seine Evolutionstheorie gesammelt. Für Biologen scheinen die Galapagosinseln eine Art Disneyland zu sein – und für Surfer?

Ich bin auf der Insel Baltra gelandet und will mich noch heute per Fähre auf den Weg nach Santa Cruz, der Insel mit den vermeintlich besten Wellen, aufmachen. Im Vorfeld konnte ich in Erfahrung bringen, dass für ausländische Surfer an den meisten Surfspots eine Sondergenehmigung erforderlich ist. Ungewöhnlich, aber verständlich, schließlich ist der ganze Archipel ein Nationalpark, und die Tiere und Pflanzen sind streng geschützt. Wo ich eine Erlaubnis bekommen kann und was das kosten soll, konnte ich leider nicht herausfinden – nur, dass es bei Zuwiderhandlung ziemlich hohe Strafen hagelt. Aus Rücksicht auf meine Reisekasse habe ich mir fest vorgenommen, mich strikt an die Regeln zu halten und mir als Erstes eine Sondergenehmigung zu besorgen. Dieser Vorsatz ist ungefähr nach einer halben Stunde verpufft – und zwar in dem Moment, als ich die erste surfbare Welle erblicke.

Auf dem Weg zur Fähre sehe ich die perfekten Linien in eine Bucht rollen. Sehr einladend und genau richtig, um die eingerosteten Knochen nach dem endlosen Flug etwas aufzulockern. Da ich im Line-up drei Surfer entdecke, verwerfe ich meinen Vorsatz kurzerhand und waxe mein Brett ein. »Vielleicht ist hier ja eine Sonder-Surfzone«, denke ich mir und bringe so mein Gewissen zum Verstummen. Da an Land weit und breit niemand zu sehen ist, den ich fragen könnte, muss ich wohl rauspaddeln, um mir dort ein paar Infos einzuholen. Ich überlege, wie ich der Parkaufsicht diesen Sachverhalt auf Spanisch erklären werde – egal, ich kann nicht anders: Bordshorts an und ab ins Wasser. Wahnsinn, mein erster Surf auf den Galapagos, weniger als eine Stunde nach meiner Ankunft. Das läuft besser als gedacht!

Die Jungs im Line-up sind extrem relaxed und versorgen mich mit jeder Menge Infos bezüglich Wellenreiten auf den Galapagos. Das ist ungewöhnlich, oft grüßen die einheimischen Surfer Fremde nicht mal – wahrscheinlich ist man da am Ende der Welt etwas entspannter. Es ist tatsächlich so, dass es für Fremde auf den Galapagos strikt verboten ist zu surfen – nur die Einheimischen dürfen ohne Sondererlaubnis ins Wasser. Warum aber sitze ich dann gerade in einem Line-up in der verbotenen Zone? »Ist schon in Ordnung«, sagt einer der Locals, »du bist ja eben erst angekommen und wusstest nichts vom Verbot.« Ich solle einfach so gut surfen wie sie, und keinem würde auffallen, dass ich keiner von hier bin. Ich gebe mein Bestes – so schnell wird man auf den Galapagos zum Local!

Die Fähre erwische ich ganz knapp, beim Surfen habe ich die Zeit völlig vergessen. Als wir auf Santa Cruz ankommen, begrüßen mich am Hafen die Seelöwen. Die großen Tiere liegen in der Sonne auf Parkbänken und robben kreuz und quer über die kleinen Straßen – da sich sonst kein Zweibeiner darüber wundert, entspanne ich und freue mich über die ungewöhnliche Begegnung zwischen den Spezies. Wenig später marschiere ich mit einer kleinen Gruppe Amerikaner und einer ziemlich hübschen Parkaufseherin durch eine eindrucksvolle und wunderschöne Landschaft aus Lavagestein. Mir fehlen die Worte! Es fühlt sich an, als hätte mich jemand in den Jurassic Park bugsiert. Nicht nur die Landschaft, vor allem die Tiere, der Geruch und das Licht bescheren mir einen abgefahrenen Trip ohne jeglichen Konsum von sinneserweiternden Substanzen.

Das Gleiche gilt für die Surf-Sessions an den folgenden Tagen. Statt mich auf die Wellen zu konzentrieren, bin ich mehr damit beschäftigt, die Natur um mich herum zu bestaunen. Eine Mischung aus Mondlandschaft und Paradies, mal ganz abgesehen von der Tierwelt, die hier wirklich überall kreucht und fleucht. Es mag abgedroschen klingen, aber ich denke, ich habe am Ende der Welt den Garten Eden für Surfer gefunden. Eine Sache jedoch gilt es noch zu klären. »Wo bekomme ich denn jetzt eigentlich eine Surf-Sondergenehmigung?«, frage ich Eva in Gestalt der Parkaufseherin. »Vergiss es«, erwidert sie, »viel zu kompliziert und teuer!« Ich soll einfach dort surfen gehen, wo es erlaubt ist, die Wellen sind gut genug. Ich glaube ihr, schließlich ist sie selbst Surferin, sie gibt mir sogar noch Tips für die richtigen Bedingungen an den einzelnen Surfspots. Es wird allerdings das Geheimnis der schönen Eva bleiben, ob sie nicht doch einfach die geheimen Surfspots geheim halten wollte. Das sei ihr mehr als gegönnt – hier, am anderen Ende der Welt.

44. GRUND

WEIL DU EINE NACHT IM FREUDENHAUS GESCHENKT BEKOMMST

Ich war schon mal im Puff – und habe dort einfach nur übernachtet! Glaubt mir jetzt natürlich keiner, ist aber so – und ich habe Zeugen. Die Geschichte trug sich folgendermaßen zu:

Ich war mit ein paar Surf-Buddies auf einem Surftrip durch Indonesien. Unser Ziel war Lakey Peak im Süden der Insel Sumbawa – ein heftiger A-Frame, der berühmt ist für seine Zuverlässigkeit und Qualität. Mit dem Flugzeug waren wir von Bali aus angereist, hatten zwei Wochen am Surfspot verbracht und richtig gute Wellen erlebt. Da wir noch mindestens eine Woche Zeit hatten, unsere Reisekasse aber keine weiteren Tage im Ressort in Lakey Peak zuließ, überlegten wir uns, über den Landweg zurück nach Bali zu reisen. Wir versuchten so gut es ging Informationen bei den Einheimischen einzuholen und hatten nach ein wenig Recherche einen Plan: Mit den Motorrollern sollte es einmal quer über die Insel nach Westen gehen, dort mit der Fähre nach Lombok und dann mit dem Sammeltaxi zum Fähranleger, von wo aus wir per Schiff nach Bali übersetzen wollten. Bis auf die Motorroller ließ sich nichts im Voraus planen – Fähre, Taxi und Unterkunft wollten wir spontan organisieren. Los ging es, mit unseren Rollern tuckerten wir gemächlich über die Insel – ein Erlebnis, denn allzu selten hatten wir zuvor als Surfer das Inselinnere zu sehen bekommen. Wir hatten Spaß, cruisten als Motorroller-Gang durch die Gegend und machten es uns während der Pausen in den Warungs entlang des Weges gemütlich. Eine Stunde vor Einbruch der Dunkelheit fingen wir an, uns nach einer Unterkunft für die Nacht umzuhorchen. Das allerdings war gar nicht so einfach. Anders als auf Bali gab es hier nicht alle paar Meter ein Homestay, Hostel oder Hotel. Wir waren in einer sehr, sehr ländlichen Gegend, in welche sich außer uns kaum ein Tourist hin verirrte, dementsprechend war auch das Angebot dürftig. Eine Stunde verging, dann zwei, inzwischen war es dunkel geworden – und auf einer Insel wie Sumbawa ist Dunkelheit gleichbedeutend mit pechschwarzer Nacht. Es gibt hier kaum Lichtquellen, und die wenigen Lampen in den Shops oder Häusern brachten auch keine Erleuchtung. Die ersten aus der Reisegruppe wurden mürrisch, nach einer weiteren Stunde vermischte sich die schlechte Laune mit ernsthaften Sorgen, überhaupt etwas zum Übernachten zu finden. Einer der Warung-Besitzer, er musste unsere Verzweiflung erkannt haben, meinte, dass er etwas für uns habe – allerdings übernehme er keine Verantwortung. Aufgrund der Sprachbarriere auf beiden Seiten war nicht zu erörtern, was er damit meinte, und wir folgten ihm einfach. Er brachte uns zu einem heruntergekommenen Haus, das dafür mit vielen Zimmern ausgestattet und direkt am Meer gelegen war. Bevor sich unser Helfer verabschiedete, gab er zu verstehen, dass wir uns einfach ein paar Zimmer aussuchen sollten, kassiert würde morgen – und weg war er. Unten in dem Haus war eine Bar, in der man Alkohol kaufen konnte – ungewöhnlich in einem muslimisch geprägten Land. Wir machten uns keine Gedanken, schoben es der sehr ländlichen Gegend zu und bezogen unsere Zimmer. Anschließend trafen wir uns alle unten an der Theke und gönnten uns ein Feierabendbierchen. Der Barkeeper begrüßte uns mit Augenzwinkern und einem blinkenden Goldzahn. Wir waren die ersten Gäste, doch das Etablissement füllte sich recht schnell – die eintrudelnden Gäste waren zu unserem Erstaunen alle Frauen. Nachdem die dritte oder vierte junge Dame hereinspaziert war, allesamt überdurchschnittlich geschminkt und in einer völlig landesuntypischen Tracht gekleidet, dachten wir alle das Gleiche, und mein Kumpel sprach es aus: »Leute, wir sind in einem Puff gelandet!« Während die eine Hälfte unserer Reisegruppe die Freude nicht verbergen konnte, war die andere jetzt erst recht besorgt. Was, wenn uns nachts ein paar schwere Jungs ausraubten? Wir stimmten ab und entschieden, dass wir bleiben wollten beziehungsweise bleiben mussten. Wir hatten keine Wahl – wo sollten wir sonst hin? Aus einem Bier wurden ein paar mehr, die Mädels waren gut drauf, wahrscheinlich weil sie das Geschäft des Jahres witterten, und die zusammengewürfelte Gesellschaft startete eine ausgelassene Party mit Wein, Weib und Gesang! Ich verabschiedete mich irgendwann auf mein Zimmer – alleine – und wollte schlafen gehen! Ungefähr drei Minuten nachdem ich die Zimmertür hinter mir abgeschlossen hatte, klopfte es: »Mister, Mister – do you like massage with exploding hand?« Beim ersten Mal erklärte ich der Dame freundlich, dass kein Interesse bestehe. Nach dem dritten Angebot allerdings musste ich ihr recht deutlich klarmachen, dass ich heute definitiv alleine schlafen werde. Irgendwann verstand sie meine Gesten und wünschte mir eine gute Nacht. Am nächsten Morgen, ich hatte erstaunlich gut geschlafen, traute ich meinen Augen nicht: Direkt vor unserem

»Hotel« lief ein perfekter rechter Pointbreak mit niemandem im Line-up außer meiner Reisegruppe – oder zumindest dem Teil, der schon wach war. Wir surften zwei Stunden, packten dann unsere Sachen und waren bereit zum Check-out. Der Barkeeper, gleichzeitig Betreiber des Etablissements, gab uns zu verstehen, dass die Rechnung für die Übernachtung bei den Getränken mit dabei gewesen wäre und wir jederzeit gerne wiederkommen könnten – so einen Spaß hätten er und seine Girls schon lange nicht mehr gehabt.

Unglaublich, die allerletzte Ausfahrt hatte uns zu einem Puff geführt, das uns nicht nur Unterkunft, sondern auch noch eine großartige Party geboten hatte – und zu allem Überfluss wurden wir auch noch mit einer leeren Welle beschenkt. Während wir uns von der weiblichen Belegschaft mit Küsschen und Trara verabschiedeten, wusste ich, dass mir diese Geschichte zu Hause niemand glauben würde – ach ja? Frag doch die Zeugen!

45. GRUND

WEIL DU SOGAR IM WINTER SURFEN KANNST

Eigentlich sollte ich euphorisch vor Glück sein! Es knirscht unter meinen Füßen, die Wasseroberfläche dampft in den frühen Morgenstunden, und ich kann erkennen, dass die Wellen extrem gut sind. Aber irgendetwas hält mich auf, ich schaffe es nicht, mich zu überwinden und ins Wasser zu springen. Jeder andere Surfer würde jetzt sofort losrennen und ins Line-up paddeln. Was ist los?

Was los ist! Das Knirschen unter meinen Füßen stammt nicht vom warmen Sand, sondern vom Schnee, der den Strand überzieht, als habe ihn jemand mit einer weißen Plane abgedeckt. Und der Dampf ist nicht etwa Frühnebel, sondern verdunstetes Wasser, das durch den großen Temperaturunterschied zwischen Ozean und Luft entsteht. Es ist Anfang Januar, ich stehe in einer Bucht an der Ostsee und hadere mit mir – wie jedes Mal, wenn ich zwischen Oktober und April irgendwo an Deutschlands Küste bin und mich frage, ob das mit dem Surfen mitten im Winter so eine gute Idee ist. Warme Bettdecke, heißer Tee, eine Couch direkt an der Heizung – ich kann die Gemütlichkeit beinahe fühlen! Leider bildet sich anstatt wohliger Wärme eine Gänsehaut, die ich noch durch meinen 6-Millimeter-Neoprenanzug erkennen kann. Mein Großhirn funkt: »Die Wellen sind super, also los jetzt!« Mist, meine Beine wollen den neuronalen Befehlen einfach nicht folgen, wenn ich aber hier stehen bleibe, friert das Neoprenmaterial an meinen Füßen samt Inhalt am Strand fest.

Schuld an meiner Misere hat die Polymerisation von 2-Chlor-1,3-Butadien, auch Chloropren-Kautschuk genannt. Das Zeug ist eher bekannt unter dem generischen Markennamen Neopren. Vor 20 Jahren hätte ich hier wahrscheinlich nicht gestanden, die Neopren-Industrie war noch nicht so weit, um Menschen im deutschen Winter in die Ostsee zu schicken. Vielleicht im Überlebensanzug, aber sicher nicht in surftauglicher Gummikleidung. Inzwischen aber sind die Verfahrenstechniken und das Material so weit fortgeschritten, dass Neopren in Tests Temperaturen von minus 45 Grad bis 130 Grad plus standgehalten hat.

Das Thermometer zeigt an diesem Morgen irgendetwas dazwischen an – würde mich jetzt gerade jemand fragen, würde ich wohl behaupten, dass es ungefähr minus 30 Grad haben muss. Das ist natürlich Blödsinn – der Schnee unter meinen Füßen und die dampfende Ostsee zeigen mir, dass die Temperatur wahrscheinlich irgendwo um den Gefrierpunkt ist. Meine Freunde und meine Familie erklären mich regelmäßig für bekloppt, wenn ich kurz vor Weihnachten mal wieder mein Surfbrett einpacke und in Richtung Norden fahre. Wenn die anderen in die Sauna- und Wellnesslandschaft pilgern, mache ich mich auf den Weg an den Strand. Sollen sie doch ihren »Salz- und Honigaufguss« genießen, ich liebe den stechenden Kopfschmerz, wenn ich unter der ersten Welle hindurchtauche. Es ist schwierig zu erklären, aber Surfen im Winter hat eine ganz besondere Faszination. Es ist weniger der Spaß am eigentlichen Wellenreiten, sondern eher die Herausforderung, diesen besonderen Bedingungen zu trotzen.

Ich habe alles angezogen, was ich an Gummikleidung besitze: eine Kopfhaube, die nur meine Augen, Nase und Mund frei lassen, den Neoprenanzug, Handschuhe, Schuhe und eine spezielle Mütze aus Neopren. Ich fühle mich wie ein japanischer Sumo-Ringer und sehe aus wie das berühmte Michelin-Männchen, von Bewegungsfreiheit beim Paddeln kann hier keine Rede mehr sein. Die ersten zehn Minuten im Wasser sind die härtesten. Du spürst die Kälte, die von außen an deinen Körper dringen möchte, aber ihre Minusgrade einfach nicht durch das Neopren gedrückt bekommt. Irgendwann hat die eigene Körpertemperatur den hauchdünnen Wasserfilm, der zwischen Haut und Neoprenanzug entsteht, erwärmt, und es ist den Umständen entsprechend angenehm. Jetzt ist der Moment erreicht, in dem das Wellenreiten im Winter seine Magie entfaltet. Die Stimmung auf der Ostsee in der kalten Jahreszeit ist wundervoll, alles ist ruhig und entspannt. Weit und breit keine Touristen, die mal »dieses Sörfen« ausprobieren wollen, keine Jetskis oder Gummibananen mit johlenden Freizeitkapitänen. Nur ich und die Ostsee! In diesen Momenten fühle ich mich der Natur sehr, sehr nah. Obwohl ich die dünne 2-Chlor-1,3-Butadien-Schicht trage, ist es, als würde ich nackt durch eine Blumenwiese rennen – ein erhebendes Gefühl! Ich denke, die Mischung aus äußeren Einflüssen und inneren Körperreaktionen gegen die Kälte lassen im Gehirn eine Art Euphorie entstehen, die nur Surfer kennen.

»Okay, Euphorie hin oder her«, denke ich und befehle mir, meinen rechten Fuß zu heben. Mit einem lauten Schmatzen löst er sich aus dem Schnee, und ich komme in Bewegung. Langsam wate ich ins Wasser, und sobald die Ostsee meine Knie umspült, verschlägt es mir den Atem. Ganz kurz schreit in mir eine imaginäre Stimme laut »Salz-und-Honig-Aufguss«! Ich zähle von drei runter, springe mit einem lauten Schrei ins Wasser – dann ist da nur noch Euphorie!

46. GRUND

WEIL DU ZUM FLUGHAFEN-EXPERTEN WIRST

Eigentlich fliege ich ganz gerne! Von der verursachten Umweltverschmutzung und der meist miesen Sitzsituation mal abgesehen, bin ich ein Fan davon, dass ich weder telefonisch noch per Internet zu erreichen bin, es eine große Auswahl an Filmen gibt und alle paar Stunden etwas zu essen serviert wird. Außerdem bringt mich das Flugzeug in den meisten Fällen an Orte, an denen es gute bis sehr gute Wellen gibt.

Im Grunde also eine runde Sache – wenn da nur diese Flughäfen nicht wären. Einchecken, Sicherheitskontrolle, am Gate warten, umsteigen, einsteigen, Bus fahren, aussteigen – der Weg zum und vom Flugzeug ist meistens ein zeitraubender Gewaltmarsch und oft sehr, sehr nervtötend. Aber gut, über Dinge, die sich nicht ändern lassen, soll man sich ja bekanntlich nicht aufregen. Ich habe mir darum angewöhnt, jeden Flughafenaufenthalt als gleichwertigen Teil meiner gesamten Reise zu betrachten – so werden die unzähligen Stunden in diesem Mikrokosmos manchmal zum eigenen kleinen Reiseabenteuer. Auf Flughäfen habe ich schon so ziemlich alles erlebt, was die Auswahl an menschlichen Emotionen zu bieten hat: Freude, Glück, Langeweile, Stress, Angst, Hass, Liebe …! Und es ist ja nicht nur die eigene Geschichte, die auf einem Flughafen weitererzählt wird, sondern auch die der Tausenden Menschen um einen herum. Wer aufmerksam durch die Terminals marschiert, kann Emotionen pur erleben: Wiedersehensfreude, Trennungsschmerz, Abschiede … zwischen Terminal A und C wird oft mehr geboten als bei den Soap Operas im Vorabendprogramm der Privatsender. Wenn nur ein Bruchteil der Geschichten zusammengetragen und aufgeschrieben würde, die tagtäglich auf den Flughäfen dieser Welt geschehen, hätten wir genug Stoff für den endlosen Groschenroman. Ich denke, jeder Flugzeugreisende hat »sein« ganz eigenes Flughafen-Highlight – mir persönlich sind zwei Flughafengeschichten besonders in Erinnerung geblieben.

Auf meinem Surftrip durch Zentral- und Südamerika hatte ich entschieden, statt mit irgendwelchen Drogenkurieren von Panama nach Kolumbien durch den Urwald zu marschieren, etwas mehr Geld für ein Flugticket auszugeben. Mein Zwischenstopp war am Flughafen von San José in Costa Rica, leider knapp zehn Stunden lang und über Nacht. Ich hatte damals kein Problem damit, immer und überall zu schlafen, und suchte mir in einer ruhigen Ecke eine Stelle zwischen den Sitzbänken als Schlafplatz aus. Ein paar Stunden später wachte ich auf und schaute als Allererstes direkt in das Gesicht von Kate Moss – dem absoluten Supermodel zu jener Zeit. Dieser Moment ist für mich nicht etwa in Erinnerung geblieben, weil ich so ein großer Fan von Prominenten bin, sondern weil die Ungewissheit, ob es noch Traum oder schon Wirklichkeit ist, so intensiv war, dass ich mich bis heute daran erinnern kann. Nachdem ich die Augen geöffnet und mehrfach gerieben hatte, lag ich noch gefühlte fünf Minuten regungslos da und beobachtete die Berühmtheit, ihr Kind und die beiden Bodyguards und versuchte herauszufinden, wo ich denn nun wirklich war: Traum oder Realität! Moss bemerkte irgendwann, dass ich wach war, lächelte mich an und formte mit den Lippen ein leises »Good Morning«. Das war der Moment, in dem ich dachte: Wenn das hier das Traumland ist, dann möchte ich bitte nie mehr aufwachen! Es war die Realität, denn Frau Supermodel packte relativ bald ihre Sachen und zog samt Entourage von dannen. Dabei hatte ich mir doch im Halbschlaf ausgemalt, wie sie mich fragt, ob ich nicht mitkommen und bis ans Ende unserer Tage glücklich mit ihr im Paradies zusammenleben wollen würde. Na ja, Träume sind ja bekanntlich wie Seifenblasen, die gern mal platzen. Ich startete also mit einer verschmähten Liebe in einen weiteren Tag am Flughafen – der Surftrip konnte also nur noch besser werden.

Mein zweites Erlebnis ist die Verkettung einiger unglücklicher Umstände, die dazu geführt haben, dass ich drei Nächte und fast vier

Tage am Flughafen von Kuala Lumpur in Malaysia gestrandet bin. Die ganze Geschichte könnte ein eigenes Buch füllen – hier kommt sozusagen der Zeitraffer:

Ich bin beklaut worden! Während ich auf eine freie Toilette wartete, hatte der Taschendieb zugelangt – als ich es am Gate bemerkte, war meine kleine Gürteltasche längst samt Dieb, meinem Pass, Geldbeutel und Handy auf der Flucht. Eigentlich sollte ich wenige Minuten später in den Flieger nach Bali einsteigen, wo unzählige Weltklassewellen darauf warteten, von mir geritten zu werden. Stattdessen war ich gezwungen, in der Transitzone am Flughafen zu bleiben, denn ohne einen Ausweis würde mich niemand in Indonesien, und natürlich in keinem anderen Land, einreisen lassen! »Du musst jetzt Ruhe bewahren und logisch vorgehen«, befahl ich mir selbst. Erstens: Ab zur Polizei und den Diebstahl melden! Zweitens: Gepäck besorgen! Drittens: Die Deutsche Botschaft in Kuala Lumpur kontaktieren – ich brauchte sofort einen neuen Ausweis. Die Meldung bei der Polizei war noch einfach, deutlich schwieriger und überhaupt nicht witzig gestaltete es sich, an mein Gepäck ranzukommen. Die gute Nachricht lautete: Koffer und Boardbag waren aus dem Flugzeug geholt und am Flughafen deponiert worden. Die schlechte: Beide waren hinter der Grenzkontrolle, also bereits im Land – in das ich ohne Ausweis nicht einreisen durfte. Ich konnte einen der Zöllner mit 50 Dollar überzeugen, mich ins Land zu begleiten, so konnte ich wenigstens meine Not-Reisekasse und ein paar Klamotten holen.

Nachdem ich meine Kreditkarten und das Handy sperren lassen konnte, erreichte ich einen Mitarbeiter der Deutschen Botschaft in Malaysia. Der wiederum reihte sich nahtlos in meine Pechsträhne ein und verkündete, dass der Herr Botschafter bereits im Wochenende weile und erst am Montag wieder erreichbar sei. Wie jetzt? Es war doch erst Freitagmittag? »Ja sicher, in Kuala Lumpur«, antwortete der Herr am Telefon, »der Botschafter aber arbeitet nach deutscher Zeit, und da ist es jetzt Freitag 18:00 Uhr und somit Feierabend.« Ich solle mich bis Montag gedulden, dann würde es aber relativ schnell gehen, erklärte der Gesandte der Bundesrepublik. Nicht zu glauben, aber offensichtlich war es so: Ohne Reisepass musste ich von Freitagmittag bis mindestens Montag am Flughafen in der neutralen Transitzone bleiben.

Was in den folgenden Tagen alles passierte, verschwimmt in einem Nebel aus Neonlicht, kalter klimatisierter Luft und Dauerreizung aller Sinnesorgane. Glasklar allerdings war, dass ich schnell eine Übernachtungsmöglichkeit brauchte. Meinen Schlafplatz fand ich schließlich in Terminal B. Mein Zuhause fernab der Heimat war die gesponserte Fernseh-Ecke eines asiatischen Multimediakonzerns, der dort neben mächtigen Flatscreens Teppiche ausgelegt und ein paar Sofas aufgestellt hatte. Da lag ich nun, statt auf Bali bei 30 Grad in der Hängematte, in einem Flughafenterminal bei gefühlten zehn Grad auf einem Kunstledersofa. Irgendwo hatte ich gelesen, dass an diesem Flughafen 50 Millionen Passagiere pro Jahr durchgeschleust wurden – aber obwohl ein beachtlicher Teil dieser Menschenmenge um mich herum wogte, fühlte ich mich in diesem Moment ziemlich einsam. Ich war staatenlos an einem neutralen Ort, gefangen in der Transitzone – vier Tage lang *lost in translation*. Fehlte nur noch, dass Tom Hanks um die Ecke kam, sich zu mir auf die Couch kuschelte und wir gemeinsam seinen Film *Terminal* auf dem überdimensionalen Flatscreen anschauten.

Am nächsten Morgen konnte ich klarer denken und entschied, einfach das Beste aus meiner miserablen Situation zu machen – was blieb mir auch anderes übrig?

Ich entwickelte eine Art Routine und suchte mir meinen Spazierweg und ein »Stammlokal«, in dem der Besitzer Verständnis für meine missliche Lage hatte und mir das eine oder andere belegte Brötchen zuschusterte. Ich lernte Menschen aus der ganzen Welt kennen, viele hatten ein Herz und ein offenes Ohr für mich, den Gestrandeten. Auf meiner Fernsehcouch kamen wir ins Plaudern. Ich war noch keine 24 Stunden hier und war zwar immer noch alleine, aber längst nicht mehr nur von Fremden umgeben.

Irgendwann war es dann so weit, und ein Botschaftsmitarbeiter überreichte mir meinen neuen Ausweis. Mit dem druckfrischen Dokument fest in den Händen marschierte ich zum Schalter, um mir den Flug nach Bali und den Heimflug drei Wochen später zu buchen, denn auch der war inzwischen automatisch verfallen. Ob ich denn von Bali aus lieber über Kuala Lumpur oder Singapur nach Deutschland fliegen wolle, fragte mich die Airline-Mitarbeiterin blauäugig – selten habe ich so schnell eine Entscheidung getroffen!

47. GRUND

WEIL DU AUCH IN DEUTSCHLAND SURFEN GEHEN KANNST

»Oh, du kommst aus Deutschland«, bekomme ich immer wieder von anderen Wellenreitern zu hören, »du Armer, da gibt es doch gar keine Wellen!« Meistens antworte ich dann mit einem Kopfnicken und gequältem Gesichtsausdruck, weil ich irgendwann aufgegeben habe, die falschen Ansichten zu korrigieren. Das ist ungefähr so, als wolle man einen Schweizer davon überzeugen, dass es in Australien super Skigebiete gibt.

Also, ein für alle Mal: Es gibt Wellen in Deutschland! Es gibt sogar Wellen, die sich ganz gut zum Surfen eignen. Es gibt Fotos von Surfern, die Wellen vor der Insel Sylt surfen, und wenn ich es nicht besser wüsste, könnten diese Wellen auch irgendwo in Australien oder Kalifornien laufen: klein, aber dafür wirklich fein. Sylt ist praktisch das Bali Deutschlands – die heimische Wellenreitszene hat ihren Ursprung auf der Nordseeinsel. Mitte der 50er-Jahre wurden die Rettungsschwimmer dort erstmalig mit Rettungsbrettern ausgestattet. Obwohl diese zum Wellenreiten eigentlich nicht taugten, versuchten Surfer ihr Glück – und hatten damit jede Menge Spaß. Anfang der 60er, während eines Urlaubs in Biarritz an der französischen Atlantikküste, legten sich die Sylter Surfpioniere ihre ersten richtigen Bretter zu. Zurück in der Heimat, gründeten sie den Surf Club Sylt und damit die Wiege des deutschen Wellenreitens.

Heute gibt es auf der Nordseeinsel eine richtige Surfszene, Wellenreitwettkämpfe und an guten Tagen ein volles Line-up. Und es gibt auch Locals! Ich habe die Jungs immer beneidet – als deutscher Surfer ein Local zu sein hat was. Einige der besten deutschen Surfer kommen von Sylt oder sind irgendwann dorthin gezogen, um den Wellen näher zu sein. Allerdings würde ich mal gerne den Erklärungsversuch eines auf Sylt heimischen Surfers hören: Es gibt Wellen in Deutschland, und ich bin ein deutscher Surf-Local! Wenn das mal nicht Fragen aufwirft.

Es ist nämlich so eine Sache mit den deutschen Wellen – nicht nur auf Sylt können sie ganz schön zickig sein. Anders als die Wellen im Atlantik und Pazifik entsteht Dünung an Nord- und Ostsee meistens nicht durch Groundswells – also weit draußen im Ozean erzeugte Sturmwellen, die über Tausende Kilometer reisen, um dann mit Wucht an die Küste zu knallen. Wenn es an der deutschen Küste surfbare Wellen gibt, dann oft aufgrund lokaler Winde. Die Windwellen laufen nicht so sauber und haben weniger Kraft als ihre weit gereisten Kollegen. Nur selten erreicht ein geordneter Swell die Nordseeküste, und dann müssen auch noch Tide und Windrichtung stimmen, um wirklich gute Wellen zu produzieren. Surfbare Wellen in Deutschland vorherzusagen ist extrem schwierig und bedarf viel Erfahrung bezüglich der Bedingungen an einem Surfspot – das ist im Grunde nur möglich, wenn man vor Ort wohnt oder zumindest viel Zeit mit Beobachtungen verbringt.

Ein Grund, warum ich vor deutschen Surfern an der Ostsee so großen Respekt habe, ist genau jenes Wissen über die lokalen Gegebenheiten. Sie verbringen enorm viel Zeit damit, die optimalen Bedingungen aus der Wettervorhersage herauszufiltern. Und sie trotzen den Naturgewalten – etwas, was mir persönlich das Surfen in Deutschland immer wieder vermiest. Erstens sind gute Tage extrem selten, und es ist ein Glücksspiel, zur richtigen Zeit am richtigen Ort zu sein. Außerdem laufen die guten Wellen an der deutschen Küste meistens im Herbst oder Winter – wenn das Thermometer sagt, du solltest zu Hause auf der Couch eingemummelt in einer Decke liegen und nicht eingepackt in Neopren an einem zugeschneiten Strand herumhüpfen. Ich verstehe, wieso diese Art des Surfens eine Faszination ausübt – es ist einfach etwas anderes, mit Eiszapfen an der Nase Wellen zu jagen, als bei perfekten Bedingungen in Boardshorts vom Boot direkt ins Line-up zu springen. Mir fällt diese Überwindung zunehmend schwerer, und ich lasse mir hin und wieder eine Surf-Session deswegen durch die Lappen gehen. Trotzdem freue ich mich immer über die Fotos, die nach diesen seltenen Tagen im Netz auftauchen. Es ist auch für mich immer wieder die Bestätigung: Es gibt gute Wellen in Deutschland!

Vielleicht fragt sich jetzt der eine oder andere, wieso ich keine konkreten Strände oder Surfspots nenne – ganz einfach: Ich will mir keinen Ärger einhandeln! Die guten Wellen in Deutschland sind eine solche Rarität, dass sie eben nicht für alle reichen. Zwar müsste ich mich dann in Zukunft auf Surftrips nicht mehr für meine vermeintlich wellenlose Herkunft rechtfertigen, aber die deutschen Locals würden mir definitiv die Hölle heiß machen. Ich will wirklich nicht dafür verantwortlich sein, dass aufgrund dieser Zeilen plötzlich Franzosen, Australier oder Brasilianer an der deutschen Nord- und Ostseeküste auftauchen und den Einheimischen die Wellen streitig machen!

48. GRUND

WEIL IM SURFURLAUB NIE LANGEWEILE AUFKOMMT

Ganz schön stressig so eine Jagd nach Wellen! Der Surfurlaub kann einem schnell den letzten Nerv rauben. Wieso? Ganz einfach – Surfen ist nicht Tennis, da kann man einfach einen Platz buchen, und los geht's. Wir sind davon abhängig, dass uns die Natur schöne Wellen schenkt, die wir surfen können. Das Problem ist nur: Wo sind diese surfbaren Wellen? Und vor allem wann sind sie da? Auf einem Surftrip geht es vor allem darum, zur richtigen Zeit am richtigen Ort zu sein. Bei der Wellenjagd kommt definitiv keine Langeweile auf – bei mir zumindest nicht. Teilweise bin ich damit so beschäftigt, dass meine Familie schon genervt ist: »Ich dachte, wir machen was zusammen, wenn du mal nicht beim Surfen bist!« So war das eigentlich auch abgesprochen, aber »ich muss doch schauen, wo es morgen gut wird …«.

Los geht die Wellensuche mit der Swellvorhersage am Rechner – meistens ein oder zwei Tage bevor die Surf-Session stattfinden soll. Ich überlege dann, wo die Wellen mit dieser Vorhersage gut sein könnten. Alleine diese Recherche kann Stunden beanspruchen oder sich über mehrere Tage hinziehen. Während die anderen Familienmitglieder schon entspannt am Strand oder im Restaurant sitzen, hänge ich am Laptop und versuche, wichtige Entscheidungen für den folgenden Surftag zu treffen. Übrigens kann diese Swellrecherche zu jeder Tages- und Nachtzeit aktualisiert werden – so ein Forecast kann sich schließlich stündlich ändern.

Ist der theoretische Teil irgendwann erledigt (kommt fast nie vor), fängt der praktische Teil des Projektes »Wellensuche« an – und der frisst noch viel mehr Zeit auf als der vorangegangene Schritt. Während die anderen noch schlafen, mache ich den Surfcheck – also das Überprüfen der Wellenbedingungen am Surfspot. Am besten ist es natürlich, wenn man dafür direkt an der Welle wohnt. Dann reicht es, den Kopf vom Kopfkissen zu heben: »Gute Wellen, los geht's!« oder »Cool, erst mal weiterpennen!«. Meine Erfahrung ist aber, dass man als Surfer nicht direkt am Surfspot untergebracht ist und entweder zu den Wellen laufen oder fahren muss. Je nach Region kann der Surfcheck sehr, sehr viel Zeit kosten – Surf-Regionen sind unterschiedlich intensiv, was das angeht. An der Algarve können in einer Woche mal ein paar Hundert Kilometer zusammenkommen, auf Fuerteventura dagegen findet man die meisten Wellen im Umkreis von einigen Kilometern.

Ich bin also mit dem Auto unterwegs und checke die Welle, die mir am Vortag am besten gefallen hat – und fahre dann meistens weiter: »Die andere Welle ist vielleicht noch besser – ich schaue mir das mal an!« Das eine oder andere Mal habe ich dank der Suche nach der vermeintlich noch besseren Wellen die Surf-Session komplett verpasst – irgendwann drehte der Wind, oder die Tide war falsch und alle Surfspots waren Schrott. Dieses Hin-und-her-Gefahre hängt natürlich damit zusammen, dass ich mich als fremder Surfer nicht ganz so gut auskenne mit den Bedingungen an den einzelnen Surfspots – Locals sind mit Sicherheit weniger unterwegs während ihrer Wellensuche.

Auf meinem letzten Surftrip an der Algarve habe ich mir selbst irgendwann verboten, diese Roadtrips ausufern zu lassen – zeitweise war ich bei der Morning-Session fünf Stunden weg, drei davon habe ich aber im Auto gesessen und nach Wellen gesucht. Manchmal war ich erst zum Mittagessen wieder zu Hause – obwohl ich um sechs Uhr morgens losgefahren bin und effektiv nur eineinhalb Stunden im Wasser war. Während meine Familie den Vormittag also bei einem ausgiebigen Frühstück genossen hat, bin ich bereits 150 Kilometer die Küste hoch und runter gebrettert. Nur zur Erinnerung: Surfen ist nicht mein Job, sondern meine Freizeitbeschäftigung!

Das Gleiche passiert dann für die Surf-Session am Nachmittag – fahren, Wellen checken, fahren, Wellen checken – und dann ist auch schon Abend, und ich habe mich den ganzen lieben langen Ferientag mit der Suche nach Wellen beschäftigt. Abends muss ich dann natürlich noch wissen, wo es morgen am besten sein wird. Zeit für ein Buch, einen Mittagsschlaf oder sonstige Freizeitaktivitäten, die »normale« Menschen im Urlaub machen, bleibt da kaum.

Für die Zukunft habe ich mir vorgenommen, öfter mal an dem Surfspot zu surfen, den ich mir als ersten ausgesucht habe. Ich habe das hin und wieder schon so praktiziert – und war begeistert! Erfahrungsgemäß sind die Wellen dort sowieso am besten, ich habe schließlich für diesen Ort stundenlang Wetter- und Swellkarten studiert. Mein Fazit: Ich habe keine Lust mehr, die meiste Zeit eines Surfurlaubs damit zu verbringen, die »perfekte Welle« zu suchen – die es dann meistens sowieso nicht gibt! In den nächsten Surfurlauben steht »Langeweile« oben auf meiner Prioritätenliste – gleich nach »surfen gehen«!

49. GRUND

WEIL ALS SURFER SOGAR DER CHECK-IN AM FLUGHAFEN ZUM ABENTEUER WIRD

»Davon habe ich noch nie gehört«, sagt die Mitarbeiterin einer holländischen Airline und grinst mich mit einem süffisanten Lächeln an. »Aber das war doch die Idee Ihres Unternehmens«, entgegne ich schon ziemlich genervt, »somit müssen Sie doch auch Bescheid wissen!« Die Rede war von einer besonderen Marketingaktion, die besagte Airline im Internet in großem Stil beworben hatte: gratis Sportgepäck mitnehmen statt Koffer aufgeben. Weil ich nach 20 Jahren Flugreisen mit Boardbag extrem skeptisch bin, was solche Versprechungen angeht, hatte ich mir den Deal auf der Facebook-Unternehmensseite der Airline per Chat bestätigen lassen. Selten bin ich so gut gelaunt zum Flughafen gefahren, wohl wissend, dass der Check-in dieses Mal ein Spaziergang werden sollte. Die Laune hielt genau bis zu dem Zeitpunkt vor, als ich am Schalter an der Reihe war. »Für das Sportgepäck müssen Sie 100 Euro extra bezahlen«, begrüßte mich die besagte Dame, »oder haben Sie es online angemeldet, dann sind es nur 75 Euro!« Der Kommentar alleine verunsicherte mich noch nicht – dass ich die Geschichte am Schalter würde erzählen müssen, hatte ich geahnt. Also legte ich los: »Ich habe im Rahmen Ihrer Aktion …« – das war der Moment, als die Dame am Schalter »habe ich noch nie von gehört« faselte und die Dinge ihren Lauf nahmen. Es ging hin und her! Ich zeigte ihr die Aktion und auch den Chatverlauf, was sie aber mit einem trockenen »mit dem Marketing haben wir hier am Check-in nichts zu tun« abbügelte. Und das war noch nicht alles, sie hatte noch einen Joker im Ärmel: »Die Maschine, mit der Sie nach Amsterdam fliegen wollen, ist ein City Hopper – da passt Ihr Ding gar nicht rein!« Okay, es ging jetzt also gar nicht mehr um Kosten, sondern ob mein »Ding« überhaupt mitfliegen durfte. Es wurde anschließend sehr viel telefoniert und irgendwann ein neuer Check-in-Schalter aufgemacht, weil mein Fall wohl länger dauern würde. Normalerweise ist mir so etwas unangenehm – nicht dieses Mal, denn ich fühlte mich absolut im Recht und war gewillt, bis zum bitteren Ende zu diskutieren. Irgendwann allerdings wurde die Zeit in unserer charmanten kleinen Diskussionsrunde knapp, und wir einigten uns auf ein Unentschieden. Ich bezahlte die 100 Euro, und sie hatte es »mit aller Mühe organisiert« bekommen, dass meine Bretter mitflogen. Entweder war ein Wunder geschehen und die Maschine inzwischen gewachsen, oder aber die Dame hatte keine Lust auf den daraus resultierenden Papierkram. Ich war um einen Schein in der Reisekasse ärmer, flog aber wenigstens mit meinem Boardbag zusammen nach Südamerika! Nach meiner Heimkehr schrieb ich der Airline und schilderte meinen Fall. Die Antwort dauerte Wochen und war gequirlter Mist. Die Airline sei für die Mitarbeiter an den einzelnen Flughäfen nicht verantwortlich, würde mir aber aus Kulanz die 100 Euro erstatten. Dass die Holländer nach der miesen

Nummer in Zukunft ohne mich fliegen ist selbstredend! Dass ich den Fall in meinen sozialen Kanälen schilderte und die Airline damit in Erklärungsnot brachte auch!

Die Geschichte macht deutlich, dass du dir als Surfer an einem Flughafen-Check-in nie sicher sein kannst, was passieren wird. Mit einem Boardbag einzuchecken ist immer ein Abenteuer – von rasender Wut mit Tötungsabsicht (du und/oder dein Boardbag bleiben zu Hause) bis Happy End (Boardbag gratis einchecken) ist alles möglich. Meiner Meinung nach hängt es einzig und allein vom Glück ab, das dir am Tag der Reise einen Check-in-Mitarbeiter beschert, der dir wohlgesinnt ist oder aber einfach keine Ahnung hat.

Zuletzt marschierte ich am Lissabonner Flughafen mit meiner Familie, dem Boardbag und mächtig Angstschweiß auf der Stirn zum Schalter. Neben meinen Brettern hatten wir auch noch den Kinderwagen und den Autositz des Nachwuchses mit dabei. Der portugiesische Mitarbeiter einer deutschen Airline begrüßte erst meinen Sohn und dann uns mit einem Lächeln! »Ihr wollt das alles einchecken?«, war seine Frage, noch bevor wir ihm unsere Ausweise über den Tresen reichten. »Ja!«, antwortete ich wie ein verängstigter Teenager! »Alles klar, kein Problem – wenn es nach mir gehen würde, dann dürften surfende Familien alles umsonst einchecken, was sie möchten«, entgegnete er und zwinkerte mir zu! Das Glück hatte mir einen Surfer beschert, der wahrscheinlich eine eigene Rasselbande zu Hause hatte! Oder liegt es einfach nur daran, dass Airline-Angestellte in Portugal einfach um einiges empathischer und verständnisvoller gegenüber Kindern und Surfern sind als die deutschen Kollegen. Ach, und noch eine Frage, liebe Check-in-Mitarbeiter: Seid ihr bei Golfern eigentlich auch so anstrengend?

50. GRUND

WEIL DIE WELLENSAISON ZU DEINER LIEBSTEN JAHRESZEIT WIRD

Es gibt Filme, die ganze Generationen beeinflusst oder sogar geprägt haben: *Ben Hur*, *Titanic* oder *Dirty Dancing*. In der Surfwelt ist es *The Endless Summer*, einer der ersten und einflussreichsten Surf-Filme überhaupt. Als Bruce Brown den Streifen 1966 veröffentlichte, war das der Startschuss für viele Surfer, weltweit auf die Jagd nach Wellen zu gehen. Bis dato blieben viele Wellenreiter einfach da, wo sie wohnten und surfen konnten: Kalifornien, Hawaii, Australien. Das lag zum einen natürlich daran, dass Fliegen damals eine andere Dimension hatte als in der heutigen Zeit der Billigflieger. Zum anderen aber auch, weil es eben nicht ganz so bekannt war, dass es an anderen Orten auch Weltklassewellen zu entdecken gab. Obwohl der Titel des Films irreführend ist – an den meisten Surfspots gibt es die besten Wellen im Winter –, steht er doch exemplarisch für den Lifestyle, den viele wellenhungrige Reisende erstrebenswert finden: immer Sonne, immer gute Wellen, keine Sorgen über die anstrengende Welt an Land.

Bis heute ziehen Surfnomaden in die Welt, um zur richtigen Jahreszeit am richtigen Surfspot zu sein. Wer gut plant, kann an zwölf Monaten im Jahr nicht nur den ewigen Sommer erleben, sondern immer auch zur Wellenhauptsaison am richtigen Ort sein und seine Chance auf die richtige Brandung drastisch erhöhen. Irgendwo auf der Welt ist immer Wellensaison: Marokko im Winter, Zentral- und Südamerika im Frühjahr, Südafrika oder Indonesien im Sommer und Hawaii im Spätherbst – so oder so ähnlich könnte der Reiseplan eines Surfers aussehen. Wann welches Land zum Surf-Hotspot mutiert, hat damit zu tun, welche Stürme die Küsten mit Wellen füttern. In Europa sind es Herbst- und Winterstürme im Atlantik, die Spanien, Portugal und die südfranzösische Küste zwischen September und April begehrenswert machen. Unwetter im Indischen

Ozean bringen Surfer in Südafrika vor allem in unserem Sommer zum Jubeln. Übrigens genau die Zeit, in der Bruce Brown und seine surfenden Helden vor Ort waren, also im südafrikanischen Winter – aber das nur nebenbei.

Mit den weltlichen Verpflichtungen auf dem Festland und nur einer Woche Urlaub sind die Chancen manchmal mehr als gering, richtig gute Surf-Sessions abzubekommen. Meiner Meinung nach muss ein Surftrip für mindestens 20 Tage anberaumt sein, alles andere führt nur zur Semi-Befriedigung eines Surfers. Wobei – hin und wieder ist es wie verhext: Ich war schon eine Woche in Portugal und hatte unglaubliche Bedingungen, um in den anschließenden drei Wochen in Marokko acht Bücher in Ermangelung an Wellen zu lesen. Nicht umsonst sind die Stopps der Profi-Surftour über einen Zeitraum von mehr als zwei Wochen an einem Ort angesetzt – die Natur macht, was sie will, auch mit Profis. Ich denke, es ist der Traum eines jeden wellenhungrigen Surfers, einmal im Leben auf einen unendlichen Surftrip gehen zu können, um den »Endless Summer« zu leben! Swells hinterherreisen, immer gute Wellen und Sonne satt – ich darf mich zu den Glücklichen zählen, die das erleben durften. Los ging es bei mir in Kalifornien, dann Zentral- und Südamerika, über Neuseeland nach Australien und zum Schluss Indonesien. Ich reiste von Wellensaison zu Wellensaison und wurde mit Swells ohne Ende beschenkt. Bezogen auf die Jahreszeit war nicht immer Sommer, aber was das Surfen angeht, war ich voll und ganz auf der Spur von Bruce Brown.

Übrigens wäre die Geschichte der Langzeitsurftrips und »Endless Summer«-Fantasien damals beinahe an 20 Dollar gescheitert. Bruce Brown hatte für den Dreh lediglich einen Flug nach Hawaii geplant, allerdings sagte ihm der Reisebüro-Mitarbeiter, dass ein »around-the-world«-Ticket gerade mal 20 Scheine teurer wäre. Gesagt, getan – das Ergebnis ist bekannt. Ob der Herr im Reisebüro wohl ahnte, dass sein Verkaufstalent zu einer jahrzehntelangen, weltumspannenden Massenbewegung unter Wellenjägern führte?

51. GRUND

WEIL DU VON EINEM SURFTRIP SELTEN MIT DEM GLEICHEN PAAR FLIP-FLOPS ZURÜCKKOMMST

Es gibt Alltagsgegenstände, die kaufe ich von vornherein nicht zu teuer ein: Sonnenbrillen, Uhren oder Schmuck. Wieso? Ich verliere sie – hundertprozentig. Ich hatte mal eine teure Sonnenbrille, 120 Euro hat das gute Stück gekostet, nicht mal einen Surftrip lang war sie in meinem Besitz. Eine teure Uhr habe ich mir mal zu einem runden Geburtstag selber geschenkt, um es eine Kitesurf-Session später zu bereuen: Sturz, Armband gerissen, und ab ging es auf den Grund der Ostsee. Das Gleiche gilt auch für Flip-Flops – die sind zwar nicht so teuer wie eine Uhr, aber die Preisspanne reicht durchaus von zwei bis 40 Euro. Ich habe mich im Laufe meiner Surf- und Strandkarriere von oben nach unten gearbeitet. Meine ersten Gummilatschen kosteten um die 35 Euro – ich war einer vermeintlich brasilianischen Marke auf den Leim gegangen, die dank geschickten Marketings extrem angesagt war und den Preis für zwei Stück Gummi, gefertigt auf den Philippinen, erfolgreich in die Höhe getrieben hatte. Ich habe mir tatsächlich mal einen Bericht über Flip-Flops der Stiftung Warentest aus dem Internet runtergeladen und war schockiert über das Ergebnis. In fast jedem Paar Flip-Flops sind krebserregende Stoffe und giftige Weichmacher, und die teuren brasilianischen waren ganz besonders belastet. Seitdem kaufe ich diese Dinger irgendwo für gutes Geld – Marke egal, Qualität ziemlich wurscht, Farbe fast egal. Wieso soll ich viel Geld ausgeben, das Gift bekomme ich auch für weniger Kohle, und verlieren werde ich die Dinger früher oder später sowieso. Ich weiß schon gar nicht mehr, wo überall ein Paar Flip-Flops von mir ihr einsames Dasein fristen. Ein Paar steht definitiv an einem bekannten Surftspot auf Fuerteventura. Ich hatte das Paar anbehalten, um vom Mietwagen über die spitzen Lavasteine hinunter an den Strand zu steigen. Dort hatte ich die Gummilatschen dann an einem markanten Felsen abgestellt – nur leider sah nach der Surf-Session alles etwas anders aus, weil inzwischen die Ebbe eingesetzt hatte und plötzlich überall am Strand markante Steine lagen. Ein anderes Paar schwimmt irgendwo zwischen den Galapagosinseln hin und her – ein neugieriger Seelöwe hatte mir die Teile geklaut, als ich sie an der Uferpromenade abgestellt hatte, um schwimmen zu gehen. Ein drittes Paar läuft mit großer Wahrscheinlichkeit an den Füßen eines Balinesen über die Insel der Götter. Ich war bei einer indonesischen Hochzeit auf Bali eingeladen, wo man der guten Manieren wegen die Schuhe an der Türschwelle auszieht und beiseite stellt. Nach der Zeremonie war ich einer der Letzten, die die Festlichkeiten verließen – um festzustellen, dass das letzte verbliebene Paar Flip-Flops an der Tempelschwelle nicht meine waren. Den Rest des Surftrips lief ich also mit fremden, zwei Nummern zu kleinen Gummilatschen durch die Gegend. Es ist übertrieben zu behaupten, dass ich öfter ohne dasselbe Paar Flip-Flops von einem Surftrip zurückkehre, mit dem ich auch losgezogen bin, aber es kommt um einiges häufiger vor, als mir lieb ist!

Es geht ja gar nicht um den finanziellen Verlust, der hält sich schließlich in Grenzen, aber wenn die Teile weg sind, muss ich jedes Mal los, um für den Rest des Surftrips neue zu besorgen. Ärgerlich ist auch die Umweltverschmutzung, wenn die Dinger in der Landschaft, am Strand oder im Meer landen. Ich habe mir ernsthaft überlegt, ob ich mir nicht eine Surfboard-Leash an meine Flip-Flops bauen soll! Das Dumme ist nur, dass eine Leash mehr kostet als das neue Paar Flip-Flops!

52. GRUND

WEIL DU DICH ZWISCHEN SURFTRIP UND SURFURLAUB ENTSCHEIDEN KANNST

Surftrip oder Surfurlaub? Es gibt da einen kleinen, aber feinen Unterschied. Was genau ist der Unterschied zwischen diesen beiden Surf-Reisemöglichkeiten, und für wen passt welche Art? (M) ein Definitionsversuch:

Wer sich für die Variante »Surftrip« interessiert, möchte vor allem eins: surfen, surfen und noch mal surfen. Alles andere ist ziemlich egal. Übernachten? Hauptsache liegen. Essen? Was gerade so da ist! Freizeitaktivitäten? Na ja, surfen eben! Die längste Zeit meiner Surfkarriere war ich auf Surftrips unterwegs: Europa, Amerika, Asien, Australien – immer Low Budget und Wellen ohne Ende. Nicht weil ich es mir so ausgesucht hatte, sondern einfach weil ich keine Wahl hatte – als Student mit Anfang 20 liegt das Fünfsternehotel gefühlt auf einem anderen Planeten. Wo ich übernachtete, ergab sich meistens vor Ort, im Voraus buchen gab es praktisch nicht. Gepennt habe ich überall: in meinem Boardbag am Strand, im Mietwagen, im Dormroom mit 25 Mann. War mir alles egal, schlafen konnte ich sowieso immer, so fertig wie ich nach mehreren Stunden im Wasser war. Schnarchende Zimmernachbarn, Kakerlaken, Wasser, das von der Zimmerdecke tropft – hat mich alles nicht interessiert, solange es nur ein paar Dollar kostete oder noch besser: umsonst war. Neben dem unbändigen Drang, Wellen zu surfen, war die Aufgabe, auf Surftrips vor allem »Geld zu sparen« – um mit dem vorhandenen Budget so lange wie möglich unterwegs sein zu können. Mein Meisterstück diesbezüglich war die fast zweijährige Weltreise, oder besser gesagt der endlose Surftrip – es musste gespart werden, wo es nur ging. In Zentralamerika habe ich fast ausschließlich in Hängematten geschlafen, was übrigens supergemütlich ist und jeden der durchschnittlich drei Dollar wert war. In Australien war mein Auto zehn Monate mein Zuhause. Mein Leibgericht waren Two Minute Noodles, chinesische Nudeln inklusive Geschmacksverstärker und Schärfe in Tüten: günstig und mit kochendem Wasser sehr einfach zuzubereiten. Wie ungenießbar das Zeug eigentlich ist, habe ich erst kürzlich bei einem »Australien-Revival« wieder festgestellt. Die einzige Abwechslung auf der Speisekarte waren die Produkte, die ich kurz vor Ladenschluss vergünstigt im Supermarkt kaufen konnte. In Australien ist es gängig, dass Waren mit kurzem Haltbarkeitsdatum eine halbe Stunde vor Ladenschluss billiger verkauft werden – eine Sache, die ich zum einen auch für Europa befürworten würde, zum anderen mich damals vor krasser Fehlernährung gerettet hat. Diese Art von Surftrip kann wunderschön und anstrengend zugleich sein. Wunderschön, weil das Surfen oberste Priorität hat, anstrengend, weil ein Leben ohne nötiges Kleingeld immer eine Herausforderung ist.

So ein »richtiger« Surftrip ist auch nur für denjenigen möglich, der keine Familie hat. Wer irgendwann mit Anhang auf die Suche nach Wellen geht, braucht ein gewisses Budget und muss gewisse Bedingungen vorfinden. Kurzum: Er macht einen Surfurlaub! Bei meiner Definition von »Surfurlaub« ist weniger das Budget ausschlaggebend, Surfurlaub ist auch mit dem Bulli möglich, sondern vielmehr die Zeit, die das surfende Mitglied der Familie tatsächlich im Wasser verbringt. Surfurlaub bedeutet, dass die Surf-Session auf dem Plan mit den Tagesaktivitäten nicht an erster Stelle steht, im Gegenteil: Wo sich noch eine Lücke findet, wird gesurft. Die Prioritäten verschieben sich im Surfurlaub eklatant, denn es muss nicht nur eine Person glücklich sein, der Surfer nämlich, sondern eine ganze Gruppe von Menschen, in diesem Fall die Familie. Dass es Frau und Kind irgendwann keinen Spaß mehr macht, stundenlang am Strand zu sitzen und Papa beim Surfen zuzusehen, leuchtet ein. Das Programm fernab des Line-ups ist also extrem wichtig für den Hausfrieden im Urlaub. Ein Surfurlaub birgt extreme Gefahren, was die Stimmung innerhalb der Familie angeht. Jeder muss da seinen eigenen individuellen Weg finden, denn jeder ist unterschiedlich gewillt, seine Prioritätenliste anzugleichen. Dazu kommen natürlich die Familienmitglieder, die mal mehr, mal weniger verhandlungsbereit sind. Ich habe mit meinen Lieben zum Glück einen guten Weg gefunden – außer ein paar Zankereien kommen wir inzwischen ganz glücklich aus unseren Surfurlauben wieder zurück. Meine Frau weiß inzwischen einfach, dass ich ganz ohne Surfen noch viel unerträglicher bin …

Surftrip oder Surfurlaub? Ich praktiziere inzwischen beides und möchte keins von beiden missen. Meine persönliche Empfehlung ist wenn möglich beides auszuprobieren. Wer diese Wahl nicht hat, sollte seine Art der Surfreise trotzdem genießen, denn am Ende des Tages zählt das Wellenreiten! Und das gibt es bei beiden Varianten des Urlaubs – mal mehr, mal weniger!

53. GRUND

WEIL KEIN SURFTRIP DEM ANDEREN GLEICHT

Surftrip oder Surfurlaub – wofür hast du dich entschieden? Wenn es der Surfurlaub wird, wünsche ich dir viel Spaß und hoffentlich mehr Surf-Sessions, als dein Urlaub Tage hat! Wenn du allerdings auf einen Surftrip gehen willst, steht eine weitere Entscheidung an: Welche Art von Surftrip soll es sein? Genau wie die »normalen« Urlauber musst du dich vorher entscheiden, ob Action-Variante oder Erholung – sprich: All-inklusive-Urlaub oder doch lieber mit dem Zelt auf den Surftrip? Buffet oder doch Dosenravioli? Isomatte oder weiche Daunen?

Wer einen Surftrip macht, muss sich entscheiden, was er unterwegs erleben und wie er leben will! Hier sind ein paar Anhaltspunkte für die Planung des nächsten Surftrips.

Ich denke, die meisten Surfer gehen auf den »klassischen Surftrip«, wie im vorangegangenen Kapitel beschrieben: Viel surfen, wenig ausgeben, egal wo übernachten. Wer wirklich nur Wellen im Kopf hat, für denjenigen ist das die richtige Wahl. Du brauchst niemandem Rechenschaft abzulegen, warum du gerade dorthin fährst oder wieso du im Boardbag am Strand schlafen möchtest. Es zählen einzig und allein du und das Line-up. Für diese klassische Version des Surftrips solltest du etwas Erfahrung mitbringen, du solltest wissen, wo und wie es sich lohnt, die knappen Ressourcen einzusetzen, um so die maximale Wellenanzahl herauszukitzeln. Ein solcher Surftrip ist eher nichts für Surfanfänger, denn da hat man schon genug mit dem Wellenreiten an sich zu tun, Zeit für die Dinge drum herum bleibt da nicht wirklich. Leuten, die in der Welt des Wellenreitens erste Schritte unternehmen wollen, rate ich immer zu einem Aufenthalt im Surfcamp. Ein Surfcamp ist das Pendant zum All-inklusive-Club in der »normalen« Reisewelt: Übernachten, Verpflegung, Surfkurs – alles an einem Fleck! Für den angehenden Surfer ist es das Rundum-sorglos-Paket – im Preis inbegriffen ist meistens die Abholung am Flughafen, und von da an wird betüdelt, was das Zeug hält – eigentlich muss nur noch selber gesurft werden.

Es gibt natürlich, wie in der anderen Reisewelt auch, große Unterschiede, was die Qualität eines solchen Etablissements angeht. Ich habe schon Surfcamps gesehen, denen ich den Boardbag am Strand und ein paar Bananen zum Frühstück vorgezogen hätte: mit Kakerlaken verseuchte Mehrbettzimmer, uraltes Equipment und Fahrer, Koch und Surflehrer waren ein und dieselbe Person. In Indonesien bin ich einmal ein paar Tage in einem solchen Surfcamp untergekommen – das Frühstück habe ich den wilden Hunden auf der Straße geschenkt, nachdem ich ein paar Stunden zuvor schon aus der zweiten Etage des Doppelbettes auf den Fußboden gekracht war. Das leider hat die Bettwanzen nicht daran gehindert, sich die erste Hälfte der Nacht an meinem Körper zu laben – wahrscheinlich hatten sie den Fraß aus der Küche auch satt. Es gibt aber natürlich auch das Gegenteil: Hochglanz-Surfcamps mit Superfood-Ernährung, Deluxe-Doppelzimmern und Ex-Surfprofis als Lehrer. Mein Tipp:

Spare nicht bei deinem ersten Surfcamp, es könnte sonst dein letztes gewesen sein. Für mein Surf-Onlinemagazin travelonboards.de habe ich in den letzten Jahren viele Surfcamps persönlich getestet und bin immer wieder überrascht, welchen Standard manche der Häuser bieten – in beiden Richtungen. Gemessen an der gängigen Hotelkategorie waren da einige dabei, die hätten noch nicht mal einen Stern verdient, andere dagegen mindestens vier – in meiner persönlichen Einstufung als Surfer sogar fünf plus. Genau wie in allen Hotels merkt man es auch den Surfcamps an, ob sie mit Liebe und Leidenschaft eröffnet wurden, oder einfach nur, um Geld zu machen.

Wer mit klassischen Surfreisen und Aufenthalten in Surfcamps durch ist, sollte sich an der Königsdisziplin des Surftrips ausprobieren: dem Boat-Surftrip! Mit einem Schiff voll von wellengeilen Menschen fährst du los, um entlegene Surfspots zu erreichen und im besten Fall nur mit deiner Bootsbesatzung im Line-up zu sitzen. Die Mentawais in Indonesien oder die Malediven sind solch ein Paradies für Boat-Surftrips. Das Angebot reicht von einer unüberschaubaren Anzahl an Surfspots, die entweder weit abgelegen, und damit wenig frequentiert sind, bis zu Weltklassewellen, die ebenfalls abgelegen zu finden sind und trotzdem mit vollen Line-ups überraschen. In den letzten zehn Jahren sind Surfboattrips schwer in Mode gekommen – der Wunsch nach leeren Wellen ist in den Zeiten der übervollen Line-ups so groß geworden, dass Surfer bereit sind, viel Geld für einsame Stunden im Wasser zu bezahlen. In der Surfwelt läuft es genau wie in der freien Marktwirtschaft – irgendwann kapieren ein paar umtriebige Leute, wo viel Geld zu verdienen ist, und steigen groß ein. Heutzutage gibt es ganze Flotten, man könnte sie schon fast Reedereien nennen, die Horden von Surfern zu entlegenen Wellen schippern. Ich bin in Indonesien einmal mit einem solchen Boot eine Woche durch die Inselwelt gefahren und konnte kaum glauben, wie viele Menschen an einem komplett entlegenen Ort, fernab der menschlichen Zivilisation, plötzlich auftauchten, wenn ein Swell vorhergesagt wurde. Trotz allem ist der Surfboattrip etwas,

was jeder Surfer einmal erlebt haben sollte. Es ist die reine Art des Surftrips, außer essen und schlafen dreht sich alles um eins: Wellen suchen, finden und surfen. Je nach Schiff und Crew wird die Route nach dem nächsten Swell ausgerichtet, du übernachtest direkt am Surfspot, um morgens einfach aus dem Bett über die Reling direkt in die Wellen zu springen. Abends fängst du dir deinen eigenen Fisch zum Abendessen und genießt dein Feierabendbier beim glühenden Sonnenuntergang in einer Bucht, die du wahrscheinlich nur mit viel Mühe bei Google Maps finden würdest. Hätte ich die Wahl, ich würde nur noch auf Surfboattrips gehen.

Ich habe da so eine Vermutung: Vielleicht korreliert die Art des Surftrips mit dem Alter? Bis zum 25. Lebensjahr sind es die Surftrips, welche dir Genugtuung geben, dann kommen die Surfcamps, die dich glücklich machen, und so ab 40 wirst du auch als Surfer bequemer. Die einzige Chance, wie du dann in einem fremden Land an einen Surfspot gelangst, ist direkt im teuren Hotel vor Ort zu übernachten – oder eben per Boot.

54. GRUND

WEIL DU SURFCAMPS ALLER ART KENNENLERNST

»Du kannst bei uns die Toiletten schrubben, wenn du willst«, erklärte mir der freundliche Surfcamp-Besitzer und grinste. Ich hatte ihn gefragt, ob er nicht einen Job für mich hätte und ich – statt Lohn – ein Bett für die Nacht umsonst bekommen könne. An eine Aufgabe im Bereich »Gas, Wasser, Schei…« hatte ich dabei allerdings weniger gedacht. Grundsätzlich habe ich mit anstrengenden, schmutzigen oder ekligen Jobs kein Problem – alles schon mal gemacht. Allerdings war das ruhige Örtchen dieses Surfcamps ein Ort der Verwüstung. Gelegen an der Gold Coast Australiens, allerdings fernab vom Strand, mieteten sich hier weniger Surfer, dafür aber umso mehr Reisende ein, die wegen des Alkohols und der damit verbundenen Partys gekommen waren. Außer den Wellenreitern, die sich aus irgendeinem Grund hatten hierher locken lassen, waren es vor allem Backpacker aus aller Welt und partywütige Australier, die hier am Wochenende residierten – und die hatten statt hoher Wellen eher den tiefen Blick ins Glas im Sinn. Die sanitären Anlagen wurden hier jedenfalls nicht nur zum Duschen und Zähneputzen aufgesucht, sondern um jegliche Bedürfnisse zu befriedigen: Trinkgelage, Sex, Schlaf, weit verstreuter Stuhlgang, menschliche Ausscheidungen aus unterschiedlichen Körperöffnungen mit verschiedenen Ursachen, Schlägereien, Streitereien, Liebeleien. Die Liste ist beinahe endlos, ebenso war auch der Grad der Verschmutzung, vor allem am Wochenende. Mein Dienstantritt war ausgerechnet an einem Freitagabend, der Typ hatte mich vor die Wahl gestellt: entweder bis Montag Putzdienst und ein Bett im Doppelzimmer, ansonsten ein maßlos überzogener Preis für eine versiffte Matratze im 20-Mann-Schlafsaal. So eine Schei…! Ich war hier notgedrungen gelandet, da mein Auto den Geist aufgegeben hatte, direkt in die Werkstatt musste und mein Geld in die Tasche des Mechanikers statt in ein gehobeneres Etablissement gewandert war. Um die Reparaturkosten wieder wettzumachen, hatte ich auf den »Job-gegen-Bett-Deal« spekuliert – während ich die gelben Gummihandschuhe anzog, wurde mir klar, dass ich mich dabei offensichtlich verspekuliert hatte. Es gibt durchaus sehr schöne und gemütliche Surfcamps auf der Welt, solche, wo die Reinigung der Sanitäranlagen keinen Brechreiz hervorruft. Genau wie bei regulären Hotels oder Hostels ist in dem großen Angebot für jeden das Richtige dabei – es kommt einfach darauf an, welche Ansprüche du stellst!

Da sind zuerst einmal die Surfcamps, die in der Welt der Hotellerie wahrscheinlich mit Müh und Not einen Stern bekämen. Diese Surfcamps sind für Menschen, die im Urlaub vor allem auf das Rahmenprogramm Wert legen: Alkohol, Party, Gleichgesinnte – oft auch in dieser Reihenfolge. Wer sich hier einmietet, hat meistens wenig Budget, dafür viel Durst und Lust auf einen ereignisreichen Urlaub, während dem nebenbei surfen gegangen wird – wenn es denn sein muss! Mit diesen Prioritäten ist es egal, dass die Matratze 20 Jahre alt ist und genauso gut als Hängematte durchgehen könnte. Meistens sind diese Bleiben ein als Hostel getarntes Surfcamp, in dem der Surfkurs eher Teil des Rahmenprogramms ist. Vielleicht ein letzter verzweifelter Marketingschachzug des Besitzers, um unwissende Wellenreiter anzulocken. Wer wirklich auf Wellenjagd ist, sollte sich nach etwas anderem umschauen – oder damit leben, dass er sich morgens vor der frühen Surf-Session das Bad mit sich übergebenden Alkoholleichen teilen muss, die gerade noch den Weg aus dem Club zurück gefunden haben.

Die meisten der Surfcamps, die ich persönlich kennengelernt habe, würden als Hotels wahrscheinlich drei oder vier Sterne bekommen. Saubere und gemütliche, von den Besitzern mit viel Liebe und Aufwand hergerichtete Unterkünfte für Surfer. Im Vordergrund steht hier das tägliche Surfen und gegebenenfalls der ordentlich organisierte Surfkurs, das gesunde Essen und eine entspannte Zeit zwischen den Wellenritten. Natürlich wird hier auch das eine oder andere Bierchen getrunken, aber oft sind die angehenden Wellenreiter nach einem Tag im Wasser so müde, dass um 22 Uhr das Licht ausgeht. Das Rahmenprogramm besteht hier aus Yoga, Kultur und Ausflügen unter den »Mitbewohnern«. Das Einzige, was hier feucht und fröhlich ist, ist der trocknende Neoprenanzug nach einer fantastischen Surf-Session. Wie im Hotelgewerbe auch gibt es bei den Surfcamps die Ausreißer nach oben: superluxuriöse Unterkünfte mit allem, was das verwöhnte Surferherz begehrt. Oft sind es richtige Villen oder Bungalow-Anlagen direkt am Strand, die den oder die Wellenreiter beherbergen. Als Hotel würden hier wohl fünf Sterne an der Eingangstür leuchten. Wer es sich leisten kann und auch auf dem Surftrip auf gewisse Annehmlichkeiten nicht verzichten möchte, findet auch für diese Ansprüche das Richtige in der Welt der Surfcamps.

Ich hatte mir für meinen »Arbeit-gegen-Unterkunft-Deal« schlicht und einfach nicht das richtige Surfcamp ausgesucht. Ich hatte eine Bude gewählt, bei der das Bad nicht nach frisch gemähter Frühlingswiese duftete, sondern nach einer Mischung aus nassem Hund und der All-you-can-drink-Bar morgens um fünf Uhr. Ein Gully als Reinigungsmaßnahme hätte es hier meiner Meinung nach auch getan, aber es nutzte ja nichts, ich hatte keine Kohle und brauchte ein Dach über dem Kopf – auch das Leben eines Surfers ist manchmal kein Wunschkonzert. Ich hielt mir also die Nase zu, trat meinen Dienst an und hatte Glück im Unglück. An jenem Wochenende schüttete es an der Gold Coast in Strömen, die meisten Menschen blieben wohl zu Hause vor dem Fernseher, nur die ganz Durstigen machten sich auf den Weg in Bars und Kneipen. Bis auf eine Kotzlache hatte ich einen regulären Dienst ohne allzu eklige Sonderaufgaben erwischt. Seit diesem »Ferienjob« schaue ich mir in einem Surfcamp immer zuerst die sanitären Anlagen an – dank meiner Erfahrung in Australien kann ich abstrahieren, welche Art Gäste hier hausen.

55. GRUND

WEIL (FAST) ALLE WEGE AN DEN SURFSPOT FÜHREN

Für jeden Surfer ist es der Traum, direkt am Surfspot mit Blick auf die Welle zu wohnen. Für viele allerdings bleibt es ein Traum – oft ist das Zuhause, das Surfcamp oder die Airbnb-Bude weiter weg vom Strand, und es stellt sich die Frage: Wie komme ich dorthin? Ich meiner Zeit als Surfer habe ich schon so ziemlich jede Art von Fortbewegungsmittel benutzt, um in die Nähe des Line-ups zu kommen – hier ist eine Auswahl:

Schusters Rappen: Mich würde wirklich interessieren, wie viele Kilometer ich in meinem Leben zu Fuß, nur mit einem Surfbrett unter den Arm geklemmt, auf dem Weg zum Surfspot zurückgelegt habe. In Marokko bin ich jeden Tag zweimal vom kleinen Fischerdorf Taghazout nach Killer Point marschiert – und zurück! Ich hatte kein Geld, mir ein Auto zu mieten, die Sehnsucht nach dieser einmaligen Welle war aber so groß, dass ich immer wieder aufs Neue losmarschiert bin. Der Weg ist gar nicht so weit, vielleicht zwei Kilometer, diese Strecke allerdings viermal am Tag und nach insgesamt fünf, sechs Stunden im Wasser – da wird das Surfbrett immer schwerer, und die Füße werden immer müder. Ein anderes Mal bin ich in Costa Rica direkt in den Dschungel losgelaufen, weil ich die ungefähre Ortsangabe eines Secret-Spots aufgeschnappt hatte. Eine ziemlich dumme Idee, die so endete, dass ich ziemlich durstig und überall vom Gestrüpp zerkratzt Stunden später durch Zufall auf die einzige Straße im Dschungel traf. Ein ziemlich verdutzter Lkw-Fahrer hielt glücklicherweise an, um den dämlichen Touristen samt Surfbrett aufzusammeln.

Fahrrad: In Kalifornien hatte ich mir von meinem Vermieter ein verstaubtes Fahrrad ausgeliehen, das er in der hintersten Ecke seiner Garage gefunden hatte. Glücklicherweise hatte das Bike einen sogenannten Boardrack angeschraubt, also eine Vorrichtung, um das Surfbrett anzubringen. Dummerweise war ich der Einzige, der auf einem Drahtesel unterwegs war, auch stellte ich fest, dass auf den amerikanischen Highways der Fahrradweg einfach weggelassen wurde. Mein kleiner Fahrrad-Surftrip avancierte so zum lebensgefährlichen Ausritt, welchen ich zwar überlebte, von dem ich aber noch heute Albträume wegen des Hupkonzerts habe, das ich mit meiner Aktion ausgelöst habe.

Roller: Auf Bali gibt es unzählige Weltklassewellen, die allerdings einige Kilometer weit auseinander liegen und nur dann zu erreichen sind, wenn man entweder vor Ort übernachtet oder eben einen fahrbaren Untersatz zur Verfügung hat. Das Auto war dort nie mein Gefährt der Wahl, viel zu langsam bei dem vielen Verkehr. Ich entschied mich immer für einen der Roller, die man dort an jeder Straßenecke für günstiges Geld leihen kann. Das allerdings kann zum Husarenritt werden: Viele Fahrzeuge, wenig Straßenregeln, dazu eine fehlende Helmpflicht, und auch der passende Führerschein ist nicht immer unbedingt zwingend notwendig. Wer auf der Insel der Götter also mit dem Roller unterwegs ist, kann göttlichen Beistand gut gebrauchen: Vom tödlichen Unfall bis zum Bali Tattoo, der typischen Brandwunde am Bein vom heißen Auspuff, habe ich schon alles gesehen. Mein Tipp: Wer nicht schon von zu Hause Erfahrung mit motorisierten Zweirädern hat, sollte auf Bali nicht damit anfangen.

Taxi (Marokko): An vielen Orten gibt es natürlich die Möglichkeit, sich ein Taxi zum Surfspot zu gönnen. Das allerdings ist teuer – nicht so in Marokko. Dort wird der Fahrpreis gedrückt, indem so viele Passagiere wie möglich ins Taxi gepackt werden. In einem alten 200er Mercedes habe ich dort einmal elf Personen plus Gepäck gezählt – die Fahrt kostete in diesem Fall ein paar Groschen. Auf meine Frage, ob er mich an eine bestimmte Stelle bringen könne, schaute mich der Fahrer verwundert an und zeigte wortlos auf die restlichen zehn Fahrgäste.

S-Bahn: Barcelona, San Sebastián, New York – alles Städte, in denen immer mal wieder Menschen mit Surfbrettern in der U- oder S-Bahn gesichtet werden. Das liegt daran, dass die Surfspots per Schiene erreicht werden können. Lustigerweise konnte ich bisher an keinem der Orte herausfinden, ob Surfbretter extra kosten. Auf meine Frage danach schaute ich ausnahmslos in verdutzte Gesichter der Bahnmitarbeiter.

Strandbuggy: Im brasilianischen Norden gibt es keine Straßen, dafür umso mehr Sandstrand. Und weil dort die Natur die Oberhand hat, trotzdem aber viele Menschen ihren Urlaub hier verbringen wollen, mussten sich die Einheimischen ein geeignetes Fortbewegungsmittel überlegen – das Ergebnis: der Strandbuggy. Mit den geländegängigen Fahrzeugen geht es mit hoher Geschwindigkeit über die Sanddünen und den Strand entlang, je nach Fahrweise kann das Spaß machen oder ein schmerzendes Hinterteil zur Folge haben.

Bus: Zentral- und Südamerika besitzt eines der besten Fernbus-Netze der Welt. Jede größere Stadt wird von einer der drei oder vier Busgesellschaften angefahren, wer unterwegs aussteigen will, muss einfach »Halt« rufen. Wie im Flugzeug auch gibt es verschiedene Klassen, die sich oft nur durch ein paar Euro im Preis unterscheiden. Ich habe ziemlich schnell für mich beschlossen, dass es mir die paar Groschen mehr wert sind, einen gemütlicheren Sitz und mehr Platz zu haben. Was aber überall gleich ist, ist die Vorliebe der Fahrer für Aircondition. Die meisten Busse sind als fahrende Kühlschränke unterwegs. Ein paar Erkältungen und jede Menge Sitzfleisch reicher bin ich von San Diego bis nach Santiago de Chile im Bus gefahren – und werde versuchen, diese Art von Transportmittel die nächsten Jahre zu vermeiden.

Tuk Tuk: An einem Tuk Tuk ist alles irgendwie ungewöhnlich. Das Gefährt an sich ist mit einer Mischung aus Motorrad, Rikscha und Kutsche sehr speziell, und was die jeweiligen Besitzer daraus machen, noch spezieller. Manche haben ein Themen-Tuk Tuk, da ist dann alles auf *StarTrek*, *Baywatch* oder ein professionelles Fußballteam getrimmt, andere verzieren individuell mit viel Farbe und allerlei Krimskrams. Manchmal ziemlich surreal, in Sri Lanka oder Peru in Boardshorts oder Neoprenanzug in so einem blinkenden Etwas durch die Gegend kutschiert zu werden. Die ersten Male musste ich mich tatsächlich an das »kutschiert werden« gewöhnen, aber die Jungs freuen sich sehr über Surfer, denn meistens geht es mit denen an die weiter entfernten Surfspots – und das bedeutet einen höheren Fahrpreis!

Taxiboot: Mein liebstes Transportmittel, wenn es darum geht, entspannt und elegant zum Surfspot zu gelangen. In Bocas del Toro in Panama, einem Inselarchipel, ist das Taxiboot das vorherrschende Transportmittel – damit geht es von Insel zu Insel, zum Einkaufen, zur Disco und eben auch zu den Wellen. Wenn du bereit für deine Surf-Session bist, marschierst du einfach runter zum Wasser und winkst dir eins der vorbeifahrenden Wassertaxis heran, handelst einen Preis aus, und los geht es. Die kleinen Boote bringen dich praktisch bis ins Line-up, was echt entspannt ist, da die ganze Paddelei erst einmal entfällt – selten so ausgeruht im Line-up angekommen! Mit dem Taxibootfahrer verabredet man eine Zeit, wann er dich wieder abholen kann. Das ist manchmal eine ziemliche Lotterie, denn an einigen Spots kann man nicht sehen, ob die Wellen gut oder schlecht sind – zwei Stunden sind dann entweder zu kurz, oder aber sie können extrem lang werden.

Kamel: Mit dem Wüstenschiff zum Surfspot – das habe ich bisher nur in Marokko erlebt. Was eigentlich eher eine Attraktion für Touristen ist, kann uns Surfern hin und wieder ziemlich hilfreich sein. Gerade in der Ecke um Taghazout gibt es unzählige Wellen entlang der Küste, manchmal nur ein paar Meter auseinander, einige aber auch ein paar Kilometer voneinander entfernt. Da kann es entspannt sein, sich vom Kamel an die nächste Welle bringen zu lassen. Gewöhnungsbedürftig ist nur das Auf- und Absteigen – das Kamel macht beim Aufstehen einen heftigen Ruck, und da wir Surfer eine Hand am Surfbrett und dementsprechend nur eine frei für den Kamelsattel haben, kann das ein ziemlicher Balanceakt werden. Stellt sich die Frage: Lasse ich das geliebte Surfbrett fallen, oder opfere ich mich und plumpse vom Kamel in den Sand?

Das war eine kleine Auswahl an Möglichkeiten, wie Surfer mehr oder weniger sicher zum Line-up kommen oder gebracht werden können. Es gibt sicher noch mehr interessante Fortbewegungsmittel – falls in der Liste noch eins fehlt, schreib mir gerne an: stefan@travelonboards.de! Aber Hauptsache ist, dass alle Wege irgendwann an den Surfspot führen.

56. GRUND

WEIL SICH SURFEN UND LUXUS GUT VEREINBAREN LASSEN

Luxus definiert sich für jeden Menschen anders. Für mich zum Beispiel ist der heiße Tee und die Standheizung meines Bullis nach einer winterlichen Surf-Session bei fünf Grad purer Luxus. Oder eine Unterkunft direkt am Surfspot mit freiem Blick auf die Welle. Für andere Menschen definiert sich Luxus über Autos, Uhren oder teure Weine. Beide Arten von Luxus durfte ich kombiniert erleben – auf einem meiner außergewöhnlichsten Surftrips.

Als Journalist wurde ich von einer Reederei auf eine Pressereise eingeladen und sollte von der Jungfernfahrt eines neuen Luxus-Kreuzfahrtschiffes berichten. Um ehrlich zu sein, dachte ich damals nicht groß darüber nach, ob ich eine solche Luxus-Kreuzfahrt mit all ihren negativen Auswirkungen mit meinem Gewissen vereinbaren konnte – ich war jung, freier Journalist und brauchte das Geld. Als ich dann im Vorfeld unsere Route erfuhr, wurde ich hellhörig – die geplante Schiffspassage sollte an einigen ziemlich guten Surfspots entlanggehen. Ich fragte bei den Presseverantwortlichen nach, ob es wohl ein Problem sei, wenn ich mein Surfbrett mitbrachte und hin und wieder statt des organisierten Landgangs lieber eigenständig an Land unterwegs war. »Hatten wir noch nie«, erklärte mir der PR-Mitarbeiter, »muss ich erst mit dem Kapitän abklären.« Ein paar Tage später hatte ich eine Surfer-Sonderregelung der Reederei im Briefkasten, auf der ich unterschreiben musste, dass ich meine kurzen Surftrips auf eigene Gefahr unternehme – wenn's nur das ist!

Privat würde ich wohl eher keine Kreuzfahrt machen, muss aber zugeben, dass ich ziemlich beeindruckt war, als es irgendwann losging. Das Kreuzfahrt-Unternehmen agierte im absoluten Luxusbereich, und das neue Schiff galt als eines der luxuriösesten der Welt. Alles an Bord war vom Feinsten, und meinen Mitreisenden konnte ich ansehen, dass sie die eine oder andere Gehaltsklasse über meiner rangierten. Lachen musste ich, als mir mein »persönlicher Butler« im feinen Zwirn meinen ziemlich abgenutzten Boardbag auf die Suite brachte. Einer, der sonst eher Koffer und Taschen feiner französischer Hersteller transportiert, muss sich auch gedacht haben, er sei im falschen Film. Um es kurz zu machen: Die Schiffsreise war Luxus pur! Gemeint ist natürlich der Luxus, der sich mit viel Geld kaufen lässt. Und dass ich zwischen all dem Kaviar, Hummer und Champagner tatsächlich ein paar Mal surfen ging, fand ich damals extrem witzig. Während die anderen Passagiere auf geführte Landausflüge aufbrachen, ging ich mit meinem Surfbrett unterm Arm in Richtung Gangway. Leider hatte ich unterwegs kein Glück mit den Wellen, trotzdem war es eine außergewöhnliche Erfahrung, mit dem Luxus-Kreuzfahrtschiff auf einen Surftrip zu gehen.

Es muss aber nicht immer gleich dieser unbezahlbare Prunk sein – mit ein paar Tricks kann jeder Surfer Luxus und Surfen kombinieren.

Es gibt zum Beispiel auch Schiffe, auf denen eine Koje nicht gleich ein Vermögen kostet. Die sogenannten Boattrips in Indonesien sind durchaus erschwinglich und bieten für Surfer wahren Luxus. Ich hatte mich für eine Woche auf der Sri Noa Noa eingebucht und fühlte mich dort wie im Surfer-Himmel: Übernachten direkt am Surfspot, leckeres lokales Essen mit einem selbst gefangenen Fisch, dazu ein kleiner Kreis Gleichgesinnter und die indonesische Crew mit ihrer Erfahrung, wo es die besten Wellen zu finden gibt.

Ein weiterer Tipp ist das »antizyklische Surftripping«! Ich bin in den letzten Jahren ein großer Fan davon geworden, außerhalb der Haupt- und Wellensaison in Länder zu reisen – das hat eigentlich nur Vorteile: Günstige Anreise, wenig los im Line-up, und mit ein wenig Glück sind die Wellen auch nicht viel schlechter als in der Haupt-Wellenzeit. Und hier kommen wir zum luxuriösen Teil des antizyklischen Reisens. Da die Unterkünfte nur einen Bruchteil dessen kosten, was man in der Hochsaison dafür ausgeben muss, ist manchmal durchaus das Zimmer mit Aussicht direkt auf die Welle möglich. Egal ob Hotel oder Surfcamp, ich habe in der Nebensaison schon in Villen mit Pool, Penthouses mit Meerblick oder ganzen Anwesen in einsamen Buchten gewohnt. In Portugal konnte ich meine Familie und mich mal in eine Villa mit insgesamt acht Zimmern einmieten – nur dass wir das riesige Haus für uns ganz alleine hatten. Das war sehr luxuriös und unheimlich zugleich – wenn ich nachts durch das Haus lief musste ich immer an das Overlook-Hotel und Jack Nicholson aus Stephen King's *Shining* denken. Auch Dänemark ist ein Land, in dem sich Surfer mit einer begrenzten Reisekasse vermeintlichen Luxus leisten können. Wer irgendwann zwischen November und März zum Surfen in den Norden reist, mietet sich dort ein Ferienhaus samt Sauna, Kamin und Blick auf den Fjord für kleines Budget.

Es gibt noch viele Beispiele wie Luxus erschwinglich wird, auch ohne großes Budget: Ein Surftrip durch Asien oder Zentralamerika bietet viele Gelegenheiten, für wenig Geld viel zu bekommen.

Ich finde es schade, dass Luxus in unserer westlichen Welt leider fast immer mit Geld und materiellen Dingen gleichgesetzt wird. Dabei ist für die meisten Surfer ein Tag mit perfekten Wellen, Sonnenstrahlen im Gesicht und einem leeren Line-up die Definition von wahrem Luxus. Ich finde, wir Surfer sind mitunter die reichsten Menschen der Welt!

57. GRUND

WEIL DU ZUM CITY-SURFER WIRST

Viele Surfer sind auf der Suche nach exotischen Orten, an denen sie wellenreiten können. Was es dort sonst noch so gibt, ist den meisten ziemlich egal – Hauptsache Wellen! Es gibt aber auch einige Exemplare der surfenden Spezies, sogenannte Hipster-Surfer, die auf dem Surftrip ungern auf die Annehmlichkeiten einer Metropole verzichten möchten: Kultur, Nightlife, Restaurants. Auch für Surfer, die mit Familie oder einem nicht-surfenden Partner unterwegs sind, ist es oft wichtig, dass auch beim Rahmenprogramm etwas geboten wird. In einer einsamen Bucht fernab der Zivilisation kann es für Menschen, die nicht für den nächsten Swell leben, schnell einsam und langweilig werden. In einer Metropole dagegen kann der Surfer guten Gewissens ein paar Stunden im Line-up sitzen, während sich die Lieben anderweitig im Großstadtdschungel vergnügen: Shoppen, Museen, Cafés und Restaurants. Es gibt nicht allzu viele Orte, an denen es die Kombination aus Großstadt und Surfspot gibt – hier ist eine kleine Auswahl:

Lissabon, Portugal: Man könnte meinen, die portugiesische Hauptstadt sei von einem Surfer erbaut worden! In unmittelbarer Umgebung findet sich vom zahmen Beachbreak bis hin zum krachenden Pointbreak alles, was das Surferherz begehrt. Sogar die S-Bahn bringt Brett und Reiter direkt an die Küste! In Carcavelos zum Beispiel können sich die urbanen Surfer in einem ziemlich guten Beachbreak austoben, und nur 20 Minuten entfernt liegt Ericeira mit seinen Weltklassewellen. Wer sich das Naturphänomen Nazaré mal aus der Nähe anschauen möchte, ist in rund einer Stunde bei den größten surfbaren Wellen der Welt. Zwischen den Surf-Sessions bietet Lissabon südländisches Flair mit vielen kleinen Cafés, versteckt in malerischen Gassen, dazu viel europäische Geschichte und ein anständiges Nightlife. Als die »Stadt der sieben Hügel« wird Lissabon oft mit San Francisco verglichen, nur dass es in der portugiesischen Hauptstadt deutlich preisgünstiger ist und die Sonne öfter scheint als im amerikanischen Pendant.

Biarritz, Frankreich: Die Klischees werden so haargenau erfüllt, dass es schon beinahe wieder unglaubwürdig wird: Der Postbote nagt in seiner Pause am Baguette, chic gekleidete Damen und Herren mit Einstecktuch sitzen in Cafés, die mit ihrem Einrichtungsstil an Puppenhäuser erinnern, dazu das klare Sonnenlicht der südfranzösischen Atlantikküste mitten im europäischen Winter. Biarritz ist das, was früher als mondän bezeichnet wurde – eine französische Küstenstadt mit Chic, Charme und jeder Menge Stil. Und das ist ja erst die halbe Miete, denn den Wellen in unmittelbarer Nähe möchte man ein lautes »merci beaucoup« entgegenrufen. Perfekte Beachbreaks und Weltklassewellen in Anglet, Hossegor und Capreton – alles Stadtteile und Vororte von Biarritz. Die Surfspots sind hier so gut, dass die Weltmeistertour der professionellen Surfer jedes Jahr Station macht. Und wer sich irgendwann an Croissants und Baguette satt gegessen hat, kann in rund 45 Minuten rüber über die Grenze nach Spanien fahren, wo er sich mit San Sebastián direkt in der nächsten surftauglichen Großstadt wiederfindet.

San Sebastián, Spanien: Der Surfspot ist direkt am Boulevard, unzählige Tapasbars befinden sich in der Stadt verteilt, dazu der feurige Charme des Baskenlandes – San Sebastián ist meine Lieblings-Surferstadt! Wer sich in der Altstadt einquartiert, kann zu Fuß zum Strand spazieren, an dem ein ordentlicher Beachbreak die Citysurfer erwartet. Als ich zum letzten Mal dort war, konnte ich in der Wohnung meinen Neoprenanzug anziehen und mit dem Fahrstuhl mehr oder weniger direkt ins Line-up fahren – besser wird es nicht für einen Surfer, der im Surf-Urlaub nur ungern auf die Stadt verzichtet. Abends geht es durch die historische Altstadt mit ihren vielen Tapasbars, in denen allerlei Köstlichkeiten und leckeres kaltes Bier oder spanischer Hauswein angeboten werden. Die meisten Menschen hier sind stolze Basken – die politischen Gegebenheiten mal außen vor gelassen, verleiht diese Tatsache der Stadt und ihren Bewohnern einen ganz besonderen Charme. Ein revolutionärer Geist weht durch die Straßen, im Line-up wabert das Gefühl der Unabhängigkeit! Oder um es in der Sprache der Tourismusindustrie auszudrücken: Egal ob Solo-Surfer oder samt Familie vor Ort – San Sebastián ist definitiv einen Surftrip wert.

Cape Town, Südafrika: Kapstadt hat für Surfer einen großen Vorteil: Die Stadt liegt an einem Küstenstreifen, der in drei Himmelsrichtungen ausgerichtet ist – dementsprechend sind hier an fast 365 Tagen im Jahr Wellen zu finden. Vor allem im europäischen Sommer pumpen hier die Swells, und wem die Beachbreaks rund um Kapstadt zu wenig sind, der kann einen Ausflug zu einem der berühmtesten Surfspots der Welt unternehmen: Jeffreys Bay. Die Stadt selber gilt als das kreative Zentrum Südafrikas – Kunstausstellungen, Jazzfestivals und Filmevents sind hier an der Tagesordnung. Die Besucher aus aller Welt haben dafür gesorgt, dass es verschiedene Kneipen- und Restaurantviertel gibt, in denen Künstler, Kreative und eben auch Surfer ein und aus gehen.

Rio de Janeiro, Brasilien: Eine Stadt mit fast sieben Millionen Einwohnern – wie überfüllt muss da das Line-up am Stadtstrand sein? Es geht einigermaßen – ich war positiv überrascht. Dadurch, dass es an den einzelnen Strandabschnitten der Copacabana, Ipanema und Leblon unzählige Peaks gibt, an denen sich die Surfer verteilen. Die Wellen sind hier vielleicht nicht Weltklasse, aber um den Cocktailkater der vergangenen Nacht wegzusurfen, reicht es allemal. Und abgesehen von den Wellen ist Rio sicher eine der attraktivsten Städte der Welt: Karneval, Restaurants, Museen – hier wird in Sachen südamerikanischer Freizeit so ziemlich alles geboten, was der geneigte

Besucher von einer Metropole erwartet. Diese Stadt versprüht einen ganz besonderen Zauber, hat etwas Besonderes – ich konnte es nie so ganz greifen und habe mich trotzdem in diese Stadt und ihre Menschen verliebt. Nicht umsonst wird Rio auch »cidade maravilhosa« genannt: fabelhafte Stadt!

Metropole trifft Surfspot – für viele Surfer eine sehr attraktive Mischung. Die Energie der Großstadt gepaart mit fantastischen Wellen sollte jeder Wellenreiter einmal auskosten – Möglichkeiten dazu gibt es genug. Neben den genannten Städten können Surfer zum Beispiel auch in Sydney, Honolulu, Los Angeles, Barcelona oder New York auf Wellenjagd gehen. Städtetrip buchen, Boardbag packen und dann direkt nach dem Shoppen ab ins Line-up!

58. GRUND

WEIL ES AUCH FÜR SURFER EINE EIGENE BIBEL GIBT

Für jedes Hobby, jeden Beruf oder jeden Sport gibt es eine sogenannte Bibel – also das schlaue Buch, das Interessierte in diesem Bereich unbedingt besitzen müssen. Bei Backpackern ist das der *Lonely Planet*, Ärzte schwören auf den *Anatomie-Atlas*, und wir Surfer packen den *Stormriders Guide* in unser Boardbag, wenn wir auf einen Surftrip gehen. Es gibt genau genommen zwei Ausgaben: einmal Europa und einmal die Welt. In beiden sind neben einer kleinen Einführung in Wellen-, Wind-, und Wetterkunde unzählige Surfspots samt den besten Bedingungen dafür aufgelistet. Eine geniale Idee der Macher des *Stormrider Guide*, den einen oder anderen Euro werden sie damit auch verdient haben.

Weil diese Bücher ziemliche Wälzer sind, habe ich früher die Seiten mit den Surfspots, die für meinen anstehenden Surftrip relevant waren, zwecks Gewichtseinsparung kopiert und eingepackt.

Vor Ort habe ich dann jeden einzelnen Surfspot abgeklappert und meine eigenen Notizen hinzugefügt. Wenn ich einen Tag mit guten Wellen erwischt hatte, kam ein fetter Haken dahinter, wenn nicht ein Minus. Und ich habe mich immer gefragt, wie es die Autoren hinbekommen haben, alle Surfspots ausfindig zu machen und diese dann auch noch mit den perfekten Bedingungen zu erwischen – für mich schon damals gefühlt der absolute Traumjob! Heute weiß ich, dass die surfenden Schreiberlinge natürlich viel mit lokalen Surfern oder Surfshopbesitzern zusammenarbeiten und wahrscheinlich die wenigsten der Wellen in ihrem Buch wirklich selber gesurft sind. Damals aber, in den Anfängen meines Surferlebens, war das so ähnlich wie der Glaube an den Weihnachtsmann – den will man sich ja schließlich auch so lange wie möglich bewahren.

Ich habe mir zuletzt den *Stormrider Guide Europa* nochmals durchgeblättert und würde behaupten, dass nur hinter einem Drittel der beschriebenen Surfspots ein Häkchen steht – es gäbe also noch reichlich zu tun. In den letzten Jahren allerdings verzichte ich auf das gedruckte Wissen aus dem *Stormrider Guide*, ich gehe lieber meine eigenen Wege. Ich habe zunehmend festgestellt, dass die Pfade, welche die »Bibel der Wellenreiter« vorgibt, nach und nach ziemlich ausgetreten sind. Okay, es ist fast überall ziemlich viel los im Line-up, aber bei einigen sehr abgelegenen Surfspots muss ich mich doch schon wundern, wie es so viele Surfer dorthin schaffen – bis ich im *Stormrider Guide* die detaillierte Wegbeschreibung vorfinde. Auch bei den Surfunterkünften, wenn welche in den Surfspotbeschreibungen genannt werden, kommt es zu einem überdurchschnittlichen Andrang. Ein Surfcamp-Besitzer erzählte mir einmal, dass eine Nennung im *Stormrider* dem Auffinden einer Goldgrube gleiche – ob er seinem Eintrag im Vorfeld nachgeholfen hat, wollte er mir nicht verraten.

Ich finde jedoch den *Stormrider* nach wie vor ein sehr gelungenes Buch, das auch wichtig ist, gerade für Surfeinsteiger. Gleichzeitig bin ich der Meinung, dass so ein Buch natürlich auch Gefahren in sich birgt und die Massen an bestimmte Orte kanalisiert werden. Ich habe irgendwann angefangen, in meinem Onlinemagazin travel-onboards.de eigene, kleine Surfguides zu veröffentlichen – und bekam dafür per Leserpost genau diese Vorwürfe kommuniziert. Wer möchte, kann mir natürlich den »Stormrider-Effekt« vorwerfen, ich allerdings behaupte, die Herangehensweise ist eine andere. Ich schreibe nur über Surfspots, die sowieso schon bekannt und mit ein wenig Recherche bereits im Internet zu finden sind. Im Gegensatz zum *Stormrider Guide* gebe ich also keine Secret-Spots und unbekannten Wellen preis – das würde gegen meine »Surfer-Ehre« verstoßen. Und die Surfcamps, die ich vorstelle, sind von mir getestet und für gut befunden worden – ich stelle also sicher, dass meine Leser nicht in irgendeiner Absteige landen. Glücklicherweise ist die Anzahl der positiven Kommentare bei Weitem größer als die der negativen. Besonders freue ich mich, wenn Surfanfänger mir schreiben, dass ihnen ihr erster Surftrip dadurch um einiges erleichtert wurde. Was will man mehr?

So oder so bleibt der *Stormrider Guide* die Bibel der Surfer – aber es gibt ja auch mehrere Ausführungen der Bibel, oder?

59. GRUND

WEIL DU ORDENTLICH MEILEN IM REISEBUS SAMMELN KANNST

Knapp 30 Stunden saß ich jetzt in diesem Reisebus und war von oben bis unten mit vergorenem Orangensaft vollgesudelt. Bevor ich mich auf diese gefühlt endlose Busfahrt begab, hatte ich an einem der typischen Straßenstände am Busbahnhof von Rio de Janeiro eine 1-Liter-Flasche mit frisch gepresstem Orangensaft gekauft. Eigentlich war das Getränk als eine leckere Erfrischung nach der ersten Nacht im Bus gedacht gewesen – dass der Saft über Nacht gären und mir beim Öffnen der Flasche sprichwörtlich um die Ohren fliegen würde, hatte ich nicht vorausgesehen. Da saß ich nun also wie ein begossener Pudel und wusste nicht so recht, wie mir geschah. Was tun? Es war einfach alles voll mit Orangensaft! Mein Glück im Unglück war, dass mir dieses Missgeschick in Brasilien und nicht in Deutschland passiert war. Niemand regte sich auf – im Gegenteil, viele meiner Mitreisenden eilten mir mit Wasser und Feuchttüchern zu Hilfe. Nach dieser Orangensaft-Explosion mit anschließender Katzenwäsche war ich guter Dinge, dass ich die letzten zehn Stunden in diesem Bus auch noch überstehen würde. Mehr als 40 Stunden im Reisebus – auf was zur Hölle hatte ich mich da eigentlich eingelassen? Ganz einfach – ich wollte von Rio aus zum Surfen in den Norden Brasiliens und hatte mal wieder am falschen Ende gespart. Statt ein paar Stunden im Flugzeug saß ich jetzt fast zwei Tage in diesem Reisebus und wischte mir den getrockneten Orangensaft aus den Ohren!

Dazu muss man wissen, dass das Fernbussystem in ganz Zentral- und Südamerika hervorragend ist. Während meiner zweijährigen Weltreise bin ich von San Diego bis nach Chile mit dem Bus gefahren und hatte dabei sehr viele schöne Erlebnisse und nur einige wenige, die nicht ganz so toll waren. Auch bei dieser Art des Reisens bedarf es ein wenig Erfahrung, denn es gibt einige Tricks, die solche langen Fahrten angenehmer gestalten. Einer davon ist die richtige Wahl des Reisebusses, in den man einsteigt! Als Fernbuspassagier hat man in Lateinamerika die Wahl zwischen verschiedenen Reiseunternehmen und Klassen: die teuren mit modernen Reisebussen, eine Preisklasse dazwischen und die günstigen alten amerikanische Schulbusse. Der preisliche Unterschied ist dabei eigentlich zu vernachlässigen, meistens handelt es sich um zehn bis 20 Dollar – wer das aber wie ich erst einmal nicht weiß und seine Reisekasse schonen möchte, fährt eben Holzklasse statt Premium-Bus.

So saß ich mal in Nicaragua in einem Bus ohne Klimaanlage, mit viel zu vielen Menschen und meinem Boardbag, der einer mitreisenden Ziege als weiche Schlafunterlage diente. Nach zwei Stunden Fahrt fragte ich einen der Einheimischen, wieso das Motorengeräusch eigentlich so laut zu hören sei und es im Bus so nach Abgasen stank. Wortlos zeigte er auf ein großes Blech am Boden, dass mir bis dahin nicht aufgefallen war. Er hob es an einer Seite etwas an, um mir durch das große Loch darunter den freien Blick auf die Straße zu ermöglichen. Gerne hätte ich im Nachhinein mein Gesicht gesehen, ich denke, es war eine Mischung aus Überraschung und Belustigung. Wie ich diese Busfahrt überstanden habe, ist mir bis heute nicht ganz klar, aber irgendwann erklärte mir der Busfahrer, dass ich jetzt umsteigen müsse. Ich weiß noch, wie ich zum Busschalter gerannt bin, der Frau hinter der Scheibe ein paar Dollarnoten hingeknallt habe und nach dem teuersten Busticket verlangte, das sie besaß. Die nächsten zehn Stunden im modernen Reisebus hatten für mich den gleichen Effekt wie ein First-Class-Sitz im Flugzeug – ich fühlte mich einfach nur noch pudelwohl.

Ein anderes Mal bekam ich es tatsächlich ein wenig mit der Angst zu tun. In El Salvador schloss sich der Busfahrer erst in eine Art Kabine ein, bevor er losfuhr, anschließend stieg ein Soldat samt Maschinengewehr mit ein. Erst unterwegs erfuhr ich, dass Reisebusse immer mal wieder ausgeraubt werden – der Herr mit der Schnellfeuerwaffe nahm also auf dem Sitz 1A Platz, um uns während unserer Fahrt durch El Salvador vor Wegelagerern zu beschützen. Ich wusste nicht so recht, ob ich mich durch die Anwesenheit dieses speziellen Fahrgastes sicherer fühlen sollte. Alles ging gut, ohne Schusswaffengebrauch, kurz vor der Grenze zu Honduras verabschiedete sich der Soldat mit einem freundlichen »bon viaje«!

Die Fernbusse in Zentral- und Südamerika sind für Surfer definitiv eine gute Möglichkeit, kostengünstig von Surfspot zu Surfspot zu reisen. Vor allem wer in der Nacht fährt spart Zeit und Geld und steigt am Morgen ausgeschlafen am nächsten Surfspot aus. Wer sich für die »Luxusvariante« entscheidet, wie ich nach den ersten nicht so schönen Erlebnissen auch, reist relativ komfortabel über den Kontinent. Abgesehen von außergewöhnlichen und nicht planbaren Ereignissen gibt es ein paar Dinge, an die sich der geneigte Fernbusreisende einfach gewöhnen muss: stinkende Bustoiletten, Dauerbeschallung mit lateinamerikanischen Soap-Serien auf dem Bus-Fernseher und die eiskalte Klimaanlage! Ein Phänomen, mit dem ich auch nach Tausenden von Kilometern nicht so richtig klarkam: Die Lateinamerikaner mögen ihre Fernbusse gut klimatisiert! Damit meine ich nicht eine »angenehme Temperatur« im Businneren, sondern eine Klimaanlage, die auf der Stufe »Eisfach« arbeitet. Zu Beginn meiner Fernbuskarriere machte ich den Fehler, bei Außentemperaturen von 30 Grad und mehr in Boardshorts, T-Shirt und Flip-Flops einzusteigen. Ich lernte schnell dazu und zog vor der Fahrt alles an Klamotten an, was ich mithatte. Der positive Nebeneffekt davon war, dass dabei fast so etwas wie Heimatgefühle aufkamen, wenn ich eingepackt in einen Pulli und eine Decke in den Bus einstieg – zumindest, bis der frisch gepresste Orangensaft explodierte!

60. GRUND

WEIL MEXIKO HIMMEL UND HÖLLE FÜR SURFER SEIN KANN

Einer meiner ersten richtig langen Surftrips ging nach Mexiko. Etwas blauäugig und planlos wollte ich in das Land reisen, in dem der wahrscheinlich größte Beachbreak der Welt bricht: Puerto Escondido. Die Welle bricht an der Pazifikküste, ich aber kaufte mir ein Flugticket nach Cancún, welches auf der Karibikseite liegt – mein erster Fehler. Ich dachte mir, dass das schon nicht so weit voneinander entfernt sein könnte. Dass ich am Ende über 20 Stunden im Bus saß, war mir zu Hause nicht klar. Mein zweiter Fehler war, dass ich zu sparsam war. Statt die 15 Dollar mehr für einen besseren

Bus zu investieren, kaufte ich mir das billigste Ticket, dass es am Schalter gab.

So lernte ich den Fernverkehr in Mexiko auf die harte Tour kennen – irgendwann hatten ich und mein Hinterteil es aber geschafft, wir waren von der Karibik quer durchs Land an den Pazifik gefahren. Ich war noch keine 48 Stunden im Land und hatte schon mehr durch das Busfenster gesehen als mancher Pauschaltourist in zwei Wochen. Freute ich mich darüber? Es geht so! So oder so war ich gesund und guter Dinge in Puerto Escondido angekommen und suchte das Hostel, das ich mir im Voraus ausgewählt hatte. Eben angekommen, verbrachte ich dort keine fünf Minuten. Ein deutscher Backpacker, der dort seit einer Woche wohnte, erzählte mir von einer Messerstecherei in der Nacht zuvor. Als Surftrip-Reisender, der damals noch reichlich grün hinter den Ohren war, war ich gefühlt mitten in einem Gangsterfilm gelandet und nahm Reißaus. Letztendlich fand ich eine Unterkunft, die wirklich schön war, mein geplantes Budget aber bei Weitem überstieg. Nach zwei Tagen unterwegs, erst im Flugzeug und dann in diversen Bussen, gönnte ich mir ein paar Tequila und schlief in der ersten Nacht wie ein Baby. Wahrscheinlich hatte ich darum auch nicht bemerkt, wie ein Skorpion in meinen Boardbag und die handtellergroße Spinne ins Badezimmer gekrabbelt waren. Die Spinne hatte einen filmreifen Auftritt, als ich sie während des Zähneputzens an der Wand hinter mir im Spiegel entdeckte. Aus Reflex warf ich mit der Klopapierrolle nach ihr, was sie zur Flucht durchs offene Badezimmerfenster zwang – das war wohl mehr Glück als Verstand. Dem Skorpion dagegen kam ich viel näher, als mir lieb war. Während ich mein Surfbrett aus dem Boardbag schälte, um es für die erste Surf-Session vorzubereiten, hörte ich ein Rascheln – ich vermutete den Kumpel der eben entflohenen Spinne und dachte nicht im Traum an einen echten Skorpion. Als Waffe wählte ich dieses Mal nicht das Klopapier, sondern den Hotelbesitzer. Der kam mit einem Besen und einer Schaufel ausgestattet auf mein Zimmer und bugsierte das Tier damit aus meinem Boardbag in den Garten.

»Die haben wir hier öfter«, erklärte er mir, »wenn sie dich stechen, tut das höllisch weh, ist aber nicht tödlich.« Na dann ist ja alles in bester Ordnung!

Nach einem ordentlichen mexikanischen Frühstück war es endlich so weit: Ich durfte Puerto Escondido surfen. Ich war damals noch kein erfahrener Surfer, zwar wusste ich, dass es eine heftige Welle ist, wie heftig aber konnte ich noch nicht einschätzen. An diesem Tag war sie kopfhoch, und am langen Strand von Escondido sahen die Peaks eher klein aus. Ich paddelte also voller Elan ins Line-up, hatte bei der ersten Welle ein komplett falsches Timing und ging »over the falls«. Ich wurde gewaschen, blieb zum Glück heil und hatte direkt ein ungutes Gefühl, das sich nach dem Auftauchen in meinem gebrochenen Brett manifestierte. Verfluchter Mist, dachte ich, das kann ja jetzt wohl nicht wahr sein – bei der ersten Welle, oder was? Ich war um die halbe Welt gereist, hatte mir meinen Hintern platt gesessen und war knapp einer Messerstecherei entkommen, nur damit ich bei der ersten Welle mein Brett zerstören konnte? Zum Glück sind beschädigte Surfbretter in Escondido an der Tagesordnung, die Welle gilt gemeinhin als »boardbreaker«. Einige der Locals verdienen dort ganz gut mit »ding repair« – der Surfbrettreparatur. So gab ich also mein geliebtes Brett in die Hände eines mexikanischen Brett-Doktors und bekam damit eine zweitägige Zwangspause verordnet. Im Nachhinein war es wahrscheinlich das Beste, was mir auf meinem Trip passieren konnte. Ich lernte Puerto, die Menschen und den Surfspot in Ruhe kennen, machte mich entspannt mit den Gepflogenheiten des Landes und insbesondere dieses speziellen Ortes vertraut und glitt so sanft und sicher in meinen Surftrip. Anschließend hatte ich unvergessliche Sessions im Beachbreak von Puerto Escondido, fand einen Reisegefährten und erinnere mich bis heute gerne an die Zeit am wahrscheinlich größten Beachbreak der Welt zurück. Als ich nach knapp zwei Wochen von Puerto Escondido weiterzog, konnten mich die Straßensperren der Zapatistas und schwer bewaffneten Kämpfer der Armee nicht mehr wirklich schocken – schließlich saß ich in einem klimatisierten Deluxe-Reisebus, und mein Hintern parkte dabei auf einem sehr gemütlichen Sitzkissen. So ein Crash-Kurs in Sachen Landeskunde hilft in allen Lebenslagen – vor allem aber während eines Surftrips in einem fremden Land.

4. KAPITEL

WELLEN & SURFSPOTS

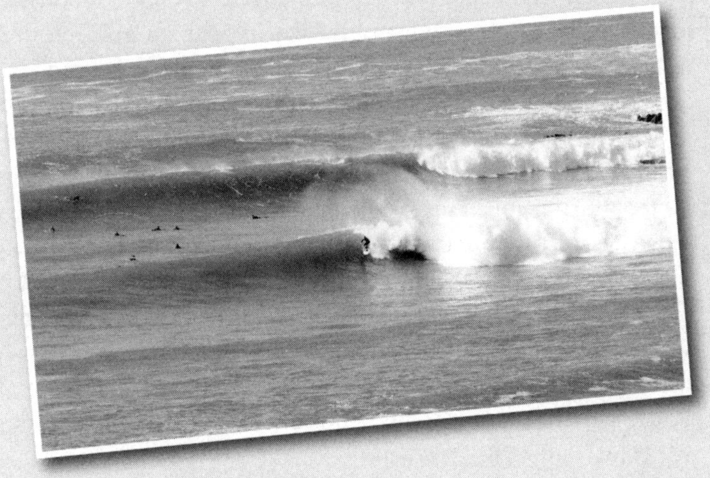

61. GRUND

WEIL DU DIE LÄNGSTE WELLE DER WELT SURFEN KANNST

So wie es für einen Bergsteiger der absolute Traum ist, einmal auf einem ganz bestimmten Gipfel zu stehen, so kennt jeder Surfer auf der Welt ein paar Wellen, die er einmal im Leben surfen möchte. Das kann unterschiedliche Beweggründe haben: Die besondere Welle, die spezielle Umgebung, die Anreise. Auch bei mir gibt es diese »Bucket-List-Surfspots« – glücklicherweise konnte ich hinter ein paar Wellen schon einen Haken setzen: Desert Point in Indonesien, Raglan in Neuseeland oder Mundaka in Spanien gehören dazu. Allerdings gibt es noch genügend Wellen, die darauf warten, von mir erobert zu werden.

Manche dieser Sehnsuchtswellen sind ganz einfach zu erreichen. Nach Kirra an der Gold Coast von Australien kommt der geneigte Surfer wahrscheinlich sogar mit öffentlichen Verkehrsmitteln. Da ist es weniger der Ort, der mich fasziniert, sondern die Welle an sich: Eine perfekte rechte Welle, die über Sandboden bricht – das ist für einen Pointbreak eher ungewöhnlich und macht Kirra dadurch auch so speziell. Andere Surfspots sind nicht so einfach zu erreichen: An den Red Bluff in Westaustralien muss man eine Stunde durch die Wüste fahren, bevor der Surfspot hinter einer riesigen Sanddüne vor einem auftaucht.

Bei der Jagd nach Traumwellen ist die Anfahrt nur das eine, das andere ist, sie vor Ort auch wirklich gut zu erwischen. Dafür ist jede Menge Planung und Vorrecherche notwendig, die einen manchmal komplett einnehmen kann. Früher, bevor ich eine Familie hatte und machen konnte, was ich wollte, nahm die Jagd nach Wellen teilweise absurde Züge an – um nicht zu sagen: Sie ist völlig ausgeufert!

Es gibt in Peru eine Welle, die als der längste linke Pointbreak der Welt gilt. Chicama war einst sagenumwoben, es gab Gerüchte, sie würde über drei Kilometer in eine riesige Bucht laufen und immer offshore sein. Als ich mich vor über 20 Jahren auf die Suche nach dieser Welle machte, im Vor-Handyzeitalter also, existierten nur wenige Fotos, und YouTube war noch die Zukunft. Ich hatte keine Ahnung, wo diese Bucht mit der endlosen Welle genau sein sollte, und auch von den Einheimischen konnte oder wollte mir niemand Auskunft geben. Es gab dort noch keine Hotels oder gar Ressorts, wie das heute der Fall ist, außerdem war Chicama bei den Peruanern nicht als Chicama bekannt – meine Suche verlief also nach und nach sprichwörtlich im Sand.

Auf meinem Surftrip durch Südamerika freundete ich mich mit einer Gruppe Brasilianer an, die den deutschen Kook aus mir bis heute unerfindlichen Gründen unter ihre Fittiche nahmen. Vielleicht war es die gemeinsame Suche nach der Sehnsuchtswelle, die ganz schnell und einfach kulturelle Grenzen überwand – die mitunter bei einem deutschen Surfer und einer Horde sehr guter brasilianischer Wellenreiter doch sehr groß sein können.

Wir wussten nicht viel über Chicama – und setzten uns zwei Ziele. Erstens: jemanden finden, der uns dort hinbringen konnte. Zweitens: den perfekten Tag erwischen. Chicama braucht ganz spezielle Bedingungen, damit sie ihren Zauber entfacht und über eine Distanz von mehreren Kilometern bricht. Über die Bedingungen wussten die Brasilianer Bescheid, sie hatten sich monatelang auf diesen Trip vorbereitet. Die Jungs vom Zuckerhut betrieben die Wellenjagd auf einem Level, das mir damals als blutjunger Surfer noch fremd war. Ich glaube, einige der Brasilianer wussten mehr über Windverläufe und Meeresströmungen als ein studierter Meteorologe. Bruno hatte es sich zur vorläufigen Lebensaufgabe gemacht, den perfekten Tag für die Welle zu recherchieren. Während wir die Breaks in der örtlichen Bucht surften, setzte er sich tagelang an den Rechner, studierte Wetterkarten und konsumierte illegale Substanzen, um wach zu bleiben. In der Zwischenzeit hatten wir einen Taxifahrer ausfindig gemacht, der behauptete, uns in zwei Stunden zur Welle bringen zu können – sein Cousin lebe dort in dem kleinen Fischerdorf.

Irgendwann war es dann so weit – Bruno gab mit blutunterlaufenen Augen das Startsignal für den kommenden Tag. Vor Tagesanbruch stiegen wir alle zusammen in einen uralten Mercedes und brausten los in Richtung Süden. Und tatsächlich, irgendwo im Nirgendwo bog der Taxifahrer von der Panamericana ab und rauschte mit uns knapp 45 Minuten über eine Schotterpiste in Richtung Küste. Ich werde den Anblick bis ans Ende meiner Tage nicht vergessen, als nach einer Hügelkette plötzlich Chicama vor uns lag: eine riesige Bucht, südlich eine endlose Landzunge, karg und trostlos, die nach einer schwer zu schätzenden Distanz am Horizont im Dunst verschwand. Irgendwo weit draußen, versteckt hinter einem Vorhang aus Gischt, begann die Welle zu brechen, um dann über eine endlose Distanz am Ufer entlang in die Bucht zu laufen. Die Wellen brachen in Sets von sieben bis acht Peaks und waren wie mit dem Lineal gezogen, dazwischen immer wieder Stellen mit spiegelglattem Wasser. Es war, als hätte der Wellengott die Bucht mit einer Rasterschablone aufgeteilt, so symmetrisch zogen sich die Lines durch die komplette Bucht. Die Sections bauten sich immer und immer wieder neu auf – hatte hier wohl jemand auf die Wiederholungstaste gedrückt? Nur direkt unter Land, nah am Ufer, rollten die Weißwasserwalzen gemächlich hinter dem stetig vorauseilenden ungebrochenen Teil der Welle her. Im Auto herrschte für 20 Sekunde Totenstille, um dann von ohrenbetäubendem Lärm abgelöst zu werden – eine Mischung aus Freudenschreien und brasilianischen Schimpfwörtern. Alle versuchten Bruno zu umarmen, dem die Tränen nur so übers Gesicht kullerten. Er hatte Mühe, trotz der Umarmungen seine eigenen Lines auf dem Armaturenbrett zu bauen. Geschafft – wir hatten nicht nur Chicama gefunden, es war auch noch ein absoluter Sahnetag.

Die folgende Surf-Session gehört zu den drei besten Surferlebnissen, die ich bis zum heutigen Tag in meiner Surfkarriere erlebt habe. In Chicama mussten wir an der Bucht entlang hinaus zu einem Takeoff-Punkt laufen – keine Chance, gegen die mörderische Strömung anzupaddeln. Je nachdem, wie lange du surfen willst, läufst du zwischen ein paar Hundert und mehreren Tausend Metern – ich sprang nach ungefähr eineinhalb Kilometern ins Wasser und erwischte eine der ersten Setwellen, die durchkamen. Was dann folgte, war fast unbeschreiblich: Die Welle brach und brach und brach – und brach einfach immer wieder. Beinahe immer im gleichen Tempo, fast immer in der gleichen Größe. Du musst einfach nur fahren, drehen, weiterfahren – und dann wieder von vorn. Es war das erste und bisher einzige Mal in meinem Surferleben, dass ich aus einer Welle ausgestiegen bin, weil mir die Oberschenkel brannten und ich völlig außer Atem war. Nach dem Wellenritt paddelte ich einfach wieder an Land und marschierte los, zurück entlang der Bucht vor einem pittoresken Hintergrund, der auch die Kulisse eines *Star Wars*-Films hätte sein können. Ich bin an diesem Tag insgesamt nur vier Wellen gesurft – aber das waren die besten und vor allem längsten, die ich je gesurft bin. Wir seien jetzt für immer Brüder, erklärten mir die Jungs vom Zuckerhut am Abend. Das rührte mich fast genauso wie die Wahrhaftigkeit der geheimnisvollen Welle in Chicama. Welchen Aufwand wir für diesen einzigartigen Tag betrieben hatten, wissen nur ein paar ziemlich verrückte brasilianische Surfer und ich – der Kook aus Deutschland.

62. GRUND

WEIL DU DEN SCHÖNSTEN WARTERAUM DER WELT KENNENLERNST

Das ist die Theorie: Das Line-up ist die Gesamtheit aus Surfern, die beim Wellenreiten auf ihren Brettern in einem imaginären Bereich sitzen, in welchem sie auf die nächste Welle warten. Es ist die Stelle in der Brandung, wo die Wellen die optimale Form für Surfer bilden, um aufzustehen und ins Wellental hinunterzurauschen. Wie viele Begriffe beim Surfen ist auch dieser etwas holprig, wird er auf Deutsch übersetzt – vielleicht trifft es »Wellenwarteraum« ganz gut? Abgesehen von der schwammigen Übersetzung aber ist das Line-up ein klar definierter Ort, der viel mehr ist als trockene Theorie. Das Line-up ist der Lieblingsort der Surfer, denn hier gibt es das, wofür wir alle leben, reisen, arbeiten: surfbare Wellen! An dieser Stelle in der Brandung ist die Welle kurz davor zu brechen und bietet uns die Bedingungen, um auf dem Brett aufzustehen und die Welle runterzusausen. Es ist zudem ein sehr komplexer Ort, einer, wie ihn das wahre Leben nicht besser schreiben könnte – mit Liebe, Abneigung, manchmal Hass und ungeschriebenen Gesetzen. Hier entscheidet sich, wer glücklich ans Festland zurückkehrt, wer enttäuscht wird und vielleicht nie wiederkehrt.

Dieser Ort ist vergleichbar mit dem Bergkamm, unter dem die unberührte Tiefschneepiste für Snowboarder liegt, wie der Strafraum für Fußballstürmer oder die Blumenwiese für Hippies. Ich habe schon sehr viele sehr schöne Begegnungen, Erlebnisse und Erfahrungen im Line-up machen dürfen. Das reicht von lebenslangen Freundschaften bis hin zu flüchtigen Begegnungen, die ich dennoch nie vergessen werde – egal, ob Mensch oder Tier. Kein Line-up gleicht dem anderen – jedes hat einen ganz individuellen Fingerabdruck. Es ist jedes Mal aufs Neue spannend, welche Art von Mikrokosmos da draußen wartet: Es kann freundschaftlich und entspannt zugehen oder anstrengend bis aggressiv sein. Manchmal ist diese »Spielwiese« so interessant, dass ich das eigentliche Wellenreiten vergesse und lieber die surfenden Kollegen beobachte oder ihren Gesprächen lausche. Da ist der Surfopa, der erzählt, wie es in dem inzwischen völlig überfüllten Line-up vor 50 Jahren war. Oder die jungen Surfprofis, die sich fahrlässig und viel zu laut über den Secret Spot unterhalten, den sie kürzlich entdeckt haben. Es wird gelacht, geflirtet und geflucht, die unterschiedlichsten Charaktere treffen aufeinander und entwickeln eine flüchtige Beziehung zu ihren temporären »Mitsurfern«. Manche sind offenherzig und gönnerhaft, andere neiden und sind nur auf den eigenen Erfolg bedacht. Bei jeder Surf-Session gibt es eine unterschiedliche Dynamik in diesem Raum aus Wasser, Luft und Wellen. Wäre ich Soziologe, würde ich diesen Ort gerne wissenschaftlich untersuchen, um der Dynamik auf den Grund gehen zu können.

Das ist die warmherzige, positive Seite eines Line-ups – aber wie immer im Leben gibt es auch in dieser Gemeinschaft eine dunkle Seite der Macht. Zu Beginn meiner Surferlebens habe ich die soziale Komponente völlig unterschätzt. Es dauerte ziemlich lange, bis ich kapierte, wieso diese Gruppe von Menschen, die eigentlich dasselbe möchte, oft so unfreundlich miteinander umgeht. Es existiert eigentlich eine Etikette, die nach einem ungeschriebenen Verhaltenskodex die Regeln für diesen Raum festlegt – in der Praxis werden diese gewünschten Verhaltensweisen allerdings oft sehr individuell interpretiert. Ich habe es zum Beispiel auf Bali im Line-up von Uluwatu erlebt, dass jemand regelrecht im Wasser verprügelt wurde, weil er dem Falschen eine Welle streitig gemacht hatte. In Australien wurde ich Zeuge, wie ein Local einen fremden Surfer aus dem Wasser begleitet hat, um ihm dann am Strand erst sein Brett und anschließend seine Nase zu brechen. Es gibt auch regelrechte Surf-Gangs, die ihr Line-up schützen und die Gesetze bestimmen – da ist zum Beispiel das »Wolfpack« an der berühmten Banzai-Pipeline auf O'ahu. Okay, das sind die Extreme, aber oft, viel zu oft, erlebe ich eine ziemlich aggressive Stimmung da draußen.

Ich habe inzwischen durch meine Haltung (m)einen Platz in den Line-ups dieser Welt gefunden. Grundsätzlich gilt: Mit ein wenig Rücksicht, Freundlichkeit und weniger Egoismus können wir das Line-up zu einem besseren Ort machen. Manchmal genügt schon ein angedeutetes Lächeln zur richtigen Zeit, und die Stimmung ist gerettet. Jeder Surfer kann seinen kleinen Teil dazu beitragen, unsere zweite Heimat angenehmer zu gestalten. Die Zauberworte sind Toleranz, Respekt und Zurückhaltung – egal ob Short- oder Longboarder, Anfänger oder Profi, ob Surfer oder Bodyboarder!

63. GRUND

WEIL WELLEN DIE KRAFT VON GÜTERZÜGEN HABEN

Sie ist riesig, meistens so breit wie hoch und kann tödlich sein. Von Zeit zu Zeit holt sie sich ihre Opfer. Die Einheimischen von Tahiti behaupten, das habe mit ihrer Entstehungsgeschichte zu tun. Die Welle Theahupo'o (gesprochen chopo) hat ihren Namen von König Theahupo'o, einst ein mächtiger Anführer der Inselbevölkerung. Die historische Überlieferung besagt, dass der Sohn des Königs seit der Ermordung seines Vaters nach Rache strebt und zur Vergeltung Menschen opfert – offensichtlich bevorzugt Surfer!

»Am Ende der Straße« nennen die Einheimischen den Ort, an dem eine der heute berühmtesten Wellen der Surfwelt bricht. Der Surfspot ist abgelegen und galt lange als unsurfbar – der Tahitianer Thierry Vernaudon behauptet, die Welle 1985 das erste Mal bezwungen zu haben. Es existieren davon keine Fotos, und die Einheimischen sagen, dass die gesurften Wellen von damals noch nicht mal annähernd mit denen zu vergleichen seien, die heute dort geritten werden. Es war der Hawaiianer Laird Hamilton, der Theahupo'o im Jahr 2000 auch außerhalb der Surfwelt endgültig berühmt machte. Er ließ sich von einem Jetski in eine Welle ziehen, die bis heute als die heftigste jemals gesurfte gilt. Schlaue Leute haben anhand der Videoaufnahmen ausgemessen, dass in die Röhre aus Wasser, durch die Hamilton gesurft ist, vier Güterlokomotiven übereinander gepasst hätten. Die Experten sind sich sicher: Wäre der Surfer in dieser Welle gestürzt, die herabstürzenden Wassermassen hätten seinen sicheren Tod bedeutet – von vier Güterzügen gleichzeitig überrollt zu werden, überlebt keiner!

Es gibt rund um den Globus verteilt riesige Wellen: sehr schnell brechende, extrem steile oder sehr große – aber keine Welle ist wie Theahupo'o. Ab einer bestimmten Größe ist sie die gefährlichste Welle der Welt – mit Abstand. Das hat verschiedene Gründe. Zum einen bricht die Welle über ein Riff, welches teilweise nur 50 Zentimeter unter der Wasseroberfläche liegt. Wer aus mehreren Metern Höhe auf das rasiermesserscharfe Riff knallt, hat ein sehr, sehr großes Problem. Zum anderen ist in der Lippe, also dem brechenden Teil der Welle, so viel Wasser, dass ein Gewicht von mehreren Hunderttausend Tonnen auf die Wasseroberfläche knallt – wer da dazwischenkommt, wird entweder erschlagen oder ins Riff gestampft. Hinzu kommt, dass das Zeitfenster zum Take-off, also das Anpaddeln der Welle inklusive Aufstehen auf das Surfbrett, extrem kurz ist. Andere Wellen lassen dem Surfer Zeit, genug Schwung aufzunehmen und sich die Fahrlinie auf der Welle auszusuchen – Theahupo'o dagegen hat es sehr eilig. In Sekundenschnelle baut sich die Wasserwand auf und wird senkrecht – entweder steht der Surfer schnell genug und rauscht die Wellenfront hinunter, oder aber er wird von der Lippe mitgerissen und auf das Riff geworfen. Wie durch ein Wunder sind bisher nur wenige Menschen an diesem Ort gestorben, dafür haben viele Surfer sehr schwere Verletzungen davongetragen. Theahupo'o ist eine von ganz wenigen Wellen, wovor selbst gestandene Surfprofis zurückschrecken – und das will etwas heißen. Denn wer mit diesem Sport Geld verdienen möchte, muss spektakuläre Bilder in den größten und heftigsten Wellen der Welt liefern – Kneifen gilt da nicht. Aber ähnlich wie bei der berüchtigten »Streif«, einer Skiabfahrtsstrecke in Österreich, respektiert die Szene hier die Entscheidung eines jeden Einzelnen, nicht zu surfen. Seit der Jahrtausendwende macht die Profitour hier einen Stopp, und es wird immer wieder berichtet, dass sich mancher Wettkampfsurfer vor dem Termin »krankschreiben« lässt, um nicht antreten zu müssen.

Theahupo'o fasziniert die Surfwelt wegen ihrer schieren Brutalität und der daraus resultierenden Fotos, Videos und Heldengeschichten – die sich wiederum perfekt vermarkten lassen. Aber auch für die Einheimischen ist »am Ende der Straße« nach wie vor ein magischer Ort. Das Riff, das Theahupo'o zu diesem brutalen Biest aus Wasser macht, ist der Ausläufer eines der beiden Vulkane, die am südwestlichen Punkt der Insel Tahiti liegen. Seit Jahrhunderten müssen sich die Menschen mit den Naturgewalten arrangieren, die ihre Kultur geprägt haben. Sie erklären die Natur mit ihren Göttern und respektieren ihre Umwelt anders, als die Menschen der westlichen Welt das tun. Den »Surf-Boom« haben die Einheimischen inzwischen akzeptiert, er bringt Geld und Arbeitsplätze; Hotels und Fast-Food-Ketten aber sind bis heute erfolgreich verhindert worden. Es ist sehr wahrscheinlich, dass Theahupo'o den Status als »gefährlichste Welle der Welt« noch sehr lange innehaben wird. Deshalb ist zu hoffen, dass die Magie dieses speziellen Ortes auch in Zukunft geschützt werden kann. Das »Ende der Straße« ist hier noch nicht erreicht. Sollte allerdings Theahupo'os Sohn noch weiter sein Unwesen treiben, werden es sich Investoren auch weiterhin zweimal überlegen, ob sie die Geschichte herausfordern wollen.

64. GRUND

WEIL DU DURCH DAS INNERE EINER WELLE SURFST

Es gibt Dinge im Leben, die muss man erlebt haben, um wirklich davon berichten zu können: ein Kind bekommen, auf dem Mount Everest stehen oder verliebt sein. Auch bei Surfern gibt es ein solches Erlebnis: einmal durch diesen Tunnel surfen, der sich bildet, wenn eine Welle bricht. »Tube« oder »Barrel« auf Englisch, »Tunnel« oder »Wasserröhre« bei uns – jeder Surfer weiß sofort, was gemeint ist, und bekommt einen sehnsüchtigen Ausdruck in den Augen. Viele behaupten, Surfen mache süchtig – wenn dem so ist, dann sind Wellen das Haschisch und die »Tubes« feinstes kolumbianisches Kokain. Einmal dort gewesen, möchte jeder Wellenreiter sofort wieder zurück, am besten immer und immer wieder – hochgradig ansteckend sozusagen. Da diese Assoziation aber nur zu Verwirrungen führen würde, bezeichnet die Surfwelt ihre Helden lieber als »Barrelmaster«, also als absolute Röhrenkenner. Beim Fußball ist das Pendant dazu das »Kopfballungeheuer«, wie es einst Horst Hrubesch im deutschen Nationaltrikot war. Beim Surfen gilt der Hawaiianer Gerry Lopez als »Barrelkönig«, der mehrfache Weltmeister John John Florence gehört ebenfalls dazu, und Surf-Superheld Kelly Slater kann sowieso alles am besten – auch »barreln«. Bei diesen Surfern sieht der Ritt durch die Röhre aus, als wäre es die einfachste Sache der Welt – sie surfen wie auf Schienen durch den Tunnel, entspannte Körperhaltung, vielleicht noch einen Surfer-Gruß hinterher. Ein Trugschluss – der Tunnelritt ist mit das Schwerste, was es beim Spiel mit den Wellen gibt. Zuerst einmal musst du als Surfer auf der Suche nach dem Tunnel die richtigen Wellen finden. Nicht alle Wellen brechen hohl, es müssen viele Bedingungen zusammenkommen, dass sich ein Tunnel aus Wasser überhaupt formt. Die richtige Topografie des Meeresbodens begünstigt die besondere Wellenform – zum Beispiel wenn die Wellenenergie schnell aus tiefem Wasser auf flachen Meeresboden trifft, kommt es zur Röhrenbildung. Auch sollte der Wind ablandig wehen, und die Wellen sollten mindestens kopfhoch sein.

Einige Surfer richten ihr komplettes Leben nach der Jagd auf die Wasserröhre aus und machen aus der Wellenvorhersage (für Barrels) eine ganz eigene Wissenschaft. Wenn dann irgendwann alles zusammenkommt, wartet da draußen unter Umständen der Ritt des (Surfer-) Lebens – vorausgesetzt, man weiß, was zu tun ist!

Als Surfer solltest du immer ein paar Meter vor deine Brettspitze schauen, die Welle »lesen«, um so zu antizipieren, was du als Nächstes machst. Bei hohl brechenden Wellen siehst du, wie sich die Welle aufbaut, steiler wird, und du weißt: Jetzt gleich ist es so weit! Wenn die Lichteinstrahlung richtig ist, fängt das Wellenface an zu glitzern – das Feuerwerk vor dem Highlight des Tages! Wenn die Wellenlippe dann überschlägt und du von Wasser eingehüllt bist, scheint sich die Zeit zu verlangsamen. Du nimmst alles wahr, was sich in deinem Sichtfeld außerhalb der Welle abspielt – weil es gefühlt in Zeitlupe geschieht. Obwohl in der Röhre ein ohrenbetäubender Lärm herrscht, kehrt gefühlte Stille ein. Im Film *Matrix* kann der Schauspieler Keanu Reeves die Zeit verlangsamen und so heranfliegenden Gewehrkugeln ausweichen – so ähnlich fühlt sich der Moment an, wenn du in die Tube fährst. Es ist ein Phänomen, gerade so, als hätte jemand im Film deines Lebens auf die Zeitlupentaste gedrückt. Es ist wirklich unglaublich, aber nach einem Röhrenritt kann ich manchmal genau sagen, wer wo im Line-up saß oder was sich am Strand abgespielt hat, obwohl ich mich nicht daran erinnern kann, aktiv darauf geachtet zu haben. Die Zeit im Tunnel fühlt sich manchmal endlos an – dabei waren es nur wenige Sekunden. Du weißt, du warst dort, aber es erscheint dir wie ein Traum, ein ziemlich süßer noch dazu.

Wenn die Welle dann irgendwann zusammenbricht und der Tunnel hinter dem Surfer kollabiert, wird die Luft in Richtung Röhrenausgang gedrückt – und mit ihr der Surfer von der Welle wieder ausgespuckt. Manche bezeichnen das als eine Art Geburt – das mag etwas zu pathetisch sein, aber wenn ich manchmal in die Gesichter von Surfern blicke, die gerade aus einer »Barrel« geschossen kommen, ist in ihrem Blick etwas Außergewöhnliches zu erkennen. Es gibt dazu meines Wissens keine wissenschaftlichen Untersuchungen, aber irgendetwas passiert innerhalb dieser Röhre aus H_2O-Molekülen. Vielleicht ist es die Energie, die von der Welle nach ihrer kilometerlangen Reise durch den Ozean in diesen Raum abgegeben wird, vielleicht ist es der Adrenalinschock, der den Surfer jedes Mal aufs Neue überrumpelt – Adrenalin, die Surfer-Droge!

Wahrscheinlich wird nie ganz geklärt werden, was mit einem Surfer wirklich in der Barrel passiert, und das ist gut so. Die Wasserröhre ist unser heiliger Ort, unsere Messe, nicht jedes Phänomen muss immer rational erklärt werden. Für Wellenreiter ist die Barrel einfach der Sehnsuchtsort, etwas, was man in seiner Karriere auf dem Surfbrett unbedingt einmal erleben möchte. Und wenn es dann so weit ist, vergisst du den Moment nie mehr – ähnlich der ersten Liebe! Meine erste Barrel bin ich in Mexiko gesurft, es war ein wunderschöner Morgen, die Sonne war gerade aufgegangen, und die Wellenkämme glitzerten im leichten Offshorewind. Die einzigen Mitstreiter im Line-up waren die Pelikane, welche in ihrer unvergleichlichen Art an den ungebrochenen Wellen entlangflogen. Irgendwann tauchte sie dann auf, meine erste hohle Welle. Ich wusste es sofort, es war Liebe auf den ersten Blick. Ich bin davor schon viele hohle Wellen gesurft, aber aus keiner war ich bis zu diesem Zeitpunkt auch wieder herausgekommen. Das Glücksgefühl, als mir die Sonne nach dem Ritt in der Welle wieder ins Gesicht schien, war unbeschreiblich – ich weiß es noch, als wäre es gestern gewesen. Seitdem bin ich durch den einen oder anderen Tunnel aus Wasser gesurft, aber keiner war so intensiv wie dieser erste.

65. GRUND

WEIL DU UNSICHTBARE WELLEN SURFEN KANNST

Menschen, die viel in der Natur unterwegs sind, kennen diese Momente – Momente, in denen alles perfekt zu sein scheint und der Mensch eins mit der Natur wird. Die Bewegungsabläufe geschehen mühelos, als würde man sein ganzes Leben nichts anderes machen. Man spürt den Untergrund, das Spielgerät – Wasser, Surfbrett, den Fußball – als wäre es ein eigener Körperteil. Es ist ein Gefühl, das sehr schwierig ist zu beschreiben, da es mit nichts zu vergleichen ist – ein Gefühl eben. Basketballer zum Beispiel sprechen davon, »in the zone« zu sein: Momente im Spiel, wenn alles ohne Anstrengung funktioniert, wenn der Ball genau das macht, was der Spieler will. Für den Skifahrer ist es der frisch verschneite Abhang, den er ohne Anstrengung als Erster hinuntersausen kann. Bei vielen Surfern mag es der Moment in der Barrel sein, dann, wenn die Zeit still zu stehen scheint und sich die Welt außerhalb der Wasserröhre verlangsamt. Ich kenne diesen Moment und liebe es, wenn es passiert – allerdings ist ein Barrelritt ein wiederkehrendes Ereignis, darum ist es für mich persönlich nicht *der* eine perfekte Moment! Den habe ich erlebt, als ich es am wenigsten erwartet hatte – ein Erlebnis, das mir als fast schon übernatürlich in Erinnerung geblieben ist.

Ich war an der Karibikküste von Panama unterwegs, auf einem Inselarchipel namens Bocas del Toro. Palmen, Hitze und messerscharfe Riffe – einer der schönsten Orte, an denen ich als Surfer jemals war. Ich liebe diese kleine Inselwelt, wo du mit dem Wassertaxi zum Surfspot gebracht wirst und hoffst, dass dich dein »Taxifahrer« zur verabredeten Zeit wieder abholt. Nach dem Surfen pflückst du dir eine reife Papaya vom Baum, und abends kannst du dein kaltes Bier in einer Bar genießen, welche auf Stelzen über dem Wasser thront. Ich war bisher dreimal dort – und beim letzten Mal habe ich diesen besonderen Moment erlebt: Alles passierte plötzlich wie von selbst, ich surfte, als wäre dies meine natürliche Art der Fortbewegung.

Es war ein unfassbar heißer Tag, die Surf-Session am frühen Morgen war in Ordnung gewesen, allerdings wurde der Swell immer kleiner, und ich hatte vor dem Frühstück die letzten ernst zu nehmenden Wellen erwischt. Weil es aber in diesem Inselarchipel nicht viel mehr zu tun gibt als essen, schlafen und surfen, ging ich auch am Nachmittag los und sprang in mein Wassertaxi in Richtung Wellen. Der Wind hatte, wie jeden Nachmittag, aufgefrischt, die Thermik blies stramm vom Ozean her in Richtung Land und pustete die letzten verbliebenen Wellen platt. Da es aber sowieso viel zu heiß war, um etwas anderes zu unternehmen, paddelte ich ins Line-up. Ich war alleine dort, wahrscheinlich weil die Wellen für die anderen Surfer zu schlecht waren, und nach ungefähr einer Stunde passierte es: Aus einem unerklärlichen Grund schlief der Wind plötzlich ein, und zwar nicht nur ein bisschen, sondern komplett. Das alleine war schon sehr, sehr ungewöhnlich, denn auf den Wind dort ist Verlass wie auf das Amen in der Kirche. Die Thermik entsteht durch den Temperaturunterschied zwischen Land und Wasser und folgt einem physikalischen Gesetz, nicht einfach einer Laune der Natur. Die Meeresoberfläche beruhigte sich nach und nach und war eine Viertelstunde später spiegelglatt – die Wellen, die bisher zu klein und zu verblasen waren, bildeten plötzlich hüfthohe perfekte Roller, die ich eine nach der anderen surfte.

Und dann passierte etwas, was ich bis heute nicht verstehe, vielleicht kann mir ein Meeresbiologe oder Meteorologe darauf eine Antwort geben: Das Wasser wurde von einer Sekunde auf die andere kristallklar, als hätte jemand ein unscharfes Foto scharf eingestellt. Der graue Schleier im Wasser verschwand, und die Konturen unter Wasser wurden plötzlich ganz deutlich: Ich konnte das Riff sehen, es war zum Greifen nah. Ich erschrak, weil ich wusste, dass es hier nicht besonders tief war, aber so flach hatte ich es nicht erwartet und war sehr überrascht. Dieser Effekt entstand durch die Lichtbrechung – Objekte unter Wasser erscheinen größer und näher, als sie wirklich sind. Das ließ sich also erklären, aber der ganze Vorgang war, na ja, irgendwie unerklärlich. Es war auf einmal gar nicht mehr so einfach, eine Welle anzupaddeln, da die Entfernung nur schwer abzuschätzen war. Es war, als rolle eine optische Täuschung auf mich zu – wie ein Teppich, mit Korallenmustern bedruckt. Ich konnte durch die Welle hindurch schauen und sah gleichzeitig den Himmel und das Riff. Ich erwischte nach einigen Fehlversuchen eine der Teppichwellen und sauste auf einem Kissen aus Luft das Riff hinunter – ich ritt eine gläserne Welle! Ich musste mich extrem konzentrieren und nur nach Gefühl surfen, da es keinerlei Orientierungspunkte gab. Ich nahm den Druck des Wassers auf die Unterseite meines Surfbretts bewusst wahr – wenn mir der steile Abschnitt der Welle nahe kam, gab ich Gas, wenn der Druck nachließ, nahm ich Geschwindigkeit raus. Nach zwei oder drei Wellen geschah es, wahrscheinlich weil ich mehr denn je mit Sinn und Verstand surfte, ich hatte mich an dieses »Luftkissensurfen« gewöhnt, und es war, als wäre das Brett ein Teil von mir. Es machte genau das, was ich wollte, ich musste nicht nachdenken oder mich anstrengen, ich surfte die Welle wie ferngesteuert. Während des Wellenritts schaute ich mir die Korallen an und beobachtete die Fische, die wie Schafe auf der Weide auseinanderrannten, wenn ich den Wellenkamm entlanggesaust kam. Ich konnte mir selber beim Surfen zusehen – zwischendurch stellte ich mir immer wieder die Frage, ob dies real war oder ich einfach einen Sonnenstich hätte? Es musste »echt« sein – ich hatte keine Drogen konsumiert, außerdem tat es weh, wenn ich mich in den Oberarm kniff. Bevor ich aber gedanklich zu weit in die Thematik der »außerkörperlichen Erfahrungen« eintauchen konnte, war der Spuk vorbei. Der Wind frischte auf, die Wasseroberfläche kräuselte sich, und der Zustand der absoluten Klarheit, sowohl des Wassers als auch bei mir, war innerhalb von ein paar Sekunden Geschichte.

Ich weiß nicht, wie lange ich dort gesessen hatte, bevor der »Taxifahrer« wieder auftauchte, um mich abzuholen. Ich muss aber einen abwesenden Eindruck gemacht haben, denn entgegen ihrer Gewohnheit fragte mich der Einheimische, ob alles in Ordnung sei. »Si, claro«, entgegnete ich – was sollte ich schon groß erklären? Ich habe die Geschichte bis heute niemandem erzählt, wer würde mir schon glauben: »Das Wasser in der Bucht wurde plötzlich glasklar, und für eine halbe Stunde konnte ich auf einem Kissen aus Luft surfen …«

66. GRUND

WEIL DU AUGE IN AUGE MIT DEN NATURGEWALTEN BIST

Schon vom Ufer aus betrachtet sahen die Wellen einigermaßen groß aus, aber mit einer ordentlichen Portion Mut ausgestattet dachte ich mir: Na, wer weiß, vielleicht paddle ich doch mal den einen oder anderen Brecher an! 20 Minuten später liege ich auf meinem Brett irgendwo vor Westaustralien und mache mir vor Aufregung fast in meinen Neoprenanzug. Mein Puls rast, und mein Herzschlag fühlt sich an, als hätte ich einen Dampfhammer in der Brust. Die Berge aus Wasser, die mit jedem Paddelzug in Richtung Horizont größer und größer werden, schrumpfen mich gefühlt auf die Größe eines Goldfischs. Ich habe die Wellen viel zu klein eingeschätzt, als ich eben noch am Strand stand und die Bedingungen draußen im Line-up abgewogen habe. Klassischer Anfängerfehler oder blanke Selbstüberschätzung? Jeder Seemann, jeder Küstenbewohner und vor allem jeder Surfer sollte dieses Phänomen kennen: Wellen sind tatsächlich immer größer, als sie aus der Distanz erscheinen. Ich bin in eine überdimensionale Waschmaschine gepaddelt, die plötzlich extrem aggressiv und gefährlich wirkt. Mit etwas Glück bekomme ich nur den Vorwaschgang ab und bin irgendwie durch die Impactzone, also den Bereich, wo die Wellen brechen, durchgepaddelt und sitze jetzt in der Mitte der Bucht. Hier kann ich mich für einen Moment ausruhen, da sich die Wellen in sicherer Entfernung am Riff aufbauen und brechen.

Nachdem ich einige tiefe Atemzüge genommen habe, wird mein Gehirn wieder mit genug Sauerstoff versorgt, und ich versuche, mich zu beruhigen und meine Situation zu analysieren. Sorgen bereitet mir, dass ich hier draußen weit und breit das einzige Landlebewesen bin – surftechnisch ist das hervorragend, aus der Sicht eines Hais allerdings rutsche ich dadurch in der Nahrungskette direkt an die erste Stelle. Mein Bruder ist zwar am Strand und beobachtet mich durch ein Fernglas, aber seine Geschwisterliebe würde ich dann doch gerne in einer anderen Situation als bei einem Angriff durch ein wildes Tier testen. Vielleicht war es doch keine so gute Idee, meinen ersten Versuch mit richtig großen Wellen an einem völlig verlassenen Strand im Nirgendwo Westaustraliens zu starten. Es gibt aber auch Positives an die Großhirnrinde zu vermelden: Dadurch, dass mit den riesigen Wellen sehr viel Wasser in die Bucht kommt und die Wassermoleküle irgendwo hin müssen, ist eine Strömung entstanden, die von den brechenden Wellen weg entlang des Strandes fließt. Gut für mich, denke ich, zumindest werde ich nicht in die Wassermonster hineingezogen. Auch der Punkt, an dem die Wellen brechen, ist relativ konstant an der gleichen Stelle. Ich kann also gut abschätzen, wo die Todeszone beginnt. Der Begriff »Todeszone« ist keineswegs übertrieben. Ich schätze die größeren Wellen auf rund 20 Fuß, also ungefähr sechs Meter. Bei Wellen gibt es den gleichen Effekt wie beim Sprungturm im Freibad – von unten sieht der 10-Meter-Turm gar nicht so hoch aus, bist du aber oben auf der Plattform, ist es plötzlich eine andere Geschichte. Für die Irren, die 30-Meter-Wellen surfen, mag das hier als Aufwärmprogramm funktionieren, für mich als Amateursurfer wäre ein Waschgang in dieser H_2O-Schutthalde wahrscheinlich das Ende. Der übertreibt, denkt sich jetzt sicher der eine oder andere Leser. Zugegeben, bei Surfern ist es oft wie bei Anglern – das Objekt der Begierde ist zwischen Erleben und Erzählen signifikant angewachsen. Auch in diesem Fall ist die Berichterstattung natürlich subjektiv – so oder so waren es aber die größten Wellen, die ich zu diesem Zeitpunkt live je gesehen habe.

Nach der kurzen Pause kann ich das Naturschauspiel jetzt sogar genießen. Ich sehe die Wellen aufgrund ihrer Größe schon früh am Horizont auftauchen, aus meiner Perspektive überlagern die größten Wellensets sogar die Felsen, die außen an der Bucht aus dem Meer ragen. Nachdem ich das Für und Wider abgewogen habe, beschließe ich, noch ein wenig in Richtung der Brecher zu paddeln. Jetzt, wo ich schon mal hier bin, denke ich mir und krame die Krümel Mut zusammen, die mir geblieben sind. Je näher ich dem Line-up komme, umso mehr aufgewirbelte Gischt wabert wie Rauchschwaden an mir vorbei. Die Wellen türmen sich stetig und unaufhaltsam bis zur Höhe eines mehrstöckigen Hauses auf – ein Sturz in einer diesen Wellen würde wohl dem Fall aus dem obersten Stockwerk gleichkommen. Wenn die Trilliarden an Wassermolekülen der Erdanziehung Tribut zollen und auf der Wasseroberfläche einschlagen, gibt es ein Donnern, das alles hier draußen, egal ob feste oder flüssige Materie, erzittern lässt. Wenn die Lippe einer Welle auf das Wasser vor sich trifft, spaltet ein Teil die Wasseroberfläche, ein anderer Teil prallt ab und wird nach vorne weggeschleudert – das ist der weiße, aufgewirbelte Abschnitt, den wir von Land aus zu sehen bekommen. Bei diesen Wellen war das Weißwasser mehr als doppelt so groß wie ich – so viel Energie explodierte mit der Lippe und entwich in alle vier Himmelsrichtungen.

Ich bin schätzungsweise auf 100 Meter an die Brandungszone herangepaddelt und setze mich aufrecht auf mein Brett, um das Spektakel zu betrachten. Der Wind weht ablandig und pustet mir die Gischt der brechenden Wellen so stark ins Gesicht, dass ich die Augen zeitweise schließen muss. Die ungebrochenen Wellen, die an mir vorbeirauschen, schieben so viel Luft vor sich her, dass es sich anfühlt, als würde der Meeresgott einen XXL-Föhn benutzen. Meine Sinne sind in genüsslicher Alarmbereitschaft: So fühlt es sich also an, wenn du Auge in Auge mit den Naturgewalten bist. Es ist gewaltsam und friedvoll zugleich, Angst und Freude in Wechselwirkung, schiere Kraft und unbeschreibliche Eleganz – ich sitze ungefähr eine Stunde hier draußen und lache, weine und schreie meine Gefühle heraus. Ich fühle mich eins mit dem Ozean und begegne der »Naturgewalt Welle« in ihrer reinsten Form. Auch wenn ich keine einzige Welle gesurft bin, war dies eine unvergessliche Surf-Session, und ich kehre glücklich zurück an den Strand.

67. GRUND

WEIL DU DEN WASCHGANG GRATIS BEKOMMST

Sturz! Ah, nicht so schlimm, denke ich noch, so groß sind die Wellen heute nicht. Falsch, ganz falsch! Und dann geht die wilde Fahrt auch schon los. Ich werde zunächst sanft und fast in Zeitlupe hochgehoben, um dann plötzlich zu beschleunigen – in der Achterbahn ist das der Moment, an dem die Leute anfangen zu kreischen. Mit dem brechenden Teil der Welle stürze ich nach unten, schlage auf der

Oberfläche auf und werde mit ein paar Tonnen Wassermolekülen in die Tiefe gedrückt. Für einen kurzen Moment steht alles still, als hätte jemand auf der Fernbedienung auf »Pause« gedrückt, dann geht der Spaß erst richtig los. Innerhalb von Sekunden drehe ich mich unzählige Male um alle Körperachsen, Surfer nennen diesen Vorgang die »Waschmaschine«. Es ist ein gewaltsamer Moment – dunkel, laut und nicht zu kontrollieren. Ich spüre, wie Panik in mir hochsteigt. Ich muss den Reflex des Einatmens bewusst unterdrücken, obwohl meine Lunge vehement nach Sauerstoff verlangt. Wo ist oben, wo ist unten – wo ist die Wasseroberfläche?

Panik ist selten ein guter Ratgeber, aber inmitten einer wild gewordenen Wasserwalze kann das Gefühl tödlich sein. Als wäre eine solche Situation nicht schon herausfordernd genug, musst du als Surfer jetzt genau das Gegenteil von dem machen, was deine prähistorische Programmierung von dir verlangt: Anstatt panisch zu flüchten, solltest du ruhig bleiben und entspannen. Wer versucht, gegen den Sog des Wassers anzukommen, verbraucht mehr Sauerstoff und verkürzt dadurch automatisch die Zeit, die ihm unter Wasser bleibt. Selbst Big-Wave-Surfern, die in der Badewanne drei oder mehr Minuten die Luft anhalten können, bleiben bei einem Wipe-out in großen Wellen manchmal nur 30, vielleicht 45 Sekunden. Ganz egal wie gut du trainiert bist oder dich dort unten im Griff hast, dein Unterbewusstsein hat Angst, und Angst kostet Sauerstoff. In der Waschmaschine entscheidet weniger die Physis, mehr die Psyche eines Surfers – wer unter Wasser chillt, bleibt am Leben. Viele Surfer machen an Land Mentaltraining: Meditation, Atemübungen, Anti-Stress-Techniken. Auch einige Apnoe-Taucher geben Crash-Kurse speziell für surfende Kollegen. Mit ihren speziellen Atemtechniken können die Freitaucher extrem tief tauchen und extrem lange unter Wasser bleiben – etwas, was einem Surfer in Not hilft. Ich selber war noch bei keinem Spezialisten, habe mir aber im Laufe der Jahre meine eigenen Techniken zurechtgelegt, um unter Wasser »cool« zu bleiben! Zum Beispiel fange ich an zu singen, natürlich nur in Gedanken, das scheint mich zu beruhigen. Ich habe mir eine Zeit lang nach jeder Surf-Session aufgeschrieben, welche Lieder ich spontan abspiele – von Beethovens Vierter bis zu Death Metal war alles dabei!

Stürze und Wipe-outs sind für Surfer ein notwendiges Übel, mit dem wir umzugehen lernen. Wovor aber selbst die Besten der Besten wirkliche Angst haben, sind die sogenannten »Two-Wave-Holddowns«. Der gestürzte Wellenreiter kommt dabei nach dem ersten Waschgang nicht an die Oberfläche, weil der Sog der ersten Welle so stark ist, dass er unter Wasser bleibt. Darauf folgt die zweite Welle, und das Spiel geht von vorne los – allerdings ohne die Pause dazwischen, um Luft zu holen. Aus 30 Sekunden unter Wasser werden plötzlich 60 und mehr – und das kann für den einen oder anderen zu viel sein. In den tragischen Fällen sterben die Surfer, ohne dass äußere Verletzungen sichtbar sind, und oft bleibt dann die Frage, was eigentlich die Ursache war. Fachleute vermuten, dass der »Two-Wave-Holddown« oft der Grund für das schrecklichste aller Ereignisse ist. Gott sei Dank habe ich dieses Szenario noch nie erlebt, ich wüsste nicht, ob mich mein mentales Liedgut über die Situation retten und die Panik ausbleiben würde.

Ich habe festgestellt, dass Angst durchaus auch einen positiven Effekt haben kann. Es gibt beim Surfen einen Moment, den ich »gute Zeiten, schlechte Zeiten« nenne. Als Surfer paddelst du in Richtung offenes Meer über eine Welle, um dir für das heranrollende Set die optimale Startposition zu sichern. Du weißt, dass hinter der Welle, die du gerade hochpaddelst, wahrscheinlich einige größere Wellen kommen. Entweder haben besser positionierte Surfer als Warnung gepfiffen, oder du spürst es einfach – ich glaube, dass erfahrene Surfer Wellen »spüren« können! Du erreichst also den Wellenkamm, und es kommt der Moment, in dem sich der Horizont vor dir auftut und du sehen kannst, was dahinter auf dich wartet. Mir ist irgendwann aufgefallen, dass ich in diesem Moment aufhöre zu atmen und ein leichtes Kribbeln in den Händen habe – erste Symptome einer Panik?

Dann geschieht alles in wenigen Augenblicken! Entweder sind es kleine Wellen, die ankommen, und du entspannst dich. Oder aber es sind Berge aus Wasser, ein riesiges Set, das unaufhörlich heranwalzt. Du weißt im Bruchteil einer Sekunde, dass du falsch sitzt und dich die Wellen gleich mit Genuss inhalieren werden. Noch so ein Moment, in dem du die Panik niederringen musst, denn du brauchst alles an Sauerstoff in deinem Körper, um deine Schulter- und Armmuskulatur auf absoluter Höchstleistung arbeiten zu lassen. Die einzige Chance, um den Crash zu vermeiden: paddeln – so hart du kannst. Schaffst du es rechtzeitig aus der gefährlichen Zone und über die H_2O-Berge, ist ein Adrenalinrausch die Belohnung – schaffst du es nicht, gibt es die »Waschmaschine« gratis.

Surfen hat mich gelehrt, in bedrohlichen Situationen ruhig zu bleiben. Natürlich habe ich kein Beweis, aber ich bin überzeugt, dass mir die unzähligen Wipe-outs und darauffolgenden Waschgänge auch in schwierigen Lebenssituation an Land geholfen haben.

Auch meinen erwähnten Waschgang habe ich überlebt – indem ich ruhig geblieben bin. Selbst als ich gemerkt habe, dass die Kräfte schwinden, stieg keine Panik in mir hoch. Irgendwann spuckte mich der Waschsalon an den Strand aus, und ich saß gesund und glücklich am Strand. Nach dem Vollwaschgang wurde mir einmal mehr klar: Die Natur ist und bleibt immer der Stärkere!

68. GRUND

WEIL DU DER HÜTER DES GEHEIMNISSES BIST

»Pssssssst, spinnst du?«, raunt mir mein Surf-Buddy Olli durch seine zusammengepressten Lippen zu. Mist – beinahe hätte ich mich verquatscht und »*das* Geheimnis« ausgeplaudert. Die beiden Australier, mit denen wir beim Bier zusammensitzen, werden sofort stumm und schauen uns mit großen Augen an: »What did you just say – an uncrowded perfect left?« Ich war beim Bericht über unsere Surf-Session ins Schwelgen gekommen und hatte die »perfekte Linke nur für uns drei« im Nebensatz erwähnt, konnte mich aber gerade noch rausmanövrieren, indem ich etwas von »sorry my bad English, I said very crowded« faselte. Die beiden Aussies waren schon ziemlich breit und glaubten mir – ich hatte Glück gehabt. Beinahe hätte ich die Todsünde eines jeden Surfers begangen: den »Secret Spot« verraten!

Mein Kumpel Olli und ich waren unterwegs auf einem Surftrip durch Indonesien und hatten uns auf einer der Inseln mit Putu, einem einheimischen Surfer, angefreundet. Wir wohnten bei seiner Familie, seine Mutter kochte und sorgte für uns, wir passten dafür täglich ein paar Stunden auf die Ziegen auf. Es muss der dritte oder vierte Morgen gewesen sein, als uns Putu noch vor Sonnenaufgang weckte. Ich erschrak und dachte, irgendwas sei passiert, aber er gab uns zu verstehen, dass wir unsere Boards schnappen und ihm folgen sollten. Mit dem kleinen Boot, das er und sein Vater sonst zum Fischen nutzten, fuhren wir raus in die Dunkelheit. Nach wenigen Minuten hatte ich die Orientierung verloren und schaute Olli etwas verwundert an, doch er grinste wie ein Honigkuchenpferd – weil er wohl ahnte, was gleich passieren würde. Nach rund 20 Minuten Fahrt schipperten wir um eine Landzunge und trauten unseren Augen kaum. Es war nicht besonders groß, vielleicht kopfhoch, dafür absolut perfekt – und das Beste: weit und breit kein anderer Brettsportler zu sehen. Die Sonne war inzwischen aufgegangen und machte die Welle, die dort den Point runterrauschte, zu einer glitzernden Schönheit. »Welcome to my private party«, sagte Putu und grinste über beide Ohren. Olli und ich kreischten wie zwei kleine Schulmädchen, und unser neuer Freund lachte sich kaputt: »You crazy Germans!« Putu hatte etwas getan, was unter Surfern als der größte Vertrauensbeweis überhaupt gilt: Er hatte uns seinen Secret Spot gezeigt!

In der Surfwelt sind Secret Spots das Äquivalent zum Schlaraffenland – sehr selten, paradiesisch und ohne Ortskenntnis nicht zu finden. Wer Unwissende an diesen Ort führt, vertraut ihnen, dass sie den Weg dorthin niemandem verraten – niemals, nicht mal unter Folter! In einer Surfwelt, in der die Surfspots teilweise so voll sind, dass Wellenreiten nicht mehr so richtig Spaß macht – unter anderem, weil du bei einer zweistündigen Surf-Session keine Welle abbekommst –, ist ein Secret Spot ein Geschenk und der Jackpot schlechthin.

Fast jeder einheimische Surfer hat »seinen« Secret Spot, auf den er zurückgreifen kann, wenn ihm die bekannten Wellen zu voll oder die Bedingungen einfach perfekt sind für sein kleines Geheimnis. Ein Geheimnis, das er wahrscheinlich mit ein paar anderen Locals teilt und nur verrät, wenn er das Gefühl hat, die Fremden sind bereit dafür. Putu hatte bei uns offensichtlich den Eindruck – ich dankte und sagte ihm, dass mir bewusst ist, welche Ehre das sei. »No problem«, war seine Antwort, »we have millions of secret spots around!« Na gut, dass minderte die Bedeutung seiner Offenbarung zwar etwas, aber dem Spaß, den wir zu dritt dort hatten, konnte es nichts anhaben!

Ich hatte an dem Abend mit den Australiern Glück, andere dagegen gehen nicht so sorgsam mit ihren Surf-Geheimnissen um. Der Surfer und Schriftsteller William Finnegan hatte 1972 in der Inselwelt Neu-Polynesiens eine der weltbesten Wellen entdeckt und das Geheimnis mit seinem Surf-Buddy über fast ein Jahrzehnt bewahrt – obwohl er mit der Entdeckung eine Menge Geld hätte verdienen können. Die beiden hatten sogar einen Codenamen für ihre Entdeckung benutzt, und trotzdem war der Ort über einen Surfer, den die beiden auf ihrem Trip kennengelernt und dem sie vertraut hatten, an ein Surfmagazin gelangt. Finnegan erfuhr aus dem Heft, dass Tavarua entdeckt und mit einem riesigen Bericht inklusive Fotos in die Welt posaunt worden war – das erste Luxushotel war da bereits in Planung.

Damit übersprang der Surfspot die eigentlich nächste Stufe der Klassifizierung: den Semi-Secret Spot. So werden Wellen bezeichnet, die nicht mehr komplett geheim sind und mit etwas Ehrgeiz auch von fremden Surfern gefunden werden können. Der Sprung zum bekannten Surfspot ist dann allerdings nur noch ein ganz kleiner und dauert meistens nur wenige Monate – wie bei der Welle von Finnegan.

Putus Spot war ein »echter Secret Spot« – und das soll definitiv auch so bleiben. Nicht auszumalen, was passiert wäre, wenn mir das Geheimnis an jenem Abend rausgerutscht wäre. Ich hätte es nicht verkraftet, wenn wegen meiner Dummheit plötzlich eine Horde besoffener Australier dort aufgetaucht wäre.

69. GRUND

WEIL JEDE WELLE EIN KUNSTWERK DER NATUR IST

Oben, von den portugiesischen Klippen betrachtet, sieht es so aus, als würden feine aufgemalte Linien gleichmäßig und wie mit dem Lineal gezogen durch die Bucht in Richtung Strand laufen. Als hätte jemand ein riesiges, dunkelblaues Tuch aus Seide angepustet und dadurch in symmetrische Bewegungen versetzt. Je näher ich dem Meer hier im Süden Europas komme, umso deutlicher kann ich die Wellen erkennen, die sich wenige Meter vor dem Strand brechen. Wäre dies ein Gemälde, der Künstler hätte wohl am oberen Rand der Leinwand zu malen begonnen: Schon weit draußen baut sich jede einzelne Wasserwand langsam auf, wird steiler und steiler, um dann, nach einer Reise von Tausenden Kilometern durch den Ozean, über seichtem Meeresgrund zu brechen und die übrig gebliebene Energie an den Strand zu entladen. Dabei verwandelt das Licht der aufgehenden Sonne den Wellenkamm in einen glitzernden Regenbogen. Der ablandige Wind pustet die Gischt über den Wellenberg zurück in Richtung Ozean – oder ist es doch Neptun, der seine Algen-Vokuhila-Frisur in einer coolen Bewegung nach hinten wirft? Ein Anblick, der mich jedes Mal aufs Neue fasziniert, wenn ich irgendwo auf diesem wundervollen Planeten vom Strand aus die Wellen beobachte. Faszination? Eher pures Glück! Mein Herz macht einen Freudensprung, das Adrenalin surft über die Synapsen, und ein Dauergrinsen ziert meine Mimik. Nur der eigentliche Ritt auf der Welle kann das Betrachten von perfekt geformten Wellen überbieten. Es ist das Schönste, was man als Surfer entdecken kann. Ich könnte tagelang irgendwo im Sand sitzen und einfach nur betrachten, träumen, schauen! Es beruhigt mich, lässt mich tagträumen – es ist meditativ und eine üppige Tagesportion Glück. Wellen sind meine Kur, Yoga und die Stunde beim Psychologen in einem. Ich habe meinen Blick in dieser Situation schon auf Fotos gesehen – diese glücklichen, etwas entrückten Augen kenne ich sonst nur von Menschen, die in einem Museum oder einer Galerie in sich versunken reglos vor einem Kunstwerk stehen oder der Balletttänzerin auf der Bühne applaudieren. Anscheinend haben die Künste und kreativen Ausdrucksformen einen ähnlichen Effekt auf Menschen wie Wellen auf Surfer. Es ist ein Sehnsuchtsort, ein Raum für Interpretation, der Ort an dem nur die Verbindung zwischen äußerem Erleben und innerem Fühlen von Bedeutung ist. Für mich sind Wellen Kunst – natürlich nicht im Sinne von Kunst als Produkt unserer Kultur, sondern als etwas, was von der Natur als ein zeitloses Kunstwerk erschaffen wurde.

Es gibt aber auch Surfer, die Wellen als reines Mittel zum Zweck sehen, als Spaßobjekt und Fahrbahn für ihr Surfbrett. Das ist auch in Ordnung, jedem das Seine, ich finde nur, diese Menschen verpassen das Beste! In Portugal hatte ich vor einigen Jahren eine seltsame Begegnung im Wasser. Es war an einem einsamen Surfspot, und es war nur ein einziger Surfer draußen, als ich ins Line-up gepaddelt kam. Meinen Versuch, mit dem üblichen Surfer-Small-Talk »gute Wellen heute morgen« etwas Konversation zu betreiben, erstickte er direkt im Keim. »Bei Wellen handelt es sich um Oberflächenwellen an der Grenzfläche zwischen Wasser und Luft oder um eine interne Welle an der Grenzfläche zwischen zwei unterschiedlich dichten Wasserschichten isopyknischen Ozean«, entgegnete er mir ohne jegliche Regung in Gesicht. Wow, alles klar, dachte ich bei mir, witziger, sympathischer Typ. Auch meinen erneuten Ansatz »endlich sind die Wellen größer geworden« bügelte er ab mit: »Die Wellenhöhe ist die Summe der Beträge beider benachbarter Maximalauslenkungen H ist gleich H Null plus.« Bäm – zwei zu null für die Physik! Ich hoffte, auch um seiner selbst willen, dass der Typ Physiker ist und den Surfspot als sein persönliches Versuchslabor betrachtet. Unsere Surfer-Freundschaft war nach zwei Sätzen beendet, und während ich mich in den kommenden Stunden eingehend meinem Kunstwerk widmete, surfte der Herr Doktor auf seinen Formeln an den Strand.

Zugegeben, es ist wichtig, dass sich Physiker mit Wellen auseinandersetzen. Es gibt viele gute Projekte, bei denen die Energie von Wellen genutzt wird – das alles wäre ohne die Physik nicht möglich. Ich persönlich allerdings konnte mit Physik noch nie richtig viel anfangen – ich bin weniger pragmatisch veranlagt und sehe lieber die Schönheit und die wundervollen Formen der Natur. Ob etwas Kunst ist, bleibt eine subjektive Betrachtung, sicher aber ist: Jede Welle ist anders, ihre Form ist einzigartig und die Art, wie sie sich bricht, einmalig – ist das nicht eine Definition von Kunst?

70. GRUND

WEIL DU KÜNSTLICHE WELLEN SURFEN KANNST

Da stand er, die lebende Legende des Wellenreitens, und hüpfte vor Freude springend durch die Gegend wie ein kleines Kind. Gerade so, als hätte er zum ersten Mal in seinem Leben eine Welle gesehen – und irgendwie war genau das passiert. Allerdings nicht irgendeine Welle, sondern seine Welle! Kelly Slater hatte sie gemeinsam mit Experten aus der Surfszene und Ingenieuren über Jahre hinweg entwickelt, und nur ein kleiner Kreis Eingeweihter hatte davon mitbekommen.

Das alleine ist im Medienzeitalter schon eine Leistung – allerdings setzte diese Entwicklung, welche das Team entworfen hatte, noch eins drauf: Der erfolgreichste Surfprofi aller Zeiten hatte nicht weniger angestrebt als die perfekte Welle. Und genau die hat er am Ende bekommen: Wie am Computer animiert, mit der perfekten Größe, Form und Geschwindigkeit rauscht der künstlich kreierte Hügel aus Wasser irgendwo im kalifornischen Hinterland durch einen überdimensionalen Pool. Die Welle wird von einem schlittenähnlichen Konstrukt gebildet, das über den Poolboden gezogen wird und durch die Verdrängung eine Welle an der Wasseroberfläche entstehen lässt. Durch verschiedene Einstellungen lassen sich Größe, Geschwindigkeit und Form der Welle variieren – es ist ein bisschen wie Gott spielen, oder zumindest Poseidon, um in der Surfwelt der Götter zu bleiben. In einem Video, das um die Welt ging, surft Kelly Slater »seine Welle« mit einem breiten Grinsen im Gesicht und Jubelschreien seiner Freunde aus dem Off. Die Tageszeit ist perfekt gewählt, das Sonnenlicht macht die Welle zu einem funkelnden Phänomen, auf dem ein Wunder aus der Welt des Sports seine Kunst zum Besten gibt. Das Projekt ist eine Marketing-Meisterleistung: nur eine kleine Surf-Session für Kelly Slater, aber eine große für die surfende Menschheit.

Künstliche Wellen gab es schon vorher, in Spanien läuft eine, bald in Berlin und sogar auch in Texas, aber erst Kelly Slaters »Wave Company« hat eine weltweite Diskussion um das Thema so richtig angeschoben. Mit seiner spektakulären Anlage hat Slater nicht nur die Weichen für seine Zeit nach der Profikarriere gestellt – es geht hier um nicht weniger als die Zukunft des Surfens! Einige Experten behaupten, künstliche Wellen werden das Surfen retten, andere sagen, diese Form des Wellenreitens sei lediglich eine Modeerscheinung. Ich denke, es ist eine Mischung aus beidem. Fakt ist, dass überfüllte Line-ups längst ein großes Problem sind. An Orten wie Snapper Rocks in Australien oder überall entlang der südkalifornischen Küste sind derart viele Surfer im Wasser, dass die meisten davon schon rein rechnerisch keine Chance auf eine Welle haben. Das wiederum hat zur Folge, dass die einheimischen Surfer immer ungehaltener gegenüber Wellenjägern aus dem Ausland werden, was wiederum die Besucher nervt und zu unangemessenem Verhalten führt – ein Teufelskreis. Künstliche Wellen könnten die Aggression rausnehmen, da sie das Ungleichgewicht bei Angebot und Nachfrage ausgleichen. Zudem wird die Planung des Surfurlaubs im Jahrhundert ständiger Zeitnot erleichtert, da nicht mehr die Natur die Bedingungen für surfbare Wellen schafft, sondern der Mensch, der auf den Knopf drückt. Auch haben die Anfänger eine Chance, in die Welt des Wellenreitens reinzuschnuppern, die sonst niemals eine Chance bekommen hätten – weil sie zu weit weg vom Ozean wohnen oder einfach nicht die körperlichen Voraussetzungen dafür haben. Es gibt viele positive Aspekte in Bezug auf künstliche Wellen, aber eben auch eine Menge negativer. Durch den einfacheren Zugang werden noch mehr Menschen das Surfen für sich entdecken und irgendwann auch in einem »echten Line-up« sitzen wollen. Nachwuchssurfern, die in einem Wellenpool surfen lernen, fehlt das Verständnis für die Kraft und Unberechenbarkeit des Ozeans – das kann sowohl für die eigene Gesundheit als auch für die Sauberkeit der Ozeane verheerende Folgen haben. Auch der immense Energieaufwand für das Betreiben einer künstlichen Welle trägt nicht gerade zum überschaubaren ökologischen Fußabdruck bei.

Künstliche Wellen sind und bleiben ein strittiges Thema in der Welt der Surfer, erst die Zeit wird zeigen, ob sich die positiven oder die negativen Aspekte durchsetzen. Ich persönlich würde einen Wellenpool niemals gegen den Ozean eintauschen, egal wie viele garantierte Wellen mir die Maschine pro Surf-Session beschert. Was ich da draußen im Line-up alles erlebt habe, möchte ich nicht missen – das Glück und die Zufriedenheit, die mir das Meer immer wieder aufs Neue schenkt, ist mit nichts aufzuwiegen. Am Ende macht der eigentliche Ritt auf der Welle nur einen Bruchteil der »Faszination Surfen« aus! Wenn ich wählen müsste, würde ich darum immer die eine »echte Welle« den hundert »künstlichen« vorziehen. Trotz allem bin ich sehr darauf gespannt, das erste Mal in einem Wellenpool surfen zu können. Ich habe eine Einladung bekommen, in Spanien künstliche Wellen zu reiten, und zögere noch – ich habe Bedenken, dass ich mit Freudensprüngen durch die Gegend hüpfe wie ein kleines Kind.

71. GRUND

WEIL DU DIR EINEN HOMESPOT SUCHEN DARFST

Was hab ich die Jungs immer beneidet! Ich bin nach dem Surftrip nach Hause gefahren, weg von Surfspots, Strand und Line-up – die Australier, Amerikaner und Portugiesen dagegen flogen zurück zu ihren Wellen, oft direkt vor der Haustür. In der Welt der Surfer sind das die Locals – Menschen, die das Glück des richtigen Geburts- oder Wohnortes haben. Als »landlocked«, also »wohnhaft weitab vom Meer«, werden Menschen wie ich beschrieben. Es sind immer erst einige Kilometer, die ich im Auto, einem Zug oder Flugzeug zurücklegen muss, um dem Ozean und den Wellen nah zu kommen.

Jeder landlocked Surfer kann seine Situation jederzeit ändern und einfach ans Meer ziehen – wobei wir alle wissen, dass sich dieses »einfach« in der Realität nicht ganz so einfach darstellt: Job, Familie, sonstige Verpflichtungen. In meiner Vorstellung existiert eine Art Schlaraffenland für Surfer, und da hat einfach jeder seinen persönlichen Homespot – Distanzen und geografische Barrieren spielen in diesem Traumland natürlich keine Rolle. Ein persönlicher Homespot – so wie jeder Fußballer seinen Heimatverein hat und jeder Snowboarder einen »Haushang«. Der eigene Break gibt dir als Surfer einen Halt, du kennst dich aus, du kennst die anderen Locals, ein Hafen der Geborgenheit. Irgendwann litt ich darunter, ich haderte mit meinem Schicksal und war emotional aufgebracht: »Wieso kann ich nicht auch …?« Nach einem Surftrip nach Hause zu fahren ist mir noch nie leichtgefallen, mit der wellenlosen Zeit vor Augen gleicht es jedes Mal einem emotionalen Frontalzusammenstoß: überall und nirgends richtig zu Hause.

Irgendwann nahm mein Leben als Surfer ohne Surfspot eine drastische Wendung – ich zog nach Hamburg! Die Hansestadt liegt bekanntlich auch nicht direkt an einem Meer, aber doch so nah, wie ich vorher noch nie am Ozean gewohnt habe. So kurz vor dem Ziel nahm ich mir vor, die letzten Kilometer einfach zu vernachlässigen – kurzerhand erklärte ich nach dem ersten Jahr den Spot, zu dem ich von Hamburg aus sehr oft fuhr, zu meinem Homespot. Außer, dass er nicht vor meiner Haustür liegt, weist er alle Kriterien eines solchen auf: Ich fühle mich dort wohl und willkommen, ich kenne den Spot inzwischen ziemlich gut und weiß, bei welchen Bedingungen er wie funktioniert, außerdem sehe ich jedes Mal bekannte Gesichter im Wasser – die sich auch freuen, mich zu sehen! Was für ein erhabenes Gefühl! Und was für eine Aufgabe und Verantwortung, den Spot richtig kennenzulernen und damit richtig umzugehen! Manche Surfer brauchen dafür Monate, Jahre, ja sogar ein ganzes Leben. Wer zum Beispiel in Australien am legendären Pointbreak Kirra lebt, wird die Welle wohl nie zu 100 Prozent entschlüsseln, es gibt einfach zu viele Faktoren, die Auswirkungen auf die Welle haben – mein Nordseespot ist zum Glück nicht ganz so kompliziert. Ich will mir nicht anmaßen, dass ich meinen Spot durchschaut habe, aber an der Nordsee sind die Faktoren, die eine gute Welle ausmachen, mehr oder weniger auf Tide, Wind und Swell beschränkt. Anders als die Aussies muss ich mir um Sandbänke, Strömungen oder Riffe nicht so sehr Gedanken machen.

Die Herausforderung besteht darin, den Homespot so gut es geht lesen zu lernen, und ich meine: richtig gut lesen zu lernen. Es ist wichtig zu verstehen, was der Spot bei verschiedenen Wasserständen und Windrichtungen macht. Westwind bei hoher Tide? Vergiss es! Zwei Tage lang ein Sturm aus Osten, dann dreht der Wind auf

Nord-Ost – könnte richtig gut werden! Für mich war die Begegnung mit meinem neuen Homespot sehr aufregend, ähnlich einer neuen Liebe, mit der man die ersten Male ausgeht. Am Anfang saß ich einfach nur stundenlang am Strand und schaute sie verliebt an – meine neue Welle. Eine Welle ist wie ein Individuum mit Launen und Charakterzügen – mal ist sie entspannt und wunderschön, mal eher aggressiv und gewalttätig. Auch »meine Welle« hat so ziemlich alle Launen drauf, die man sich vorstellen und wünschen kann. Von dickem kurzen Slab bis langer entspannter Ritt fordert sie einem Surfer alles ab – langweilig wird es mit meiner Nordseeperle eigentlich nie. Wir sind uns von Saison zu Saison vertrauter, was zur Folge hat, dass ich jedes Jahr mehr Wellen abbekomme und die Anstrengungen immer weniger werden – ich weiß inzwischen, wo »meine« Welle ihre Schokoladenseite hat und wo ihre Problemzonen sind!

Und dann ist da noch die Verantwortung! Diese Aufgabe hat unterschiedliche Facetten. Zum Beispiel kann man sich als Local ruhig mal rausnehmen, in angemessenem Maß auf Recht und Ordnung im Line-up zu achten – Zuckerbrot und Peitsche sozusagen. Hier ist aber der Punkt, bei dem ich merke, dass ich nur ein eingeheirateter Einheimischer bin. Ich mische mich nur ein, wenn es zu absurd wird oder jemand komplett über die Stränge schlägt – muss ich aber meistens nicht, das übernehmen die Alteingesessenen schon von ganz alleine. Was ich aber durchaus schon das eine oder andere Mal gemacht habe, ist einem Surfanfänger, der noch völlig grün hinter den Ohren war, von einer Surf-Session dringend abzuraten. Es gibt Tage, an denen ist »mein« Homespot gefährlich, zumindest für diejenigen, die noch nicht so genau wissen, was sie tun. Pro Saison müssen die Rettungsschwimmer oder sogar Seenotretter ausrücken und einen hilflosen Surfer retten, bevor der ganz nach England getrieben wird.

So ist inzwischen das Ende eines Surftrips kein Moment mehr, vor dem mir graut. Ich genieße den Dialog inzwischen in vollen Zügen: »Und du so – wohin geht's?«

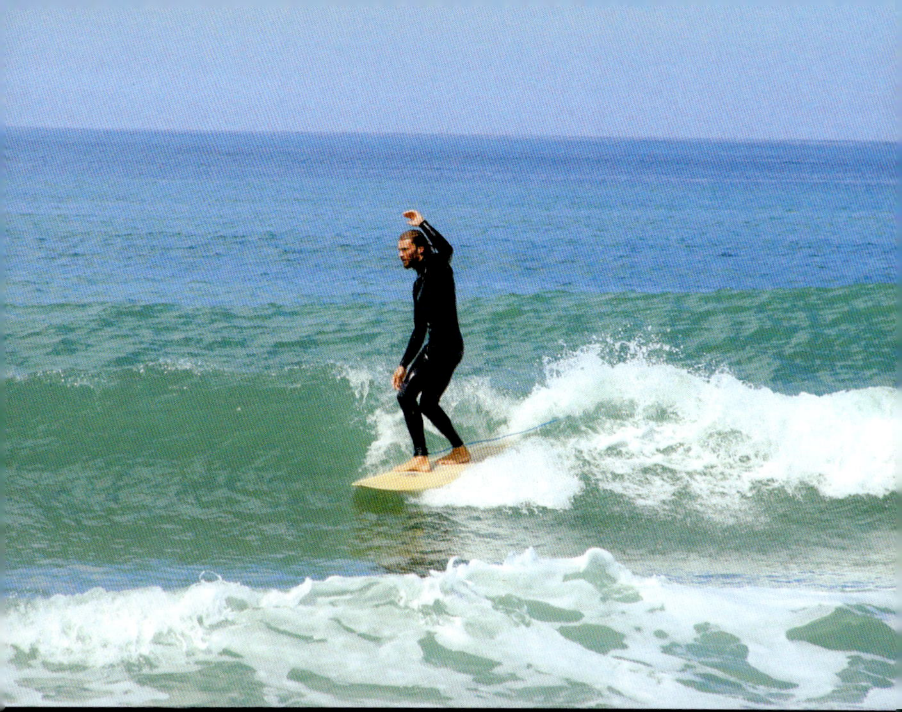

Oben: Shortboard oder Longboard? Eine viel diskutierte Frage in der Surfszene. Dieser junge Mann hat sich für die längere Variante entschieden und zelebriert den »noseride«. **Unten:** Der Traum eines jeden Surfers: nur mit einem Surfbuddy raus in die leeren Wellen paddeln.

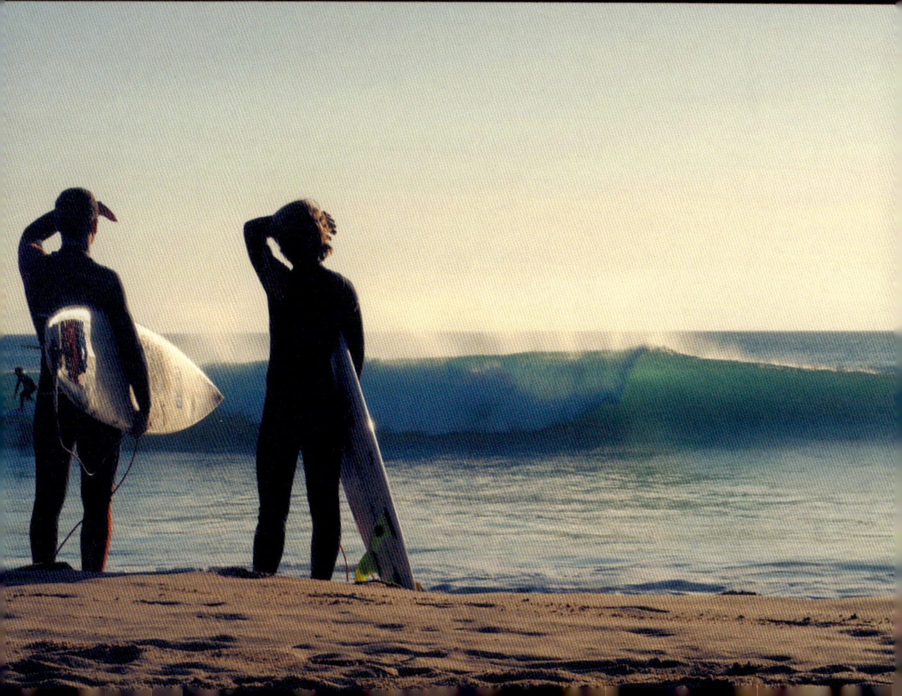

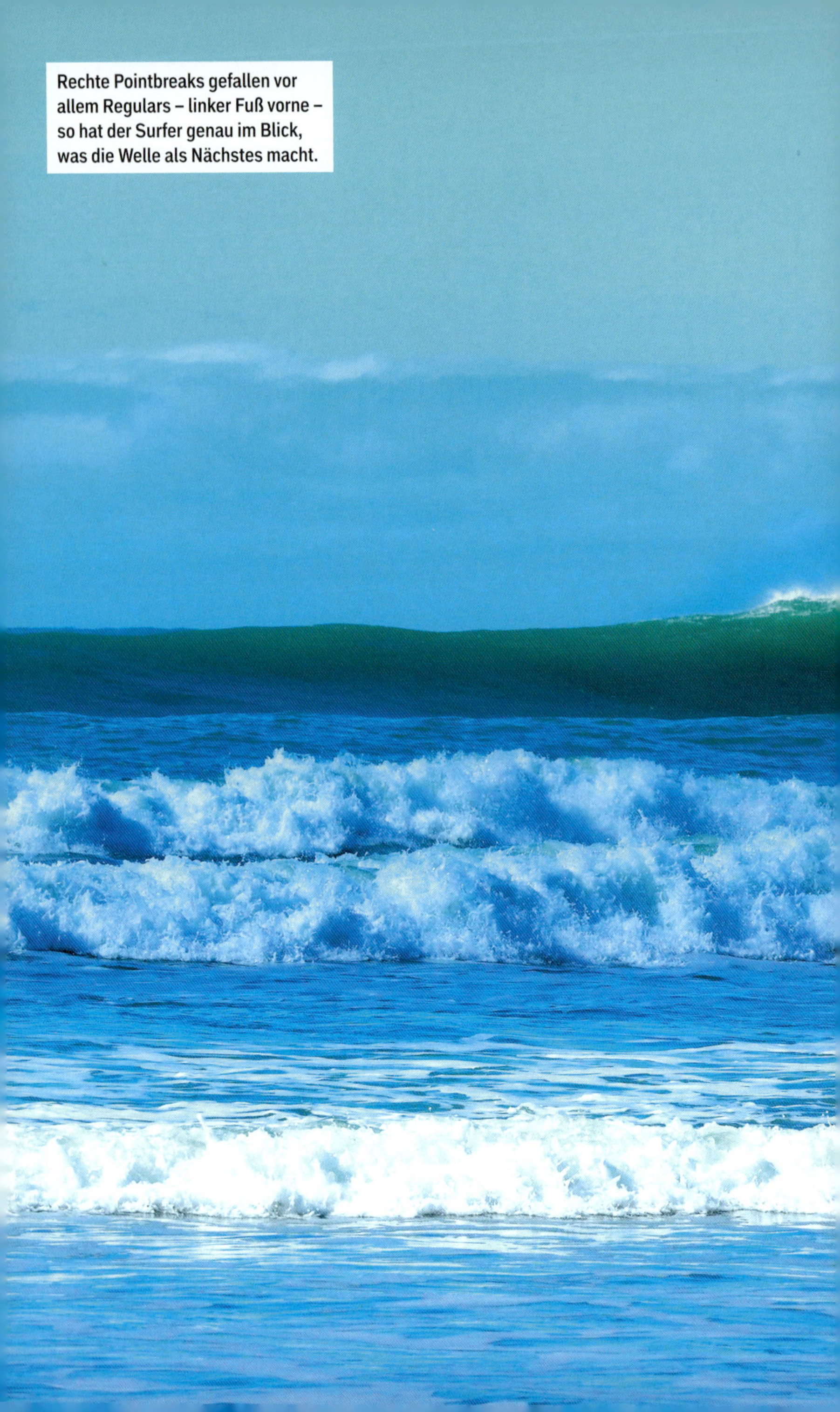

Rechte Pointbreaks gefallen vor allem Regulars – linker Fuß vorne – so hat der Surfer genau im Blick, was die Welle als Nächstes macht.

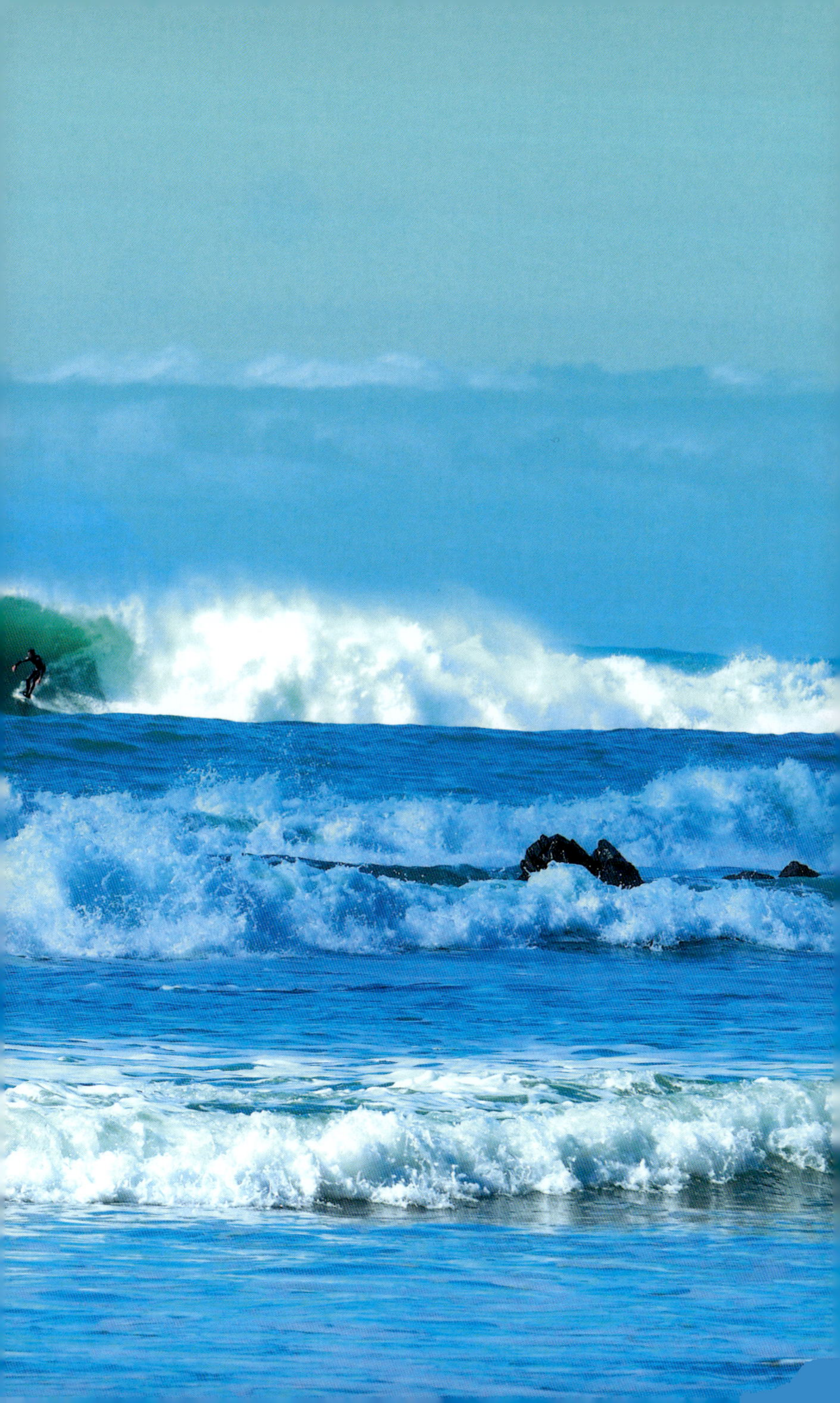

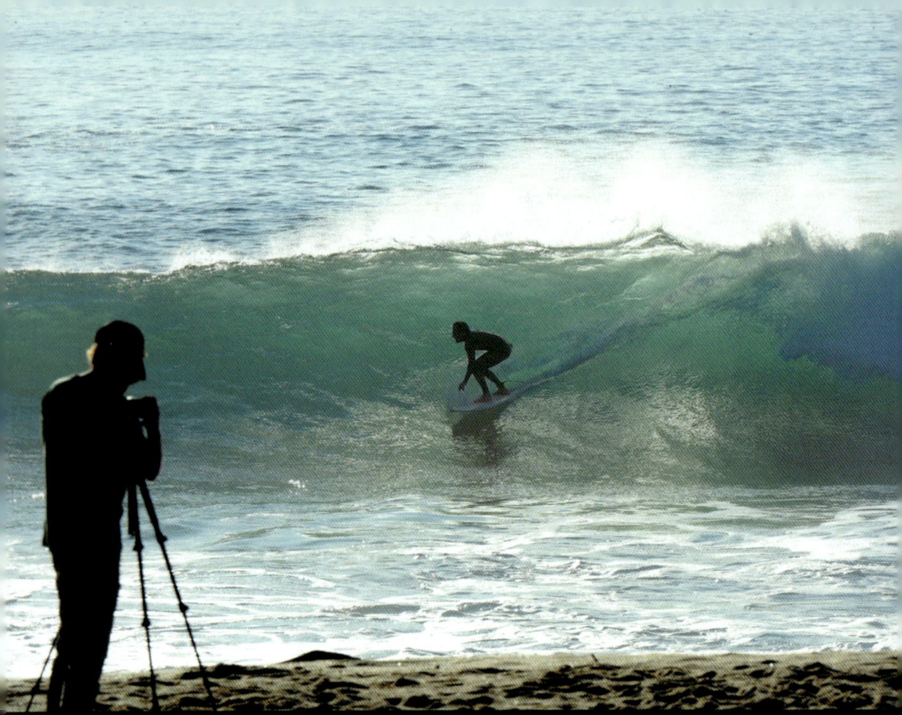

Oben: Surffotografen sind meistens auch Surfer – nur wer die Wellen kennt, weiß, wann der richtige Moment zum Auslösen da ist. **Unten:** Ribeira d'Ílhas in Portugal ist einer der besten Pointbreaks in Portugal – mit Sicherheit aber gibt es hier die schönsten Sonnenuntergänge.

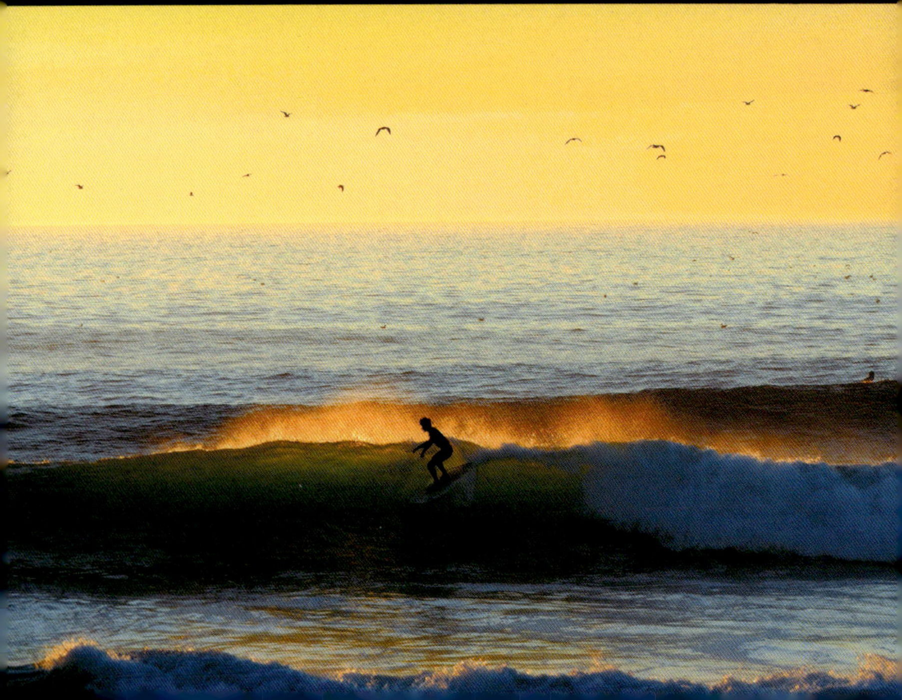

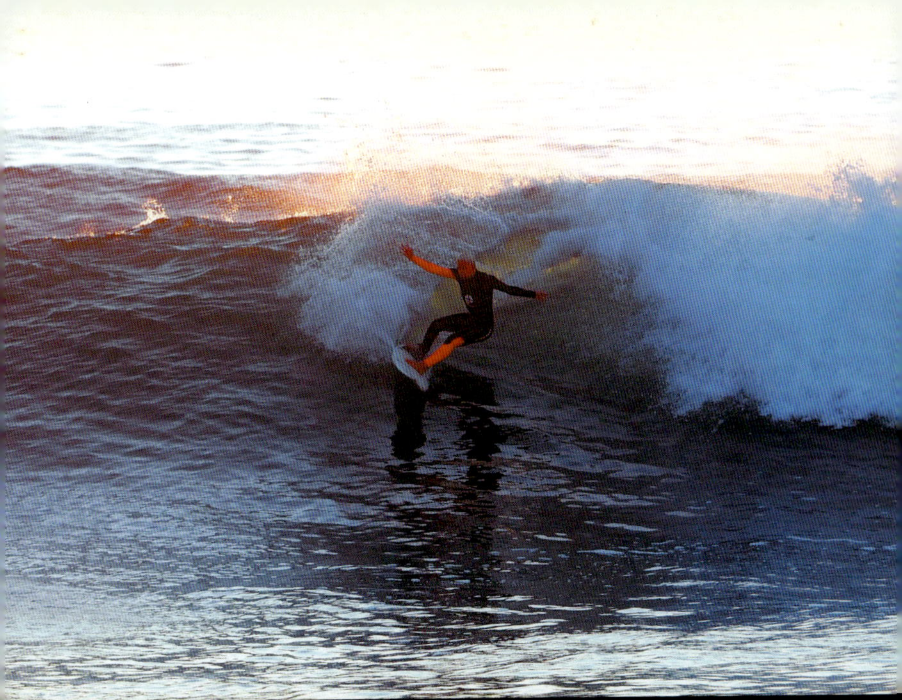

Oben: Im Verhältnis zur Kraft und Körpergröße sind die Wellen, die Frauen reiten, oft um ein vielfaches höher als die ihrer männlichen Kollegen. **Unten:** Auch beim Surfen gibt es Vorfahrtsregeln. Eine besagt, dass der Surfer, der am nächsten am brechenden Teil der Welle surft, Vorfahrt hat.

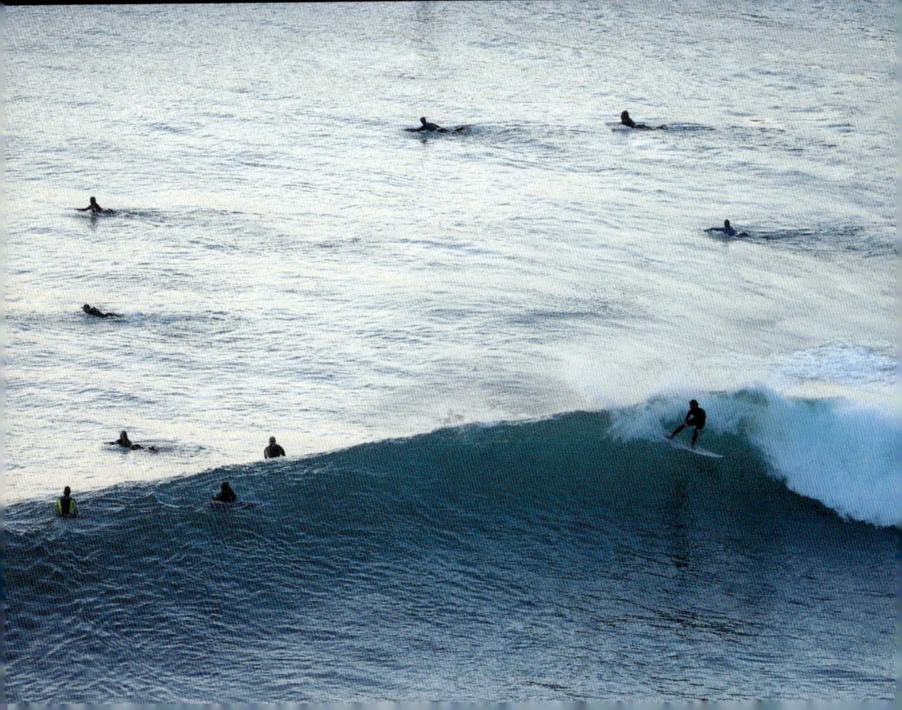

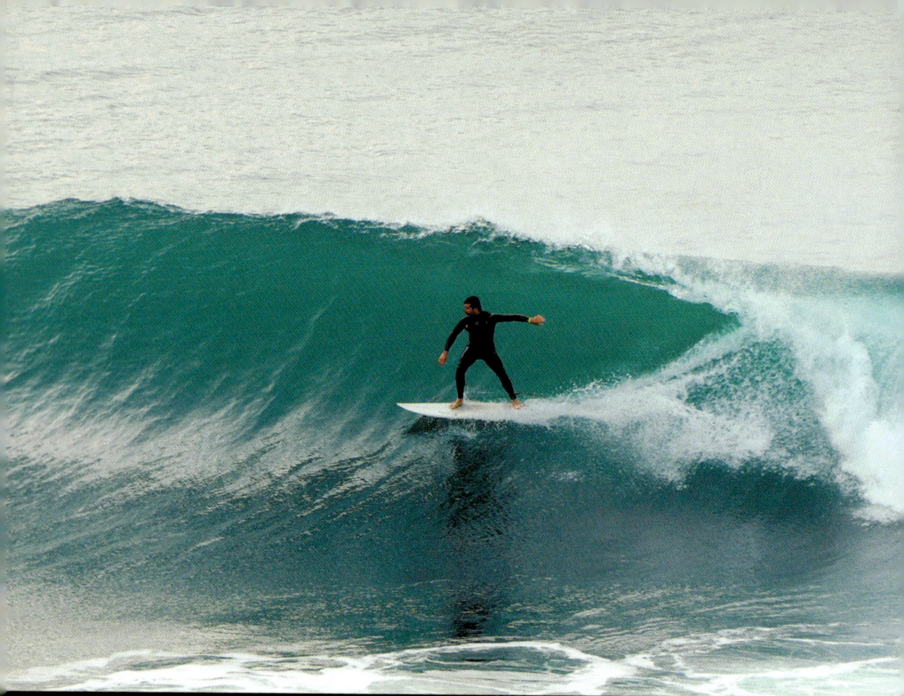

Oben: Ob ein Surfer »Goofy« oder »Regular« ist, entscheidet, welcher Fuß vorne auf dem Brett steht. Dieser Surfer steht mit dem Rücken zur Welle und ist dementsprechend ein »Goofy«. **Unten:** Der Moment des Takeoffs entscheidet darüber, ob die Welle ein Erfolg wird oder der Surfer vielleicht sogar stürzt.

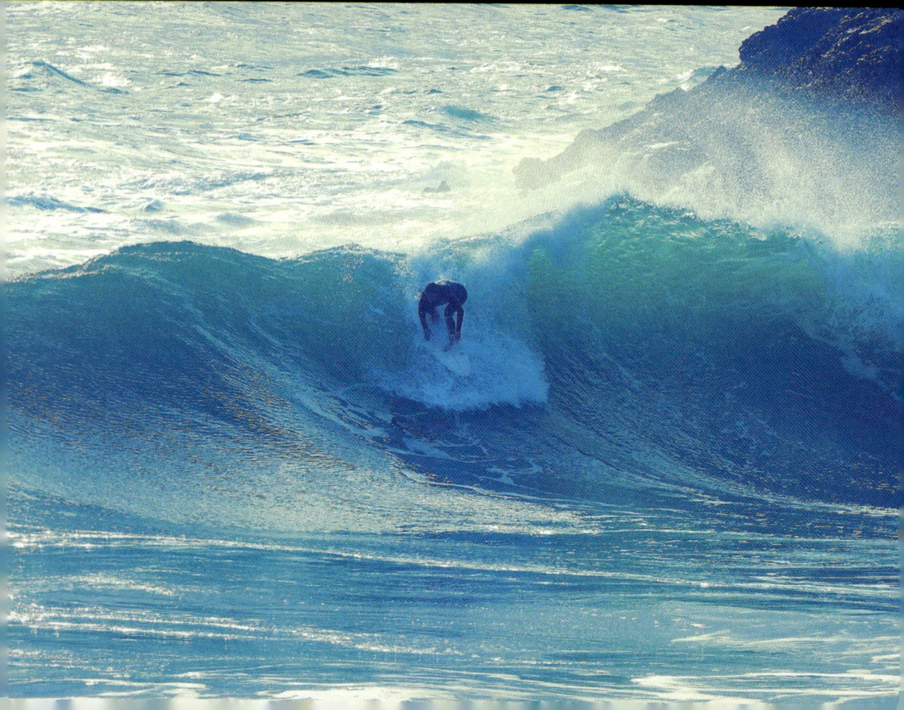

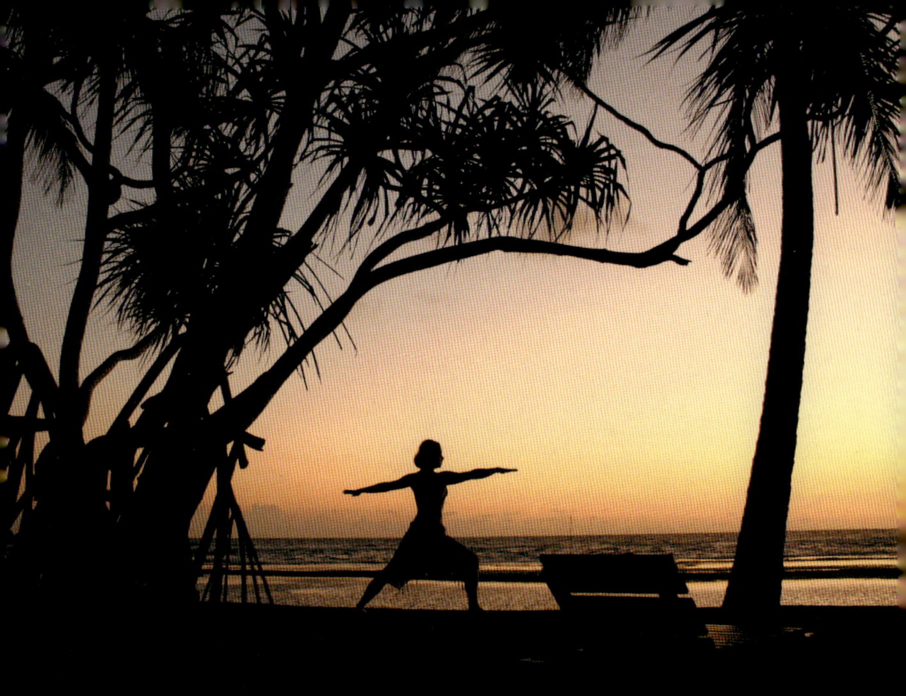

Oben: Surfen und Yoga ergänzen sich hervorragend – viele Surfer praktizieren diese alte Lehre, um sich für die Surfsessions fit und gelenkig zu machen. **Unten:** Auch mit einem Longboard können radikale Manöver gefahren werden – hier eine Tube!

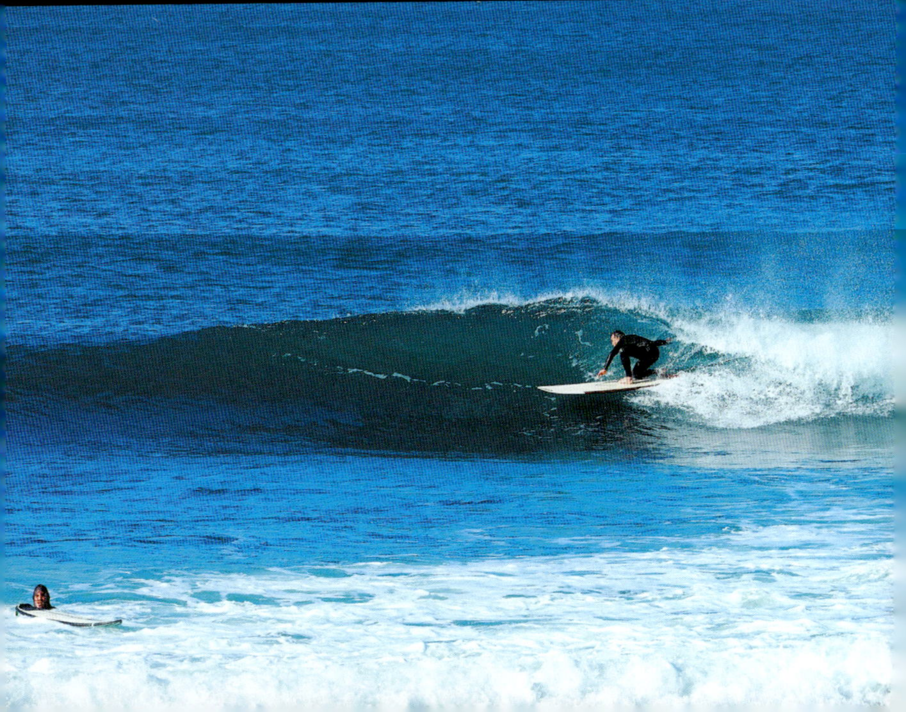

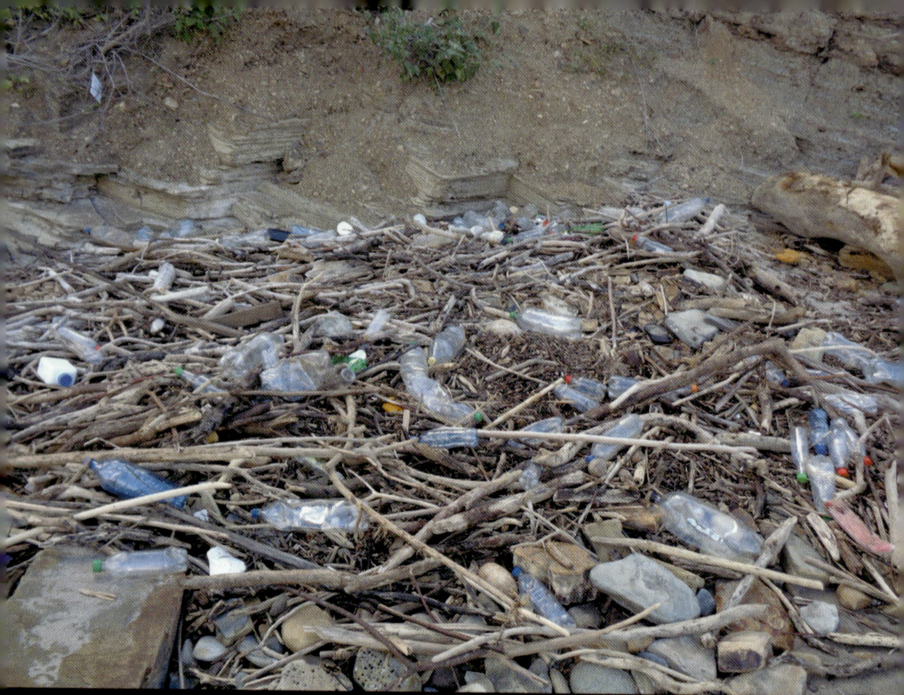

Oben: Plastik – eine Gefahr für Natur, Mensch und Tier. Surfer können ihren Teil dazu beitragen, dass Strände wie dieser hier in Marokko irgendwann nicht mehr so verschmutzt sind. **Unten:** Surfen ist wie Meditation! Nach einer Surfsession fühlt man sich wie neugeboren.

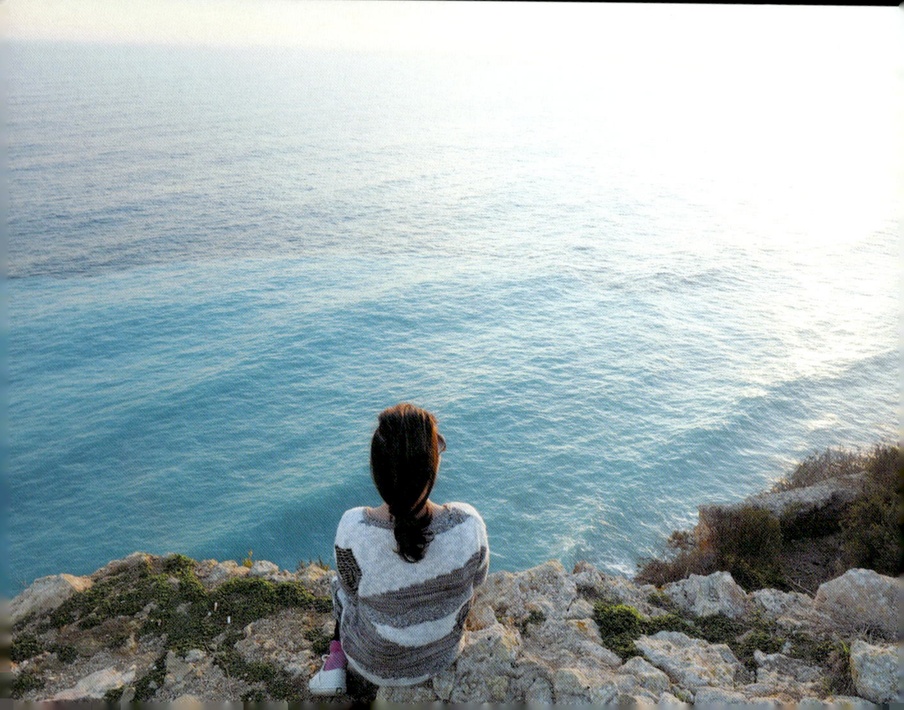

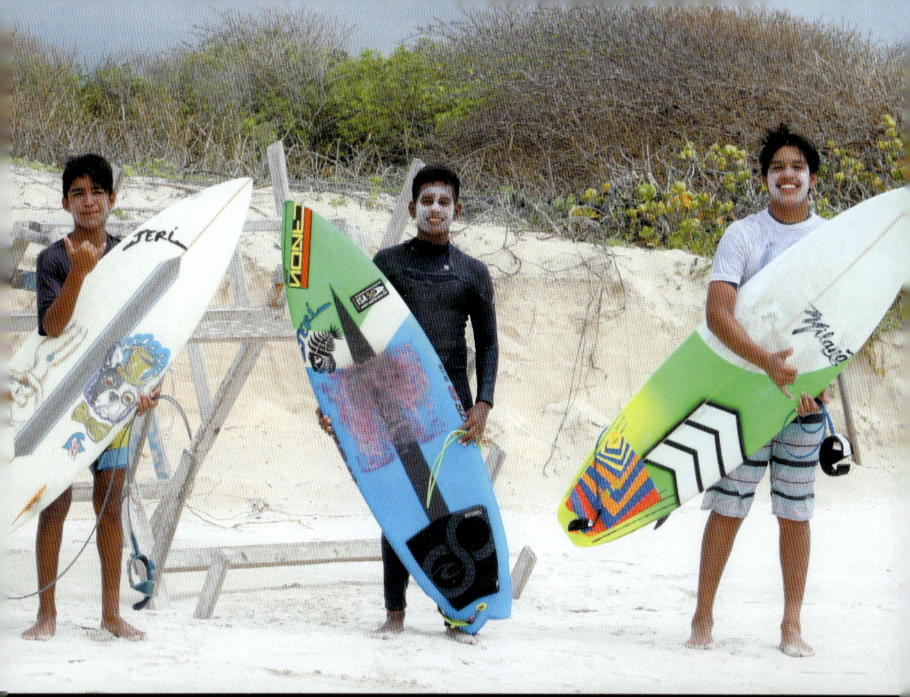

Oben: Diese drei jungen Surfer nennen einen ganz besonderen Ort ihren Homespot: die Galapagosinseln.
Unten: In Marokko gibt es richtige Surfer-Hotspots: Das Fischerdorf Taghazout in der Nähe von Adagir ist einer davon.

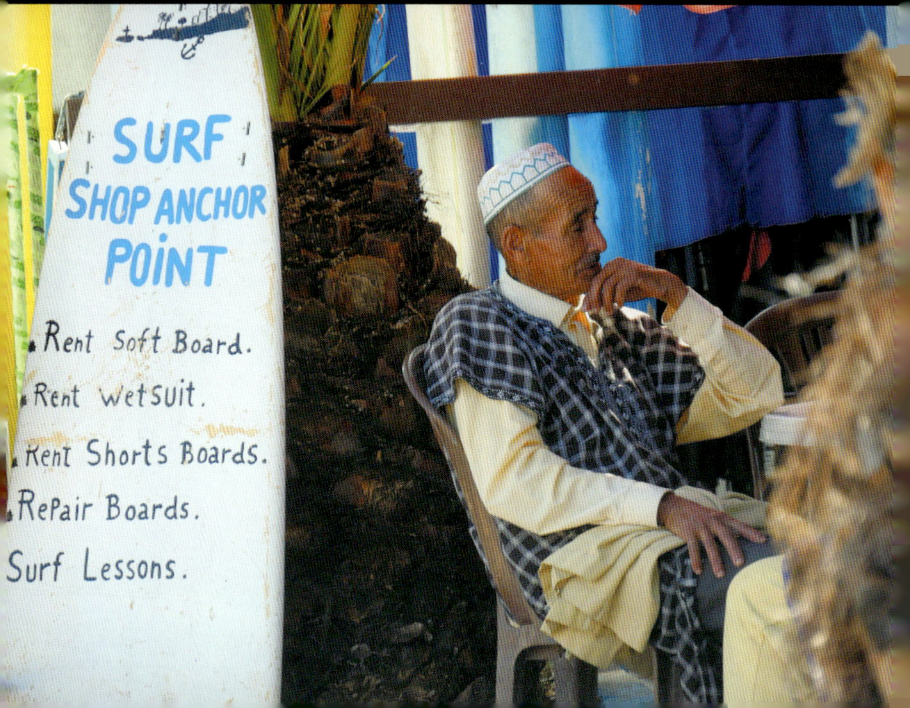

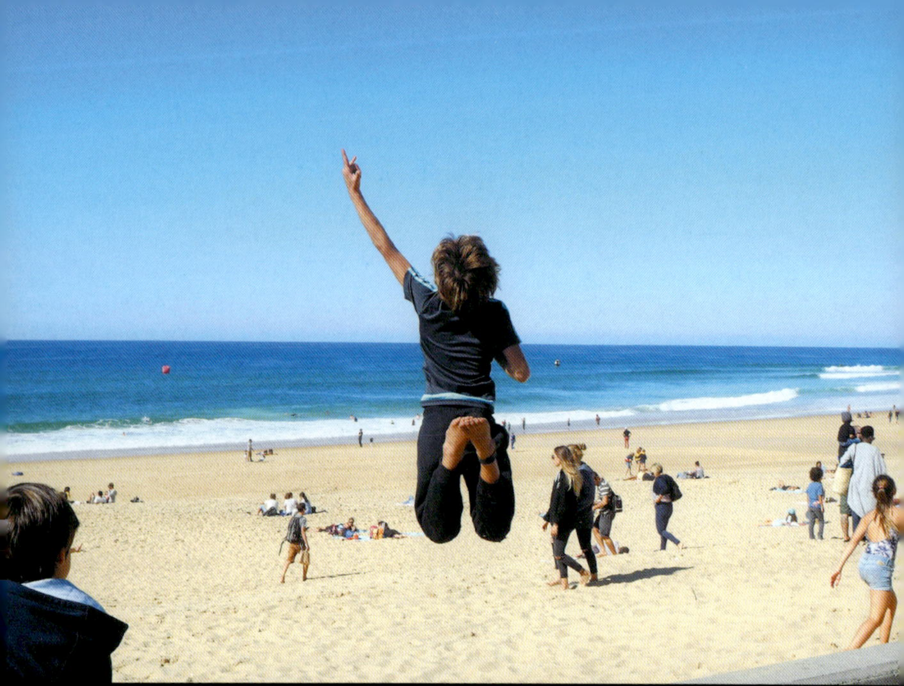

Oben: Die Vorfreude auf gute Wellen ist ein fantastisches Gefühl: Ein Kribbeln im Bauch, Aufregung, man möchte vor Freude platzen. **Unten links:** Wellen sind Kunst: Einzigartig, vergänglich und ganz unterschiedlich interpretierbar. Dieses Kunstwerk wird dauerhaft in Hossegor in Frankreich ausgestellt. **Unten rechts:** Surfen macht noch mehr Spaß, wenn man mit einem Surfbuddy unterwegs ist – egal ob Zwei- oder Vierbeiner.

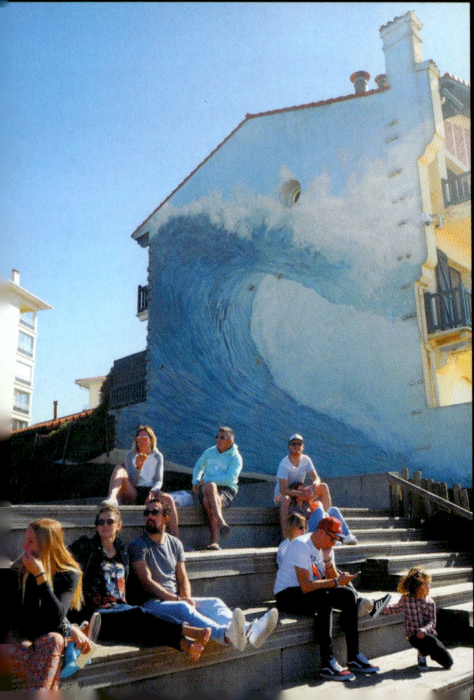

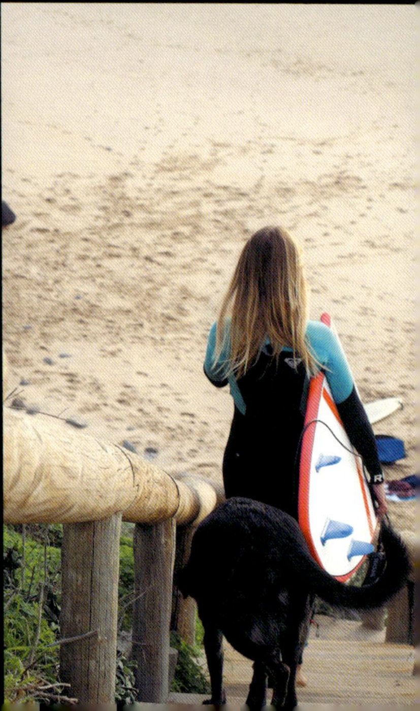

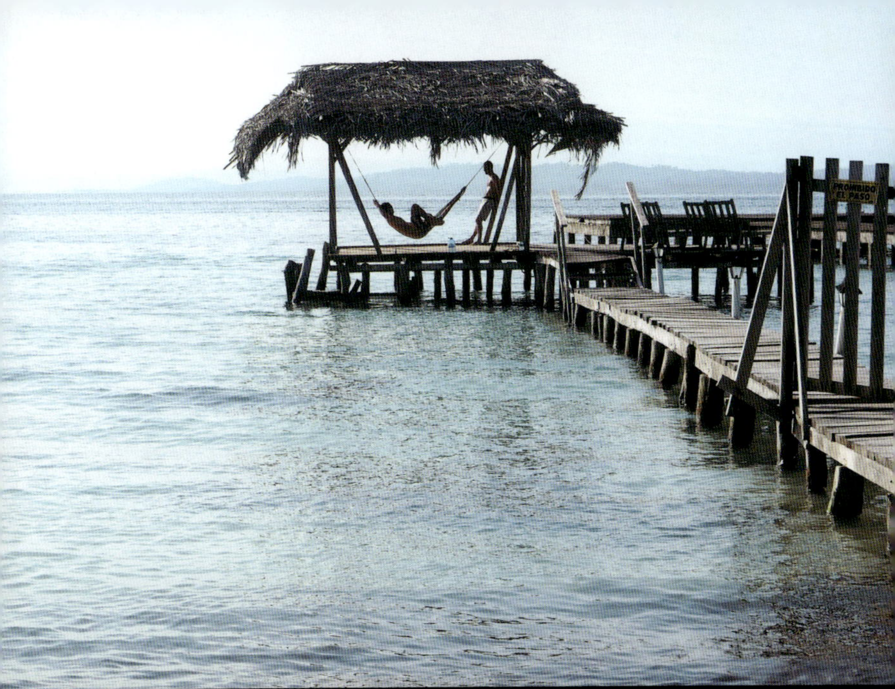

Oben: Surfer lieben den »Endless Summer« und reisen dafür rund um den Globus – immer den Wellen hinterher. **Unten:** Viele Surfer wollen es nicht glauben: Auch am Mittelmeer gibt es Wellen. Vielleicht sind diese nicht so beständig, aber auch in Barcelona kommen Wellenjunkies auf ihre Kosten.

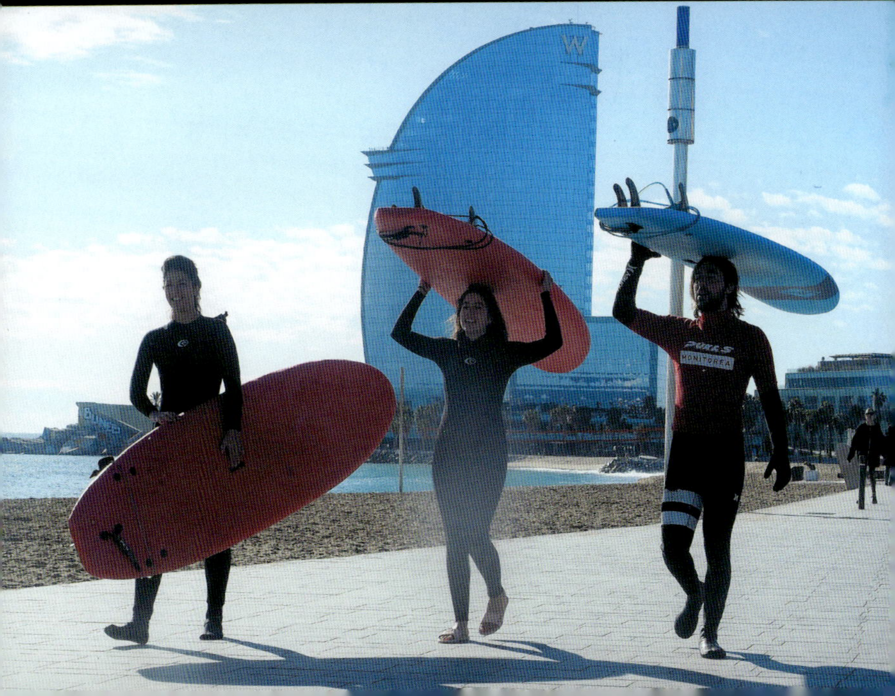

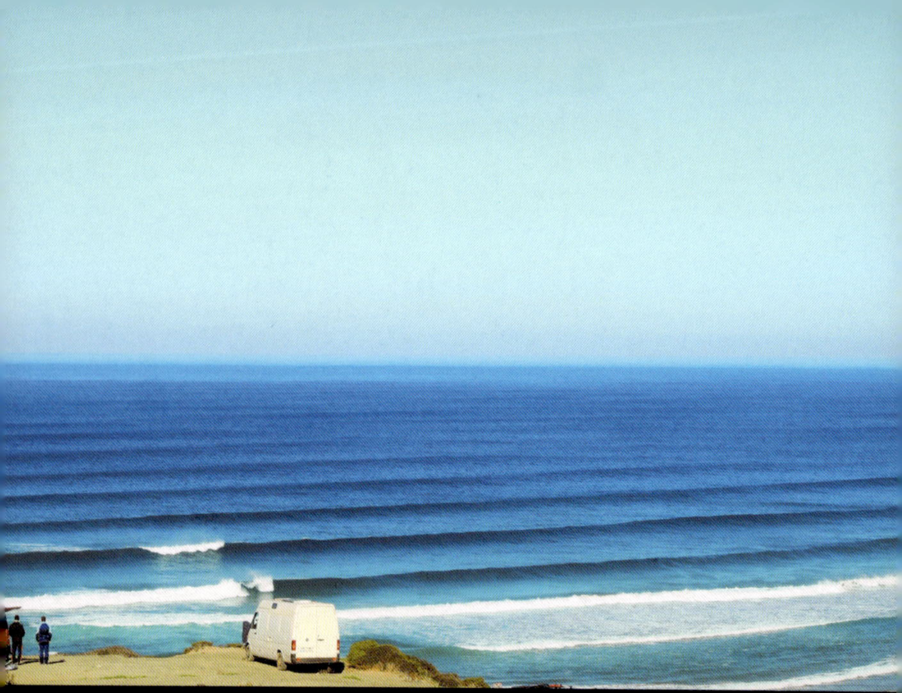

Oben: »Lines« – die Wellenlinien, die das Herz von Surfern schneller schlagen lassen, wenn sie so geordnet in eine Bucht rollen. **Unten:** Der Surfcheck – viele Surfer verwenden viel Zeit dafür, den besten Surf-Spot zu finden.

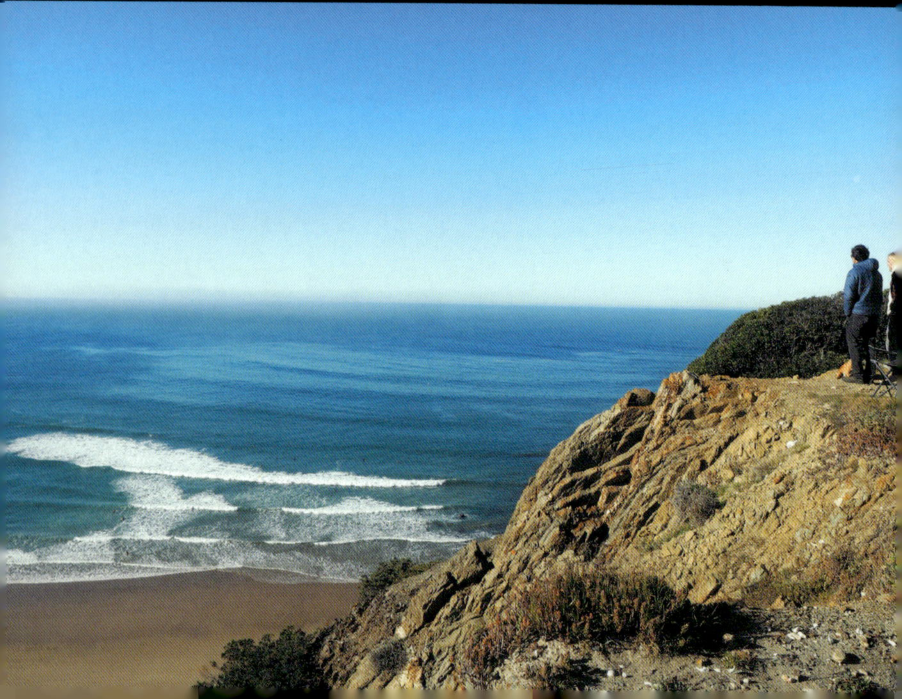

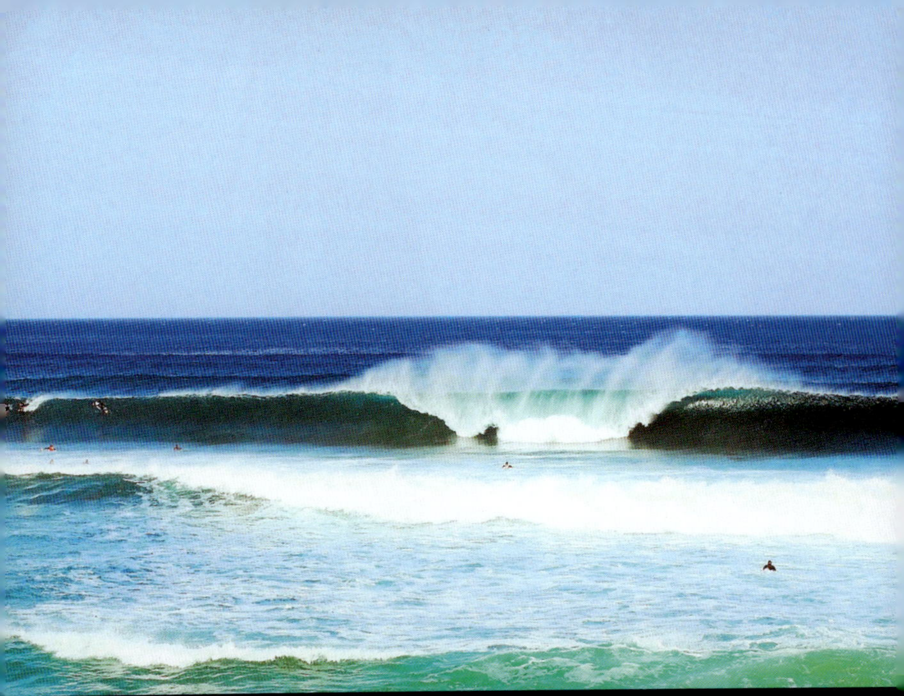

Oben: Das A-Frame am Stadtstrand von San Sebastián in Spanien. Eine sehr schnelle Welle – wer den Fuß ordentlich aufs Gaspedal drückt, wird mit einer sauberen Tube belohnt. **Unten:** Am besten keine Panik! Wenn die schwarze Wellenwand angerollt kommt, müssen die Surfer ordentlich paddeln, um rechtzeitig in die sichere Zone zu kommen.

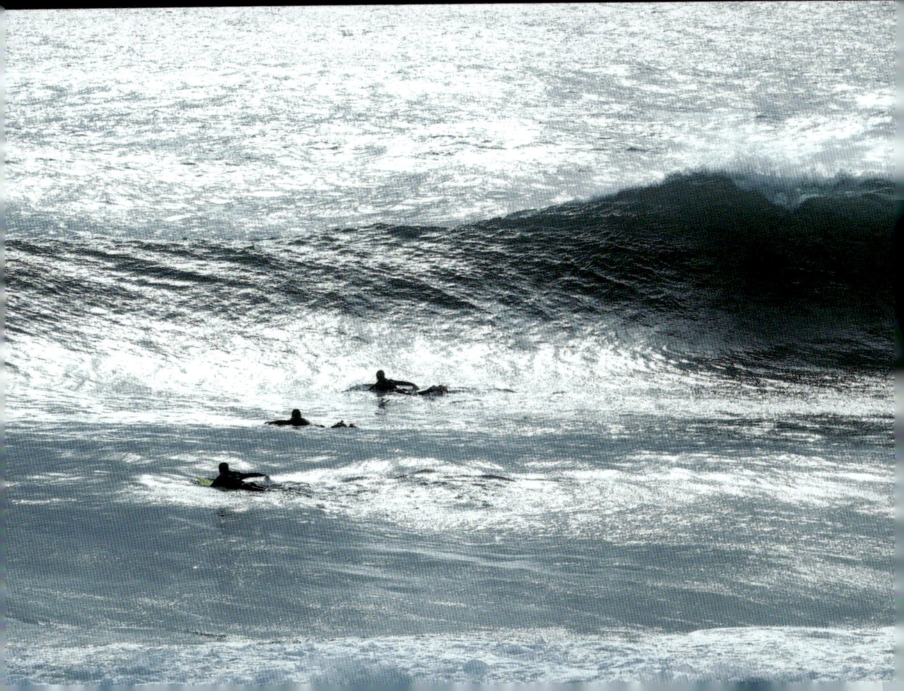

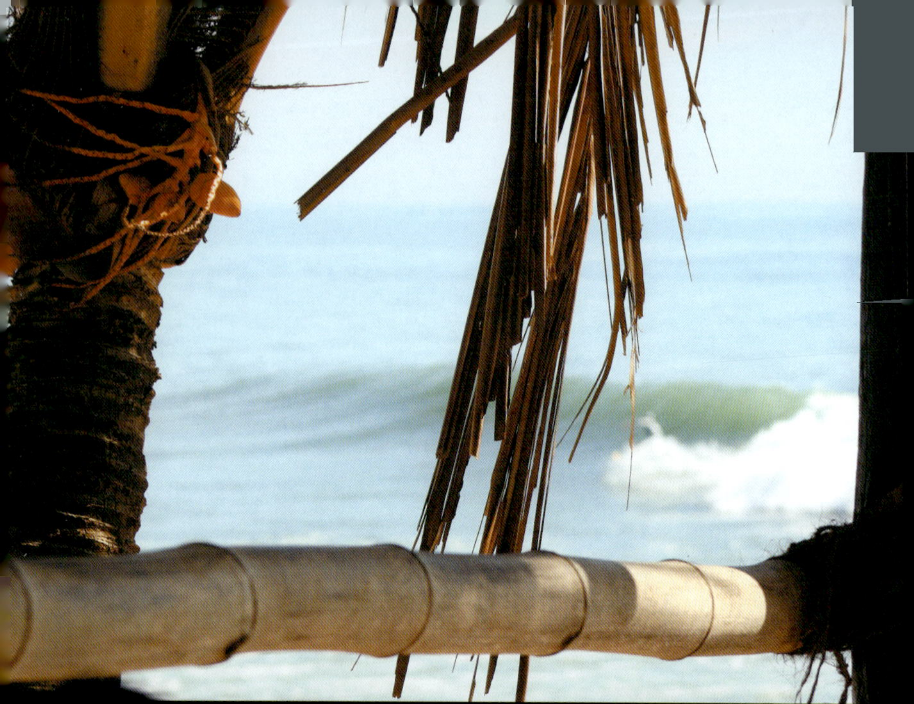

Oben: Sri Lanka bietet die großen (Surfer-)Drei: Wellen, Strand und Sonne. In Arugam Bay an der Ostküste Sri Lankas werden Surfanfänger und Profis gleichermaßen glücklich. **Unten:** Wer in warmen Ländern surfen geht, braucht anstatt eines Neoprenanzugs nur eine Boardshorts und ein Shirt als Sonnenschutz.

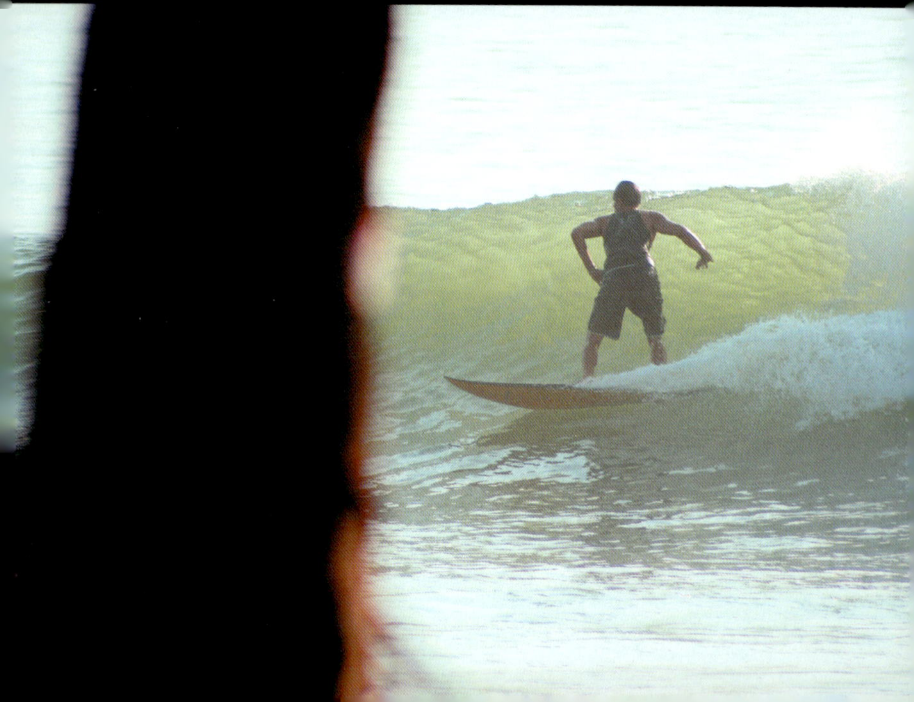

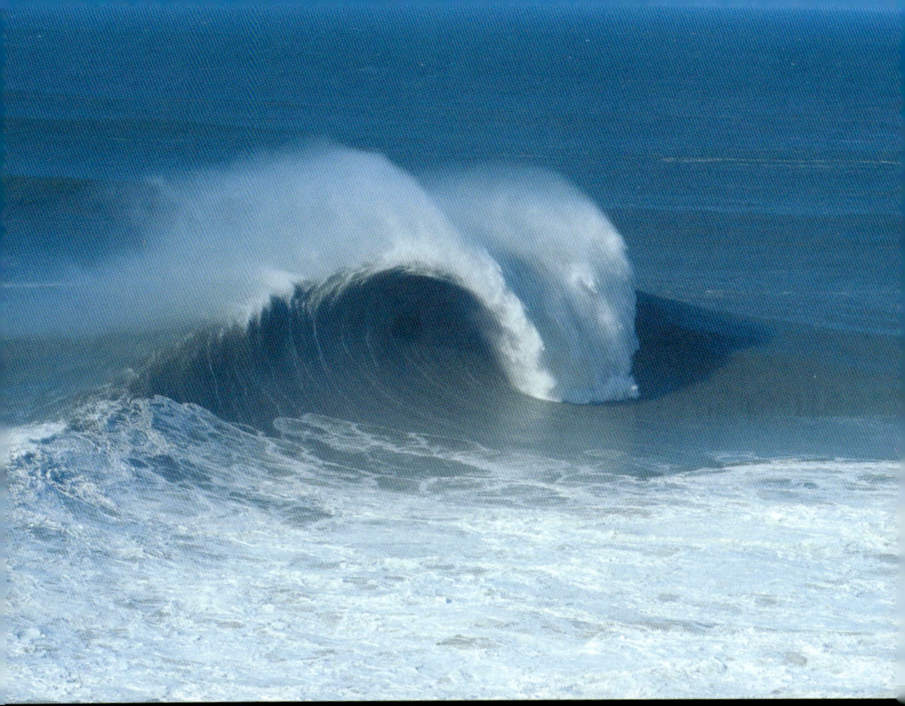

Oben: Die Barrel ist so groß, dass drei LKWs übereinander rein passen würden – Nazaré, Portugal. **Unten:** In Nazaré brechen die größten surfbaren Wellen des Planeten – eine absolut einmalige Show aus der Welt des Wellenreitens.

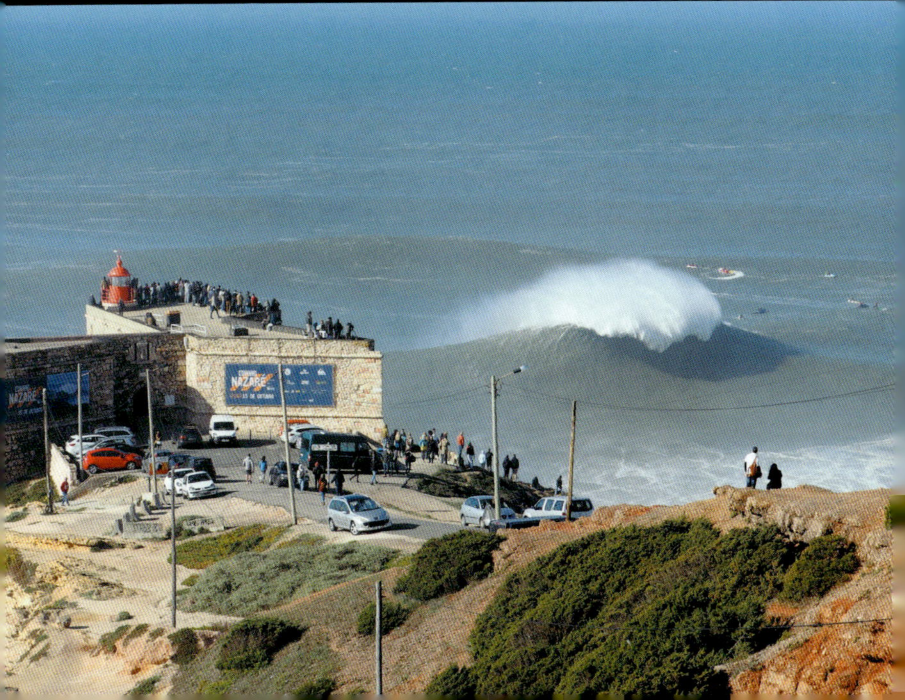

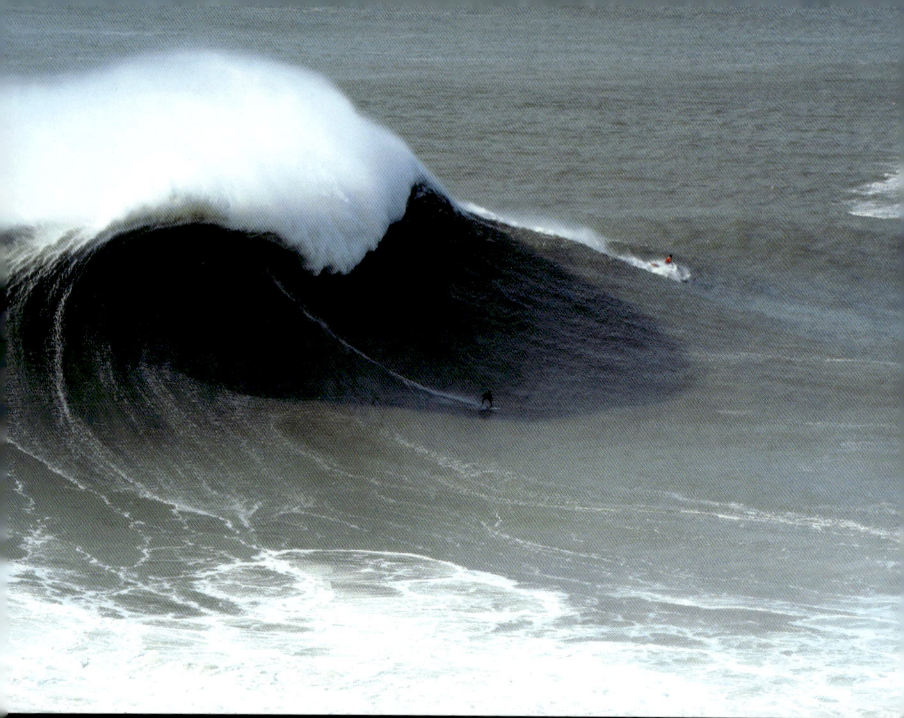

Oben: Der Deutsche Sebastian Steudtner ist einer der besten Big-Wave-Surfer der Welt, beruflich reitet er Wellen, die so hoch sind wie ein Mehrfamilienhaus – knapp 30 Meter! **Unten:** Nirgendwo auf der Welt können Zuschauer so nah am Geschehen sein – Nazaré ist das, was beim Tennis Wimbledon ist – etwas Einmaliges und Außergewöhnliches.

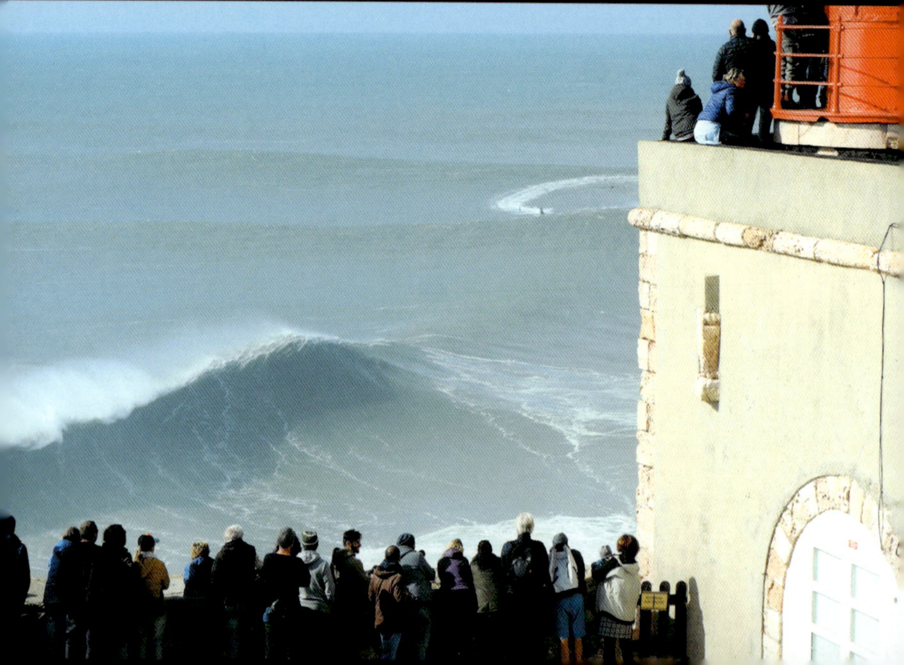

»Zurück nach Australien an die Gold Coast – und du?«

»Nach Deutschland an die Nordsee – Winterstürme surfen!«

Der Moment, in dem ich meistens in ein verdutztes Gesicht blicke und doppelte Genugtuung genießen darf: Ich kehre zurück an »meinen« Homespot, von dem die meisten nicht wissen, dass es dort ziemlich gute Wellen gibt!

72. GRUND

WEIL SURFER BERGE AUS WASSER REITEN

Ich höre es bereits, als ich das Auto parke und den Motor abstelle – ein fernes Grollen, das mit dem stürmischen Wind an Land getragen wird. Als Surfer ein für mich bekanntes Geräusch, nur dieses Mal ist etwas anders: Die Brandung ist viel, viel lauter als normal. Und es hat etwas Dumpfes, Gefährliches im Klang. Ich weiß ja, was das Geräusch erzeugt, kann aber kaum glauben, dass Wellen für dieses Krachen verantwortlich sein sollen. Wir haben auf dem kleinen Parkplatz am Ortsausgang des portugiesischen Städtchens Nazaré eine der letzten Parkbuchten ergattert. Wo um diese Jahreszeit normalerweise gähnende Leere herrscht, ist heute ein Andrang, als gäbe es etwas umsonst. Gibt es im Prinzip ja auch: eine absolut einmalige Show aus der Welt des Wellenreitens. Die Akrobaten sind Frauen und Männer, die riesige Berge aus Wasser reiten. Die heranrollenden Wasserberge türmen sich so hoch auf, dass sie, im Verhältnis zu ihren Ebenbildern aus Stein und Fels, einen Platz neben dem Mount Everest verdient hätten. Ihr Abhang ist ein Wellenface, das so hoch wie mehrere Einfamilienhäuser übereinandergestapelt ist. Die Farbtöne Ozeanblau oder Grün-Türkis, sonst gerne für Beschreibungen des Meeres gewählt, scheitern hier kläglich – die Wellen vor Nazaré sind so schwarz, als hätte der Teufel persönlich heute die Farbe des Wassers gewählt. Es ist ein wunderschöner Herbstag hier in Portugal, und doch wabert das Gefühl von Endzeitstimmung entlang der Felsenküste. Ich bekomme eine Gänsehaut – obwohl ich am sicheren Ufer stehe, im Gegensatz zu den waghalsigen Brettartisten, die da draußen durchs Line-up sausen.

Es ist der erste große Winterswell, der durch den Atlantik angerauscht kommt und ungebremst auf die kleine Küstenstadt trifft, die es durch ihre bis zu 30 Meter hohen Wellen in der Surfszene zu Weltruhm gebracht hat. Seit einem guten Jahrzehnt pilgern die mutigsten aller Surfer an die Westküste Portugals, um es mit den Wassermonstern aufzunehmen. Die Wellen brechen an dieser Küste natürlich schon seit Jahrhunderten, aber erst Jetskis, die den Surfer ähnlich einem Wasserskifahrer in die Welle ziehen, und die Weiterentwicklung des Surfens machten es möglich, diese Wellen auf einem Surfbrett zu reiten. Big-Wave-Surfen gibt es schon seit Jahrzehnten, allerdings war das Limit ohne die Jetskis irgendwann erreicht. Dabei ist nicht die Wellengröße das Regulativ – physikalisch sind Wellen ab einer bestimmten Größe einfach zu schnell, um sie mit reiner Muskelkraft anzupaddeln. Trotzdem war und ist es beeindruckend, was Surfer rund um den Globus ohne Maschinen im Wasser leisten – Wellen von zwölf Metern und mehr wurden auch schon ohne PS-Hilfe bezwungen. Die dafür geeigneten Big-Wave-Surfspots gibt es auf der ganzen Welt verteilt: Jaws vor Maui, Punta de Lobos in Chile oder Shipsterns in Tasmanien sind nur einige davon. Nazaré aber ist das, was beim Tennis Wimbledon ist – etwas Einmaliges und Außergewöhnliches.

Ein Unterwassergraben, der sich V-förmig in Richtung Küste verengt, bündelt die Energie der Welle, die aus sehr tiefem Wasser sehr schnell auf relativ flachen Untergrund trifft. Das hat zur Folge, dass die Welle zu einer enormen Größe anwächst, sehr viel Kraft hat und trotzdem extrem sauber bricht. Es bildet sich ein perfekter A-Frame, wie an unzähligen Beachbreaks dieser Welt auch, nur dass dieser so hoch ist wie kein anderer. Einer der Ersten, die hier gesurft sind, war der US-Amerikaner Garrett McNamara – mit seinem Weltrekordritt 2011 machte er Nazaré schlagartig berühmt. Die knapp

24 Meter hohe Welle beförderte ihn ins *Guiness Buch der Rekorde*, er bekam vom Bürgermeister der Stadt ein Haus mit Blick auf die Welle geschenkt und löste einen Surftourismus-Boom in der einst verschlafenen Stadt aus. McNamara folgten viele sogenannte »Hellmen«, wie die Big-Wave-Surfer in der Szene auch genannt werden. Darunter auch ein junger Deutscher aus Nürnberg, der mit 16 Jahren nach Hawaii »auswanderte« weil er es sich in den Kopf gesetzt hatte, Surfer zu werden. Das hat Sebastian Steudtner eindrucksvoll geschafft, inzwischen ist er einer der Besten in Nazaré. Und nicht nur das: Er verbringt die Wintermonate in Portugal, um die guten Tage auf keinen Fall zu verpassen – er ist getrieben davon, irgendwann die nächste größte Welle der Welt zu erwischen. Dass er dazu imstande ist, zeigen die beiden XXL-Awards, der »Oscar« der Big-Wave-Surfer, die er gewonnen hat. Er ist bekannt dafür, dass er sich akribisch, detailverliebt und ehrgeizig auf die Wellenmission vorbereitet – das ist aber auch notwendig, denn im Line-up von Nazaré ist Schluss mit lustig, jeder Fehler dort kann tödliche Folgen nach sich ziehen. Das musste die brasilianische Surferin Maya Gabeira erfahren, als sie in einer Welle stürzte und beinahe ertrank. Während des Wellenritts war ihr durch einen Schlag auf die Surfbrett-Unterseite das Sprunggelenk gebrochen – passiert, wenn du mit 80 km/h den Wasserhang hinunterrauschst. Sie geriet in die Monster-Waschmaschine und wurde in letzter Sekunde von einem Jetskifahrer an den Strand gebracht, wo sie wiederbelebt werden musste. Als ich in Nazaré war, überlebte Andrew Cotton wie durch ein Wunder. Der Brite wurde von der Wucht der herunterkrachenden Lippe rund 40 Meter nach vorne geschleudert und brach sich beim Aufprall auf die Wasseroberfläche den Rücken. Ärzte verglichen den Sturz mit einem Motorradunfall bei rund 100 km/h – nur dass dann die wichtigsten Körperteile eben mit Helm und Polster geschützt sind. Auch die Big-Wave-Surfer tragen Stabilisatoren und Schutzkleidung, allerdings ist die Ausrüstung limitiert, da die Bewegungsfreiheit nicht darunter leiden darf. Lediglich die aufblasbare Weste sorgt für

Sicherheit, falls der Surfer nicht mehr an die Oberfläche kommt. Zum Glück passierte an jenem Oktobertag im Line-up nicht noch mehr – im Gegenteil: Der Brasilianer Rodrigo Koxa brach den sechs Jahre alten Weltrekord für die größte jemals gesurfte Welle: 24 und ein halber Meter, oder 80 Fuß.

Überhaupt ist noch niemand in den Monsterwellen von Nazaré ums Leben gekommen – Mensch und Maschine behielten bisher die Oberhand gegenüber den Naturgewalten. Die portugiesischen Fischer nennen das Phänomen von Nazaré auch »Witwenmacher« – seit Generation versuchen sie die Wellen weiträumig zu umschiffen. Es brauchte eine Weile, bis sie nachvollziehen konnten, warum jemand freiwillig dort rausgehen wollte – so ganz verstanden haben sie es wohl bis heute nicht.

Schon auf der Straße, die runter zum alten Leuchtturm führt, spüre ich das Beben, das die Wellen erzeugen, wenn sie an die Felsenklippen krachen. Seit Jahrhunderten wird diese Stelle im Winter mit den riesigen Wellen malträtiert, und die Steilküste hält den Naturgewalten stand, aber die Gewalteinwirkung ist deutlich zu erkennen: Einzelne abgebrochene Felsen liegen vor dem Abhang, wie spitze Zähne sehen die Zacken aus, die aus dem Fels ragen und sich standhaft gegen den stetigen Angriff der Wassermoleküle wehren. Den ersten Surfer, den ich die riesige Welle hinunterrauschen sehe, erlebe ich wie in Trance. Das Gehirn braucht eine Weile, bis es das Gesehene verarbeitet hat und das Erlebte als real abspeichert. Im Gegensatz zu vielen anderen Big-Wave-Spots ist das Besondere an Nazaré, dass die Wellen so nah an der Küste brechen. Ich hatte teilweise das Gefühl, als rollten die Monster direkt auf mich zu. Bei den ersten Sets musste ich mir selbst gut zureden, um stehen zu bleiben – für einen Moment wirkt es, als würden die Wellen höher sein als das Dach des Leuchtturms, auf dem ich mit den vielen anderen Schaulustigen stand. Jedes Mal, wenn einer der Hellmen in eine Welle zieht, geht ein Raunen durch die Menge und wird wenige Sekunden später vom Applaus und Gejohle der Leute abgelöst.

Nach ein paar Stunden Spektakel laufe ich zurück zu meinem Auto – was für eine Show! Erst wird das Beben unter meinen Füßen weniger, dann verstummt das Grollen, als ich den Motor anlasse. Noch nie hatte ich beim Surfen so viel Spaß, ohne dabei selber im Wasser gewesen zu sein.

73. GRUND

WEIL ES GEISTERWELLEN GIBT

Es muss ein gespenstisches Szenario gewesen sein, als das kleine Sportfischerboot an einem eisig kalten Dezembermorgen aus dem Hafen von San Diego ausläuft. Neben dem Kapitän sind vier weitere Männer an Bord: die Reporter des amerikanischen *Surfing Magazine* Bill Sharp, Sam George und Larry Moore, dazu der Profisurfer George Hulse. Die Truppe ist auf dem Weg zu einem sagenumwobenen Unterwasserriff 55 Meilen vor der Küste Kaliforniens – Cortez Bank. Ein Unterwasserberg, dessen Spitze gerade mal einen Meter unter der Wasseroberfläche liegt, der Ozean ist hier sonst mehr als 300 Meter tief. Die vier Surfer vermuten hier eine Welle, die aus dem Nichts auftaucht und bis zu 50 Meter hoch werden soll – heute soll es so weit sein, die Mission »Geisterwelle« kann beginnen.

Bis dieser Surftrip ins Ungewisse möglich wurde, sind Jahre an Recherchen ins Land gegangen. Los ging es mit einem Gespräch zwischen Larry Moore und einem Taucher namens Philip Hoffman, der von dem ungewöhnlichen Berg draußen im Ozean erzählte. Für ihn sei das Revier ein Paradies für die Delikatesse Abalone, zu deutsch Seeohren, erfährt der Surfreporter. »Die Teile sind so groß wie Handtaschen«, erzählt Hoffman, »dazu kommen Seelöwen von der Größe eines Wohnwagens und Haie, die in einen Bus passen würden.« Moore allerdings wird hellhörig, als ihm der Taucher von Weißwasserwalzen berichtet, die ungefähr 30 Fuß hoch seien – wie groß müssten dann die ungebrochenen Wellen erst sein? Als der surfende Journalist anfängt zu recherchieren, kann er nur sehr wenige Informationen zusammentragen. Es sind die 80er-Jahre – das Internet, GPS und Google Maps sind noch die Zukunft. Moore findet heraus, dass einige Jahre zuvor der amerikanische Flugzeugträger USS Enterprise hier Grundberührung hatte und ein Schiffswrack dort verzeichnet ist. Es gibt also ein Riff, aber ob es auch brauchbare Wellen produziert, muss er persönlich herausfinden. Gemeinsam mit einem Kumpel fliegt er in einem Kleinflugzeug raus zu der Stelle, die als Bishop Rock in den Seekarten verzeichnet ist. Was er dort vorfindet ist kaum zu glauben. »Wir waren an einem Tag mit einem mittleren Swell dort«, erzählt er in einem Interview, »und die 25 Fuß große Wetterboje, die dort liegt, wurde vom Weißwasser komplett überspült!« Moore hat Blut geleckt, er plant gemeinsam mit seinen Kollegen die Mission und wartet dann auf den richtigen Tag. Den zu erwischen ist allerdings gar nicht so einfach – 1990 war das Big-Wave-Surfen noch kein hoch technologischer Sport, außerdem gibt es keinerlei Information, welche Art von Swell und Windrichtung der Surfspot benötigt. Zusammen mit dem Profisurfer Hulse versuchen sie sich ihre eigene Swellprognose zusammenzustellen – und stechen dann an jenem dunklen und verregneten Dezembermorgen in See.

Als sie dort ankommen, glauben sie erst, dass die ganze Mission ein Reinfall ist. Obwohl sie den Swell deutlich am Rollen des Schiffes spüren, ist die See über dem Riff spiegelglatt, kaum Weißwasser und schon gar keine 50-Fuß-Welle! Aber nach ein paar Minuten passiert es: Ein Set trifft auf das Riff, die Wellenenergie wird im Bruchteil einer Sekunde von über 300 Meter Wassertiefe auf einen Meter zusammengestaucht und entlädt sich so in einer brechenden Welle, die von Hulse auf 40 Fuß geschätzt wird. Der Ozean ist hier so tief, dass nur die Setwellen wirklich brechen, die allerdings sind dann so hoch wie ein Einfamilienhaus. Der Surfer macht sich bereit, während die Kollegen kleine Bojen zusammenbasteln, die sie mit einem Gewicht im Riff verankern wollen. Mithilfe dieser kleinen Tricks soll

Hulse einen Referenzpunkt im offenen Ozean haben, wo er sich im Line-up platzieren muss. Er und zwei der Surfreporter wollen ins Line-up paddeln, der vierte Mann soll die Fotos schießen. Bevor sie ins eiskalte Wasser springen, schreiben alle vier kurz entschlossen ihr Testament – Monsterwellen, Haie, ein Wrack im Line-up – hier draußen scheint alles möglich zu sein. Dann paddeln sie los und haben trotz der Bojen Schwierigkeiten, sich richtig zu platzieren. Normalerweise gibt es an Land immer einen Leuchtturm, ein hohes Haus oder eine Palme, an der man sich orientieren kann, aber hier ist die nächste Landmarke unsichtbar 90 Kilometer entfernt. »Ich habe mich beim Rauspaddeln nicht einmal umgedreht«, erzählt Hulse später, »ich hatte Angst, dass ich in Panik gerate, wenn ich weit und breit kein Land sehe.« Auch nach unten will keiner der drei blicken. Das Wasser ist glasklar, man sieht gute 15 Meter in die Tiefe – bis in den Kelpwald, wo sich sehr wahrscheinlich die Tiere mit den scharfen Zähnen aufhalten. Irgendwann dann ist es so weit: Hulse paddelt eine Welle an, rast auf dem Face nach unten und schießt mit einer abartigen Geschwindigkeit raus in den sicheren Channel. Der Jubel ist groß, und die Fotos sind im Kasten. Auf dem Weg nach Hause beschließen die drei Surfjournalisten, mit der Veröffentlichung der spektakulären Bilder noch zu warten. Jetzt, da sie wichtige Informationen über den Big-Wave-Surfspot Cortez Bank und seine Bedingungen haben, spekulieren sie auf einen noch besseren Tag mit noch größeren Wellen. Außerdem vereinbaren sie absolute Verschwiegenheit bezüglich ihrer Entdeckung – die Geisterwelle soll noch eine Weile ein Gespenst bleiben!

74. GRUND

WEIL DU EINE MASSEINHEIT FÜR WELLEN FESTLEGEN KANNST

Die Diskussion über die Größe von Wellen kann Surfer-Freundschaften entzweien! Wer hatte heute die größte? Während der eine behauptet, er habe die 8-Fuß-Welle bezwungen, glaubt der andere, dass es gerade einmal nur sechs Fuß waren. Wie hoch Wellen tatsächlich sind, ist einer der herausragenden Streitpunkte in unserem Mikrokosmos. Das Problem ist, dass es kein einheitliches Messsystem für Wellen gibt. Indem zum Beispiel bei der Temperatur kein Raum für Diskussionen ist – der Blick aufs Thermometer beendet hier jegliche Meinungsverschiedenheit –, ist in Bezug auf die Wellenhöhe viel Raum für individuelle Interpretation. Meine Erklärung für die fehlende Maßeinheit ist im Objekt selbst begründet: Eine sich bewegende und ständig verändernde Materie ist nur schwer zu bemessen. Zumindest konnte man sich darauf einigen, was grundsätzlich gemessen werden kann: Ausschlaggebend für die Größe einer Welle ist die Höhe des Wellenface, der Bereich vom unteren, flachen Teil der Welle bis hoch zur Lippe. Wetterdienste und Surfvorhersagen sprechen dann von ungefähren Größen, also drei bis fünf Fuß oder sechs bis acht Fuß. In der überwiegend englischsprachigen Surfwelt wird als Maßeinheit das angloamerikanische System angewandt, auch europäische oder brasilianische Surfer haben dies adaptiert. Vielleicht einer der Gründe, warum die ausgegebene Wellenhöhe auch davon abhängt, wo die Wellen brechen. Die Hawaiianer zum Beispiel sind für ihre extreme Untertreibung bekannt. Keine Welle ist hier unter sechs Fuß, und ein Wellenface, das in Portugal mit mindestens zehn Fuß eingestuft werden würde, ist auf den hawaiianischen Inseln vielleicht knapp acht Fuß hoch, in Florida dagegen würden die Surfer eher von 18 Fuß sprechen. Dieses Phänomen hängt auch damit zusammen, wie die lokale Surf-community konditioniert ist: Die Wellenreiter in Hawaii surfen einfach nichts unter sechs Fuß, der Atlantik in Portugal produziert so ziemlich alles zwischen zwei und 20 Fuß, für Surfer in Florida sind 6-Fuß-Wellen riesig und sehr selten. Ich habe diese unterschiedlichen Interpretationen ganz besonders auf Bali erlebt, ein Schmelztiegel für Surfer auf der ganzen Welt. Während der Australier abends von einem »6-Fuß-Tag« berichtet, spricht der brasilianische Surfer (ein Land mit tendenziell kleinen Wellen) von mindestens acht Fuß, der Hawaiianer dagegen erklärt, dass er erst gar nicht ins Line-up gepaddelt ist. Ich habe mir inzwischen angewöhnt, den Surfer in der Welle als Maßstab für die einzelnen Abstufungen zu nehmen: kniehoch, schulterhoch, doppelt über Kopf hoch und so weiter. Ich finde diese »Maßeinheit« nachvollziehbar, vor allem für unerfahrenere Surfer oder Nicht-Surfer. Mit meiner Frau habe ich ein ganz eigenes Maßsystem entwickelt. Sie surft nicht, ist aber viel an Stränden oder überhaupt an der Küste unterwegs, und als mein »persönlicher Wavespotter« kann sie mir wertvolle Informationen in Sachen Wellenqualität und Wellenhöhe liefern. Ich habe sie gefragt, was sie sich imaginär am besten vor dem Wellenface vorstellen könne – ihre Antwort war: »Meinen Kleiderschrank!« Seitdem berichtet sie mir also von »zwei Kleiderschränken« hohen Wellen, oder an dem und dem Strand sind die Wellen »einen halben Kleiderschrank« hoch – das hilft ungemein!

Die fehlende einheitliche Maßeinheit für Wellen ist nicht ganz ungefährlich, da sie zu üblen Fehleinschätzungen führen kann. Die Kraft einer Welle wächst nämlich nicht proportional mit der Größe, sondern eher mit der Größe im Quadrat. Eine 8-Fuß-Welle ist demnach nicht nur etwas kraftvoller als eine 6-Fuß-Welle, sondern eben im Quadrat kraftvoller: Der Sprung geht von 36 auf 64, was fast das Doppelte ausmacht! Und das ist nur eine ungefähre Faustregel, denn wie viel Power eine Welle hat, hängt auch von ihrer Form ab. Während der kopfhohe Pointbreak ganz entspannt daherkommt, kann der genauso große Beachbreak mit seiner Kraft Surfbretter oder mehr brechen. Vielleicht könnte man ja einmal weltweit über eine einheitliche Maßeinheit für Wellen nachdenken – mein Vorschlag: Kleiderschränke oder Angsteinheiten!

75. GRUND

WEIL DU MANCHMAL IM NIRGENDWO WELLEN FINDEST

Auf meinem Bulli-Surftrip rund um Australien verbrachte ich ein paar Tage an einem Surfspot, der mir bis heute als sehr speziell in Erinnerung geblieben ist. Einfach anders als alle anderen Surfspots, die ich bis dahin kennengelernt hatte. Reisende Surfer kennen das – es gibt Orte, die sind nur schwer zu begreifen. Hier lag es weniger an der Welle, eine heftige Linke, sondern eher an der geografischen Lage und an den Menschen, die an diesem Ort abgestiegen waren.

Ich hatte mich in Adelaide mit reichlich Proviant, einem extra 25-Liter-Benzinkanister und einigen wichtigen Ersatzteilen auf den Weg nach Westen gemacht. Ich wollte entlang der Küste der großen Australischen Bucht durch die Nullabor-Ebene fahren, mehr als 1000 Kilometer durch die Einsamkeit bis nach Perth in Westaustralien. Hin und wieder überholte mich einer der sogenannten Roadtrains, riesige Lkw mit drei Anhängern, ansonsten gibt es hier wenig – außer jeder Menge Steilklippenküste, Kalkstein und Wüste! Es geht auf dem Highway Hunderte Kilometer geradeaus, und ich würde nicht von Kurve sprechen, aber eine leichte Biegung in der Straße kann als große Abwechslung gewertet werden. Es ist so staubig, dass die Klimaanlage verklebt und ich nach einem halben Tag mit offenen Fenstern fahren muss. Die Folge: Im Wageninneren ist alles mit dem sogenannten Bulldust, rotem Staub, überzogen, und ein leicht erdiges Bouquet wird zur vorherrschenden Duftmarke. Das Tages-Highlight sind die seltenen Fernfahrerstopps, an denen getankt wird – und zwar Fahrzeug und Fahrer. Hier wurde mir beigebracht, dass die Entfernungen in diesem großen Nichts in »tinnies« gemessen wird, also an der Anzahl der Bierdosen, die zwischen A und B geleert werden. Mit diesem Wissen war ich ab sofort etwas angespannt, wenn einer der tonnenschweren Laster samt volltrunkenem Fahrer zum Überholen ansetzte. Alles in allem ein ziemliches Abenteuer und mit Sicherheit einer der krassesten Roadtrips meines Lebens.

Am legendären Bells Beach an der Südküste hatte ich mich vor meiner Abfahrt länger mit einem lokalen Surfer über mein Vorhaben unterhalten, und er erzählte mir von einer Welle entlang des Weges, die ich auf keinen Fall auslassen dürfe. So war mein erstes Etappenziel also einer der abgelegensten Surfspots der Welt – Cactus genannt.

Nach zwei Tagen Fahrt kam ich dort an und wurde von einem Szenario begrüßt, das in jedem Western super funktioniert hätte. Eine kleine Siedlung aus selbst gezimmerten Wellblechhütten, überall Staub und Wüstensand, dazu eine schwer erträgliche Hitze und Milliarden von Fliegen. Diese Plagegeister waren so aggressiv, dass es fast nicht möglich war zu sprechen, ohne dass eins der Tiere in den Mund schwirrte. Die Typen, die in dieser Siedlung herumlungerten, waren eine Mischung aus reisenden Australiern, Aussteigern und Lebenskünstlern. Die meisten waren Surfer, zumindest einmal gewesen, bis ihnen der Alkohol und die Drogen die Lust und das Können nahmen. Anscheinend war den Typen hier die ziemlich gute, ziemliche leere Welle so wichtig, dass sie dafür in Kauf nahmen, am Ende der Welt unter richtig miesen Umständen zu hausen. Die Wellen allerdings waren wirklich gut: Zwei relativ lange Linke, Cactus und Castles, mit heftigem Drop und langen Ritten, und dann noch eine Rechte namens Caves mit ordentlich Wumms. Da ich voll im Training war und in letzter Zeit ziemlich viel gesurft hatte, traute ich mir Cactus durchaus zu. Trotzdem fragte ich einen der Typen nach den örtlichen Bedingungen. Er meinte, es gebe nichts Spezielles zu beachten, nur die »White Pointer« seien manchmal etwas nervig. »White Pointer« ist ein australischer Slangbegriff für »Weißer Hai«, und je mehr ich darüber nachdachte, umso klarer wurde mir: Kaltes Wasser, die tiefe Wasserstraße zwischen Australien und Tasmanien, Felsenküste mit Fischreichtum – wo, wenn nicht hier sollte der große Weiße denn sonst abhängen? Der Typ versuchte mich zu beruhigen: »Erst vorgestern ist einem Surfer hier das Brett durchgebissen worden, die Chance ist also klein, dass es nach so kurzer Zeit wieder einen Angriff gibt.« Ach so, na da konnte ich ja beruhigt sein. Ich haderte, es war eine »once-in-a-lifetime«-Chance, hier an diesem gottverlassenen Ort surfen zu können, aber dafür gleich das eigene Leben riskieren? Ich sah, wie sich zwei Surfer unten an den Klippen fertig machten, und nahm die Chance wahr: Rein in den Anzug, rauspaddeln und mit den beiden anderen die Chance, gefressen zu werden, einfach dritteln. Gesagt, getan – im Line-up angekommen, machte ich etwas, was ich noch nie in meinem Leben vorher getan hatte: Ich hob meine Beine an und legte sie auf das Brett. Sonst bin ich kein Schisser was Haie angeht, die Chance auf einen Angriff ist einfach zu gering, aber mitten in ihrem Wohnzimmer war mir dann doch etwas mulmig zumute. Ich nahm eine Welle und paddelte zurück an Land. Ich dachte mir: Was habe ich von einer Surf-Session, wenn ich sie nicht genießen kann und dauernd nur Angst habe?

Am nächsten Morgen fuhr ich weiter und kam in Perth an, ohne eine weitere Sekunde im Süden Australiens gesurft zu sein. Ich war froh, Cactus kennengelernt zu haben – einen Ort wie aus einem B-Western. Nur weil es dort leere, ziemlich gute Wellen gibt, könnte mich kein Geld der Welt dazu bewegen, dort sesshaft zu werden. Übrigens las ich während meiner Zeit in Australien noch zweimal von einem tödlichen Haiangriff in Cactus. Solltet ihr also vorhaben, dort irgendwann mal aufzukreuzen, bringt auf jeden Fall euer eigenes Surfequipment mit – eventuell gibt es dort niemanden mehr, der euch etwas verkaufen oder leihen kann.

76. GRUND

WEIL WELLEN MILLIARDEN WERT SIND

Hat nicht jeder diesen Traum: Zu Hause steht ein alter Einrichtungsgegenstand von deiner Oma, Tante oder Schwiegermutter und hat neben der Patina vor allem eine ideelle Bedeutung für dich. Über den monetären Wert hast du dir nie Gedanken gemacht, bis dir jemand einen Tipp gibt, die Lampe, Brosche oder Uhr schätzen zu lassen. Dabei stellt sich heraus, dass deine Oma, Tante oder Schwiegermutter einen ziemlich guten Geschmack hatte und das Teil inzwischen ein paar Tausend Euro wert ist. Glück im Unglück, denn jetzt stehst du vor der Entscheidung: Oma, Tante oder Schwiegermutter in Ehren halten oder lieber doch ein paar Scheine machen? Was würdest du tun?

Vor diesem Gewissenskonflikt stehen immer mal wieder Politiker, in deren Regierungsbezirk zufälligerweise Wellen und Surfspots liegen, die mehrere Millionen wert sind. Wie kann das sein? Wie kann man eine Welle mit Geld aufwiegen? Ein Objekt, das aus Wasser besteht, aus dem Nichts auftaucht und sich am Strand ins Nichts verflüchtigt? Und sind Wellen nicht sogar umsonst?

Wellen haben einen indirekten monetären Wert, wie der amerikanische Professor Jason Scorse herausgefunden hat. Im Jahr 2012 fragte sich der Wissenschaftler und Surfer nach einer Surf-Session an seinem berühmten Homebreak in Santa Cruz, welchen ökonomischen Wert Wellen grundsätzlich haben könnten. Dieses Gedankenspiel war der Anfang von »Surfonomics« – einer Methode, die es möglich macht, den Wert von Wellen für eine Stadt, eine Region oder ein Land wissenschaftlich fundiert zu berechnen. Mithilfe von verschiedenen Parametern wird zum Beispiel untersucht, wie viele Menschen von dieser Welle angelockt werden. Und was diese Menschen bereit sind, an Geld in die lokale Wirtschaft zu investieren, um darauf zu reiten. Kurzum: Welchen Marktwert haben Wellen?

Professor Scorse hat dieser Schätzung einen Namen gegeben und eine wissenschaftliche Methodik dafür entwickelt – »Surfonomics« jedoch gibt es schon länger, nur eben nicht wissenschaftlich belegt und ohne eine konkrete Bezeichnung für diese Untersuchung. Schon im Jahr 2002 verhinderten zum Beispiel einige Umweltorganisationen den Bau einer Wohnanlage an einem der berühmtesten Surfspots auf Puerto Rico. Sie belegten, dass pro Jahr 52 Millionen Dollar in die Staatskasse flossen, alleine generiert durch den Surftourismus. Das stoppte den Bauplan, der am Ende nicht annähernd so viel eingebracht hätte. Ähnliches passierte 2007 im spanischen Mundaka. Dort wurden 4,5 Millionen Euro errechnet, den der berühmte Pointbreak der Staatskasse einbrachte.

Und das ist nur der Marktwert der eigentlichen Wellen, Professor Scorse errechnet mit seinem System auch die »weichen Faktoren« eines Surfspots. Das sind Faktoren, aufgrund welcher zwar kein direktes Geld fließt, die aber einen Mehrwert für die Region darstellen: Wie weit reisen Surfer für diese Welle? Wie oft kommen sie pro Jahr? Wie viel geben sie für Benzin, Unterkunft und Essen aus? So errechneten der Professor und sein Team für Trestles in Kalifornien einen »weichen Wert« von 24 Millionen Dollar, resultierend aus 300.000 Besuchern, die im Schnitt 80 Dollar pro Surf-Session ausgeben. 80 Dollar pro Session – das entspricht ungefähr einer Skilift-Tageskarte in den österreichischen Alpen. Spätestens hier muss den Entscheidern klar geworden sein, welche Bedeutung eine Welle hat, schließlich würden die Skilift-Betreiber in Österreich ihre Anlagen auch nicht einfach einem Hotelkomplex opfern – welchen Wert hat das Hotel, wenn keiner kommt, um darin zu wohnen!

Eine Studie aus dem Jahr 2017 kam übrigens zu dem Ergebnis, dass surfbare Wellen weltweit pro Jahr rund 50 Milliarden Dollar in die Weltwirtschaft einfließen lassen. Ich finde, das ist eine unglaubliche Zahl und gleichzeitig eine saftige Ohrfeige für all diejenigen, die »ihre Welle« in den vergangenen Jahren für ein Bauprojekt geopfert haben. Andere Beispiele gibt es übrigens genügend: Irland,

Australien und auch die Verantwortlichen in Mundaka sind irgendwann schwach geworden, haben sich dann aber doch im letzten Moment wieder eines Besseren besonnen!

Das Geld ist bestimmt verlockend, aber welcher heimatverbundene Mensch möchte die Schönheit, die individuelle Einzigartigkeit »seiner« Welle unwiederbringlich zerstören? Mal ganz abgesehen von den Auswirkungen auf das jeweilige Ökosystem. Und wer will verantwortlich dafür sein, dass die nachfolgenden Generationen an der Hotelbar abstürzen, statt im Line-up zu sitzen? Und doch siegt leider noch viel zu oft die Korruption, die den Politikern und Mächtigen dieser Welt genauso viele Millionen zuspielt, wie die Welle wert ist – nur dass sie die Kohle steuerfrei für sich alleine einsacken, statt mit der Allgemeinheit zu teilen. Ich bin allerdings sicher, dass auch diese skrupellosen Menschen irgendwann im Kämmerlein hocken und sich die Haare raufen. Denn am Ende ist es genau wie mit dem Erbstück von Oma: Erst wenn du das Teil für eine Handvoll Dollar verschachert hast und es nicht mehr auf dem Kaminsims in Sichtweite steht, wird dir klar, welche Bedeutung das Stück für dich und deine Familie wirklich hatte.

5. KAPITEL

SURF-TECHNIK & SURF-AUSRÜSTUNG

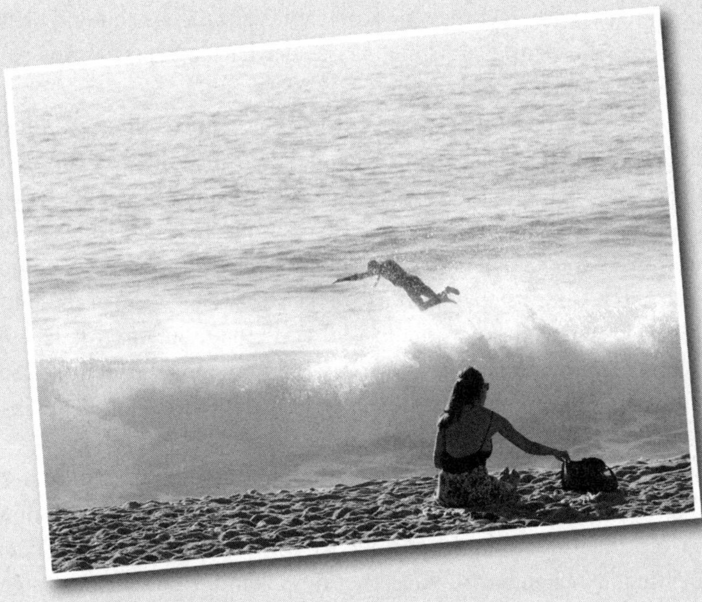

77. GRUND

WEIL ANFÄNGERFEHLER (MEISTENS) VERZIEHEN WERDEN

Wer snowboarden lernen will, muss sich auf Schmerzen einstellen – am ganzen Körper! Und eine Erkältung ist meistens auch noch inbegriffen, weil der Anfänger den ganzen Tag verschwitzt mit durchnässten Klamotten durch die Kälte purzelt. Beim Skateboarden ist es noch schlimmer: Gebrochene Knochen, Verstauchungen und blaue Flecken sind dank des Asphalts oder der harten Skate-Rampe beinahe garantiert.

Jede Sportart, die neu erlernt wird, fordert Opfer – beim Surfen ist das nicht anders. Das Gute ist, dass bei der Kunst des Wellenreitens die ersten Fehler meistens glimpflich ausgehen. Surfanfänger haben das Glück, dass die »ersten Schritte« oft auf sandigem Untergrund und in kleinen Wellen stattfinden. Außerdem ist Wasser eine der weicheren Unterlagen, um Kunststücke zu erlernen – ein großes Plus für Menschen, die zum ersten Mal von einem Surfbrett fallen. In Sachen Schmerztoleranz ist Wellenreiten ein anfängerfreundlicher Sport und die Hemmschwelle mit Sicherheit niedriger als beim Skaten, Snowboarden oder Wakeboarden.

Selbstverständlich sollte ein Surfanfänger schwimmen können, das vorausgesetzt, ist es vor allem der richtige Surfspot, der über Erfolg und Misserfolg entscheidet. Ich war schon an Orten, an denen bei den örtlichen Surfschulen eher der Profit im Vordergrund steht und nicht die Sicherheit des Surfschülers. Da geht es dann am ersten Tag mit dem Boot raus zum Riff, bei niedriger Tide, und ab dafür an den Pointbreak. Meiner Meinung nach ist eine vier Fuß, hohl brechende Welle mit ungefähr einem halben Meter Wasser über dem Riff nicht das, was bei Surfanfängern Vertrauen schafft. Ich habe einen der Surflehrer mal gefragt, was sie sich dabei denken – seine Antwort war interessant: »Wieso, die unterschreiben doch einen

Wisch, dass sie das auf eigene Gefahr machen!« Klar, wenn ich mit einem Fallschirm aus dem Flugzeug springe, muss ich auch einen Vertrag unterschreiben, dass ich das auf eigene Gefahr riskiere. Allerdings kann ich davon ausgehen, dass mich der Lehrer nicht mit einem löchrigen Fallschirm aus dem Flugzeug schubst. Und der »Anfängerhügel« beim Skifahren ist im Normalfall auch nicht direkt die schwarze Piste! Unverantwortliche Surflehrer sind aber eher die Ausnahme. Die meisten Surfschulen, die ich kenne, sind sehr gewissenhaft im Umgang mit ihrer Kundschaft.

Die Chancen stehen also gut, bei den richtigen Bedingungen unbeschadet surfen zu lernen. Allerdings bestätigen auch die Ausnahmen die Regel. Es gibt Gefahren da draußen in den Wellen, keine Frage. Eine davon sind die surfenden Mitschüler, eine weitere das eigene Brett. Selbst erfahrene Surfer bekommen bei einem Sturz immer mal wieder das eigene Board an den Kopf. Oder eine der scharfkantigen Finnen hinterlässt ein Andenken an die ersten Surfversuche. Surfbretter können schnell zu gefährlichen Geschossen werden: Das »nach-hinten-weg-flutschende-Surfbrett-beim-Duckdive« ist ein klassischer Anfängerfehler! Gerade Lernende haben oft große Bretter, die schwierig zu kontrollieren sind. Blutüberströmte Gesichter, Prellungen, verletzte Extremitäten – Surflehrer können ein Lied davon singen. Eine Grundregel für alle Surfer lautet, egal ob Anfänger oder Profi: Niemals direkt hinter einem anderen Surfer paddeln, geschweige denn duckdiven!

Eine bestimmte Reaktion des Körpers allerdings bleibt niemandem erspart, der irgendwann mal das unbeschreibliche Gefühl erleben will, am Wellenkamm entlangzurauschen: unfassbar intensiver Muskelkater! Surfschüler führen während der ersten Stunden auf dem Brett Bewegungen aus, die für den Körper völlig neu sind. Sicher sollte jeder Surfeinsteiger schwimmen können – aber wer krault schon zur Paddelvorbereitung regelmäßig durch den Badesee oder das Erlebnisbad? Irgendwann beschweren sich dann die Muskeln, die sonst andere Aufgaben gewohnt sind, über die ungewohnte Tätigkeit im Wasser. Sie müssen endlos kraulschwimmen, dazu der nach oben gereckte Kopf und Schultergürtel, auch die untere Rücken- und Gesäßmuskulatur will ausgiebig stabilisiert sein – insgesamt ist das Liegen auf dem Surfbrett am Anfang eine ziemlich unnatürliche Haltung. Surfschüler sind an den ersten Tagen meistens nicht mehr zu viel mehr als dem Abendessen zu gebrauchen, so fertig sind sie von ihrem Kampf im Line-up. Das wiederum macht es den Surfcamps einfach – viel Surfen, gutes Essen und ein kurzes Abendprogramm reichen völlig aus. Ich hatte Glück, meine zehn Jahre im Schwimmverein haben mich vor allzu großen Schmerzen bewahrt, aber auch ich lernte Muskeln kennen, von denen ich nicht wusste, dass sie in meinem Körper existieren!

78. GRUND

WEIL DU DICH AUF DEIN SURFER-FACE FREUEN DARFST

Immer wenn mein Surf-Buddy Olli eine Welle erwischt und auf sein Brett hüpft, muss ich lachen. Nicht lauthals, aber ein Grinsen kann ich mir einfach nicht verkneifen – selbst wenn ich wollte. Ich will aber gar nicht. Ich lache nicht, weil er etwa ein schlechter Surfer ohne Style ist, ganz im Gegenteil, der Junge rippt! Aber in dem Moment, in dem Olli auf dem Board aufsteht, macht er ein Gesicht, das zum Brüllen komisch ist: Die Augen weit aufgerissen, aber konzentriert, der Mund formt ein großes O, und die angespannten Gesichtsmuskeln verzerren sein Antlitz zu einer komischen Grimasse. Es gibt Dinge im Leben, die kann man Hunderte Male hören oder sehen, und doch ist es jedes Mal aufs Neue zum Lachen – Ollis Surfergesicht ist eins davon.

Mein Kumpel ist kein Einzelfall – auch du hast deine ganz eigene Surf-Grimasse! Der Grund ist einfach: Es gibt diesen Bruchteil einer Sekunde, der Augenblick kurz nachdem deine Füße auf dem Surfbrett aufgesetzt haben. Dein Blick wandert in Richtung des Wellenface, um dort die richtige Fahrlinie zu finden – alles andere in der Welt wird unwichtig, die Aufmerksamkeit ist voll und ganz auf den Wellenritt konzentriert. Du bist in einem visuellen Tunnel, neudeutsch heißt das wohl »in-the-zone«, die Amis sagen dafür »down the line«! Hier entscheidet sich mitunter, ob die Welle ein Erfolg wird oder ob der Surfer stürzt – Sinne, Nerven und Muskeln arbeiten jetzt auf Hochtouren. Jeder Wellenreiter erlebt diesen Moment wahrscheinlich unterschiedlich und hat dementsprechend auch sein ganz individuelles »Wellengesicht« – ob er will oder nicht. Diesen surfspezifischen Gesichtsausdruck gibt es gratis beim Surfenlernen dazu, und der eine kommt dabei eben besser weg als der andere. Es ist wie mit der Nase, der Haarfarbe oder dem Bauchnabel, auch das kann man sich nicht individuell aussuchen – zumindest nicht ohne nachträglich nachzuhelfen. Ein anderer Kumpel wiederum scheint dabei zu grinsen, auch wenn er das nach eigener Aussage überhaupt nicht bewusst macht. Ich selber bin eher der Typ »angespannt und hoch konzentriert«. Ich habe mir schon Hunderte Male vorgenommen, mich auf mein Gesicht zu konzentrieren, wollte beim Drop-in lachen oder ein besonders böses Gesicht machen – keine Chance. Meine ganze Aufmerksamkeit gilt »meiner Welle«, für Spielereien ist da anscheinend kein Platz. Tatsächlich war ich etwas erschrocken, als ich das erste Mal mein Surfgesicht auf einem Foto sah. Es war an einem Tag mit anspruchsvollen Wellen, das Line-up war voll, und die üblichen kleinen Kämpfe um Wellen fanden statt – und ich sah richtig aggressiv aus! Eigentlich will ich das gar nicht, ich bin alles andere als aggressiv, aber offensichtlich zaubert mir Konzentration eine kämpferische Mimik ins Gesicht. Das Gute ist, so habe ich mir erzählen lassen, dass sich mit kleineren Wellen und mehr Platz auch mein Gesicht entspannt und ich wie ein happy Surfer in die Welle reinfahre – Glück gehabt, anscheinend habe ich da gleich zwei Surfgesichter abbekommen.

Spannend ist es auch, die besten Surfer der Welt in diesem speziellen Moment zu beobachten. Interessanterweise unterscheidet sich die Mimik der weltweit besten Wellenreiter nicht so sehr, wie das bei Durchschnittssurfern der Fall ist. Wahrscheinlich ist der Bewegungsablauf so automatisiert und unzählige Male erlebt, dass die enorme Konzentration zu keiner Entgleisung der Gesichtsmuskulatur führt. Das geht sogar so weit, dass sich der eine oder andere in diesem Moment nach der Weißwasserwalze oder dem Gegner umschaut – wer so gut surft, kann offensichtlich in dieser entscheidenden Phase der Welle mehrere Dinge gleichzeitig absolvieren.

Mein Surfkumpel Olli hat mich natürlich irgendwann gefragt, was es denn so zu lachen gäbe, und ich musste mit der Sprache rausrücken – glücklicherweise hat er es mit Humor aufgenommen. Mein Geständnis hatte sogar einen positiven Effekt: Immer wenn Olli in die Welle fährt und mich dabei in seinem Sichtfeld wahrnimmt, sortiert neuerdings ein Lächeln seine aus der Form geratenen Gesichtsmuskeln.

79. GRUND

WEIL DU EIN GANZKÖRPERKONDOM BRAUCHST

Die beiden Produkte haben viele Gemeinsamkeiten und könnten doch unterschiedlicher nicht sein: Neoprenanzüge für Surfer und Kondome!

Da ist zum Beispiel die Größe: Während das Produkt zur Empfängnisverhütung irgendwo zwischen 15 und 30 Zentimeter liegt – einige Herren der Schöpfung behaupten jetzt sicher, das würde für sie nicht mal annähernd ausreichen –, gibt es die Gummihaut in den Körpergrößen XS bis XXL. Wo das eine Produkt besonders gleitfähig und gefühlsecht sein soll, ist das andere eher eine Qual für die Haut und muss dem Hin-und-her-Gleiten entgegenwirken. Beim einen soll die Anwendung das Leben verhindern, beim anderen erhalten. Ein gewagter Vergleich? Mitnichten!

Nicht umsonst wird der Wetsuit von Wellenreitern auch als »Ganzkörper-Kondom« bezeichnet – die Gemeinsamkeiten mit dem Präservativ sind einfach nicht von der Hand zu weisen. Beides wird unter anderem aus Kautschuk hergestellt, einem gummiartigen Stoff im Milchsaft (Latex) der Kautschukpflanze. Das Problem bei den Wetsuits ist, dass oft andere Stoffe wie Formaldehyd beigemischt werden, die sehr gesundheitsschädlich sind. Kondomhersteller sind da um einiges fortschrittlicher, denn es gibt bereits Kondome für Veganer, welche entwickelt wurden, ohne dabei Tierversuche zu bemühen. Es würde hier den Rahmen sprengen, diesen Fakt weiter auszuführen – mein Kopfkino ist dabei auf jeden Fall in die Luft geflogen. Fest steht jedoch, dass Kondome strengen Normen, Qualitäts- und Gütesiegeln unterliegen. Zu Recht, denn das Produkt wird von zwei Menschen gleichzeitig in sehr viel intimeren Situationen benutzt, als es die gemeinsame Surf-Session jemals sein wird. Außerdem sind Präservative ein weltweiter Verkaufsrenner und werden in viel größeren Stückzahlen verkauft, als dies bei Neoprenanzügen der Fall ist. Trotzdem sind auch Neoprenanzüge in engem Hautkontakt und werden, im Gegensatz zum Kondom, über Stunden hinweg getragen. Dementsprechend sollten auch hier die Kontrollen in Bezug auf das verwendete Material viel strenger sein. Dafür müsste von Unternehmensseite noch nicht einmal ein großer Aufwand betrieben werden – wieso nicht einfach die Kriterien der Kondom-Qualitätsprüfung auch auf die Ganzkörperkondome anwenden? Oder ist a) der Dichtigkeitstest, b) der Aufblastest, c) der Dehnungstest und d) der mikrobiologische Reinheitstest nicht auch für Wellenreiter von allerhöchster Bedeutung? Die Deutsche Latex Forschungs- und Entwicklungsgemeinschaft (DLF) zerrt, reißt und dehnt so lange an den handelsüblichen Kondomen, bis diese ohne Bedenken für den Verkehr freigegeben werden können. Wieso also nicht auch Neoprenanzüge auf ihre Verträglichkeit und Nachhaltigkeit testen, bevor sie für das Line-up als gut genug befunden werden? Ich fordere hiermit das DLF-Zertifikat für Neoprenanzüge – auch wir Surfer sind schließlich gefühlsechte Menschen! Es gibt übrigens ein paar wenige Firmen, die umweltverträgliche Wetsuits auf den Markt gebracht haben: Herstellung ohne Erdöl, recyceltes Material aus PET-Flaschen, keine Weichmacher. Bisher kämpfen diese Marken mit dem Problem, dass ihre Anzüge vergleichsweise teuer sind und in der Qualität noch nicht ganz mithalten können, aber es bleibt spannend zu beobachten, wie die Entwicklung hier hoffentlich weiter voranschreitet.

Aber zurück zu den Gemeinsamkeiten der beiden Produkte: Kondom und Ganzkörperkondom. Nach der Herstellung, dem Material und den fehlenden Qualitätskontrollen gibt es nämlich noch eine weitere Komponente: die Handhabung! Bei beiden Modellen kommt erst die Arbeit, dann das Vergnügen. Beim handelsüblichen Präservativ wird jede Leserin und jeder Leser ganz eigene Erfahrungen vorweisen können – und auch in Bezug auf den Neoprenanzug verhält es sich ähnlich. Wer kennt es nicht, das Bild des Surfers, der mit einem Bein im Anzug steckend über den Parkplatz hüpft und dabei krampfhaft versucht, sich ohne Verletzungen von dem Ding zu befreien. Oder die Flüche in allen erdenklichen Sprachen, wenn sich mal wieder die zarte Nackenhaut im Reißverschluss verfangen hat. Das Kurioseste, was ich diesbezüglich beobachten durfte, nahm seinen Lauf auf einem Parkplatz im portugiesischen Peniche. Auf einem Pressetrip hatte ich die Kollegen überredet, eine Runde surfen zu gehen. Dazu muss ich vorab erwähnen, dass dies keine surfenden Journalisten waren, sondern klassische Schreiberlinge überwiegend englischsprachiger Tageszeitungen: Zwar witzig und sympathisch, aber eher dem gekühlten Getränk in einer vollen Bar als den heißen Surferinnen im leeren Line-up zugetan. Die verhaltene Begeisterung für meinen Vorschlag schlug dementsprechend schnell in allgemeine Ablehnung gegen diese neue Art der Freizeitgestaltung um – allerdings nicht durch mein Zutun. Einer der Kollegen hatte sich in unseren Bus zurückgezogen, um dort Hemd und Manschettenknöpfe gegen den Wetsuit einzutauschen. Als sich die seitliche Schiebetür wieder öffnete, bot sich ein Bild, das ich nie vergessen werde: Da stand er, der Mann der Yellow Press, einer Mediengattung, die keine Gelegenheit auslässt, die Menschen der Lächerlichkeit preiszugeben, und war selber zur Lachnummer mutiert. Nicht nur, dass er mit seinen Füßen in die Ärmel des Neoprenanzugs geschlüpft war, er hatte den ganzen Anzug falsch herum angezogen – Reißverschluss nach vorne. Vielleicht hätten die herumstehenden Surfer und ich ein Lachen unterdrücken können, aber sein »something doesn't feel right with this one, I don't think it fits me« war der berühmte Tropfen, der das Fass mit Gelächter zum Überlaufen brachte.

Dieses Missgeschick ist sicher eine Ausnahme, denn wer seinen Neoprenanzug streng nach den Vorgaben seines Surflehrers oder der Bedienungsanleitung benutzt, wird damit genauso viel Spaß haben wie der Liebestolle mit einem Kondom.

Bei richtiger Handhabung ist es unbestritten, dass der Neoprenanzug, ähnlich wie die Fangleine, das Surfen auf ein anderes Level gehoben hat. Erst durch diese Produkte ist es uns Wellenreitern möglich geworden, in Regionen und Wellen zu surfen, bei denen dies vorher undenkbar war. Trotzdem bin ich kein großer Fan der Gummianzüge, denn außer dass sie warm halten, besitzen sie meiner Meinung kaum positive Eigenschaften. Sie fühlen sich komisch an, sehen komisch aus, und wer so ein Teil mal ein paar Wochen ungewaschen im Boardbag vergessen hat, weiß, wie die Vorstufe von »Verwesung« riecht. Trotzdem will ich natürlich die Neoprenanzüge nicht missen und darum am Ende einen ganz persönlichen Ratschlag mit auf den Weg geben. Es wird der Neopren-Industrie nicht schmecken, aber ich möchte Menschen, und wenn es nur mein englischer Kollege ist, vor weiterem Unheil bewahren: Im Gegensatz zu Kondomen dürfen Neoprenanzüge gerne mehrfach benutzt werden!

80. GRUND

WEIL DU EINE GANZ BESONDERE BEZIEHUNG ZU DEINEM SURFBRETT AUFBAUST

Ich würde es als eine Art platonische Liebe bezeichnen. Körperlich wäre es etwas schwierig, auch wenn es ja die ungewöhnlichsten Fetische gibt. Bei mir zumindest ist es eine Zuneigung, die ich sonst in dieser Form nicht kenne. Natürlich nicht zu vergleichen mit den Emotionen, die ich bei Familie und Freunden habe, aber doch mehr Gefühl als für irgendeinen anderen Gegenstand, den ich sonst so besitze. Hört sich komisch an, ist aber so: die Rede ist von meinem Surfbrett.

Jeder Surfer hat eine besondere Beziehung zu seinem Surfbrett – wer etwas anderes behauptet, schämt sich für seine Gefühle. Eigentlich gibt es ja nicht *das* Surfbrett, sondern eher die Surfbretter – bei mir zumindest. Im Surfer-Surfbrett-Beziehungsgeflecht ist Polygamie nämlich die vorherrschende Beziehungsform. Ich kenne Wellenreiter, die können ihre diversen Bretter schon gar nicht mehr zählen, ich dagegen bin eher der treue Partner. In über 20 Jahren als Surfer hatte ich zu genau fünf Brettern eine feste Beziehung – an jedes einzelne davon kann ich mich sehr gut erinnern. Ganz selten ist mir ein Surfbrett gebrochen oder anderweitig zu Schaden gekommen; der eine oder andere wird jetzt behaupten, dass ich dann wohl nicht radikal genug surfe – mag sein! Gebrochene Bretter sind meistens der Grund, warum sich ein Surfer von seinem Board trennt – bei mir waren einfach gute Pflege, viel Zuspruch und Glück im Spiel. Derzeit besitze ich drei Surfbretter, jedes ist für unterschiedliche Wellen gedacht, zwei davon nehme ich meistens mit auf meine Surftrips. Eins davon begleitet mich schon sehr lange und ist unter uns gesagt ziemlich hässlich – gelb mit einem schwarzen Rand – aber die inneren Werte stimmen offensichtlich: robust, gut geformt, macht alles mit. Das Surfbrett hat die richtigen Maße und passt perfekt zu mir: Es trägt mich leicht in die Welle, fühlt sich unter meinen Füßen super an und ist die richtige Mischung aus sportlicher Fahrweise und entspanntem Cruiser. Ich kann mir nicht vorstellen, dass wir uns irgendwann einfach so trennen. Da müsste schon was Schlimmes passieren – das Attentat eines Flughafen-Gepäckmitarbeiters, ein scharfes Riff, Diebstahl! Sollte es irgendwann mal vorbei sein mit uns, wird mir der Abschied sicher nicht leichtfallen. Die gemeinsamen Abenteuer verbinden einfach – das Surfbrett war mit mir auf Bali, in Nicaragua und sogar auf den Galapagosinseln. Wer einmal gemeinsam durch einen Tunnel aus Wasser reitet, der ist mit einer Art Salzwasser-Blutsbrüderschaft verbunden. Wir brauchen uns gegenseitig, keiner kann ohne den anderen in den Wellen funktionieren – ob das dem Surfbrett auch bewusst ist?

Übrigens habe ich meinen Boards noch keine Namen gegeben – so weit würde ich dann doch nicht gehen. Im Dschungel Costa Ricas lernte ich mal einen verwirrten deutschen Surfer kennen, der immerzu von seinem Kumpel »Klaus« sprach – als ich begriff, was sich hinter dem Namen verbarg, habe ich mich relativ zügig verabschiedet.

Allerdings gibt es die verrücktesten paranormalen Dinge auf unserer Erde – wieso sollten wir Wellenreiter und unsere Surfbretter davon ausgenommen sein? Ich erinnere an den Film *Toy Story* – Spielzeuge, denen Leben eingehaucht wird! Mir zum Beispiel hat das Surfbrett einmal das Leben gerettet, oder sagen wir mal dabei geholfen, am Leben zu bleiben. In Portugal bin ich in einer ziemlich heftigen Welle gestürzt, und meine Leash, also das elastische Gummiseil, das mich und mein Surfbrett auch physisch verbindet, riss. Ich hatte ohne Brett als Schwimmhilfe ziemlich zu kämpfen, nach einigen durchtauchten Wellen und dem ständigen Anpaddeln gegen die Strömung ging mir langsam die Luft aus. Ich befasste mich schon mit der Entscheidung: ertrinken oder an den Felsen zerschellen? Aber da war es auf einmal – direkt vor mir lag mein hässliches gelbes Entlein, lud mich auf seinen Rücken und trug mich an eine sichere

Stelle in der Brandung. Normalerweise werden lose Surfbretter von den Wellen an den Strand oder in die Felsen gespült, aber aus einem unerklärlichen Grund hatte mein Surfbrett den Weg zu mir zurückgefunden. Wer da nicht eine gewisse Dankbarkeit verspürt, sei es auch gegenüber einem leblosen (oder?) Gegenstand, spürt wohl insgesamt nicht mehr so viel.

Spätestens nach diesem Erlebnis ist mir völlig unerklärlich, wie einige Wellenreiter ihre Surfbretter einfach verkaufen oder sogar auf den Müll schmeißen können – lieblos, achtlos, undankbar. Da machen es einige der Pro-Surfer schon besser und stellen ihre Bretter irgendwo aus. In Nazaré zum Beispiel steht unter anderem das Surfbrett, mit dem Garret McNamara die höchste Welle jemals gesurft ist.

Okay, ein Friedhof für ausgediente oder zerbrochene Surfbretter würde wohl etwas zu weit gehen, aber wieso können Boards, die nicht mehr in den Wellen gebraucht werden, nicht anderweitig Verwendung finden? Es sollte zentrale Sammelstellen für ausrangierte Surfbretter geben, wo die alten Planken sortiert und Kindern in Indonesien oder Afrika geschenkt werden können. Oder wo sie in anderer Form irgendwie weiterexistieren können – upcycling ist das Zauberwort. Ich bin kein Ingenieur, aber die Materialien lassen sich sicher irgendwie sinnvoll weiterverarbeiten – schließlich gibt es ja auch Boardshorts aus PET-Flaschen.

Jeder kann die Beziehung zu seinem Surfbrett pflegen, wie er es für richtig hält. Ich werde auch in Zukunft meine Planken hegen und pflegen, sie mit dem gebührenden Respekt behandeln und irgendwann ehrenvoll in den Ruhestand schicken – so viel bin ich ihnen einfach schuldig!

81. GRUND

WEIL DU ENTWEDER GOOFY ODER REGULAR BIST

Rechts- oder Linkshänder? Etwas, was man sich nicht aussuchen kann, obwohl es eine große Auswirkung auf so viele Lebensbereiche hat. Ich kann mich erinnern, dass mir in der Grundschule die Linkshänder immer leidtaten, da die Hälfte ihrer Hefte mit Tinte verschmiert war. Bis weit ins 20. Jahrhundert galten Linkshänder als »Unart« der Natur. Nicht umsonst gibt es die Redewendung »Der hat zwei linke Hände«. Es gibt allerdings in der jüngeren Geschichte genügend Menschen, die durch ihr Leben und Schaffen bewiesen haben, dass auch Linkshänder »normale Menschen« sind und durchaus imstande, genauso viel zu leisten wie Rechtshänder: Charlie Chaplin, Marilyn Monroe, Jimi Hendrix oder Barack Obama sind nur einige der Berühmtheiten, die als Linkshänder durch die Welt gingen. Auch Sportler, die »links« ihre starke Seite haben, sind sehr begehrt – weil der Gegner sich immer erst auf diese ungewohnte Situation einstellen muss. Der Linksausleger im Boxen gilt per se als schwieriger Gegner, und ein Tennisspieler, der links aufschlägt, hat das Überraschungsmoment auf seiner Seite. Ähnliches gilt auch für »Linksfüßer«, hier kann der vermeintliche Nachteil ein lukrativer Vorteil werden: Wer den Fußball mit links ordentlich spielen kann, ist im Profifußball extrem gefragt – weil Mangelware. Superstar Lionel Messi zum Beispiel ist eigentlich ein Linksfuß, auch wenn er heute mit beiden ganz ordentlich Fußball spielt.

Und beim Surfen? Genau wie bei der Sinistralität, also der Linkshändigkeit, gibt es auch unter Surfern diejenigen, deren linke Seite stärker ausgeprägt ist. Der »Linkshänder« der Surfer ist der sogenannte »goofyfooter«, also ein Wellenreiter, der mit dem rechten Bein vorne steht! Auch das sucht sich niemand aus, sondern bekommt es von der Natur mit. Übrigens kann jeder auf dem Trockenen selbst überprüfen, zu welcher Gruppe er gehört: Auf beiden

Füßen parallel hinstellen und jemanden bitten, von hinten einen Stoß zu geben – das Bein, mit dem du dich abstützt, ist jenes, das auch auf dem Surfbrett vorne ist. Einen großen Unterschied zu anderen Sportarten gibt es allerdings: Beim Surfen sind die Vor- und Nachteile gerecht aufgeteilt – es entscheidet die Natur in Form von Wellen, wer wann und wo bevorteilt wird. Grundsätzlich ist es einfacher, »frontside« zu surfen, also mit dem Gesicht zur Welle. Der Surfer sieht, wo er hinfährt und was die Welle als Nächstes mit ihm vorhat. Ob du frontside surfst, egal ob goofy oder regular, hängt logischerweise von der Wellenrichtung ab. Ein Goofyfooter ist auf einer links brechenden Welle frontside, auf einer Rechten backside – bei Regulars ist es entsprechend umgekehrt. Ich bin ein Regular – und bevorzuge es ebenfalls, frontside zu surfen. Allerdings habe ich viel Zeit bei Surftrips auf Bali verbracht, und dort sind zwei Drittel aller Wellen links brechende Wellen – die ich backside surfe. Das war eine harte Schule, irgendwann aber hatte ich den Dreh raus und fand Gefallen daran, mit dem Rücken zur Welle zu stehen. Zum Beispiel finde ich es einfacher, backside durch die Tube zu surfen, weil ich dann »pigdogging« machen kann, also für zusätzliche Stabilität eine Hand an die äußere Kante des Surfbretts packen kann. Ein Backside-Cutback ist eines der kraftvollsten Manöver beim Surfen – richtig ausgeführt ist er die perfekte Mischung aus Kraft, Eleganz und Geschwindigkeit. Ich würde mir selbst diese Attribute nicht unbedingt in Vollendung zusprechen, aber trotzdem macht mir dieser Move mit am meisten Spaß. Und zu guter Letzt siehst du backside bei einem Sturz wenigstens, wo du im Riff aufschlägst – das kann ein nicht zu unterschätzender Vorteil sein!

Jede Küste hat immer mehr rechts- oder links brechende Wellen, das liegt schlicht und einfach an der geografischen Ausrichtung. In Marokko zum Beispiel sind viele Wellen rechte Pointbreaks – die Küste ist von Nord nach Süd ausgerichtet und bekommt viele Swells aus dem nördlichen Atlantik. Die Dünung trifft also »von oben« auf die Küste, wickelt sich um die Landzungen, um dann in Form von

Wellen von rechts nach links in die Bucht zu brechen. Es gibt Surfer, die suchen sich die Destinationen für ihre Surftrips einzig und allein danach aus, welche Wellenrichtung dort vorherrscht: In Bali sind vermehrt Goofyfooter, in Marokko und an der Algarve finden sich viele Regulars.

Die dummen Sprüche, die Linkshänder oft zu hören bekommen, gibt es bei Surfern kaum. Wer gerade noch im Vorteil war, kann eine Bucht weiter plötzlich mit dem Rücken zur Welle stehen. Eher ist es so: »Du willst als Regular nach Bali – mein Beileid!« Inzwischen surfe ich einfach, wie es kommt. Allerdings ist auf meiner Backside irgendwann Schluss – wird die Welle zu groß und heftig, möchte ich gerne von Angesicht zu Angesicht mit dem Monster sein und wissen, worauf ich mich einlasse.

Im Profisurfsport sind Goofy und Regular schon eher ein zu beachtender Faktor. Auf der Weltmeistertour gibt es ungefähr gleich viele linke und rechte Wellen, und die Goofyfooter und Regulars gelten an den entsprechenden Surfspots als Favoriten. Es kommt aber auch häufig vor, dass ein Surfer, der auf der Backside unterwegs ist, einen Contest gewinnt. Meistens dann, wenn er einen überragenden Backsidecutback im Repertoire hat. Einige Surfer sind dank dieses Manövers berühmt geworden – der Australier Mark Occhilupo hat einen so kraftvollen Backsidecutback, dass er damit sogar den Weltmeistertitel geholt hat. Bis heute gilt »Occy« als der »Godfather« des Backsidecutbacks. Und einmal mehr scheint Kelly Slater auch in dieser Angelegenheit über den Dingen zu stehen. Der elfmalige Weltmeister wechselt gerne mal in der Tube die Seite, sprich: er fährt mit dem linken Fuß rein in den Tunnel, um mit dem rechten an der Boardspitze wieder herauszukommen. Das macht Slater übrigens nicht zum Spaß, sondern auch im Wettkampf, wenn es um den Weltmeistertitel geht.

Kelly Slater, Lionel Messi, Michael Jordan – für die ganz Großen scheinen die Naturgesetze und physikalischen Regeln manchmal einfach nicht zu gelten.

82. GRUND

WEIL DU ZUM SHORT- ODER LONGBOARDER WIRST

Diskussionen über die Form und Größe von Surfbrettern beginnen meistens ähnlich: »Die längste Praline der Welt« oder »Größe zählt auch beim Surfen« und »der kann halt nur mit kleinen Sachen umgehen«. Das Thema bietet sich an für anzügliche Witze, aber Surfer verstehen keinen Spaß, wenn es um die Wahl des richtigen Fortbewegungsmittels geht. Es gleicht eher einem Glaubensbekenntnis, welche Art des Surfbretts gewählt wird. Dabei verhält es sich wie bei Autos: Eigentlich sind alle gleich – vier Räder, ein Lenkrad – und trotzdem unterscheiden sich alle in Form, Design und Leistung. Grundsätzlich aber gibt es zwei dominierende Formen, die eine Grundsatzentscheidung vom Wellenreiter verlangen: Shortboard oder Longboard?

Die Form und Größe des Bretts definiert die Art, wie der Surfer Wellen reitet. Longboards sind die Lkw unter den Surfboards. Die ersten surfbaren Planken waren riesig und der Surfer auf der Welle damit so agil wie ein Fernfahrer im Stau. Mit Longboards können kleine, langsame und runde Wellen geritten werden, da der Auftrieb durch mehr Volumen deutlich größer ist. Außerdem kommt der Surfer viel früher in die Welle, da er beim Paddeln eine höhere Geschwindigkeit erreichen kann. Das macht das Surfen um einiges einfacher – Anfänger würden mit einem Shortboard wahrscheinlich niemals auch nur einen Meter surfen, da sie auf dem Brett nicht in den Stand kommen. Dafür sind Longboards nicht besonders drehfreudig, das bedeutet, dass schnelle Turns, Cutbacks oder sogar Sprünge fast unmöglich sind. Mit einem Longboard suchst du dir deine Linie und fährst dann ganz entspannt die Welle ab. Profis lassen den Ritt auf einem Longboard extrem agil und aggressiv aussehen, der durchschnittliche Longboarder aber bevorzugt den ganz entspannten Ritt. Ein großer Teil der Surfer kommt am Anfang und am Ende ihrer Karriere mit Longboards in Kontakt – um den Ritt auf der Welle zu erlernen oder um im fortgeschrittenen Alter ohne allzu große Anstrengung surfen zu gehen. Es hat in den letzten Jahren eine Art Comeback der Longboards gegeben – wohl ein weiterer Versuch vieler Surfer, um von überfüllten Line-ups auf Wellen auszuweichen, die sonst keiner will.

Es war Ende der 60er-Jahre, als ein gewisser Miki Dora der unangefochtenen Vorherrschaft der Longboards ein jähes Ende bereitete. Bis dahin wurde kaum in Erwägung gezogen, andere Surfboards zu bauen oder auszuprobieren. Mit der aufkommenden Surftrip-Bewegung, der Weiterentwicklung der Surftechnik und der Materialien, die zum Bau von Surfboards verwendet werden konnten, wurde der Wunsch nach kleineren, leichteren und agileren Brettern immer größer. Dora war ein lokaler Surfer und Shaper aus Venice Beach in Kalifornien, der eine Welle als seinen persönlichen Besitz betrachtete. Als immer mehr Surfer ihm seinen Homespot streitig machten, überlegte er sich eine Möglichkeit, wie er mit mehr Geschwindigkeit und Wendigkeit seine Konkurrenten ausstechen könnte – das dafür kreierte Shortboard war die aggressive Antwort darauf. Es war, als ballere er mit einem Ferrari durch den Autobahnrastplatz für Lkw. Es gibt Augenzeugen von seinem ersten Auftritt mit einem Shortboard – der Surf-Journalist William Finnegan schreibt: »Danach war nichts mehr wie vorher – die Surfwelt hatte auf diese Revolution gewartet und sog sie mit jeder Faser auf. Von einem Tag auf den anderen waren Longboards out, Surfshops und Shaper blieben auf unzähligen der langen Bretter sitzen, jeder wollte nur noch mit einem Sportwagen durchs Line-up heizen. Shortboards sind deutlich kürzer, schmaler und haben viel weniger Volumen als ein Longboard, das macht sie extrem wendig, die Rail geht tief in die Wellenwand und ermöglicht so eine bessere Kraftübertragung – Cutbacks auf einem Areal von der Größe eines Bierdeckels sind heutzutage ganz normal.« Auch die unmenschlichen Sprünge, die Surfprofis inzwischen aus der Kiste zaubern, sind erst durch Shortboards möglich geworden. Ein angenehmer Nebeneffekt ist auch, dass du auf einem Surftrip zwei oder mehr Shortboards in einen Boardbag packen kannst. Mit einem Longboard stehst du manchmal vor unlösbaren Problemen am Airport-Check-in-Schalter.

Aber zurück zum Glaubensbekenntnis. Ich schätze, 98 Prozent aller Surfer bevorzugen Shortboards. Der Schritt vom langen zum kurzen Board scheint vorbestimmt zu sein. Manchmal frage ich mich, wieso das so ist. Wahrscheinlich weil die berühmten Surfer, und damit indirekt die Industrie, es so vorleben. Ich habe schon erlebt, dass Anfänger am Ende ihrer ersten Lern-Woche direkt auf das Shortboard gehen – als würde man einen, der gerade die Führerscheinprüfung bestanden hat, in einen Ferrari setzen. Longboarder werden oft belächelt und in manchen Line-ups dieser Welt vom Shortboardkollektiv ausgesperrt. Spätestens wenn der Shortboarder dem Longboarder, der natürlich schon viel eher in der Welle ist, reindroppt, gibt es Ärger. Oft sind Longboarder ältere, erfahrenere Surfer, die sich gegen die jungen, wilden Shortboarder zu wehren wissen – »scheiß Longboarder« habe ich schon oft durchs Line-up zischen hören. Ich habe allerdings den Eindruck, dass dieses Schubladendenken ein Problem der »jungen Surfnationen« ist. In Australien macht sich keiner Gedanken über kurz oder lang – Hauptsache er rippt! Vielleicht ist das ja in fünf bis zehn Jahren ganz anders – der Retrogedanke hält ja gerade überall mit großen Schritten Einzug, hoffentlich bleibt die Surfwelt davon nicht verschont!

Ich persönlich würde mich als Shortboarder bezeichnen, das aber hat weniger mit einer bewussten Entscheidung als mit meiner Situation zu tun. Als »landlocked Surfer« muss ich reisen, und auf Reisen gehe ich nicht mit einem Longboard – ich finde es mit einem Boardbag voller Shortboards schon nervenaufreibend und anstrengend genug. Wann immer sich allerdings die Möglichkeit ergibt, schnappe ich mir ein Longboard und gehe cruisen. Sollte ich irgendwann im Haus am Meer wohnen, wird mit Sicherheit ein Oldschool-Longboard in meinem Schuppen stehen.

83. GRUND

WEIL DU GESCHMEIDIG WIE EINE ENTE TAUCHEN LERNST

Zwischen Surfern und Enten gibt es ein paar Gemeinsamkeiten! Beide Lebewesen schützen sich gegen die Kälte des Meeres – die einen mit einem Neoprenanzug, die anderen mithilfe von Wachs im Gefieder. Enten müssen tauchen, um sich ihre Nahrung zu organisieren – Surfer »duckdiven« unter den Wellen hindurch, um zu überleben. Die Bezeichnung »Duckdive« kommt also nicht von ungefähr – schließlich ist es eines der wichtigsten Manöver beim Surfen.

Genau wie bei anderen Sportarten ist es auch beim Surfen entscheidend, dass die grundsätzlichen Dinge beherrscht werden. Mit Grundlagentechnik lernst du surfen, alles andere – Cutbacks, Barrels, Off-the-Lip – sind Spielereien, die du irgendwann angehen kannst, wenn du so weit bist. Der Duckdive dient dem Zweck, ohne allzu viel Anstrengung unter Wellen oder heranrollenden Weißwasserwalzen hindurchzutauchen. Wer den Duckdive nicht beherrscht, wird niemals vom Strand durch die Brandung raus ins Line-up kommen. Das Surfboard wird dabei mit der Spitze nach unten gedrückt, und der Surfer taucht, ähnlich einem Kopfsprung, nur ohne Sprung, mit dem Brett nach unten und nutzt dann den Auftrieb des Sportgeräts, um nach vorne und oben unter der Welle hindurchzugleiten. Im besten Fall kommst du dabei so tief unter das Weißwasser, dass dich die Verwirbelungen nicht erwischen und mitreißen. Richtig gute Surfer schaffen es sogar, aus dem Duckdive Geschwindigkeit mitzunehmen und so ein paar Meter extra gutzumachen. Wenn du aber kein Profi bist, verlierst du im schlechtesten Fall mehrere Meter pro Welle. Das Duckdiven ist manchmal sehr frustrierend: zwei Meter paddeln, drei Meter beim Duckdive verlieren. Das Meer kann dieses Spiel endlos spielen, der Surfer aber nur solange die Kraft reicht.

Meine Surfambitionen zum Beispiel wären zu Beginn beinahe daran gescheitert, dass ich den Duckdive nicht richtig beherrschte. Es war auf einem meiner ersten Surftrips in Südfrankreich. Der Surfspot Lacanau ist ein langer Strand, bei dem die Wellen über eine Breite von mehreren Kilometern an den Strand rollen. Weit und breit gibt es dort keinen Channel, also eine Lücke in den brechenden Wellen, wie das bei Pointbreaks oder einzelnen Beachbreaks der Fall ist. In so einem Fall kannst du dich raus in die Wellen schummeln, ohne viel Kraft zu verbrauchen – in Südfrankreich dagegen ist es fast überall so, dass du durch die Weißwassermassen hindurch musst, wenn du raus ins Line-up willst. Gerade für ungeübte Surfer kann das extrem anstrengend sein. Ich hatte irgendwann die Schnauze voll – das sollte dieses Surfen sein? Endloses Paddeln, ohne auch nur einen Meter voranzukommen? Dazu literweise Salzwasser, das ich beim Duckdive schlucke? Ich brauchte tatsächlich mehrere Anläufe, bis ich das erste Mal überhaupt im Line-up saß. Vom ersten Wellenritt trennten mich da noch unzählige Tage. Ich bin der Überzeugung, dass viele Anfänger das Surfen wieder aufgeben, weil sie am Weg ins Line-up scheitern – zu frustrierend, zu anstrengend, zu langwierig. Ein missglückter Duckdive kann auch durchaus gefährlich werden – für denjenigen, der ihn versucht, und für die Surfer drum herum. Schon oft habe ich erlebt, dass einem Surfanfänger das Brett beim Duckdive-Versuch nach hinten wegflutscht und so zum Geschoss wird. Die Boardspitze oder auch die Finnen können zu sehr schmerzhaften Verletzungen führen – wer sich dafür interessiert, findet im Internet genügend Bildmaterial.

Nach einigen frustrierenden Versuchen und dem einen oder anderen Tipp von erfahrenen Surfern hatte ich die Technik begriffen. Inzwischen schaffe ich es, über einen längeren Zeitraum kräfteschonend zu duckdiven, allerdings kenne ich auch das Gefühl, wenn Arme und Lunge langsam schlappmachen. Gerade bei großen Wellen kann ein Set aus drei bis vier Wellen reichen, um dir den Garaus zu machen. Ein Duckdive raubt so viel Kraft, dass du spätestens bei der dritten Welle nicht mehr tief genug ins Wasser kommst, um den Unterwasserwalzen auszuweichen. In diesem Fall kannst du dich einfach deinem Schicksal ergeben, an den Strand spülen lassen und später einen neuen Anlauf starten. Wenn dir die Gegebenheiten des Surfspots aber Felsen statt Strand in den Weg stellen, wird das Paddeln plötzlich zum Überlebenskampf. Bisher hatte ich Glück – anscheinend steht mir der Surfgott bei, auch wenn ich erst spät zu seinem Glauben übergetreten bin!

Surfer, die sich in richtig große Wellen wagen, haben den Duckdive sogar noch erweitert und tauchen bis an den Boden, um sich dort an einem Felsen oder anderen Gegenständen festzuhalten. Auch die Trainingsform, am Meeresgrund einen Stein durch die Gegend zu tragen, dient vor allem dem Zweck, beim Duckdive ausdauernder zu werden. Beides mache ich sehr selten bis gar nie – das ist aber auch in Ordnung. Ich bin sowohl mit der Größe der Wellen zufrieden, die ich surfen kann, als auch mit meinem Duckdive, den ich auch nach all den Jahren immer noch versuche, weiter zu perfektionieren. Vielleicht sollte ich bei Gelegenheit mal ein paar Enten eingehender studieren?

84. GRUND

WEIL DEIN BOARDBAG ZU EINEM TREUEN BEGLEITER WIRD

Als wir uns kennengelernt haben, war er eine Schönheit. Jetzt, ein gutes Jahrzehnt später, ist er etwas in die Jahre gekommen, und die einst silbrig glänzende Außenhaut schimmert ziemlich matt. Überall sind kleine Risse und Schrammen, weil die Oberfläche immer wieder an irgendwelchen Flugzeugwänden, Gepäckbändern oder Hotel- und Surfcamp-Gängen entlanggeschrammt ist. Die Rede ist von meinem Boardbag, der mich inzwischen seit 13 Jahren, 234 Tagen und ein paar Stunden durchs Surferleben begleitet hat.

Er ist ein treuer Sack, hat aber seine besten Jahre hinter sich. Gepäckaufkleber von Airlines und Buslinien aus der ganzen Welt kleben auf seiner Außenhaut – als habe er eine Art üble Boardbag-Akne. Und dreckig ist das gute Stück, vor allem an den Seiten, wo der schwarze Stoff Sand, Erde und Matsch aus über 40 Ländern aufgesaugt hat. Auch um seine inneren Werte ist es nicht mehr so toll bestellt. Ich habe nicht wirklich daran geschnuppert, aber ich kann mir vorstellen, dass er etwas streng riecht. Irgendwie auch mein Fehler, denn in der ganzen Zeit hatte ich ihn nicht einmal gewaschen! Im Innenfach, wo unterwegs die Bretter aufbewahrt werden, ist er etwas klebrig vom ganzen Surfwachs, das irgendwann in der Sonne geschmolzen und danach wieder getrocknet ist. Der Reißverschluss geht einmal um seinen ganzen Körper, und manchmal, wenn ich schnell an meine Bretter ran muss, weil die Wellen ballern, reiße ich zu stark daran – jetzt klemmt er ab und zu, und es bedarf einer Menge Feingefühl, um an seinen Inhalt zu kommen. Oft gehe ich zu undankbar, unaufmerksam, geradezu gefühllos mit ihm um. Dennoch, der Boardbag ist unterwegs mein Ein und Alles: Zuhause, Koffer, Materiallager – hin und wieder musste er auch schon als Bett herhalten. Für das große Packvolumen kommt er immer noch mit einer ziemlich schlanken Linie daher. Es ist immer wieder unglaublich, was da alles reinpasst: zwei Surfbretter, zwei Neoprenanzüge, Surf-Utensilien, meine Klamotten, Bücher und irgendwelche Geschenke für die Daheimgebliebenen. Dementsprechend schwankend ist auch sein Gewicht – die Waage am Flughafengepäckband hat schon alles zwischen zwölf und 35 Kilo angezeigt. Bei maximaler Auslastung schneidet der Tragegurt fürchterlich in die Schultermuskulatur ein, und ich verfluche mich, dass ich nicht schon lange mal Rollen besorgt habe wie die seiner Nachfolgermodelle – diese neumodischen, supermodernen Rollkoffer-Boardbags! Aber sind gelegentliche Schulterschmerzen nicht ein akzeptabler Preis für eine wahrlich treue Freundschaft? Es ist nicht leicht mit ihm – trotzdem würde ich mein Boardbag niemals einfach so entsorgen. Viele sagen, ich solle das alte Ding endlich gegen ein neues eintauschen – spinnen die? Wenn die Nörgler wüssten, was wir schon alles zusammen durchgemacht haben! Mein Boardbag war mit mir in den hintersten Ecken dieser Erde. Alles musste er ertragen: Regen, Wind, Kälte, Hitze, rabiate Gepäckbandmänner am Flughafen – und immer wieder wird er durch den Dreck geschleift. Wenn ich vorne gemütlich im Pick-up sitze, liegt er hinten im Zugwind, Wind und Wetter ausgesetzt. Während ich oben im Flugzeug den Tomatensaft wegschlürfe, friert er sich im Gepäckraum die Tragegurte ab. Und eine Sache muss ich ihm wirklich zugutehalten: Er ist bisher immer am Zielort angekommen, manchmal etwas verspätet, aber irgendwann ist er dann doch aufgetaucht. Keines meiner Bretter ist in seiner Obhut gebrochen, nichts wurde aus seinem Innersten geklaut – mehr geht doch nicht!

Diesen Sommer haben wir mal wieder Jahrestag gefeiert. Zum Dank habe ich ihm eine sechswöchige Reise in die USA und nach Zentralamerika geschenkt. Gestartet sind wir in Houston in Texas, dort haben ihn alle ganz ehrfürchtig und voller Bewunderung betrachtet – so etwas haben die Cowboys noch nie gesehen. Wahrscheinlich war er sogar der Erste seiner Art im tiefen Süden der USA. Ich denke, er hat die Aufmerksamkeit genossen, aber als es endlich losging nach Nicaragua und damit in Richtung Wellen, hat der Gute mal wieder sein breites Grinsen gezeigt – die Reißverschlusszähne haben nur so in der texanischen Sonne geblinkt!

Selbst wenn ich diesen Boardbag irgendwann in Rente schicken sollte, wegwerfen werde ich ihn niemals. Er bekommt ein sauberes, trockenes Plätzchen im Keller, in der Nähe der Surfbretter – dann kann die Truppe zusammen in guten alten Zeiten schwelgen und sich an die ganzen Abenteuer auf Surftrips erinnern, die sie zusammen erlebt haben.

85. GRUND

WEIL DU EQUIPMENT BENUTZEN KANNST, DAS SEX WAX HEISST

Surfen ist sexy, gar keine Frage. Schöne Menschen hüpfen halb nackt mit einem Surfbrett unter dem Arm über den Strand – wem bei diesem Anblick die Hormondrüse nicht überläuft, ist scheintot. Das ist aber noch nicht alles in Bezug auf Sex-Appeal beim Surfen! Das Schöne bei dieser Kunstform der Bewegung ist, dass auch das Material, das man zum Ritt auf der Welle benötigt, sexy ist.

Das Surfbrett zum Beispiel ist für viele Surfer das Phallussymbol des Sports schlechthin – jegliche Größe, Form und Dicke ist käuflich zu erwerben. Es wird gemunkelt, dass manche Surfer eine derart enge Beziehung zu ihrem Surfbrett pflegen, dass sie es sogar mit ins Bett nehmen. Eine Surferin, die ich auf einem Surftrip getroffen habe, berichtete ganz niedergeschlagen, dass das Surfbrett des Ehemannes in der Kuhle zwischen ihnen nächtigen darf.

Den Neoprenanzug bezeichnen einige abschätzig als Ganzkörper-Kondom, dabei kann die hautenge Gummihülle durchaus sexy sein – auch im Sport gibt es die ungewöhnlichsten Fetische. Beim Surfbikini ist so viel an Material eingespart und nackte Haut frei gegeben, dass man sich wundern kann, wie der horrende Preis für das Stückchen Stoff zustande gekommen ist.

Und dann ist da natürlich noch das Accessoire aller sexy Surfmaterialien schlechthin: das Sex Wax! In den frühen 70ern in Kalifornien von einem Surfshop-Besitzer mit einem ausgeprägten Verstand für Marketing entwickelt, ist Zog's Sex Wax heute weltweit der Inbegriff des Surfwachses. Was das Tempo für die Schnupfnase ist, ist Sex Wax für den Wellenreiter – ein eigenständiger, allgemein gültiger Begriff. Dabei ist Mr. Zog's Sex Wax weder von einer ganz besonderen Qualität, noch hat es irgendwelche Auswirkungen auf den Hormonhaushalt oder den Sextrieb beim Konsumenten. Der

Herr Zog aus Kalifornien hat einfach den sexuellen Schwung aus der Flowerpower-Zeit mitgenommen, das Ganze mit Marketingmechanismen gemixt und auf die Packung den Stempel »sex sells« in anderen Worten aufgedruckt.

Übrigens ist der Werbespruch der Firma »the best for your stick«, was übersetzt in etwa »das Beste für deinen Stab« bedeutet – hier waren wohl einmal mehr surfende Marketingspezialisten am Werk. Zugegeben, der Name Sex Wax lässt in Verbindung mit der Handhabung dieses Materials Raum für Interpretationen: Zum einen schmiert der Surfer sein Surfbrett mit Sex Wax ein, zum anderen reibt er sich während der Surf-Session daran. Außerdem ist das Surfwachs das Gleitmittel der Surfer, nur eben andersrum: Surfwachs wird benötigt, um mit den nackten Füßen auf dem Surfbrett nicht auszurutschen. Und dann sind da auch noch die verschiedenen Geschmacksrichtungen, in denen das Sex Wax erhältlich ist: Erdbeere, Ananas oder Kokosnuss sind durchaus auch bei anderen Produkten im erotischen Verkaufsregal bekannt! Übrigens bekommt das Unternehmen laut der Webseite der Firma immer wieder erboste Briefe von Neukunden, die sich über Wirkung und Nutzbarkeit des Produktes beim Liebesspiel beschweren – vielleicht sollte die Sex-Wax-Presseabteilung mal über eine Aufklärungskampagne nachdenken.

86. GRUND

WEIL DU DEINEN LIEBLINGS-SHAPER HAST

In meinem Kindergarten und später in der Schule gab es beinahe täglich einen neuen Helden. Mal hatte jemand einen beeindruckenden Spielzeugbagger dabei, dann glänzte einer mit dem neuen BMX-Rad. Alle wollten das Objekt der Begierde begutachten und am liebsten in jeder Pause damit spielen – und der Besitzer konnte sich vor Terminanfragen zum Spielen kaum retten. Diese Verhaltensweise hat sich bei vielen bis ins Erwachsenenalter nicht sonderlich geändert.

Die wenigsten können sich ganz von Statussymbolen frei machen – und auch wir Surfer sind nur Menschen mit Gefühlen und Wünschen. Wer also mit dem fabrikneuen Brett von der Marke XY am Strand auftaucht, ist plötzlich wieder das kleine Kind von damals, das ein paar sehnsuchtsvolle Blicke kassiert und hinter dessen Rücken ehrfürchtig getuschelt wird. Im Erwachsenenalter kommt selten der Wunsch auf, mit dem Besitzer zu spielen, dafür gesellt sich der Neid hinzu: »Wieso ist seins viel besser als meins?«

Bei den Autos gibt es Porsche, Mercedes oder Golf – mit Surfbrettmarken ist das ähnlich: Einige sind beliebter als andere, und den verschiedenen Brettern werden unterschiedliche Attribute zugesprochen. Wer es zum Beispiel schafft, den flotten Sportwagen unter den Surfbrettern zu bauen, gilt bald als Star der Szene. Shaper heißen die Menschen, die die Kunst beherrschen, aus einem Stück Styropor, etwas Glasfaser und ein paar chemischen Substanzen ein Surfbrett zu bauen. Shapern, zu deutsch wohl am ehesten mit »Gestalter« übersetzt, wird nachgesagt, versierte Handwerker oder Künstler zu sein – im optimalen Fall sogar beides. Handwerk, weil es einiges an Geschicklichkeit und Erfahrung bedarf, um aus den einzelnen Materialien ein Surfbrett zu bauen, das später einmal den Anforderungen seines Besitzers entspricht. Kunst, weil die Bretter, die vom Shaper tatsächlich selber gebaut werden, sehr individuell und besonders sind. Dazu muss gesagt werden, dass die meisten aller käuflichen Surfbretter heutzutage von Maschinen geformt werden. Ein Shaper hat den Prototyp gebaut, die Maße und Formen werden in den Computer eingegeben, und die entsprechenden Geräte bauen die Boards serienweise – Karl Lagerfeld nähte schließlich auch nicht jedes seiner Kleider selbst.

Diejenigen Surfbretter allerdings, die wirklich vom Shaper selber hergestellt werden, können meiner Meinung nach durchaus als Kunstwerk betrachtet werden. Auch wenn die Maße identisch sind, gleicht keines dieser handgefertigten Surfbretter haargenau dem anderen. Ähnlich wie bei Fingerabdrücken sieht es für das ungeübte Auge einheitlich aus, unterscheidet sich aber tatsächlich in kaum wahrnehmbaren Nuancen. Und genau diese Feinheiten sind es, die das Surfbrett zum einmaligen Kunstwerk machen. Profisurfer wissen das zu schätzen – gewinnt einer ein paar Wettkämpfe mit dem gleichen Brett, wird schnell mal von einem magischen Surfbrett gesprochen. Bricht das Board, ist der abergläubische Surfer untröstlich und der Shaper glücklich, da die nächste Bestellung so gut wie notiert ist.

Wie genau wird aus ein paar Kunststoffen ein Kunstwerk der Surfer? Der Shaper muss den Styroporkern des Surfbretts so lange aus einem Klotz heraus schleifen, bis er die gewünschten Maße, Rundungen und Formen aufweist – alles von Hand und mit verschiedenen Werkzeugen und Schleifmaterialien gefertigt. Dieser erste Arbeitsschritt ist nichts anderes als der eines Bildhauers, der sich durch Abtragen des Materials aus dem Rohling langsam der gewünschten Figur annähert. Schon bei diesem ersten Arbeitsschritt mutiert der Shaper zum Künstler, vor allem bei der Biegung, der Dicke und den Kanten des Brettes fließen die individuelle Erfahrung und das Wissen um Surfbrett-Technik mit ein. Sobald der Rohling fertig ist, macht sich entweder der Shaper oder aber ein spezialisierter Kollege, der sogenannte Glasser, an den nächsten Schritt: das Laminieren des Surfbretts. Mit einem speziellen Epoxyharz und Glasfasermatte wird Schicht um Schicht auf den Kern aufgetragen, bis das Brett robust genug ist – danach abschleifen, fertig! Auch diese Arbeitsschritte müssen gekonnt sein, allerdings folgt alles nur noch der Vorgabe des Rohlings – die Grundlage für ein gutes Surfbrett wird dementsprechend im ersten Arbeitsschritt gelegt. Am Ende ist es dann wieder der Shaper, der seine Signatur auf die Unterseite des Brettes setzen darf und die ganzen Lorbeeren kassiert.

Logischerweise sind Shaper auch gleichzeitig Surfer – was ebenfalls zum Heldenstatus beiträgt. Ist der Surfbretthandwerker zum

Beispiel ein guter Barrelfahrer, erhofft sich der Kunde, dass diese Gabe mit dem gekauften Board auf ihn übergehen möge.

Auch wenn einige Profisurfer ihren Shapern Magie zuschreiben, hat der Surfbrettbau wenig mit Zauberei zu tun. Endgültig in den Olymp der Surfbrettshaper steigt derjenige auf, der von einem Surfprofi auserwählt wird, dessen Wettkampfbretter zu bauen. Der elffache Weltmeister Kelly Slater zum Beispiel hat über viele Jahre mit einem Surfbrettkünstler namens Al Merrick zusammengearbeitet – der Shaper war sicher davor schon kein Unbekannter, ist aber erst nach seiner Zusammenarbeit mit dem Surfgott richtig erfolgreich geworden.

Wer sich also in seine Jugend zurückversetzen und der Coole vom Surfspot sein möchte, kann sich nach einem echten Al Merrick umhören und dafür rund 1000 Euro beiseite legen. In jungen Jahren war es irgendwie billiger, cool zu sein!

87. GRUND

WEIL DU NICHT NUR AUF SURFBRETTERN SURFEN KANNST

Alles, was leichter als Wasser ist, schwimmt! Auch Hohlkörper habe eine so große Verdrängung, dass sie ebenfalls obenauf schwimmen – hört sich holprig an, ist aber ein physikalisches Gesetz. Und genau nach diesem Prinzip funktionieren Surfbretter: entweder sind die verwendeten Materialen so leicht, dass sie auf der Wasseroberfläche schwimmen, oder das Board umschließt einen Hohlraum, und die Luft im Inneren sorgt für den nötigen Auftrieb. Diese Physik gilt logischerweise nicht nur für Surfbretter, sondern für alle Dinge, die ebendiese Kriterien erfüllen. Welche Gegenstände tatsächlich den Weg ins Line-up gefunden haben, ist dann aber doch einigermaßen überraschend.

Da ist erst einmal der eigene Geist, mit dem du surfen gehen kannst. Das ist zwar keine Physik, und die Gedanken sind kein Gegenstand, und doch ist »mindsurfen« unter Surfern ein eigenständiger Begriff, der das Abreiten einer Welle in Gedanken beschreibt. Diese Art des Surfens wird gerne von Wellenreitern praktiziert, die aus irgendeinem Grund nicht physisch im Line-up sein können: zu weit weg vom Meer, verletzt, Wellen zu groß. Eine Möglichkeit, surfen zu gehen – ohne dafür ein Surfbrett zu benutzen.

Der zur Verfügung stehende Hohlraum ist individuell unterschiedlich – aber grundsätzlich kann auch der eigene Körper auf Wellen surfen. Das Bodysurfen ist in surfaffinen Ländern eine respektierte Sportart. Es gibt bekannte Bodysurfer und eigens dafür ausgerichtete Wettkämpfe. Die meisten guten Surfer sind gleichzeitig exzellente Bodysurfer, es bedarf einiges an Geschick und Erfahrung, um die eigenen Extremitäten in der brechenden Welle unter Kontrolle zu halten. Surfanfänger sollten sich sooft es geht ohne Surfbrett in die Wellen wagen: Durch den direkten Kontakt mit dem Wasser spürt der Lehrling die Energie der Welle viel direkter und lernt, wann der richtige Zeitpunkt zum Anpaddeln oder, mit Brett, zum Aufstehen ist. Bodysurfer lernen, die Welle richtig »zu lesen«, und profitieren davon, wenn sie mit dem Surfbrett ins Line-up paddeln.

Heutzutage muss alles immer XXL sein – da darf auch das Surfbrett in Großformat nicht fehlen. Zwölf Meter lang war die Planke, mit der 2015 in Huntington Beach 60 Menschen an den Strand surften – Weltrekord und Eintrag ins *Guinness Buch der Rekorde*!

Dem Surfhelden und elffachen Weltmeister Kelly Slater wird nachgesagt, dass er zu seinen besten Zeiten wohl auch auf einer Tür Wettkämpfe gewonnen hätte. Dass der Typ alles reiten kann, was Verdrängung hat, ist in einem Video dokumentiert: Zu sehen ist Slater, der mit einer handelsüblichen Haustür eine Welle reitet. Einen Contest hat Slater damit zwar nicht gewonnen – aber der Typ surft auf der Tür besser als so mancher Surfer mit einem gängigen Surfbrett.

Auch wurde schon ein Mensch auf Skiern in eine Welle gezogen – auf den ersten Blick keine außergewöhnliche Leistung, schließlich ist Wasserskifahren eine beliebte Freizeitbeschäftigung. Der Fakt, dass die Welle gut 20 Meter hoch war, macht dieses Kunststück dann doch speziell. So ein Monster kann nicht einfach mit der Technik des Wasserskifahrens bezwungen werden – Gewicht auf beide Beine und geradeaus fahren –, sondern erfordert eher das Können eines Skifahrers auf der Skipiste. Der große, große Unterschied zum Skifahren allerdings ist, dass sich dieser Berg bewegt, und zwar mit einer Geschwindigkeit von rund 70 Stundenkilometern!

Ein paar hawaiianische Jungs hatten es zuletzt anscheinend satt, immer im Wasser rumzusitzen und auf Wellen zu warten. Also bauten sie kurzerhand eine schwimmende Plattform mitten ins Line-up, auf der sie stehen und plaudern können, während das nächste Set heranrollt. Wenn der richtige Zeitpunkt da ist, rennt einer der Steh-Surfer los und springt mit einem dynamischen Satz von der Plattform ab, rauf aufs Brett und rein in die Welle. Diese Methode könnte dazu beitragen, dass die Vorfahrtsregeln im Line-up strenger befolgt werden müssen: Wie bei einer Rutsche im Freibad könnte einfach eine Ampel auf die Plattform gesetzt werden, und schon wäre die leidige Frage nach der Reihenfolge geklärt. Wie praktisch und ansehnlich schwimmende Plattformen in den Line-ups dieser Welt tatsächlich wären, sei mal dahingestellt.

Zu guter Letzt war es einmal mehr ein weltbekannter Energydrink-Hersteller, der den Vogel abschoss. Immer genug Geld in der Tasche, um verrückte Ideen umzusetzen, beauftragte der Boss ein Team aus Surfern und Zweiradmechanikern damit, ein »surfendes Motorrad« zu bauen. Das Ergebnis: ein Zweirad, das statt Reifen zwei Spezialräder mit kleinen Schaufeln verpasst bekam. Die Idee dahinter: Das Motorrad pflügt ähnlich einer Schneeraupe durch die Welle. Dass diese Erfindung funktionieren könnte, glaubte wohl niemand so wirklich – umso überraschter war dann die Surfwelt, als Videos mit dem frisierten Motorrad auftauchten: Mit knapp hundert

Sachen ballert die Spezialanfertigung samt Fahrer durch die Wellen. Das erste Surfgefährt mit ordentlich PS!

Ich persönlich bin bei dieser Angelegenheit eher altmodisch eingestellt: Ich bleibe lieber beim ursprünglichen Surfboard! Höchstens bei Form und Größe des Boards wird experimentiert. Wenn ich Motorrad fahren will, setze ich mich auf meinen »Bock« und fahre um die Häuser, zum Skifahren gehe ich in die Schweizer Alpen, und zum Surfen stehe ich eben ganz altmodisch auf einem Brett: Laaaaaangweilig – ist mir aber ganz recht so!

6. KAPITEL

BEGEGNUNGEN & BEKANNTSCHAFTEN

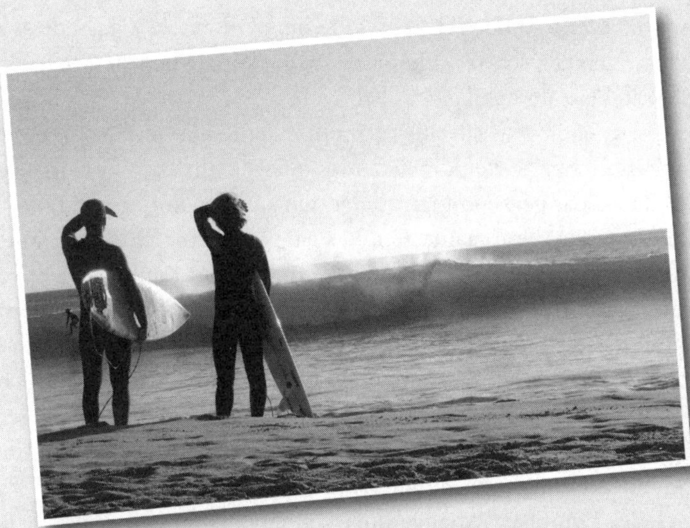

88. GRUND

WEIL ES AUCH IM LINE-UP GUTE UND SCHLECHTE CHEFS GIBT

Wahnsinnswellen, sechs Fuß, offshore, 24 Grad Wassertemperatur – paradiesische Bedingungen an der Karibikküste Panamas. Die Papageien scheinen den Surfern zuzujubeln, während sie als kleine bunte Punkte in den Palmen sitzen. Plötzlich durchfährt ein markerschütternder Schrei das Line-up: »You fu…. bastard, get out of my fu…. Line-up or I'll fu…. kill you!« Diesen Satz jugendfrei zu übersetzen fällt schwer – die Kurzfassung könnte ungefähr so lauten: Sieh zu, dass du Land gewinnst!

Diese Schimpfworttirade entstammt der Kehle von Cookie, einem einheimischen Surfer, der sich hier offensichtlich am heimischsten fühlt und das gerne immer wieder den anderen Surfern im Line-up kundtut. Der Spitzname Cookie ist geradezu absurd für einen Mann von knapp 1,90 Meter Größe und einem Kampfgewicht von geschätzten 115 Kilo. Das aber macht seine Auftritte nur noch amüsanter – zumindest für diejenigen, die ihn kennen und denen er wohlgesinnt ist. Für die anderen ist es mit Cookie als Chef-Local im Line-up oft kein Zuckerschlecken. Er verteidigt seinen Homebreak gegen ungebetene Gäste – wenn es sein muss auch mit lautstarkem Nachdruck und unter Zuhilfenahme seiner rechten Faust.

Jedes Line-up wird angeführt von einem, der Kaiser unter den Königen ist. Meistens übernimmt diese Rolle ein Typ, der mit Abstand am besten surft. An einigen Orten ist es auch einfach der älteste Surfer im Line-up oder der einflussreichste Mensch im Ort. Ich persönlich finde es gut, wenn der »Chef« da ist – meistens zumindest. Grundsätzlich kann diese Person Führungs- und Identifikationsfigur für junge Surfer sein – ein Australier erklärte mir mal, dass jede Surfergeneration die nachfolgende Generation erzieht und prägt. So bekommen Line-ups einen eigenen Charakter, der sich immer weiterentwickelt und weitergereicht wird. Auch kann die Art des Anführers Fremden im Line-up eine Orientierung geben, welche Stimmung gerade herrscht, was hier möglich und was nicht so gerne gesehen ist. Bei diesen Anführern gibt es zwei verschiedene Typen: Der eine ist der ruhige, entspannte Typ, der das Line-up durch seine empathische Ausstrahlung und sein Können auf der Welle dominiert, der andere sortiert seine Schäfchen durch aggressives Verhalten und körperliche Präsenz gegenüber »Eindringlingen«. Überflüssig zu erwähnen, dass Cookie der letzteren Gruppe angehört.

Auf einem Surftrip nach Bocas del Toro, dem Inselarchipel an der Karibikküste Panamas, bin ich in einem kleinen B&B abgestiegen, das Cookie mit seinem Bruder führt. An Land ein guter Mensch, empathisch und hilfsbereit – sobald Cookie aber in sein Line-up paddelt, wird er zum Tier. So ähnlich wie Hulk aus den Marvel Comics, der vom Wissenschaftler zum grünen Monster mutiert. Bei unseren gemeinsamen Surf-Sessions durfte ich diese Verwandlung des Öfteren persönlich erleben. Cookie setzt sich immer direkt an den Peak, also dort wo die Wellen anfangen zu brechen, paddelt viele Brecher an, nimmt sie aber nicht – etwas, was in keinem Line-up gerne gesehen wird. Da Cookie aber das fleischgewordene Gesetz in Boardshorts ist, zählt diese Regel für ihn nicht. Außerdem nimmt er allen die Vorfahrt, ohne Rücksicht auf Verluste – schuld ist grundsätzlich der andere. Wer auch nur eine falsche Bewegung macht oder zum falschen Zeitpunkt in die falsche Richtung schaut, wird von Cookie zusammengeschissen. Einen Surfanfänger hat er einmal so zusammengestaucht, dass ihm Tränen über das Gesicht kullerten. Sein Fauxpas: Er hatte in die Richtung einer Welle gelinst, die der Boss für sich ausgekuckt hatte. Der arme Junge wusste überhaupt nicht, wie ihm geschah, innerhalb von 30 Sekunden bekam er nahezu alle Schimpfwörter zu hören, die es in englischer und spanischer Sprache gibt. Hätte ich ein Taschentuch zur Hand gehabt – ich hätte es ihm gereicht.

Für uns als surfende Hotelgäste waren die Surf-Sessions mit Cookie immer ein Schauspiel. Wir amüsierten uns über seine Auftritte (solange sie gewaltfrei blieben) und genossen es, mit ihm am Peak zu sitzen. Wie ein König wies er seinen engsten Untertanen die Wellen zu, die er gedachte, abzugeben: »Hey, German dude, this one is yours!« Welch eine Ehre, nur vermasseln durfte man seine Chance dann nicht! Allzu viele Möglichkeiten wurden auch dem eigenen Fußvolk nicht eingeräumt.

Cookie war extrem in seinem Verhalten, aber durchaus kein Einzelfall – auf Hawaii zum Beispiel regiert an der berühmten Northshore eine Gruppe namens »Wolfpack« die Line-ups. Harte Jungs, nicht wenige nutzen ihren Gefängnis-Freigang, um die berühmte Pipeline zu surfen. Gewalt ist an einer der berühmtesten Wellen des Planeten allgegenwärtig und für Surfanfänger eine »no-go area«. Als Fremder brauchst du dort noch nicht mal einen Fehler zu machen – du selbst bist der Fehler!

Das aber ist die dunkle Seite des Surfens – in 90 Prozent aller Line-ups regiert nicht Cookie, sondern ein Anführer, der mit allerlei friedfertigen Methoden sein Reich organisiert. Normalerweise funktioniert das Gefüge eines Line-ups auch automatisch, niemand muss eingreifen oder die Regeln erläutern – es sind die Ausnahmen, wenn die Locals oder der Chef im Ring ein Machtwort sprechen müssen.

Ich habe Cookie übrigens mal gefragt, ob sein Verhalten im Line-up nicht geschäftsschädigend für sein Hotel sei – wenn ich es nicht besser wüsste, würde ich behaupten, sein Gesicht bekam einen grünlichen Schimmer, sein Bizeps schwoll an, und mit einem Grollen in der Stimme entgegnete er mir: »Ist mir scheißegal, die Pisser sollen sich aus meiner Welle verpissen, bleibt das Hotel halt leer!« Keine weiteren Fragen …

89. GRUND

WEIL ES SURFENDE ENGEL GIBT

Es muss nach ungefähr sechs Wochen gewesen sein, als ich im Anschluss an den morgendlichen Surf leise vor mich hinschmunzeln musste. Ein freundliches »Guten Morgen« hier, ein nettes »Wie läuft's?« dort und »Kommst du heute Mittag zum Essen vorbei?«. Ich war nach dem Einkaufen unterwegs zurück zum Haus und fühlte mich wie zu Hause – allerdings nicht in Deutschland, sondern am anderen Ende der Welt: Marrawah in Tasmanien.

Knapp eineinhalb Monate vorher: Es ist der 24. Dezember, und ich sitze mit einer Freundin, die noch nicht *die* Freundin ist, in unserem Camper auf einem Strandparkplatz. Es ist kalt und regnet in Strömen, und es ist das erste Mal, seit wir vor eineinhalb Jahren auf unsere Weltreise aufgebrochen sind, dass ich Heimweh habe. »Zu Hause sitzen sie jetzt um den Christbaum, essen leckere Sachen und bekommen Geschenke«, raune ich Sonia zu, die mich mit traurigen Augen anschaut. Wir haben es vermasselt – irgendwie konnten wir uns nicht entscheiden ob wir etwas Besonderes machen wollen – in ein Hotel einmieten, fein essen gehen – oder ob wir Heiligabend irgendwo in der Einsamkeit verbringen sollten. Jetzt haben wir keins von beidem und sitzen auf dem letzten Parkplatz vor der Antarktis – viel weniger Weihnachtsstimmung geht kaum. Die Regentropfen platschen mit einem leisen Schmatzer von der undichten Dachluke in den Eimer, den wir in der Mitte unseres Bullis aufgestellt haben – als wollten sie uns sagen: Die Zeit läuft, bald ist Weihnachten vorbei! Ich beobachte einen Typen, der die Mülleimer leert, und denke bei mir, dass es eine ziemlich ungewöhnliche Zeit ist, um diese Arbeit zu verrichten – aber auf Tasmanien ist sowieso alles ein wenig anders! Sonia streift sich das Regencape über und verkündet trotzig, dass sie den Typen jetzt fragen werde, was hier so geht an Heiligabend, schließlich sei er ein Local. Vielleicht kennt er ja eine günstige Unterkunft, die wir uns spontan mieten können? So geschieht es – eine Entscheidung, die unser beider Leben verändern sollte.

Die beiden quatschen also – aus fünf Minuten werden 15, und nach einer halben Stunde will ich wissen, was los ist, und geselle mich dazu. »Das ist Brownie«, stellt uns Sonia vor, mir fällt auf, dass ihre gute Laune zurück ist, »er ist hier der Hausmeister und möchte uns was zeigen!« Dieser Brownie ist mir auf den ersten Blick sympathisch: wettergegerbtes Gesicht, breite Surferschultern und ein Lächeln, das jeden hell erleuchteten Weihnachtsbaum in den Schatten stellt. Sonia hatte ihm unsere Geschichte erzählt, und er entgegnete daraufhin, dass er uns vielleicht helfen könne. Wir steigen in seinen Pickup und wir fahren ein paar Minuten die Küste entlang, ehe er in eine Auffahrt einbiegt. Ein großes, wundervolles und pinkes Holzhaus mit einem Grundstück bis runter ans Meer steht da. Er bittet uns herein und führt uns im Haus herum – gemütlicher geht es kaum: ein Kamin, das große Wohnzimmer und eine schöne Wohnküche. Sonia und ich sind begeistert, gleichzeitig aber auch sicher, dass diese Unterkunft unser Reisebudget nicht hergibt. Brownie will viel von uns wissen: Was hat euch ausgerechnet hierher verschlagen? Was macht ihr sonst so? Surft ihr? Unsere Antworten scheinen ihm zu gefallen, vor allem beim Thema Wellenreiten kommen wir ins Plaudern. Dann ist er an der Reihe: »Last year my kids left for university, so me and my wife moved to a smaller place.« Mein Gehirn antizipiert, was gleich kommt, aber ich versuche ein Honigkuchenpferd-Grinsen zu unterdrücken. »If you guys want you can hang out for a couple of days until the holidays are over«, sagt dieser Mensch gewordene Weihnachtsengel zu uns. Gleichzeitig fallen Sonia und ich unserem neuen Vermieter um den Hals und feiern gemeinsam eins der schönsten Weihnachtsfeste jemals. Aus ein paar Tagen in Marrawah werden Wochen – zwei, dann vier, die Fähre zurück nach Australien buchen wir mehrmals um. In der Villa Kunterbunt, wie wir unser neues Paradies getauft haben, verbringen wir mit die schönsten Wochen unserer zweijährigen Reise.

Wir werden ein Teil der Dorfgemeinschaft, bereits am ersten Tag hat es sich bei den rund 200 Einwohnern wie ein Lauffeuer rumgesprochen, dass da zwei Deutsche zu Besuch sind. Überall müssen wir Kaffee trinken und erzählen, wo wir herkommen und wie es da so ist in »good old Germany«. Jeder Zweite hier hat Vorfahren, die aus Europa kommen oder im Krieg dort waren. Brownie kommt zweimal am Tag bei uns vorbei, quatscht und trinkt Kaffee. Die Wochenenden verbringen wir mit ihm, seiner Frau und den Freunden. Er nimmt mich mit auf Surftrips, mit seinem 4x4 und dank seiner Ortskenntnis fahren wir zu Surfspots, die ich alleine nie im Leben gefunden hätte. Seine Frau bringt uns bei, wie man nach Abalone taucht und diese köstlich zubereitet. Es ist, als hätte uns Brownie in eine andere Welt entführt und würde sich nun weigern, uns den Ausgang zu zeigen.

Nach eineinhalb Monaten beschließen wir, dass wir wirklich mal wieder losmüssten. Am Ende aber ist es Brownie, der uns »rausschmeißt«. Er meint es nur gut mit uns und möchte nicht, dass wir hier hängen bleiben. Irgendwann geht es los! Wir schließen die Villa Kunterbunt hinter uns ab und verabschieden uns von Brownie. Wir finden keine Worte, die unsere Dankbarkeit ausdrücken könnten – aber unser neuer Freund weiß, was wir fühlen.

Hier in Marrawah wird aus meiner Freundin Sonia *die* Freundin – aber das ist Futter für eine andere Geschichte. Als Jahre später unser Sohn geboren wird, schicken wir Brownie per Post ein Foto von uns. Er hat keine E-Mail-Adresse, geschweige denn Internet – viele Wochen später bekommen wir eine Antwort: Glückwünsche – er habe eine Träne verdrückt, als er unsere Nachricht bekommen hat. An jenem 24. Dezember haben wir, Sonia und ich, am anderen Ende der Welt den Anfang unseres ganz eigenen Weihnachtswunders erlebt.

90. GRUND

WEIL ES SURFENDE SUPERHELDEN GIBT

Es gibt Sportler, bei denen die Vermutung nahe liegt, dass in einigen ihrer Zellen ein paar Superhelden-Gene schlummern. Da ist zum Beispiel der Basketballer Michael Jordan, für den das Gesetz der Erdanziehungskraft nicht zu gelten schien. Oder Roger Federer, der eine Zeit lang auf dem Tennisplatz unschlagbar war, weil er unter anderem Bälle seitlich am Netz vorbei ins Feld spielte. Auch Tiger Woods vollbrachte Unmenschliches, bevor seine Aufmerksamkeit vom Golf abgelenkt wurde. Und dann ist da Kelly Slater – der elffache Weltmeister im Profi-Surfen. Sportliche Erfolge in unterschiedlichen Disziplinen sind schwierig miteinander zu vergleichen, doch die Statistik des Amerikaners ist ziemlich eindeutig: elf Weltmeistertitel, dabei jüngster und ältester Titelträger in der Geschichte des Sports, mit insgesamt 55 die meisten Wettkampfsiege jemals, Hall of Fame des US-Sports – und erster Surf-Olympiasieger will er auch noch werden. Slater ist weltweit nicht so berühmt wie Jordan, Federer und Co., dafür ist Wettkampf-Surfen dann doch zu unbekannt. Experten aber bescheinigen Slater, der erfolgreichste Sportler der Welt zu sein – disziplinübergreifend! So oder so hat sein Helden-Status ausgereicht, um auf einem Surftrip mein Denk- und Sprachzentrum zu lähmen.

Ich hab es ja eigentlich nicht so mit der Heldenverehrung. Ich bin zwar Fan von Sportlern und Sportarten, aber ich bewundere diese Menschen eher für ihre sportliche Leistung und nicht für Dinge, die sie privat oder abseits des Sports abliefern. Ich bin weder Fan von Selfies mit Stars, noch sammle ich Autogramme berühmter Personen. Als jedoch Kelly Slater vor mir steht, bin ich zunächst sprachlos und glotze ihn einfach nur an.

Auf meinen Bulli-Surftrips rund um Australien schaute der Superheld des Surfens eines Tages höchstpersönlich an meinem

Campingbus vorbei. Es war kurz vor dem Weltmeisterschaftswettkampf in Coolangata an der Gold Coast, und Mr Slater war wohl schon ein paar Tage früher eingetrudelt, um zu trainieren. Ich war gerade dabei, mir nach der ersten Surf-Session des Tages ein paar Eier in die Pfanne zu hauen, als mich ein Typ von hinten fragte, ob die Wellen denn heute gut laufen würden. Leicht genervt drehte ich mich um – und da stand er und grinste, der Champion aller Champions. Dummerweise verabschiedete sich in diesem Moment mein Denkzentrum, sodass es keinerlei Beweise für diese Begegnung gibt. Wie im Traum hörte ich mich selber antworten: »Lohnt sich nicht wirklich, Frühstück macht mehr Sinn!« Dazu sei gesagt, dass diese Begegnung noch vor der Zeit der Selfies und Handykameras stattgefunden hat – und es ist mir auch egal, wer mir glaubt oder auch nicht, ich weiß, dass Kelly Slater nicht nur direkt hinter mir geparkt, sondern auch noch mein Omelett probiert hat!

Ich habe die Karriere des Super-Surfers fast von Anfang an verfolgt. Zu meiner Schmach aber muss ich gestehen, dass ich Slater das erste Mal in seiner Gastrolle bei *Baywatch* richtig wahrgenommen habe. Ab da hat mich seine sportliche Karriere interessiert – im Gegensatz zu einigen anderen Personen in seinem Umfeld. Ihm werden Affären mit Pamela Anderson und Gisele Bündchen nachgesagt, überhaupt galt er in der Szene lange als Frauenheld. Aber mal ehrlich – will man es ihm verdenken? Kelly Slater ist in Florida aufgewachsen, kommt nach eigener Aussage aus einfachen Verhältnissen und hat es mit unglaublichem Ehrgeiz, extremem Durchhaltevermögen und viel Talent bis nach ganz oben geschafft. Ein Junge aus Florida wird Surf-Weltmeister, das ist ungefähr so, als würde ein Ostfriese eine Ski-WM gewinnen. Wer mag ihm da den Ruhm und alles, was dieser mit sich bringt, verdenken?

Das Faszinierende an Kelly Slater ist aber, dass er es in jeder Phase seiner bald 30-jährigen Karriere geschafft hat, mit den Trends und Entwicklungen in seiner Sportart mitzuziehen. Als auf der Weltmeister-Tour immer radikalere Manöver verlangt wurden, ist er eben immer radikaler gesurft. Als die Kollegen anfingen, mit dem Surfboard aus der Welle zu springen und sich um die eigene Achse zu drehen, ist er eben aus der Welle gesprungen und hat sich um die eigene Achse gedreht. Titel sind schön und belegen den Erfolg, große Sportler aber zeichnet vor allem aus, dass sie sich über einen langen Zeitraum an der Spitze halten und es dabei schaffen, mit der Zeit zu gehen. Der Typ war 19 Jahre alt, als er seinen ersten Wettkampf auf der Profi-Tour gewonnen hat, und 44, als er das bisher letzte Mal ganz oben auf dem Treppchen stand. Alleine dieser Fakt macht ihn schon zum besten Sportler aller Zeiten. In einem Interview wurde er mal nach dem Geheimrezept für seinen Erfolg gefragt: »I just love surfing«, lautete die einleuchtende Antwort des großen Meisters. Und auch für die Zukunft des Surfens scheint sich Kelly Slater verantwortlich zu fühlen. Im vergangenen Jahr hat er in Kalifornien eine Anlage gebaut, welche auf Knopfdruck perfekte Wellen in einem gigantischen Schwimmbecken erzeugt. Hier dürfen bisher nur Surfer ran, die vom Chef persönlich eine Einladung erhalten haben, jedoch die Technologie und das Wissen werden mit Sicherheit maßgeblich zur Entwicklung der sogenannten Wavepools – künstlicher Wellen – beitragen. Kelly Slater hat das Surfen weit über die Grenzen der Surf-Szene hinaus bekannt und groß gemacht – und ich traue ihm zu, auch in Zukunft den Sport mit all seinen Herausforderungen wie überfüllten Line-ups oder Umweltzerstörung nachhaltig zu prägen.

91. GRUND

WEIL EINER DER BESTEN BIG-WAVE-SURFER AUS NÜRNBERG KOMMT

Der junge Mann, der mir da gegenübersteht, könnte vom Aussehen her auch ein Lehrer oder Projektleiter im Baugewerbe sein – was Sebastian Steudtner wirklich macht, darauf würden wahrscheinlich die wenigsten auf Anhieb kommen. Der Deutsche ist einer der besten Big-Wave-Surfer der Welt, beruflich reitet er Wellen, die so hoch sind wie einer dieser gelben Baustellenkräne – knapp 30 Meter! Keine langen, von der Sonne gebleichten Haare, keine zerrissenen Jeans, und auch die obligatorischen Surfer-Flip-Flops fehlen – neben den fehlenden Klischees macht auch das Logo seines Sponsors auf der Trainingsjacke schnell deutlich, dass da ein ziemlich ernsthafter und durchtrainierter Spitzenathlet steht. Ich kannte Sebastian schon aus den Medien und bin dann umso überraschter, als er zufällig im portugiesischen Ericeira vor mir steht. Er ist nicht die typische »Surfer-Kante«, wahrscheinlich stellt man sich Big-Wave-Surfer automatisch hünenhaft vor, dafür ist sein Händedruck so fest, dass es mich beinahe in die Knie zwingt. Ich habe vor jedem Sportler großen Respekt, was aber der gebürtige Nürnberger leistet, geht über meine Vorstellungskraft.

Richtig gelesen: Sebastian kommt aus dem fränkischen Nürnberg. Dazu fallen mir zuerst Lebkuchen, Rostbratwürste und »der Club« ein – aber Surfen, noch dazu Big-Wave-Surfen? Ich kann nur erahnen, dass er wirklich hart kämpfen musste, um bis an die Spitze seines Sports vorzudringen – geschenkt wurde ihm wahrlich wenig. Vom Frankenland ist es weit bis zu den Big-Wave-Surfspots dieser Erde – auf Google Maps und im übertragenen Sinne. Aber er setzte sich durch, auch schon in jungen Jahren. Als Teenager zog Sebastian nach Hawaii, weil ihn der Traum von großen Wellen einfach nicht mehr losließ. Mit Akribie und großem Ehrgeiz trainierte er, lernte die richtigen Leute kennen, schaute sich von diesen sehr guten Surfern sehr viel ab und steigerte sich nach und nach, was die Größe der Wellen anging. In der Szene wurde der junge Deutsche schnell bekannt, aber erst die Wellen von Nazaré machten Sebastian zu einem berühmten Mann. Spätestens seine beiden Siege beim Big Wave Award, dem Oscar für die größte gesurfte Welle des Jahres, hätten ihm die Anerkennung einbringen sollen, die er verdient. Bei seiner ersten Preisverleihung wurde er von ein paar Spinnern im

Publikum ausgebuht – eine grob respektlose Geste. Das vorwiegend amerikanische und australische Publikum traute einem Deutschen einen solchen Ritt wohl einfach nicht zu und zweifelte an der Juryentscheidung – wahrscheinlich ist das für die Surf-Nationen so, als würde ein Rugbyspieler Torschützenkönig der Bundesliga werden. Apropos Zweifel: Zuletzt surfte Sebastian in Nazaré die höchste Welle jemals – der Weltrekord wäre eigentlich seiner gewesen. Aber aufgrund eines Fehlers des Kampfgerichts wurde die Welle einem anderen Surfer zugesprochen. Eigentlich ein Skandal – aber auch hier zeigte Sebastian einmal mehr, was für ein toller Sportsmann er ist: Seine Aufregung hielt sich in Grenzen, im Gegenteil, er nutzte den Vorfall als zusätzliche Motivation für seine Jagd nach den Monsterwellen.

Sebastian ist als Extremsportler bekannt dafür, wie hart er trainiert, wie präzise er arbeitet und dass er wirklich nichts dem Zufall überlässt. Sein Trainingsplan kann locker mit dem eines jeden anderen Profisportlers mithalten: Athletiktraining, Krafteinheiten, Kampfsport, Boxen, Intervalltraining – bis zu sechs Stunden am Tag trainiert der Big-Wave-Bezwinger. Auch arbeitet er mit einem Institut für Luft- und Raumfahrttechnik zusammen, anhand deren Satellitendaten will er die größten und besten Wellen ausfindig machen. Außerdem ist der Pro-Surfer ein Teamplayer, ohne eine eingespielte Mannschaft hinter ihm würde seine Mission nicht funktionieren. Wenn Nazaré riesig ist, fliegt extra ein befreundeter Bundeswehrarzt ein, um im Fall der Fälle schnell da zu sein. Sebastian hat sogenannte Wavespotter, befreundete einheimische Surfer, die große Wellensets über ein Walkie-Talkie melden und versuchen, den Jetskifahrer an die richtige Stelle zu lotsen. Sebastian ist ein Perfektionist, und das ist auch gut so, denn in solch großen Wellen ist nur wenig Platz für Fehler. »Wer gefährliche Dinge macht und sich nicht vorbereitet ist bescheuert«, sagt er selber.

Das Big-Wave-Surfen ist inzwischen Sebastians Beruf, er verdient damit Geld – und das ist gar nicht so einfach. Nur die Besten bekommen die mediale Aufmerksamkeit – und nur wer gesehen wird, bekommt Sponsoren. Der Deutsche muss liefern, und das gelingt ihm regelmäßig. Jeden Winter ist er einer der auffälligsten und besten Surfer draußen im Line-up vor Nazaré. Der Surfer, der sich in die größten Wellen überhaupt ziehen lässt. Er will weiter nach oben und darüber hinaus. Die Jagd nach der jemals größten gesurften Welle geht weiter – Sebastian peilt 33 Meter an, die magische 100-Fuß-Marke. Damit würde er in die Surf-Geschichtsbücher eingehen und auch die letzten Zweifler verstummen lassen. Rekord hin oder her – Sebastian ist ein surfender Businessman, der genau weiß, was er will. Abseits des Line-ups hält er Vorträge vor Führungskräften, Thema »Risikomanagement« – nur eines seiner Standbeine neben dem Big-Wave-Surfen! Noch aber streift er sich am liebsten den Neoprenanzug statt der Nadelstreifen über – ich persönlich hoffe, das bleibt noch eine ganze Weile so!

Bei unserer Verabschiedung versuche ich seinen stählernen Händedruck zu vermeiden, schaffe es aber nicht und lächle gequält darüber hinweg. Ich wünsche ihm zunächst Glück, korrigiere mich dann aber – mit Glück hat das Reiten einer 30 Meter hohen Welle wohl eher weniger zu tun. »Viel Erfolg bei der Jagd nach dem Rekord, wir sehen uns in Nazaré«, sage ich und meine damit natürlich den Aussichtspunkt auf den Klippen, nicht das Line-up!

92. GRUND

WEIL DU DIE MUTIGSTEN SPORTLERINNEN DER WELT BESTAUNEN KANNST

Ich war für ein paar Tage in einem Surfcamp im portugiesischen Caparica untergekommen, als mir der Surfcampleiter Bruno erzählte, dass er heute ein ganz besonderes Pärchen als Gäste erwarte. Brasilianer, beides Big-Wave-Surfer, die gerade die Riesenwellen vor

Nazaré geritten sind und auf dem Weg zum Flughafen bei ihm einen kurzen Stopp einlegen. Mein Kopfkino nahm direkt volle Fahrt auf: er ein Hüne, muskelbepackt und mit Narben übersät, die von seinem Kampf mit den Wassermonstern zeugen. Sie ebenfalls knapp zwei Meter groß mit der Statur einer Amazone, die statt Pfeil und Bogen ein riesiges Surfbrett unter dem Arm trägt, als wäre es ein Zahnstocher. Beinahe hätte ich gelacht, als die beiden ein paar Stunden später im Gemeinschaftsraum des Surfcamps auftauchten. Er: klein, drahtig und weit und breit keine einzige Narbe zu sehen. Sie: klein, zierlich und ein schönes Gesicht mit langen, von der Sonne ausgebleichten Haaren. Die beiden bezwingen 20-Meter-Wellen? Erst dachte ich, dass sich Bruno vielleicht einen kleinen Scherz mit mir erlaubt hatte. Dann zeigten mir Nicole und Lapo ihr Video aus Nazaré. Darin ist zu sehen, wie er den Jetski sicher durch die riesigen Brandungswellen steuert, um sie in die gigantischen Wellen zu ziehen, die es aufgrund ihrer Größe zu weltweitem Ruhm gebracht haben. Ich kann es kaum glauben – diese zierliche, gerade mal 1,60 Meter große Frau mit der leisen Stimme reitet Wellen, vor denen ich aus Todesangst noch nicht mal zu träumen wage. Im Laufe unseres Gesprächs wird mir klar, weshalb Nicole ausgerechnet beim Big-Wave-Surfen gelandet ist. Ihr Vater ist ein bekannter brasilianischer Surfer, der den Winter mit der gesamten Familie auf Hawaii verbringt – dem Mekka der Big-Wave-Surfer. Während andere früher zur Reitstunde gingen oder ihre Puppen frisierten, durfte die kleine Nicole mit ihrem Vater in Wellen spielen, die ihre Körpergröße um das Zehnfache überragten – ein Familienausflug der etwas anderen Art. Ich habe noch nie so viel Entschlossenheit in Form eines menschlichen Körpers gesehen – sogar beim Erzählen schien Nicole die Wellen abzureiten, so impulsiv gestikulierte sie. Ein weiterer Beweis dafür, dass Frauen viel mutiger sind als die männliche Spezies: Im Verhältnis zur Kraft und Körpergröße sind die Wellen, welche Nicole reitet, um ein Vielfaches höher als die ihrer männlichen Kollegen. Und die junge Brasilianerin ist nur ein Beispiel, welchen Mut Surferinnen rund um den Globus immer wieder beweisen.

Keala Kennely, eine Hawaiianerin, ist die erste Frau, die eine der gefährlichsten Wellen der Welt als erste Surferin bezwungen hat. Teahupo'o ist ein Surfspot vor der Küste Tahitis, wo Wellen, so groß wie ein Mehrfamilienhaus, über ein messerscharfes Riff brechen, das sich nur wenige Zentimeter unter der Wasseroberfläche befindet. Kein Wunder, dass Kelly Slater, der König der Wellenreiter, Keala adelte: »Der verrückteste Typ in Teahupo'o ist eine Frau!«

Aber es ist nicht nur der Mut von jungen Frauen, wenn sie überdimensionale Wellen bezwingen, es ist auch der alltägliche Mut, den Surferinnen immer wieder aufs Neue beweisen. Ich stelle es mir ungeheuer anstrengend vor, in jedem Line-up dieser Welt in der Unterzahl zu sein und manchmal nicht ernst genommen zu werden. Als Frau musst du extrem gut surfen und auffallen, um in den von Männern dominierten Line-ups deine Anzahl an Wellen zu bekommen. Weibliche Surfer mit einem Surf-Level unter »Profi« haben es mit Sicherheit schon oft erlebt, dass sie, ohne eine einzige Welle erwischt zu haben, wieder an Land paddeln mussten. Es gab Momente in meinem Surferleben, da habe ich mich im Nachhinein für mich und meine männlichen Kollegen und das respektlose Verhalten gegenüber Frauen im Line-up geschämt. Auch ich habe mich schon dabei erwischt, dass ich bei einer Surferin dachte: Alles klar, die nächste Welle gehört so oder so mir. Extrem unsympathisch und ganz schön peinlich!

Andererseits muss ich auch sagen, dass sich nicht alle Surferinnen immer korrekt verhalten. Ich habe es schon erlebt, dass sie dich mit einem Hundeblick anschauen, um dann eiskalt reinzudroppen. Das ist zum Glück die Ausnahme, denn das Ausnutzen des eigenen Geschlechts für individuelle Ziele ist sehr egoistisch und macht unattraktiv – egal ob Frau oder Mann. Fakt ist: Wir Jungs sollten stolz sein auf unsere Surferinnen. Ich möchte Sportlerinnen anderer Disziplinen auf keinen Fall ihr Talent, ihren Willen oder ihr Durchsetzungsvermögen absprechen – aber brauchen sie Mut? Beim Fußball, Handball oder Langlauf? Vielleicht, aber ich glaube, auf dem Platz oder in der Loipe hat Mut einen anderen Stellenwert als beim Surfen. Draußen im Ozean gibt es tausend Unwägbarkeiten, die nur mit einer ganz großen Portion Mut bezwungen werden können. Wie viele Sportarten gibt es, bei denen die Damen so dermaßen draufgängerisch abliefern wie beim Wellenreiten? Für mich sind Surferinnen die mutigsten Sportlerinnen der Welt – Punkt!

Losgelöst von Geschlechterrollen und ganz objektiv betrachtet finde ich, dass Surferinnen mehr Respekt verdient haben. Liebe männliche Kollegen: Es geht nur um Wellen, und es gibt mehr als genug davon auf unserem Planeten. Teilt sie also verdammt noch mal mit den Damen, die so viel mehr dafür tun müssen, um ihre Leidenschaft leben zu können! Bevor ihr also das nächste Mal im Line-up wieder den Anti-Gentleman gebt – die junge Dame neben euch hat um einiges mehr Mut in ihrer Surfer-DNA als ihr in euren eigenen Chromosomensträngen.

93. GRUND

WEIL DU DEN MEERESBEWOHNERN SEHR NAHE KOMMST

Um ganz ehrlich zu sein – beinahe hätte ich mir vor Schreck in den Neoprenanzug gemacht. Kurz vor der Begegnung mit der anderen Art saß ich im Line-up an der Ostküste Australiens und hatte das komische Gefühl, dass irgendetwas anders ist als sonst. Es gab gute Wellen, der Wind blies leicht ablandig, und außer mir waren nur ein paar wenige Surf-Kollegen im Wasser – eigentlich super Bedingungen, und doch war ich irgendwie unruhig und fühlte mich unwohl.

Nach 20 Minuten und ein paar gesurften Wellen passierte es: Eine große graue Rückenflosse, durchbrach die glitzernde Wasseroberfläche nur ein paar Meter von mir entfernt. Es war einer der Momente, in denen das Sinnesorgan Auge die Bewegung bereits registriert und unterbewusst Alarm auslöst, die Botenstoffe aber eine Millisekunde länger benötigen, um durch die Nervenzellen zum Gehirn zu rasen und dort einzuschlagen wie eine 20-Meter-Welle in die Klippen. Ich habe gelesen, dass die Schreckreaktion in Form von heftigen Kontraktionen der Muskeln unter anderem dazu dient, Wärme zu produzieren, um in einer Gefahrensituation überleben zu können. In diesem Moment muss in mir ein Vulkanausbruch stattgefunden haben, denn ich erinnere mich bis heute an den heftigen Ruck, der mir durch die Glieder fuhr. Das war's, dachte ich, jetzt verspeist dich tatsächlich ein Hai zum Frühstück. Es ist die Urangst eines jeden Surfers, von einem dieser mächtigen Raubtiere fälschlicherweise als Nahrung definiert zu werden. Selten denke ich aktiv an diese Gefahr, doch auf einmal war alles im Bereich des Möglichen. Es waren die mitunter schlimmsten fünf Sekunden meines Lebens, denn so lange nahm sich die Delfinmutter Zeit, bevor sie mit ihrem Jungen erneut an die Wasseroberfläche kam, um mich zu begutachten. Am liebsten hätte ich die beiden vor Glück umarmt, aber da hätte sicher das Vater- und Partnertier etwas dagegen gehabt. Was kurz anmutete wie die letzte Surf-Session meines Lebens, entwickelte sich zu den besten 20 Minuten, die ich jemals im Wasser hatte. Die Delfinfamilie beschloss, ein wenig mit ihrem Besucher im Gummianzug rumzuhängen und ihn sich aus der Nähe genauer anzuschauen. Vielleicht bekam auch der oder die Kleine eine Lehrstunde darin, wie die Idioten aus der Nähe aussehen, die andauernd in die nasse Welt der Meeresbewohner eindringen, um dort entweder Spaß zu haben oder sie gleich zu zerstören. Die drei nahmen mich ziemlich genau unter die Lupe, ehe sie in den Weiten des Ozeans wieder entschwanden. Unglaublich – ich habe selten eine solche Achterbahn der Gefühle erlebt.

Eine ähnliche Begegnung, nur mit einem anderen Meeresbewohner – dem Meeresbewohner –, hatte ein Mann namens Mick Fanning. Als einer der besten Profi-Surfer weltweit saß der Australier während eines Wettkampfes in Südafrika mit nur einem Kollegen in der Brandung vor Jeffreys Bay, als ein großer Weißer Hai versuchte, ihn anzuknabbern. Auf den ersten Test-Schnapper, bei dem der Fisch die Fangleine des Surfers durchbiss, folgte ein zweiter Versuch. Den aber wehrte der Australier mit beherzten Faustschlägen ab und strich sich damit eigenhändig von der Speisekarte des Raubfisches. Haiangriffe passieren jedes Jahr weltweit, dieser aber wurde live im Fernsehen übertragen und über das Internet ausgestrahlt – das Video hat inzwischen 25 Millionen Aufrufe und dürfte damit zum Thema Surfen einer der am meisten gesehenen Beiträge auf der Plattform sein. Schade, dass es die amerikanischen Veranstalter der Profiliga im Anschluss versäumten, die weltweite Aufmerksamkeit zur Aufklärung über diese bedrohte Tierart zu nutzen. Im Gegenteil, ganz im Sinne der amerikanischen Medienwelt ging es eher um die Sensation als um den Schutz.

Dass im jährlichen Durchschnitt nur fünf bis 15 Menschen einen Haiangriff nicht überleben, ist gemessen an der Gesamtzahl an Personen, die sich im Meer aufhalten, verschwindend gering. Statistisch gesehen sterben mehr Menschen pro Jahr durch herunterfallende Kokosnüsse (geschätzte 150, nicht belegt!) oder durch den Stich der Anophelesmücke (2,7 Millionen, belegt!) und der daraus resultierenden Malariaerkrankung.

Mick Fanning und seine Kumpels lächelten den Vorfall weg und kommentierten ganz im Stile geübter Surf-Talker locker darüber hinweg – vielleicht hat ja auch der Schock und das adrenalingeschwängerte Glück seinen Teil zu dieser ungewöhnlichen Reaktion beigetragen? Was die Begegnung mit dem Hai wirklich in dem jungen Mann bewirkt hatte, lässt lediglich seine anschließende einjährige Pause von der Profi-Tour vermuten.

Zwei Begegnungen mit Meeresbewohnern, zwei unterschiedliche Erfahrungen – beide verdeutlichen eine Tatsache, die alle Wellenreiter betrifft: Nur wenige kommen der Natur und ihren Tieren so nah wie die surfende Spezies – gewollt oder ungewollt.

94. GRUND

WEIL DU AUF DER GANZEN WELT FREUNDE FINDEST

Backpacker, überhaupt Reisende, kennen es: Von kaum einem Trip kehrt man ohne eine neue Bekanntschaft zurück. Das reicht von der Begegnung im Café, die ein paar Stunden angedauert hat, über die temporäre Reisebegleitung bis hin zum Lover für eine Nacht. Kein Wunder – auf Reisen sind die Menschen meistens entspannter als im heimischen Alltag und damit vielleicht auch offener für neue Begegnungen oder Bekanntschaften und Erlebnisse. Bei Surfern ist das genauso, ich habe sogar das Gefühl, dieses Phänomen tritt noch häufiger auf. Vielleicht weil uns die Liebe zu den Wellen vereint und die Suche nach den besten Surfspots emotional einfach intensiver ist als die Frage, welcher Bus von A nach B fährt? Auch verstehen Surfer die Herausforderungen und Nöte anderer Surfer besser als diejenigen, die den Strand und das Meer eher als einen Ort zum Faulenzen wählen. Wie soll ein nicht surfender Backpacker auch nachvollziehen können, dass man genau jetzt noch unbedingt den Nachtbus in die 700 Kilometer entfernte Stadt nehmen muss, weil dort im Morgengrauen ein Swell an die Küste rollt? Vielleicht würde nicht jeder Surfer eine solche Hauruck-Aktion mitmachen, aber nachvollziehen und verstehen würde er sie allemal. Auch kann man als Surfer nicht verlangen, dass ein nicht surfender Reisepartner noch vier Nächte länger als geplant im aktuellen Ort bleiben soll, nur weil die Wellen gerade gut sind. »Never leave a running swell« – dieses ungeschriebene Gesetz macht schließlich nur für Menschen Sinn, die mit einem Surfbrett im Gepäck reisen. Es ist einfach, unterwegs andere Surfer kennenzulernen: »Weißt du, wie die Wellen morgen werden sollen?« Und schon ist man im Gespräch! Als Small-Talk-Legastheniker fällt es mir zu Hause nicht mal annähernd so leicht, fremde Leute anzuquatschen wie auf Surftrips. Lange Rede, kurzer Sinn: Wir Surfer verstehen uns untereinander – weltweit. Dementsprechend ist es auch nicht schwer, als Wellenreiter Freunde zu finden – ebenfalls weltweit.

Ich bin seit über 20 Jahren auf Surftrips unterwegs und empfinde es als Geschenk, auf der ganzen Welt Menschen als meine Freunde bezeichnen zu dürfen. Wobei die Freundschaften, die auf Surftrips entstehen, anders sind als die zu Hause. Anders im Sinne von: »emotional anders«. Die Freundschaften abseits des Line-ups, zu Hause in Deutschland, sind über Jahrzehnte gewachsen. Wir haben Alltag, Abenteuer, Freud und Leid miteinander geteilt, wir sehen uns mehrmals pro Jahr und haben verfolgt, wie Jobs angetreten, Unternehmen und Familien gegründet und geliebte Menschen genommen wurden – das sind sehr emotionale und intensive, oft geprüfte Bindungen. Ich würde meinen Surftripfreundschaften niemals die Emotionalität absprechen, nur bewegen wir uns auf einer anderen Ebene, keiner, die ganz so tief verwurzelt ist. Trotzdem können die Freundschaften unterwegs sehr intensiv sein – zumindest auf einen bestimmten Zeitraum begrenzt. Im Dschungel Indonesiens oder der Einsamkeit Australiens kann eine neue Begegnung zu einem bestimmten Moment eine große Bedeutung haben, vielleicht mehr als eine zufällige, flüchtige Bekanntschaft in Hamburg oder München.

Ich schätze meine Surftripfreunde nicht mehr und nicht weniger als meine Freunde zu Hause – nur eben anders. Vielleicht sollte in der deutschen Sprache ein Wort eingeführt werden, welches die »Freunde, die man auf Surftrips/Reisen kennenlernt« treffend beschreibt. Auf Englisch gibt es den Begriff »buddy«, aber auch das trifft es nicht hundertprozentig. Mit oder ohne korrekte Bezeichnung – ich bin froh, meine Freunde weltweit zu haben. Es ist einfach schön, an einem fremden Ort ein »Zuhause auf Zeit« mit einem vertrauten Menschen vorzufinden. Manche sehe ich einmal im Jahr oder auch nur alle zwei Jahre, dann gibt es jede Menge zu erzählen und viele Wellen, die gesurft werden wollen. Frankreich, Spanien, Portugal, USA, Panama, Costa Rica, Chile, Indonesien, Australien, Tasmanien – diese und noch ein paar mehr Länder sind Orte, an denen sich jemand freut, wenn ich mal wieder vorbeikomme. Was kann es als reisender Surfer Schöneres geben?

95. GRUND

WEIL DU ALS SURFER PARALLELWELTEN ENTDECKST

Surfer unterscheiden sich in ihrem Wunsch nach unvergesslichen Urlaubsdestinationen nicht sonderlich vom »gemeinen Urlauber«: Schön soll es sein, ein gutes Preis-Leistungs-Verhältnis und am besten immer Top-Wetter haben. Allerdings sind unsere Orte dann doch sehr unterschiedlich zu denen der Urlauber mit Strandtuch und Urlaubslektüre – wir wollen zwar dasselbe, und suchen doch etwas ganz anderes. Ein Anspruch überragt bei Surfern alles andere: Wir wollen gute Wellen, am besten alleine für uns und unsere Surf-Buddys – am Ende des Tages ist es das Einzige, was für uns wirklich zählt. Und das führt uns unweigerlich an Orte, die weitab der ausgetretenen Touristenpfade liegen. Man muss sie nur finden oder – noch besser – von ihnen gefunden werden!

Malpais, Costa Rica – ich sitze in einem Café und weiß nicht so richtig, wohin ich als Nächstes gehen soll. Kein Swell, tierisch heiß, ich bin alleine unterwegs – wer viel reist, wird sie kennen, diese »Heimweh-Momente«! Mir gegenüber sitzt ein Typ, der offensichtlich seine eigenen Sorgen hat, zumindest erzählen das die leeren Bierflaschen, die ausgetrunken vor ihm aufgereiht stehen. Ich schätze ihn als Expat ein, also ein Ausländer, der schon länger im Land lebt. Wir kommen ins Gespräch, er ist Holländer, Surfer und seit 15 Jahren in Costa Rica. Nach einem gemeinsamen Bier haben wir Durst auf ein zweites und dann Lust auf ein drittes. Irgendwann frage ich ihn, wo er denn lebe – nach einigem Hin und Her rückt er raus mit der Sprache. Eigentlich sagt er nur: »Komm mit, ich zeige es dir – und nimm deine Surfbretter mit!« Das ist der Startschuss zu einer Reise, die ich nie vergessen werde.

Mit seinem kleinen Boot fuhren wir los und verschwanden irgendwann vom Fluss in die Mangrovenwälder. Die ganze Situation war etwas eigenartig, ich erinnerte mich an diverse Fernsehnachrichten und Zeitungsartikel über verschwundene Touristen – aber noch hatte ich keine Angst. Nachdem wir gefühlt kreuz und quer durch den Dschungel gefahren waren und ich nach wenigen Minuten komplett die Orientierung verloren hatte, schienen wir am Ziel zu sein. Mitten im Urwald war eine Lichtung, der kleine Fluss, auf dem wir fuhren, ist eine Sackgasse, vor uns eröffnete sich ein kleiner See von der Größe eines halben Fußballfeldes. Waren wir in eine andere Welt gefahren? Ist der Typ doch ein Mörder und ich bin im Himmel? Wir landeten an einem kleinen Steg an, das dazugehörige Haus war aus massivem Holz gebaut, die riesengroße Veranda reichte weit über das Wasser hinaus. Ich wurde von einer Frau willkommen geheißen – ob ich einen Tee oder doch gleich einen Mushroomcocktail möchte? Ich war schon genug aufgedreht und entschied mich für Tee! Meine Gastgeberin stellte sich in holprigem Deutsch vor: Myrte sei ihr weltlicher Name, sie möchte aber lieber Angel genannt werden. Ihre Erdenjahre habe sie vergessen, aber ich schätzte sie auf Mitte 40. Angel ist die Chefin dieses ...ähm ...Getaways im Dschungel und kommt wie mein Chauffeur, der gleichzeitig ihr Ehemann ist, aus Holland. Seit 20 Jahren leben sie hier – ausgestiegen aus der Gesellschaft, aus der westlichen Konsumwelt und der Leistungsgesellschaft. Überall standen kleine Buddha-Statuen, Räucherstäbchen verströmten ihren beruhigenden Duft, und in jeder Ecke des Hauses gab es eine gemütliche Chill-out-Area. Ich solle erst mal für ein paar Tage bleiben und entspannen, »ganz gestresst siehst du aus«, stellte Myrte fest. Ich musste innerlich schmunzeln – gemessen an ihren Maßstäben war ich wahrscheinlich völlig runter mit den Nerven, in Wirklichkeit allerdings war ich schon seit mehreren Wochen auf diesem Surftrip unterwegs und eigentlich alles andere als gestresst.

Ich blieb trotzdem erst mal ein paar Tage – auf einen Engel sollte man schließlich hören.

Aus den Tagen wurden eine Woche, dann zwei und nach einem knappen Monat saß ich immer noch im Dschungel. Wir erzählten uns unsere Lebensgeschichten, zeichneten zusammen, meditierten – und gingen surfen. Ihr Mann Markus war eigentlich Surfer, allerdings hatte er schon ein paar Jahre keine Welle mehr gesehen – »too busy around here«, sagte er als Entschuldigung. Irgendwann überredete ich ihn, mit mir surfen zu gehen – ab da wurde jede Surf-Session für uns zum gemeinsamen Highlight. Für ihn, weil er endlich wieder die Faszination des Wellenreitens erlebte, für mich, weil ein kleiner Surfertraum wahr wurde. Wir fuhren mit seinem Boot zu Wellen, die einfach perfekt waren. Einfach nicht zu fassen, dieser völlig bekiffte Holländer hatte unfassbare Breaks vor der Haustür und war trotzdem seit Jahren nicht mehr surfen gegangen! »Vorsicht, welche Substanzen du konsumierst«, kann ich da nur sagen!

Myrte – Entschuldigung – Angel erzählte mir abends immer ihre Geschichte. Sie hatte sich ganz alleine mit ihrem Mann dieses Refugium geschaffen. Lange Jahre war es eine Qual, dem Dschungel dieses Stück Land abzuringen und bewohnbar zu machen – irgendwann aber war es dann ihr Zuhause. Angel hatte ihren Dschungel seit zehn Jahren nicht mehr verlassen, ihr Mann fuhr einmal pro Woche in die Zivilisation, um Lebensmittel zu besorgen – und um verlorene Seelen wie mich aufzugabeln. »Du hast auf mich den Eindruck gemacht, als könntest du mal was anderes vertragen«, sagte er. Eigentlich geht es mir gut in der Welt da draußen, aber nach vier Wochen an diesem einmaligen Ort war die Verlockung groß, für immer dort zu bleiben. Ich entschied mich jedoch für die Welt auf der anderen Seite des Dschungels – dort lebte meine Familie, und meine Zukunft war in der westlichen Welt – mit all ihren Vor- und Nachteilen. Ich wartete noch zwei Swells ab und verschob meine Abreise mehrere Male, dann aber war es so weit – ich sagte dem Paradies Lebewohl. Ich könne jederzeit wiederkommen, lud mich

Angel beim Abschied ein, nur eine Bitte hatte sie: »Ich möchte, dass dieser Ort geheim bleibt und keine Touristen hier vorbeikommen.« Nie fiel es mir leichter, ein Versprechen abzugeben. Wie könnte ich dieses kleine Paradies, mitten im Dschungel von Costa Rica, mit diesen besonderen Bewohnern jemals verraten?

Fernab der ausgetretenen Touristenpfade, ja sogar der ausgetretenen Surfer-Touristenpfade, liegt dieser einzigartige Ort, an dem ich einen der unglaublichsten Monate meines Lebens verbracht habe. Ich bin bisher nicht wieder an diesen magischen Ort zurückgekehrt, den ich für mich als Surferhimmel auf Erden abgespeichert habe. Ich habe Angst, dass es diese Magie nicht mehr gibt, dass Angel und ihr Mann inzwischen in einer Wohnhaussiedlung in Rotterdam wohnen. Außerdem weiß ich eines ganz bestimmt: Ein zweites Mal würde ich den Weg zurück in die Zivilisation nicht schaffen – ich würde bleiben, am außergewöhnlichsten Ort, an den mich das Surfen jemals geführt hat.

96. GRUND

WEIL DU BEIM SURFEN DEINEN HELDEN SEHR NAH KOMMST

In den meisten modernen Fußballstadien sitzen die Zuschauer schon recht nah am Spielfeld, zumindest diejenigen, die viel Geld für ihre Eintrittskarte bezahlt haben. Aber kein Zuschauer steht direkt auf dem Platz, auch sitzt niemand im Sechzehnmeterraum oder lehnt entspannt am Torpfosten – beim Surfen dagegen ist das so, zumindest im übertragenen Sinn.

Es gibt Surfwettkämpfe, da stehen die Menschen knietief im Wasser oder sitzen entspannt auf Strandtüchern an der Wasserkante, um den besten Blick auf das Geschehen im Line-up zu haben. Die Zuschauer sind sogar auf ihren eigenen Surfbrettern um die Wettkampfzone herum positioniert – und damit so gut wie mitten im Geschehen. Dieser Bereich wird durch große Bojen abgegrenzt, und die Fans versuchen, so nah wie möglich an ihren Stars in Aktion dran zu sein. Die Sicherheitsleute auf den Jetskis haben neben dem Transport der Profisurfer manchmal allerhand damit zu tun, die Zuschauer von den Wellen fernzuhalten. An bekannten Surfspots ist es sogar so, dass die lokalen Surfer nur darauf warten, dass der Wettkampf vorbei ist – mit der Schlusssirene paddeln sie los, in der Hoffnung, vor der versammelten Surfpresse die Welle ihres Lebens abzugreifen.

Beim Fußball wird in so einem Fall vom Platzsturm gesprochen – das kommt nach großen Spielen und Meistertitel mal vor, ist aber von den Offiziellen nicht wirklich gern gesehen. Beim Surfen ist so etwas ganz alltäglich – nicht nur die Nähe zum Geschehen, auch die Surfstars sind um einiges nahbarer als ihre Kollegen mit den Stollen an den Schuhen. Vor allem, wenn die ganz berühmten Surfer – Kelly Slater, Gabriel Medina, John John Florence – nach ihrem Wettkampf aus dem Wasser kommen, bildet sich eine Menschentraube um sie herum, und die Ordner müssen die Stars zurück zum VIP-Bereich bugsieren. Dabei fällt trotzdem das eine oder andere Selfie oder Autogramm ab – an bekannten Surfspots wie Huntington Beach, Rio de Janeiro oder Hawaii brauchen die Surfer manchmal ewig, bis sie in die Athletenzone kommen. Bei Fußballern ist das direkt nach dem Spiel undenkbar, die Ordner würden jeden Versuch sofort unterbinden.

Wer schon mal an einem Ort war, an dem gerade einer der Weltmeisterschaftswettkämpfe stattfindet, kennt das Szenario: Die Surfprofis gehen an den lokalen Stränden surfen, um sich auf ihre Heats vorzubereiten – und sind dabei mittendrin. Wer sich traut, kann sie ansprechen, ihnen die Hand schütteln und viel Glück für den Wettkampf wünschen – auch das ist beim Fußball undenkbar. Ich habe noch nie gehört, dass die deutsche Nationalmannschaft während eines Weltmeisterschaftsturniers auf irgendeinem Bolzplatz auftaucht, um dort mit der lokalen Bevölkerung ein wenig zu kicken.

So etwas kommt nur vor, wenn die PR-Leute der Presse etwas werbewirksam bieten wollen.

Ich habe bei einer solchen Gelegenheit mal Mick Fanning, dreifacher Weltmeister und inzwischen in Surfer-Rente, in seiner Heimatwelle in Coolangatta getroffen. Damals nahm ich allen Mut zusammen und fragte ihn, ob er ein Interview für ein deutsches Surfmagazin geben möchte – das breite Grinsen und sein »sure, maybe tomorrow, mate« war nicht ganz das, was ich hören wollte, stolz war ich trotzdem. Wahrscheinlich haben die beiden Wörter »deutsch« und »Surfmagazin« in seinem Kopf keinen Sinn ergeben – genauso gut hätte ich den Nationalspieler Manuel Neuer nach einem Interview für eine australische Torhüterzeitschrift fragen können.

Das Beste an all der Nähe und Nahbarkeit ist aber, dass es umsonst ist – zumindest bis heute. Nachdem eine US-Medienfirma die Rechte für den ganzen Surfzirkus aufgekauft hat, ist alles sehr professionell und durchstrukturiert geworden. Es kommt immer mal wieder das Gerücht auf, dass bald Eintritt für die Surfwettkämpfe verlangt werden wird. Bei Contests, die in künstlichen Wellen ausgetragen werden, wird schon Geld verlangt, aber an natürlichen Surfspots ist das eher undenkbar. Der Veranstalter kann schlecht Sichtschutzwände in den Ozean bauen! Allerdings kann ich mir vorstellen, dass die heiß begehrten Plätze direkt am Wasser, dort wo die Stars durchmarschieren, irgendwann kostenpflichtig werden – zumindest an den berühmten Surfspots in Kalifornien, Brasilien und Australien.

Was sich sehr wahrscheinlich nie ändern wird, ist die Nähe der Stars zu den Zuschauern, denn am Ende sind auch die Berühmtheiten einfach nur Surfer! Surfer, die den Ozean lieben und mit ihren Familien Zeit am Strand verbringen wollen. Sicher gibt es den einen oder anderen Surfhelden, der sich aufgrund seiner Popularität nicht mehr ganz so frei bewegen kann, aber alles in allem haben wir eins gemeinsam: Wir alle wollen wellenreiten – das verbindet!

97. GRUND

WEIL DU DER PERFEKTE PARTNER BIST

Surf-Star dated Hollywood-Sexbombe – das war Anfang der 90er die Nachricht in den Boulevardblättern. Gemeint waren Kelly Slater, Surf-Superheld, und Pamela Anderson, *Baywatch*-Nixe und *Playboy*-Model. Die Liebesgeschichte stammt zwar aus dem letzten Jahrhundert, war aber damals sicher für viele junge Menschen ein Anlass, mal über eine Beziehung zu einem Surfer nachzudenken. Lohnt sich das denn? Die Liste an Klischees sagt eindeutig: Ja! Surfer sind braun gebrannt, durchtrainiert, riechen immer nach Meer und Freiheit. Zugegeben, das reicht noch lange nicht aus, um gemeinsam zur Silberhochzeit zu surfen – aber für den Anfang ist das doch ganz schön. In Zeiten von Tinder und »alle elf Minuten verliebt sich jemand« zählt doch sowieso erst mal nur der erste Eindruck. Und der ist bei Surfern, wenn sie nicht allzu ungepflegt daherkommen, gar nicht so schlecht. Es gibt jede Menge Vorteile, einen Surfer zu daten – oder vielleicht sogar eine ernsthafte Beziehung mit einem Wellenreiter in Erwägung zu ziehen.

Grund #1: Surfer leben und reisen an exotische Orte! Dadurch lernen die Lebensabschnittspartner schöne Strände, spannende Orte und einsame Buchten kennen – wie einsam es an einem Surfspot für einen nicht-surfenden Menschen sein kann, braucht ja keiner vor dem Jawort zu wissen.

Grund #2: Surfer sind Darwins Lieblinge! Die meisten surfenden Menschen sind fit und haben einen durchtrainierten Körper. In der Evolutionsbiologie sicher ein kraftvolles Argument bei der Wahl des potenziellen Erzeugers des eigenen Nachwuchses.

Grund #3: Surfer nutzen den Tag! Die Wellen sind frühmorgens meistens am besten. Wer mit einem Surfer zusammen ist, erlebt die schönsten Sonnenaufgänge und hat viel vom Tag. Was der nicht-surfende Partner unternimmt, während der Liebste nach der frühen

Surf-Session und dem Frühstück sich noch mal drei Stunden aufs Ohr legt, bleibt jedem selbst überlassen.

Grund #4: Surfer haben Durchhaltevermögen! Beim Liebesspiel, bei endlosen romantischen Gesprächen – vor allem aber beim Warten auf die Wellen. Und Surfer können lange warten – tagelang, wochenlang, manchmal mehrere Monate, bis der nächste Swell in die Bucht rollt. Das Gute daran ist, dass dabei viel Zeit für das bleibt, was heute »quality time« genannt wird.

Grund #5: Surfer sind ehrgeizig! Wer möchte keinen ehrgeizigen Menschen als Partner? Streben nach Erfolg, Glück und Wohlstand? Bei Surfern allerdings bezieht sich der Ehrgeiz vor allem darauf, viele gute Wellen zu surfen. Bringt das den Partner weiter? Indirekt vielleicht!

Grund #6: Surfer sind entspannt! Nichts verschafft uns so viel Befriedigung wie eine dreistündige Surf-Session – danach kann die Welt untergehen, wir bleiben locker. Unser Lifestyle macht uns ganz automatisch entspannt: Wir hängen an Stränden und exotischen Orten ab – Stress hat da einfach keinen Platz. Wenn das mal nicht auf den Partner abfärbt und die Beziehung einfach megaharmonisch macht!

Grund #7: Surfer sind offene Menschen! Durch unsere Surftrips in fremde Länder sind wir weltoffen und akzeptieren Andersdenkende. Darum sollte ein Lebensabschnittspartner auch akzeptieren und respektieren, dass wir immer nur eins wollen: surfen, surfen, surfen!

Grund #8: Wir teilen unsere Leidenschaft gerne! Wenn du Glück hast, gibt dir dein surfender Partner einen Surfkurs, und du lernst endlich den Ritt auf der Welle – gratis! Allerdings hört bei der Jagd nach der perfekten Welle die Freundschaft auf, und eventuell auch die Liebe. Rein droppen gibt's nicht – auch nicht in der Ehe!

Sollte jetzt immer noch Interesse an einer Bekanntschaft mit einem Surfer bestehen, kann ich travelonboards.de empfehlen – mein Online-Magazin übers Surfen und vielleicht bald Dating-Plattform für Surfer? Grundsätzlich würde ich aber sagen: Neben Style, tollem

Körper und fantastischen Charaktereigenschaften haben Surfer noch so viel mehr zu bieten. Ergo: Es ist wohl einen Versuch wert!

98. GRUND

WEIL DU DAS GEGENTEIL VON EINEM PERFEKTEN PARTNER BIST

Zugegeben, ich habe im vorangegangenen Kapitel nur die halbe Wahrheit erzählt. Einige werden es schon vermutet haben: Surfer sind nicht die perfekten Menschen, geschweige denn die perfekten Lebensabschnittspartner.

Ich habe auf meinen Surftrips sehr verschiedene Paare in den unterschiedlichsten Konstellationen kennengelernt: Beide surfen; sie surft, aber er nicht; und andersrum – und so weiter. Für viele funktioniert die Beziehung wunderbar, einige arrangieren sich und finden Kompromisse, andere haben sich noch im gemeinsamen Urlaub getrennt. Fakt ist: Die Leidenschaft zum Surfen wird sich auf die Beziehung auswirken – in guten wie in schlechten Tagen.

Dabei ist es auch egal, ob nur einer surft oder beide dem Wellenreiten verfallen sind. Fest steht: Es gibt eine dritte Liebe in der Beziehung – und das verlangt jede Menge Aufmerksamkeit und Toleranz! Surfen ist eben mehr als das einstündige Tennistraining einmal pro Woche – Surfen ist eine Leidenschaft, Surfen ist eine Lebenseinstellung. Wer surfen will, muss auf vieles andere verzichten. Wer surft, ist viel unterwegs – all das sollte der Partner akzeptieren und/oder mitmachen!

Richtig spannend wird es, wenn ein Surfer jemanden kennenlernt, der mit Wellen gar nichts am Hut hat. Für denjenigen wird es zu Beginn schwierig sein nachzuvollziehen, warum der Wellenjunkie in seiner Freizeit wie ein Gestörter ein paar Swells hinterherreist oder an Orte fährt, die am äußeren Rand der Landkarte sind und außer

Wellen wenig zu bieten haben. Zugegeben, das erfordert eine Menge Kompromissbereitschaft – oder wirklich riesige Schmetterlinge im Bauch!

Dabei ist es im Grunde ganz einfach: Das Lebensmodell von Surfern ist auf genau eine Sache ausgerichtet – so viele Wellen wie möglich zu surfen. Wir sind nicht faul oder unorganisiert, nein, unsere Prioritäten unterscheiden sich einfach von denen der nicht-surfenden Menschen. Geld, Macht, Karriere? Alles egal, Hauptsache der nächste Swell kommt – das ist für uns unbezahlbar.

Bevor also jemand eine Beziehung mit einem nicht-surfenden Menschen in Erwägung zieht, sollte er sich erst mal einen Surf-Film anschauen und dabei über die folgenden Punkte nachdenken:

Punkt #1: Surfer sind sehr leger gekleidet! Wir Surfer gehen nicht mit den gängigen Modetrends mit – außer vielleicht die Spezies »Hipster-Surfer«! Normalerweise sind unsere Lieblingsklamotten kurze Stoffhosen, ein altes T-Shirt und Badelatschen. Unser Stil ist sportlich-elegant, nur ohne elegant. Es ist es sogar noch krasser – je weniger Klamotten, desto besser! Es wird viele Diskussionen geben, warum wir zum runden Geburtstag der Oma keine zerrissenen Jeans und Flip-Flops anziehen sollten. Lederschuhe sind für uns der Inbegriff von Luxus!

Punkt #2: Der Partner spielt oft nur die zweite Geige! Für Surfer zählen erst Wellen, dann Wellen und am Ende wieder Wellen. Wenn es Wellen gibt, dann machen wir nichts anderes als surfen. Verabredungen, Dates, Jubiläen – alles egal, für uns zählt nur der nächste Swell. Frage: »Wo ist dein Freund/deine Freundin?« Erklärung: »Head-High und offshore!«

Punkt #3: Die wenigsten Surfer haben freiwillig Lust, Surfanfängern das Wellenreiten beizubringen! Wenn es Wellen gibt, wollen sie selber im Line-up sitzen und nicht am Strand stehen und die »ersten Schritte« erklären. Außer natürlich es handelt sich um den Schwarm aus der Bar vom Vorabend – aber auch nur dann wird in Zukunft die eine Person mehr im Line-up geduldet.

Punkt #4: Surfer sind nicht romantisch! Candle-Light-Dinner statt Sunsetsurf? Fehlanzeige! Ein Surfer ist der Typ Mensch, der beim romantischen Sonnenuntergang über den nächsten Swell und die frühe Surf-Session am nächsten Morgen redet.

Punkt #5: Surfer sind unzuverlässig! Wir wollen immer dahin, wo es Wellen gibt – egal was gerade auf dem gemeinsamen Terminkalender steht. Wenn ein Swell angekündigt ist, verschwinden Surfer unangemeldet für Tage, manchmal sogar Wochen: »Sorry, der Swell kam so plötzlich und blieb für eine ganze Woche – und dann war das Handy leer!«

Punkt #6: Surfer sind oft schlecht gelaunt! Wenn es mal über einen längeren Zeitraum keine Wellen gibt oder es sogar den ganzen Urlaub flat ist, dann wird jeder Surfer irgendwann schlecht gelaunt sein. Es gibt auch wirklich nicht viel, was der nicht-surfende Partner tun kann, die Natur lässt sich eben nicht beeinflussen.

Jeder sollte es sich gut überlegen, ob er mit einem Menschen mit zerzausten Haaren, zerrissenen Jeans und Badelatschen bei den eigenen Eltern vorstellig werden möchte!

Das Gute ist: Es gibt genügend Beweise, dass es mit einem Surfer funktionieren kann. Mit viel Liebe, Gelassenheit und Kompromissbereitschaft kann die Dreiecksbeziehung klappen. Meinen Segen habt ihr!

99. GRUND

WEIL DU SURFENDEN STEREOTYPEN BEGEGNEST

»Ja ja, die Deutschen« oder »na klar, die Engländer« – wer auf Reisen geht, wird automatisch mit länderspezifischen Stereotypen konfrontiert. Wir, die Deutschen, gelten als pünktlich, zuverlässig und meistens schlecht gelaunt. Die Engländer werden ähnlich eingestuft, sind zudem immer besoffen und haben einen Sonnenbrand. Amerikaner tragen Tennissocken in ihren Sandalen, Franzosen können kein Englisch, und Spanier sind laut und emotional. Auch wenn ich kein großer Fan von Stereotypen bin, muss ich doch zugeben, dass einige Attribute oft zutreffen. Beim Surfen ist das nicht anders – jeder Nationalität eilt ein bestimmtes Verhalten und eine bestimmte Herangehensweise beim Wellenreiten voraus. Ich finde es auf Surftrips jedes Mal aufs Neue spannend, wie sich die verschiedenen Nationalitäten im Line-up verhalten, wie sie untereinander und mit anderen Surfern umgehen und inwieweit sich die Klischees bewahrheiten. In den letzten 20 Jahren habe ich meine eigene Sozialstudie in Sachen Surfer-Stereotypen angefertigt – und möchte vorab anmerken, dass die folgenden Beschreibungen meine ganz persönliche Meinung sind und nicht immer so ganz ernst genommen werden sollten. Hier ist das Ergebnis:

Australier

Die Australier sind alle super Surfer und im Line-up ziemlich entspannt – wahrscheinlich stammt das daher, dass an den Surfspots in Australien immer viel los ist und die Mädels und Jungs aus Down Under das eben so gewohnt sind. Surfen ist so normal, dass darum kein großes Aufsehen gemacht wird. Zwar gelten die Aussis als Weltmeister des Surftalks, also des Gequatsches über Wellen, trotzdem kommt das nie aufgesetzt oder überheblich und nur manchmal übertrieben rüber. Für mich sind die Australier die angenehmsten Landsleute im Line-up – es macht Spaß, ihnen beim Surfen zuzuschauen, sie sind total unaufgeregt und immer für ein Schwätzchen zu haben.

US-Amerikaner

Amerikaner gelten als überheblich und extrem egoistisch – auch wenn sie auf einem Surfbrett sitzen. Dummerweise sind die meisten US-Surfer ziemlich gut und daher nur schwer zu kritisieren. Wer schon mal in einem amerikanischen Line-up gesessen hat, wird das Fünkchen Wahrheit erkennen. Ich habe dort immer eine latente

Aggressivität gespürt, das kalifornische Love and Peace hat es anscheinend nicht bis an den Strand geschafft. Die meisten Schlägereien und Scherereien habe ich an den Surfspots rund um San Diego erlebt: Alt gegen Jung, Jung gegen Jung, Frau gegen Mann. Ich hatte das Gefühl, dass jeder amerikanische Surfer performen will, zeigen, was er draufhat – und dabei vergisst, dass er nicht alleine auf Wellenjagd ist. Und manche Amis kapieren einfach nicht, dass sie an einem fremden Ort keine Locals mehr sind. In Costa Rica, dem »Mallorca« der US-amerikanischen Surfer, habe ich mich mit einem Typen aus Los Angeles über die Rauheit seiner Landsleute im örtlichen Line-up unterhalten. Er und seine Landsleute seien hier praktisch Locals, so erklärte er sich die Aggressivität und Hitzköpfigkeit. Er war allen Ernstes davon überzeugt, Costa Rica sei eine Insel, die »somehow, I don't know exactly how« zu den USA gehört. Danke, Gespräch beendet! Ich strenge mich seitdem an, nicht alle Surfer zwischen New York und Los Angeles einfach über einen Kamm zu scheren, aber sie machen es einem eben nicht leicht.

Brasilianer

Brasilianer sind, was die Vorurteile angeht, sowohl im Wasser als auch auf dem Land Machos, extrem laut und agieren ohne Rücksicht auf Verluste. Das kann ich bestätigen – zumindest auf das Line-up bezogen. Ich war auf einem Surftrip mehrere Wochen mit einer Gruppe Brasilianer unterwegs und war mehr als einmal froh, ihr temporärer Surf-Buddy zu sein. Warum eine Truppe surfender Halbprofis mit einem Deutschen unterwegs war? Ehrlich gesagt keine Ahnung, ich glaube, sie fanden es irgendwie cool, einem Typen aus dem Land des Fußballweltmeisters das Surfen richtig beizubringen. Ich hab die Jungs also ziemlich gut kennengelernt – an Land als warmherzige und sympathische Menschen, im Wasser als Surf-Bestien. Wo die Truppe vom Zuckerhut surfen war, wächst bis heute kein Seegras mehr. Einerseits paddeln Brasilianer immer als Gruppe ins Line-up, und mehrere Mann hoch dominieren sie dann die

Wellen und blocken andere Surfer weg, um sich die besten Spots zu sichern. Andererseits können sie sehr schnell ziemlich aggressiv werden und haben auch kein Problem damit, mit Fäusten ihrer Überzeugung Nachdruck zu verleihen. Ich war hin und wieder echt baff, was aus meinen fröhlichen Brasilianern wird, sobald sie in den Neoprenanzug steigen und lospaddeln – es war wie bei Dr. Jekyll und Mr Hyde. Ich muss allerdings auch zugeben, dass ich als »einer von ihnen« die Vorzüge ihres Verhaltens gerne mitgenommen habe: extrem viele Wellen, extrem viel Respekt und extrem wenig Stress mit anderen Surfern.

Spanier

Was den Unterschied vom Verhalten an Land und im Line-up angeht, ist dieser bei Spaniern am geringsten. Egal ob mit oder ohne Surfbrett, Wellenreiter aus Südeuropa sind laut, impulsiv und lebensfroh. Viele sind sehr gute Surfer und brauchen sich darum nicht um irgendwelche Mätzchen und Problemchen im »Sozialgefüge Line-up« zu kümmern. Oft paddeln sie mit einem Lachen durch die Gegend oder trällern ein Lied. In einem spanischen Line-up ist das noch mal eine andere Geschichte, aber surfende Spanier im Ausland sind für mich eine Wonne.

Portugiesen

Auch Portugiesen unterscheiden sich in ihrem Verhalten an Land und in den Wellen nicht groß: Etwas mürrisch, nach der Eingewöhnung aber durchaus freundlich. Gute Surfer, die sich in den Line-ups dieser Welt erst noch zurechtfinden müssen, denn wenige portugiesische Wellenreiter gehen bisher auf Surftrips ins Ausland. Wieso auch, bei den Surfspots im eigenen Land würde ich auch öfter mal zu Hause bleiben.

Franzosen

Tja, die Franzosen – c'est la vie!

Und die Deutschen?

Irgendwie gibt es da keinen surfenden Stereotypen. Manchmal habe ich das Gefühl, dass von jedem etwas in uns steckt. Vielleicht liegt das daran, dass Surfen in der breiten Gesellschaft noch ein relativ junges Phänomen ist und wir uns deshalb erst noch finden müssen. Ich bin gespannt, welcher Ruf uns in Zukunft vorauseilen wird. Nimmt man Sebastian Steudtner als Beispiel, in der Surfszene bestens bekannter Big-Wave-Surfer, dann wird es wenig Überraschungen geben: Steudtner gilt als zuverlässig, akribisch und extrem ehrgeizig.

7. KAPITEL

FAMILIE & SURF-BUDDYS

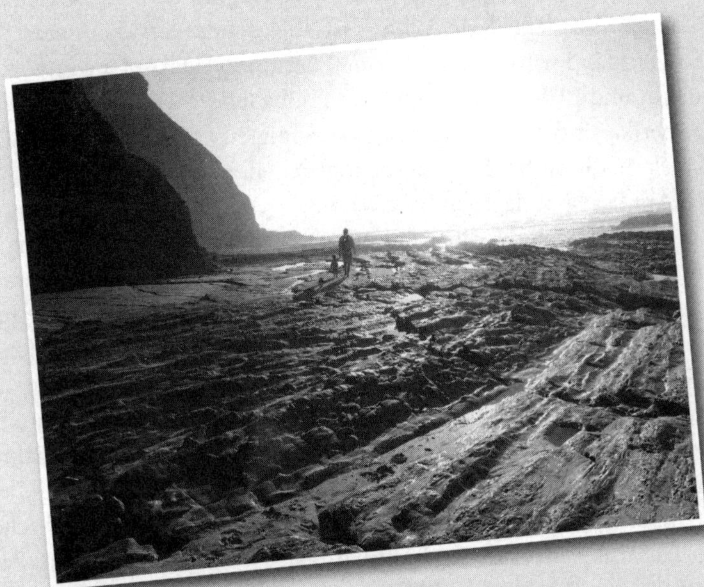

100. GRUND

WEIL SURFEN DIE PERFEKTE FAMILIENBESCHÄFTIGUNG IST

Die Amerikaner nennen das Phänomen »Sports-Dad« oder »Sports-Mom« und meinen damit überambitionierte Eltern, die an der Seitenlinie stehend ihren Kindern hinterherbrüllen, die gegnerische Mannschaft beleidigen oder eine Schlägerei mit dem gegnerischen Trainer anzetteln. Kein Witz – ist alles schon vorgekommen. In Deutschland wird dieses seltsame Elterntier »Helikoptereltern« genannt und ist besonders rund um Fußballplätze zu beobachten. In Amerika sind es die Erziehungsberechtigten von jungen Baseballspielern, die als berühmt-berüchtigt gelten.

Am Surfspot dagegen habe ich noch nie beobachtet, dass Eltern ausfällig werden oder ihre Emotionen nicht kontrollieren können – und wenn, dann sind es Freudentränen oder Glücksjauchzer, weil der Nachwuchs gerade die erste Welle geritten oder eine Medaille gewonnen hat. Wie kommt das? Vielleicht ist es der nicht vorhandene Gegner oder die Einsicht, dass das eigene Kind gerade mit etwas zu tun hat, was viel mehr ist als ein Ergebnis, eine Zeit oder Punktzahl. Vielleicht ist es auch die fehlende Perspektive, dass der Kleine irgendwann mal viel Geld mit seinem Sport verdienen wird – bei Fußballvätern dagegen wartet unter Umständen eine ganz hübsche Schatztruhe am Ende des Trainingsplatzes. Der Surfnachwuchs hat also erst mal keine Erwartungen zu erfüllen – dieses Wissen entspannt vielleicht Eltern und Kind?

Alles zusammengenommen eine sehr gute Voraussetzung, um das Surfen als familientaugliche Freizeitbeschäftigung einzustufen. Der Vorteil dabei ist, dass entweder die gesamte Familie ins Line-up paddeln kann, oder sich die einzelnen Familienmitglieder abwechseln und neue Kombination bilden – »Familienteambuilding Surfer-Style« sozusagen! Was gibt es außerdem Schöneres, als gemeinsam einen Tag in der Natur zu verbringen und sich dabei auch noch sportlich zu betätigen – ohne dabei Unmengen an Geld für irgendwelche Attraktionen auszugeben. Ein praktischer Nebeneffekt der »Familienfreizeit Wellenreiten« ist außerdem, dass die Kinder für verschiedene Aspekte rund um den Ozean sensibilisiert werden: Gefahren, Umweltverschmutzung, Pflichten. Alles Dinge, die junge Menschen heutzutage früh lernen müssen, wenn sie auch als Erwachsene noch das Ökosystem Meer genießen wollen – die Eltern haben schließlich nicht so richtig gut darauf aufgepasst.

Noch ein Pluspunkt für das »Familien-Event Surfen« ist, dass schon die Kleinsten unter den Kleinen mitmischen können. Kürzlich ist ein Video viral gegangen, auf dem ein Papa gemeinsam mit seinem ungefähr einjährigen Sohn auf dem Longboard eine Welle abreitet. Beide grinsen von Ohr zu Ohr – der Vater vor Stolz, der Sohn, weil es ihm offensichtlich jede Menge Spaß macht. Die Kommentare unter dem Video gingen von Begeisterung zu Hass: »Kann man nie früh genug anfangen«, »wie unverantwortlich« oder »nicht zu fassen« sind ein paar der zahlreichen Meinungsäußerungen. Wieso diese Anfeindungen? Die Wellen waren ungefähr kniehoch, das Wasser warm und der kleine Surfer alles andere als ängstlich – warum also nicht schon so früh rauf aufs Brett? Es würde mich nicht wundern, wenn all die negativen Kommentare von Menschen kamen, die überhaupt keinen Bezug zum Surfen haben. Wer mal an einem Sommerwochenende an einem beliebigen Atlantikstrand irgendwo zwischen Dänemark und der Algarve war, wird Familien, Väter mit Kindern, Mütter mit Vätern und Kinder beobachtet haben, für die das Spiel in den Wellen das Normalste der Welt ist. Natürlich nimmt niemand sein Kind bei starker Brandung mit aufs Meer, aber wer weiß, was er tut, und das wissen die Einheimischen meistens, wird das Meer gemeinsam mit seinen Kindern als Wohlfühlort erleben.

Während ich hier sitze und schreibe, ist mein Sohn ein Jahr alt und hat seine erste »Surf-Session« hinter sich – in einem beheizten Pool bei 25 Grad Außentemperatur. Das ist nicht zu vergleichen mit den Bedingungen im Meer, aber er hat schon mal ein Surfbrett am Körper gespürt und hatte sichtlich Spaß dabei! Natürlich kann es sein, dass ihn Surfen überhaupt nicht interessiert – das wäre traurig, aber akzeptabel – und er lieber die Fußballstiefel schnürt oder zum Ballett geht. Meinetwegen verbringe ich die Wochenenden statt am Strand auch auf irgendeinem Dorffußballplatz – aber eins verspreche ich hier und jetzt schwarz auf weiß: Wenn ich dort mal schreien sollte, dann wäre es ausschließlich der Torjubel!

101. GRUND

WEIL DU LERNST, AUF DEINE FREUNDE AUFZUPASSEN

Das Unglück passierte in der ersten Woche auf Bali. Die Uni hatte noch nicht angefangen, und wir hatten umso mehr Zeit, richtig anzukommen und unser neues Zuhause kennenzulernen. Sechs Monate sollte ich auf der Insel der Götter für mein Austauschsemester bleiben – (m)ein Surfertraum war wahr geworden. Die meisten meiner neuen Kommilitonen hingen am Strand oder in den hippen Cafés in Kuta rum, ich pilgerte von Surfspot zu Surfspot und freundete mich mit den Weltklassewellen auf Bali an. Eines Morgens fragte mich mein Kumpel Aki, der wie ich zu der Zeit an der Deutschen Sporthochschule in Köln studierte, ob ich ihn mit zum Surfen nehmen würde. »Na klar«, sagte ich und konnte nicht ahnen, welch schmerzhaftes Schicksal ich damit besiegelt hatte.

Wir fuhren an einen Strand an der Ostküste der Insel. Ich hielt den Spot für Anfänger geeignet – und Aki ist ein sportlicher Typ, dem ich in der Welle einiges zutraute. Außerdem, so hatte ich den einheimischen Fischer zumindest verstanden, war der Meeresboden dort sandig – also anfängerfreundlich. Neben dem Line-up gab es einen Channel, durch den ich mit meinem neuen Surf-Buddy raus ins Line-up paddelte. Draußen angekommen, gab ich ihm einen Crash-kurs in Sachen Surfen – was ich nicht bedacht hatte, war, wie fremd das Meer und seine Wellen für einen Jungen aus dem Ruhrpott sein konnten. Und: Surfen ist eben kein Tischtennis, sondern eine ernst zu nehmende Auseinandersetzung mit den Naturgewalten. Die gestalteten sich an diesem Tag eigentlich sanft, die Wellen waren vielleicht schulterhoch und ziemlich clean – perfekte Anfängerbedingungen, dachte ich! Ich nahm ein paar Wellen, und Aki beobachtete, was ich machte. Dann war er an der Reihe. Ein kleines Set rollte durch, und ich rief ihm zu, er solle die letzte Welle davon anpaddeln. Gesagt, getan – Aki keulte, was das Zeug hielt, lag dabei aber viel zu weit vorne auf dem Brett und versemmelte das Anpaddeln komplett! Eigentlich kein Drama, ein typischer Anfängerfehler! Das Timing stimmte überhaupt nicht, und mein Kumpel ging klassisch »over-the-falls«. Ich lachte – bis zu dem Moment, als Aki wieder auftauchte – mit einem blutenden Loch mitten auf der Stirn, so groß wie das Eineurostück. Das Blut lief an seinen weit aufgerissenen Augen vorbei und tropfte ihm auf das neongelbe Borussia-Dortmund-Trikot, das er als Surf-Garderobe gewählt hatte. Wir hatten Glück im Unglück, denn das Meer machte eine Pause, und ich konnte Aki auf sein Surfboard hieven. Der Junge stand unter Schock, sagte kein Wort und ließ den Dingen einfach ihren Lauf. Das machte es für mich einfacher, unser ungewöhnliches Tandem zurück an Land zu paddeln. Dort hatte ein Freund von uns bereits einen Krankenwagen gerufen. Ich blieb zum Glück ruhig, hatte aber panische Angst und dachte: Was hast du nur getan, du Vollidiot! Ich wusste damals noch nichts über die medizinischen Verhältnisse auf der indonesischen Ferieninsel und war heilfroh, als ein Fahrzeug auftauchte, das tatsächlich und eindeutig als Krankenwagen zu identifizieren war. Aki wurde verladen und verschwand zwischen den Palmen, während ich nass und in Boardshorts auf meinen Roller sprang, um der Ambulanz hinterherzufahren. Unterwegs musste ich mich bemühen, dass ich keinen Unfall baute, so sehr zitterte ich. Meine Gedanken rasten: Das kann doch nicht sein, wo ist der denn bitte gegengeknallt? Später stellte sich heraus, dass es dort unter Wasser ein Riff gibt und der Fischer mir bei meiner Frage nach dem Sandboden einfach zugestimmt hatte. Eine asiatische Eigenheit – einfach immer Ja sagen, oder gerne auch eine Wegbeschreibung geben, ohne zu wissen, wo das Ziel liegt. Menschen in Südostasien haben Angst, dass sie ihr Gesicht verlieren, wenn sie etwas nicht wissen – eine Verhaltensweise, die mir erst nach unserem Surf-Unfall klar wurde. Ich war jedenfalls glücklich, als Aki in einem sehr klinisch aussehenden Krankenhaus eingeliefert wurde. Es gibt auf Bali ein paar medizinische Einrichtungen nach amerikanischen und europäischen Standards, in die allerdings auch nur Amerikaner und Europäer eingeliefert werden. Das Loch in Akis Kopf wurde zugenäht, ernste Verletzungen außer einem Brummschädel hatte er keine, und nach zwei Tagen durfte mein Kumpel wieder auschecken. Glück gehabt! Ich glaube, eine kleine Narbe erinnert ihn noch heute an diese Sportverletzung.

Ich habe aus diesem Unfall gelernt: Freunde, die Surfanfänger sind, nehme ich nur mit ins Line-up, wenn die Wellen nicht höher als kniehoch sind und ich zu 100 Prozent sicher bin, dass da unten nur Sand ist. Wenn mich Leute fragen, wie das denn so ist mit dem Surfenlernen, bin ich inzwischen extrem zurückhaltend unterwegs. Wo ich früher mit »einfach mal machen« geantwortet hätte, erzähle ich heute etwas von »echt vorsichtig sein« und »auf jeden Fall einen Surfkurs machen«. Anfragen, ob ich denn nicht das Surfen beibringen könne, wehre ich dankend ab – einen Anfänger auf dem Gewissen zu haben reicht mir für mein gesamtes Surferleben.

Aki hat mir inzwischen verziehen, hoffe ich zumindest! In den ersten Wochen nach dem Unfall fühlte ich mich echt schlecht. Meine Schuldgefühle ertränkte ich, indem ich ihm und mir fleißig Arak Attack ausgab, den typischen balinesischen Reisschnaps. Meines Wissens hat Aki nie mehr ein Surfbrett auch nur angefasst.

102. GRUND

WEIL DU DICH MIT FAMILIE ALS SURFER NOCH MAL NEU ENTDECKST

»Surf three times daily«, ist ein Spruch, der in Australien als geflügeltes Wort gilt und auf meinem ersten Surfboard stand. Sehr lange bin ich dieser Vorgabe so gut es ging gefolgt. Auf Surftrips interessierte mich nicht viel mehr, als so oft und so lange wie möglich im Wasser zu verbringen. Ich richtete meine Urlaubsziele voll und ganz aufs Wellenreiten aus – anderes hatte da wenig Platz. Oft suchte ich mir meine Reisebegleiter danach aus, ob sie die gleichen Ziele wie ich verfolgten: so viele Wellen wie möglich zu surfen! Ein Städtetrip nach Paris? Was will ich da? Sogar mit Freundin, die nicht wellenreitet, ging es an die Küste – und zwar nur dorthin, wo es Surfspots gab. »In den Norden von Mexico? Nach Cancún? Was soll ich da, die Wellen brechen doch an der Pazifikküste?« So oder so ähnlich hörte sich ein Dialog an, bei dem es um die Wahl meiner nächsten Urlaubsdestination ging. Meine Familie reiste im Winter in die Berge – ich auf die Kanaren. Meine Studienkollegen mieteten sich ein Häuschen in Österreich – ich zog ins Surfcamp in Marokko ein. So war ich ungefähr zwölf, 13 Jahre unterwegs – eigensinnig, auf mich selbst fokussiert und egoistisch. Irgendwann merkte ich, dass ich langsam vereinsamte und ein Surf-Sozialspacken wurde – zumindest was die Ferien und die Freizeit anging. Die Surftrips waren toll, ich konnte tun und lassen, was ich wollte. Der nächste Swell ist dort und dort? Perfekt, los geht's. Immer neue Leute und Bekanntschaften, viele Länder, jede Menge Abenteuer – und surfen ohne Ende! Irgendwann aber wurden die Abende, an denen ich alleine in irgendeiner gammeligen Unterkunft am anderen Ende der Welt saß, immer häufiger, und ich fragte mich, was das alles eigentlich solle. Irgendwie war ich »surfed out«, englisch für »es reicht erst mal«, und ich beschloss, dass sich etwas ändern musste. Das Gegenmittel war schnell und einfach – Pärchenurlaub, weitab jeglicher Line-ups. Gut, dass ich den Schritt vom Hardcore-Surfjunkie zum gemäßigten Wellenreiter schrittweise unternommen hatte – bevor ich eine Familie gründete. So war der Entzug wenigstens nicht zu heftig.

Ich musste mich als Surfer mit Familie neu erfinden! Wenn sich mit Kind die Prioritäten im Alltag schon verändern, ist dies als surfender Vater noch mal alles anders. Na ja, fast alles. Wenn ich im Line-up bin, ist alles wie früher – ich surfe und bin glücklich, Punkt. Allerdings regelmäßig ins Line-up zu kommen ist die Crux. Dreimal am Tag surfen? No way! Ich bin inzwischen froh – und interessanterweise auch zufrieden –, wenn ich einmal am Tag ins Wasser komme. Die Prioritäten haben sich verschoben, ja – aber auch, weil ich das so möchte, und nicht weil es mir von außen aufgezwungen wurde. Ich bin zum Genuss-Surfer geworden, die Zeiten des ignoranten Sucht-Surfers sind vorbei – und das ist gut so. Wo ich früher ein Getriebener war, dessen Tage nur als gelungen galten, wenn dreimal am Tag Wellen da waren, kann ich heute die eine Surf-Session doppelt und dreifach genießen. Ganz klare Sache: Etwas, was ich liebe, aber nur in dosiertem Maße bekomme, kann ich viel besser schätzen – das trifft auch auf Wellen zu! Früher bin ich manchmal vier, fünf Stunden im Wasser geblieben, so lange, dass mein Freundin schon überlegt hat, alleine weiterzuziehen. Heute meldet sich nach ziemlich genau zwei Stunden die innere Uhr: »Zeit, zu deiner Familie zurückzukehren!« Ich muss mich nicht zwingen, das Line-up zu verlassen, die Natur sorgt ganz alleine dafür! Es gibt natürlich Ausnahmen, wenn es mal richtig feuert, dann lege ich schon mal eine Doppelschicht ein – das ist dann aber mit dem Rest der Belegschaft abgesprochen.

Wenn ich mein früheres und heutiges Surf-Ich vergleiche, finde ich das aktuelle um einiges entspannter und sympathischer. Durch meine Familie habe ich gefühlt große Einbußen bei der Quantität des Surfens erfahren, dafür aber die Qualität exorbitant in die Höhe geschraubt. Mein Kind hat den Druck rausgenommen, hat die übermächtige Sucht nach Wellen besiegt, sodass ich heute in einem gesunden Maß surfen gehen kann. Also keine Angst, liebe Surfmamas und Surfpapas von morgen – ein Kind macht euch nicht nur zu einem besseren Menschen, es macht euch auch zu einem besseren Surfer! Ich überlege jetzt, ob ich auf mein nächstes Surfboard nicht den Spruch klebe: »Surf one time daily – and dream about the other two!«

103. GRUND

WEIL ES NACH DER SURF-SESSION NICHTS SCHÖNERES GIBT, ALS ÜBER DIE WELLEN ZU REDEN

Klar, selber machen ist immer besser – das gilt auch fürs Surfen. Aber im Gegensatz zu vielen anderen Tätigkeiten, bei denen diese Floskel immer wieder gerne bemüht wird, kann ein Gespräch, eine Erzählung oder Diskussion über Wellen fast genauso befriedigend wirken wie der Ritt auf der Welle selber.

Einem Wellenreiter bleibt fernab des Ozeans fast gar nichts anderes übrig, als die Sehnsucht nach Wellen verbal zu stillen. Ist doch logisch, werden jetzt viele denken: Alle Sportler reden gerne über Sport! Stimmt, aber zuerst einmal ist Surfen für mich kein Sport, sondern eine Lebenseinstellung, dementsprechend gehen Gespräche über Wellen, den neu entdeckten Surfspot oder die vielversprechende Wellenvorhersage tiefer und sind emotionaler als irgendwelche Taktiken oder die Spielanalysen. Wir unterhalten uns über eine Energie, die im Ozean Hunderte, manchmal sogar Tausende Kilometer zurückgelegt hat, um am Ende, kurz vor ihrem Verschwinden, einem Surfer unendliche Freude zu bereiten – alleine das ist doch schon knapp vor philosophisch.

Für das Gespräch über Wellen, und wie sie am besten geritten werden, gibt es in der englischen Surfersprache einen eigenen, feststehenden Begriff: Surftalk – Surfgespräche. Es gibt darin wahre Profis – sie können das Gefühl eines Wellenritts so gut in Worte fassen, dass der Zuhörer das Gefühl hat, er würde mit demjenigen gemeinsam auf dem Surfboard stehen. Absolute Könner dieser Disziplin sind die Australier – einige schaffen es, sich stundenlang, tagelang und eigentlich immer übers Surfen zu unterhalten. Ich denke, dieses breit gestreute Talent in Down Under hat damit zu tun, dass das Surfen ein fester Bestandteil der australischen Kultur ist. So wie die europäischen Kinder Fußball spielen oder reiten gehen, sind sehr viele Australier in den Wellen oder zumindest am Strand zu finden. Hinzu kommt, dass es in der Fachsprache des Surfens Begriffe gibt, die sich auf Englisch einfach um einiges authentischer und lässiger anhören als ihre deutsche Übersetzung. »I cranked into this hardcore bottomturn, pulled in, got barreled with a nice view straight into the channel«, hört sich cooler an als »ich gab alles bei der Kurve am Boden der Welle, schaffte es gerade wieder zurück und fuhr dann durch den Tunnel während ich voll in den Kanal schaute«! Ist das vielleicht sogar der Hauptgrund, warum in der ersten Liga des Surftalks ausschließlich englischsprachige Surfer aus Australien, den USA oder Südafrika spielen?

Auf einem Surftrip in Indonesien war ich zwei Monate mit einem Meister dieses Fachs unterwegs. John war in seinen jungen Jahren Rugbyprofi, ein Hüne von einem Mann, herzensgut und loyal – meine Vermutung ist allerdings, dass sein Kopf eventuell die eine oder andere Erschütterung zu viel abbekommen hat. In Gesprächen über die alltäglichen Dinge des Lebens wie Gefühle, Politik oder Gesellschaftsprobleme hatte mein Surf-Buddy eher selten etwas mit Aussagekraft beizutragen. Wenn die Diskussion allerdings in Richtung Strand und Wellen abdriftete, mutierte John auf einmal zur Plaudertasche. Das Interessante dabei war, dass selbst Menschen, die noch nie ein Surfboard berührt, geschweige denn geritten haben, auf einmal an seinen Lippen hingen. John lieferte einen Erfahrungsbericht, gemischt mit seiner Art der philosophischen Deutung, dazu eine Prise Humor: »Leute, diese perfekte Welle war mir einfach vorbestimmt, sie kommt also auf mich zugerollt, ich sehe noch, wie sich im Wellenkamm die untergehende Sonne spiegelt, und ich fange vor Glück an zu jauchzen – verschlucke mich dabei aber versehentlich an einer ganzen Ladung Salzwasser und verpasse die Welle des Tages!« Nicht selten gab mein surfender Rugbyspieler dann für den Rest des Abends den Alleinunterhalter. Zugegeben – nach einigen Wochen mit John wiederholten sich seine Geschichten allmählich, trotzdem ist er für mich bis heute der absolute Held in Sachen Surftalk. Manchmal, wenn die Sehnsucht nach Wellen zu groß wird und sich gerade kein adäquater Gesprächspartner in der Nähe befindet, unterhalte ich mich in Gedanken mit John und lasse ihn von seinen Abenteuern draußen in den Wellen berichten. Durch das imaginäre Gespräch über diesen oder jenen Pointbreak, oder wie unglaublich die Wellen doch im letzen Surfurlaub waren, entsteht eine Art Kopfkino – auch »mind-surfing« genannt. Dieses »geistige Surfen« auf dem Trockenen wirkt bei Surfern oftmals wie eine Heilkur – ich verspüre dabei eine Art Zufriedenheit, manchmal überraschend intensiv, fast so, als hätte ich eine echte Surf-Session hinter mir.

8. KAPITEL

SURF-TIPPS & TRICKS

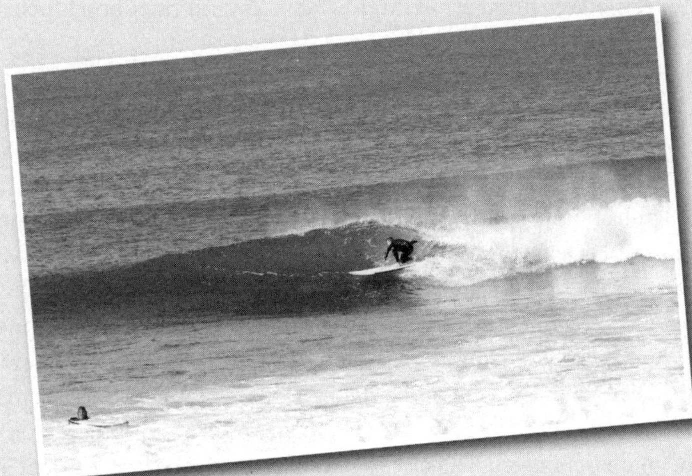

104. GRUND

WEIL DICH SURFEN ZUM MILLIONÄR MACHEN KANN

Mit Surfen Geld verdienen – für viele Surfer ist das der Traum. Oder mit irgendetwas anderem so viel Geld verdienen, damit genug Zeit bleibt, um sehr viel surfen gehen zu können. Im Lotto gewinnen würde funktionieren, ein Bankraub oder Steuerhinterziehung wäre denkbar, oder es gibt das überraschende Erbe der unbekannten Tante in Amerika. Es gibt aber auch legale und verlässlichere Mittel und Wege, wie Wellenreiter mit ihrer Leidenschaft zu einer beachtlichen Menge an Geld kommen können.

Hier ist eine kleine Auswahl, wo du das finanzielle Glück mit dem Surfbrett unterm Arm finden kannst. Und bitte: Diese millionenschweren Tipps müssen unter uns bleiben!

Werde Surfprofi!

Du bist jung, sportlich und einer der besten Wellenreiter deines Landes? Perfekt, dann solltest du professioneller Surfer werden. Am besten schaffst du es unter die Top 44 Surfer der Welt, dann nämlich bist du ein Teil der World Championship Tour und nimmst an insgesamt zwölf Wettkämpfen im Jahr auf der ganzen Welt teil. Alleine für die Teilnahme werden dir 10.000 Dollar garantiert und das mal zwölf, und schon hast du 120.000 Dollar verdient – nur dafür, dass du an die schönsten Surfspots dieses Planeten gereist bist. Nicht so schlecht, oder? Wenn es dann auch noch gut läuft und du ein paar Vorrunden überstehst, wird die Reisekasse immer dicker. Landest du zum Beispiel auf dem neunten Platz, sind dir 14.700 Dollar sicher. Fünfter Platz: 19.000 Dollar. Dritter Platz: 30.000 Dollar. Solltest du es sogar bis ganz nach oben aufs Treppchen schaffen, hältst du einen Scheck über 100.000 Dollar in der Hand. Nur mal angenommen, du bist der absolute Held und gewinnst zehn der zwölf Wettkämpfe – zack, bist du Millionär! In nur einem Jahr! Und das ist nur das Preisgeld, richtig abgesahnt wird bei den Sponsoren. Genaue Zahlen sind nicht bekannt, aber die Honorare gehen hoch bis in den siebenstelligen Bereich. Fairerweise sollte ich noch hinzufügen, dass diese astronomischen Zahlen auf ungefähr zehn von wahrscheinlich Tausenden Surfprofis zutreffen – ach so, und leider nur auf den männlichen Teil des Profi-Zirkus.

Erfinde etwas, was ein großes Problem der Surfwelt löst!

Jack O'Neill war es irgendwann leid, dass er sein geliebtes Surfen immer nur in der warmen Jahreszeit ausüben konnte. Also setzte er sich an den Strand und überlegte, welche Möglichkeiten es gäbe, Wärme mit ins Line-up zu nehmen. Nachdem er sich zu Beginn isolierendes PVC in die Badehose gestopft hatte, entwickelte er zusammen mit einem befreundeten Physiker einen Anzug aus Neoprenschaum – und revolutionierte damit die Surfwelt. Auf einmal war es möglich, das ganze Jahr surfen zu gehen und Wellen in Regionen zu reiten, die vorher schlicht und einfach viel zu kalt waren. Irgendwann eröffnete O'Neill seinen ersten Surfshop und verkaufte neben dem Neoprenanzug auch Bretter und andere Surfutensilien – der Rest ist Geschichte. Jack O'Neill verstarb im Jahr 2018 als steinreicher Mann, der ein Haus direkt in Malibu, mit Blick über den berühmten Surfspot, sein Eigen nannte. Problem erkannt – Problem gelöst – Millionär geworden!

Kaufe eine Welle!

Hast du irgendwo an einer exotischen Location eine perfekte Welle entdeckt und bist gewillt, mit korrupten Politikern einen schwammigen Deal auszuhandeln? Dann ist dieser Weg dein Pfad zu finanziellem Glück. Auf den indonesischen Mentawai-Inseln gibt es ein Luxusressort, das ein Exklusivrecht auf die Weltklassewelle hat, welche direkt vor der Haustür läuft. Wie genau der Deal zustande gekommen ist, weiß niemand so genau, wer allerdings ungefragt dort auftaucht, bekommt ziemlich schnell seine Grenzen erklärt. Diejenigen, die diese Wellen surfen wollen, müssen viel Geld für ihren Aufenthalt in besagtem Luxus-Surfressort bezahlen.

Eröffne eine luxuriöse Surf-Unterkunft!

Bis vor einigen Jahren war die große Masse der Surfer sicher nicht als kauf- und finanzkräftige Klientel bekannt. Wir waren eher auf einer Stufe mit kostenorientierten Backpackern und sahen zu, dass wir günstig über die Runden kamen. Doch die surfenden Generationen werden älter, haben andere Ansprüche, mehr Geld in der Reisekasse und sind gewillt, dieses für teure Unterkünfte auszugeben. Hinzu kommt, dass immer mehr finanzstarke Russen, Brasilianer oder Chinesen den Weg ins Line-up finden – und sicher nicht für zehn Dollar die Nacht im 20-Mann-Schlafsaal übernachten möchten. Solltest du also ein luxuriöses Hotel an einem tollen Strand mit surfbarer Welle betreiben, denk mal über den potenziellen neuen Kundenstamm »Surfer« nach!

Kaufe ein Stück Land am richtigen Ort!

Der Immobilienwahnsinn hat auch die Surfwelt schon lange erreicht! Es gibt diese wahnwitzige Geschichte von Bali, wo ein mehr oder minder mittelloser Wellenreiter im Jahre 1978 mit seinem letzten Geld ein Stück Land direkt in der Nähe des Strandes gekauft hat – für gerade einmal 100.000 Rupiah, ungefähr sechs Euro! Heute ist dieses Land viele Millionen wert – Millionen Euro! Das ist eine Wertsteigerung von mehreren 100.000 Prozent! Das Gleiche gilt auch für viele Regionen, die an berühmten Surfspots liegen. Vielleicht nicht in dieser Dimension, aber wenn du zur richtigen Zeit ein Stück Land in Portugal, Kalifornien oder Südfrankreich gekauft hast, gehst du heute wahrscheinlich nicht mehr arbeiten! Bei diesem Weg zum Millionär musst du zwar ein wenig Geduld und Glück haben, vielleicht überlegst du aber noch mal, bevor du deinen nächsten Zehner für etwas völlig Unnützes ausgibst!

Fakt ist: Surfen kann dich zum Millionär machen! Ich habe bis jetzt noch keinen dieser Wege erfolgreich beschritten, dafür bin ich in Bezug auf Finanzen einfach viel zu unbedarft. Das Schöne am Wellenreiten ist aber, dass es dich auch ohne Millionen auf deinem Bankkonto zu einem sehr reichen Menschen macht.

105. GRUND

WEIL DU MIT EINEM SURFBRETT ÜBER DEM WASSER SCHWEBST

Hat der Typ Superkräfte oder was? Elf Wellen hintereinander und insgesamt sechs Minuten auf dem Surfbrett ohne einen einzigen Paddelzug. Als das Video von Kai Lenny im Netz auftauchte, traute ich meinen Augen nicht – sprichwörtlich! Was ich sah, war einfach unglaublich: Der Hawaiianer surft eine Welle, alles ganz normal, doch statt am Ende rauszufahren und wieder in Richtung Line-up loszupaddeln, fängt er an, mit den Beinen zu pumpen wie auf einem Trampolin – das Brett nimmt Schwung auf, und Lenny fährt zurück ins Line-up. Eine Montage, Zauberkraft – ein Wunder? Ja, so in der Art – ein Wunder der Surf-Technik auf jeden Fall.

Kai Lenny ist ein sogenannter »Waterman« – einer, der Wasser nicht als fremdes Element empfindet und sich auf alle möglichen Arten auf und in ihm fortbewegt. Er ist auch ein Pionier des Foilsurfens – auf Deutsch: Tragflächensurfen. Dabei wird ein Konstrukt, ähnlich dem Heckflügel eines Flugzeugs, unten an das Surfboard montiert. Diese Tragfläche hebt bei hoher Geschwindigkeit das Surfbrett samt Surfer mittels des dynamischen Auftriebs aus dem Wasser. Das ist möglich, weil nur ein kleiner Teil des »Wasserfahrzeugs« unter Wasser ist und der eigentliche Rumpf die Wasseroberfläche nicht berührt. Dadurch reduzieren sich Reibungswiderstand und Verdrängung deutlich, das Objekt kann mit der gleichen Energie viel mehr Geschwindigkeit aufnehmen. Einfach gesagt: Hydrofoilen funktioniert nach dem Prinzip von Flugzeugtragflächen, allerdings unter der Wasseroberfläche und mit dem Element Wasser anstatt Luft.

Die Technik kommt aus dem Schiffsbau und wurde bereits um 1900 getestet – ein italienischer Luftschiffkonstrukteur flog auf seinem Foil-Schiff mit damals unglaublichen 70 km/h über den Lago

Maggiore. Bekannt sind auch die Aufnahmen der Super-Segeljachten des America Cup, hier wurde die Technik perfektioniert: Mit über 100 km/h rasen die Segler auf einem Rumpf mit drei Foils dahin, die von Konstrukteuren aus der Formel 1 und der Raumfahrttechnik stammen. Warum die Segler Millionen von Dollar in die Foil-Technik investieren, erklärt dieser Fakt: In 100 Jahren haben alle Innovationen zusammen die Superjachten ganze vier Knoten schneller gemacht, die Foil-Technik alleine schaffte in sechs Jahren 40 Knoten Geschwindigkeitssteigerung!

Wir Surfer haben keine 100 Millionen für Forschung und Entwicklung, wir haben lieber gewartet, bis die Technik ausgereift war, und diese dann einfach adaptiert – erst die Windsurfer, dann die Kitesurfer und schließlich die Wellenreiter. Von Weitem sieht es aus, als würde der Surfer schwerelos einen Meter über dem Wasser schweben. Und tatsächlich ist es ein schwereloses Gefühl, auf dem Foilboard dahinzugleiten. Da es viel weniger Energie bedarf, um das Surfbrett fortzubewegen, reichen schon kleine Wellen, um darauf zu »foilen«. Auch im Video mit Kai Lenny sind die Wellen kaum zu erkennen, sie rollen ungebrochen dahin – mit einem »normalen« Surfbrett wäre es unmöglich, diese Wasserhügel zu reiten. Mit dem Foilboard dagegen wird selbst der offene Ozean zur Spielwiese für Surfer. Allerdings lässt es der Profi mal wieder einfacher aussehen, als es tatsächlich ist. Im Gegenteil, Foilsurfen ist mit das Schwierigste, was ich auf einem Brett bisher ausprobiert habe – sportartenübergreifend. Erstens bedarf es jeder Menge Gleichgewichtsgefühl, dazu sind die Technik und die Gewichtsverlagerung anders als beim eigentlichen Wellenreiten. Bevor also über das Wasser geflogen werden kann, sind jede Menge Stürze vorprogrammiert. Und um elf Wellen hintereinander zu surfen, kann unsereins wahrscheinlich bis ans Ende aller Tage trainieren, so etwas bekommen nur hawaiianische Watermen einfach mal so hin.

106. GRUND

WEIL DU ZUM WELLENJÄGER AUSGEBILDET WIRST

Bevor es das Internet, Handys oder GPS gab, war das Leben als Surfer irgendwie unbeschwerter. Da bin ich meistens einfach an den Surfspot in der Nähe marschiert – fertig! Egal ob die Wellen offshore und kopfhoch waren oder ein paar windverblasene Hügel in die Bucht liefen – ich hatte Spaß, ohne mir groß Gedanken über »hätte, wenn und aber« zu machen.

»Früher war alles besser« ist so eine Floskel, die ich im alltäglichen Leben versuche zu vermeiden. Oft ist das ja nur eine Ausrede, wenn irgendetwas nicht passt – in Bezug auf das Surfen steckt allerdings mehr Wahrheit in dem Satz, als mir lieb ist. Das Internet ist Fluch und Segen zugleich – auch beim Wellenreiten. Als meine Leidenschaft begann, gab es noch keine Smartphones, kein Internet und keine Uhren, die online den Tidenstand berechneten, während man im Line-up sitzt. Den einzigen Hinweis auf die Wellen des folgenden Tages lieferte der Wetterbericht in der lokalen Zeitung oder den TV-Nachrichten. Die Entscheidung war einfach: Gehe ich surfen oder nicht? Heute hört sich das dann eher so an: Vielleicht sind die Bedingungen gut genug für diesen oder jenen Surfspot, und wenn nicht – um wie viel Uhr kann ich an welchen anderen Spot, um Wellen zu checken? Alleine schon die Länge der Frage verdeutlicht, dass durch die Möglichkeiten, die wir in der digitalen Welt heute haben, einiges komplizierter geworden ist – auch die Jagd nach Wellen.

Auf Surftrips kann es sein, dass die Wellenvorhersage und Wetteranalyse viel mehr Zeit in Anspruch nehmen, als das Surfen selber. Wer nicht gerade in den Wellen ist, beschäftigt sich mit der Suche nach ebendiesen – meistens online. Mit den heutigen Möglichkeiten der Wetter- und Wellenvorhersage kann das zu einer eigenen Wissenschaft werden. »Gestern hat der Forecast doch behauptet, am Surfspot XY ist morgen Offshore, und heute soll es auf einmal am

Spot YZ super sein?«, lautet eine sehr häufige Aussage, nachdem ein Surfer von seinen Swell-Studien am Laptop zurückkommt. Dabei ist die Wellen-Vorhersage gar nicht so kompliziert, man muss nicht Meteorologie studiert haben, um als Surfer zur richtigen Zeit am richtigen Spot zu sein. Im Grunde ist es ganz einfach, es gibt ein paar wenige Faktoren, die wichtig und entscheidend sind für die Qualität der daraus resultierenden Wellen: Swellrichtung, Swellgröße, Wellenintervall und Wind. Jeder Wellenliebhaber, der diese vier Faktoren richtig interpretieren kann, wird surfbare Wellen finden – garantiert! Die ersten beiden Faktoren entscheiden darüber, wie und mit welcher Kraft die Wellen in der Bucht eintreffen. Der Wind ist sozusagen das Make-up der Wellen – je optimaler die Richtung, umso hübscher werden die Wellen. Das Intervall sorgt für die Ordnung – also ob der Swell sauber und geordnet an der Küste ankommt. Es können zum Beispiel große Wellen aus der richtigen Richtung angesagt sein, pustet der Wind aber stark auflandig, wird der Swell nicht zu surfen sein. Es müssen nicht immer alle vier Faktoren stimmen, um schöne Wellen in der Bucht zu finden, der eine oder andere muss einfach passen. Mit ein wenig Erfahrung und Wissen kommt so jeder Surfanfänger zu seiner eigenen, ganz persönlichen Wellenvorhersage. Alle anderen Stellschrauben wie »doppelter Swell« oder »Tidenhub insgesamt« sind etwas für Leute, die aus der Wellenvorhersage eine Wissenschaft machen.

Eine weitere Herausforderung beim digitalen Wellencheck ist, den Dienst aus dem mannigfaltigen Angebot herauszufiltern, mit dem man am besten umgehen kann. Zum einen gibt es die staatlichen Einrichtungen wie den Deutschen Seewetterdienst, zum anderen sind da unzählige private Anbieter, die sich immer wieder mit neuen Modellen und Interpretationsansätzen überbieten – Wellenvorhersage ist eine eigenständige Industrie geworden. Für mich als Surfer und Endkunde ist es manchmal sehr verwirrend, warum der norwegische Wetterdienst etwas ganz anderes voraussagt als der deutsche – obwohl ich für den ein und denselben Surfspot recherchiere.

Einer der bekanntesten Dienste ist swellnet.com. Was mit einem Informationsdienst per Fax für ein paar Freunde begann, ist heute der offizielle Wellen-Vorhersagedienst der Profi-Surftour mit mehreren Millionen Umsatz pro Jahr – neben der Vorhersage gibt es inzwischen auch die Möglichkeit, Surftrips zu buchen oder -artikel zu kaufen. Als surfender Journalist stelle ich mir da die Frage, wie objektiv die Wellenvorhersage da noch ist? Macht man als Vorhersage-Dienst die Wellen an dem einen oder anderen Ort vielleicht etwas besser, als sie in Wirklichkeit sind, weil man an dem Hotel vor Ort beteiligt ist? Diese Geschäftspraktik unterstelle ich niemandem, aber der Gedanke muss erlaubt sein.

Ich persönlich kehre wieder vermehrt zu den Anfängen zurück – zumindest was die Wellenvorhersage angeht. Immer öfter laufe ich einfach los zum Surfspot, ohne dass ich vorher die aktuelle Wellensituation checke und ohne andauernd zu überlegen, ob es woanders vielleicht viel besser wäre. Die pure Freude über die vorhandenen Wellen, dafür brauche ich keine Lehre und keine Studien – und schon gar kein Internet!

107. GRUND

WEIL DU KOPFSCHMERZEN LIEBEN LERNST

Meine Frau hat Migräne, und zwar nicht als Ausrede, sondern so richtig als plagende Krankheit. Sie liegt dann zwei Tage im Bett und verträgt kein Licht, keinen Lärm und ist einfach nur krank. Sie tut mir natürlich leid, und ich würde ihr sehr gerne helfen, aber außer einem kalten Waschlappen, viel Zuspruch und Tee kann ich nicht viel machen. Ich bin wahrlich nicht sadistisch veranlagt, aber wenn meine Frau mal wieder schmerzgeplagt darniederliegt, kann ich der Situation auch eine positive Seite abgewinnen. Die Migräne bedeutet oft auch: gute Wellen! Nun ist meine Frau keine Hexe oder Wellenfee, sie ist einfach ein menschlicher Organismus, der auf Druckveränderungen in der Atmosphäre reagiert. Ich bin zwar kein Meteorologe oder Mediziner, habe mir aber mal erklären lassen, dass der Luftdruck sowohl maßgeblich an der Entstehung des Wetters beteiligt ist, als auch für einen Auslöser von Migräne gehalten wird. Die sogenannten Isobaren, Linien in der Wetterkarte, stellen diese Veränderung dar. Je enger sie zusammenrücken, umso größer ist die Chance auf ein Tiefdruckgebiet – und auf Migräne und damit guten Swell. Sobald meine Frau krank in der Koje liegt, fange ich an, den Wetterbericht genauer zu studieren. Offensichtlich, darauf deutet zumindest die schmerzende Hirnrinde meiner besseren Hälfte hin, gibt es dann in Bodennähe Unterschiede im Luftdruck, was zur Entstehung eines Tief- oder Hochdruckgebietes führt. Tiefdruck bedeutet schlechtes Wetter, und schlechtes Wetter bedeutet oft gute Wellen. Ich habe also einen ganz persönlichen Swell-Forecast zu Hause, auch wenn ich darauf zum Wohle meiner Frau gerne verzichten könnte. Aber da er ja nun schon mal da ist – warum nicht nutzen! Der einzige Haken an der Geschichte ist nur, dass ich natürlich den Patienten nicht andauernd alleine zu Hause liegen lassen kann, nur um surfen zu gehen. Da sie aber an diesen Tagen sowieso nur schlafen möchte, finden wir hin und wieder einen Konsens!

Zum Glück ist aus der Familie der Kopfschmerzen die Migräne nicht der einzige Indikator für gute Wellen. Es gibt in der englischen Sprache den Begriff »brain freeze« oder »ice-cream headache«, übersetzt bedeutet das so viel wie »eingefrorenes Gehirn« oder »Eiscreme-Kopfschmerz«. Damit wird das Gefühl beschrieben, welches auftritt, wenn etwas sehr Kaltes mit der Gesichtshaut, insbesondere dem Bereich der Nasennebenhöhlen, oder dem Rachenraum in Berührung kommt. In Bezug auf den Surfer passiert dies vor allem, wenn er während einer Surf-Session zum ersten Mal unter einer Welle durchtaucht und das Wasser extrem kalt ist. Mediziner vermuten, dass die Schmerzen durch die rasche Verengung der Blutgefäße im Gesichtsbereich verursacht werden. Zum Glück habe ich dieses körperliche Phänomen noch nicht allzu oft erlebt, denn es ist tatsächlich ziemlich schmerzhaft. Einmal bekam ich ein »brain freeze« an einem Surfspot in Dänemark. Mitten im Januar waren das Wasser und Wetter saukalt, sodass ich mindestens eine halbe Stunde mit mir rang, ob ich wirklich surfen soll. Aber einerseits sollte es der nördlichste Ort sein, an dem ich bisher surfen gegangen bin, andererseits waren die Wellen einfach supergut. Und genau hier besteht der Zusammenhang zwischen »gefrorenem Gehirn« und guten Wellen: Diese Art von Schmerzen tut man sich freiwillig nur an, wenn es sich auch wirklich lohnt!

108. GRUND

WEIL WENIGER MANCHMAL MEHR IST

Es ist immer das Gleiche: Was kann ich alles auf den Suftrip mitnehmen, ohne die Übergepäckregeln der Airline und mein Schulter-Eckgelenk zu sprengen? Klar, so wenig wie möglich einpacken, leicht soll es sein, und die vermeintlich wertvollen Dinge bleiben am besten gleich zu Hause. Soll ich sogar meine Bretter zu Hause lassen? Auf keinen Fall! Da dies nicht infrage kommt, ist der Umkehrschluss, dass alles andere so klein und leicht wie möglich sein muss – aber nur Zahnbürste, Wechselunterhose und Kreditkarte einpacken geht dann irgendwie auch nicht. Surfer sind gleichzeitig Backpacker – und müssen trotzdem ganz unterschiedlich packen. Die Surfbretter und das ganze Surfequipment machen den Unterschied aus, sowohl in der Planung als auch beim Gewicht. In den letzten Jahren habe ich mir angewöhnt, von allem drei Stück mitzunehmen: drei Unterhosen, drei T-Shirts, drei kurze Hosen! Je nach Zielland noch einen Pulli und gefütterte Unterwäsche (kein Witz!). Ich habe festgestellt, dass ich nicht mehr brauche, außerdem kann man überall Klamotten waschen oder waschen lassen.

Wenn ich also meine Haustüre abschließe und auf Reisen gehe, starte ich mit folgender Last:

Gewicht Boardbag: Rund 20 Kilo!

Gewicht Rucksack: Rund fünf Kilo!

Hört sich erst mal ziemlich viel an für Reisegepäck, ist es aber gar nicht. Den Boardbag ziehe ich hinter mir her, packe ihn am Flughafen auf einen der schicken Gepäckwagen oder schmeiße ihn auf das Busdach. Wenn ich einen Mietwagen habe, nutze ich einen dieser praktischen aufblasbaren Dachträger, um die Boards von Surfspot zu Surfspot zu befördern. Die Strecken, die ich den Boardbag wirklich schleppen muss, halten sich meistens in Grenzen.

Und trotzdem – als Surfer ist es wirklich wichtig, sich vor dem Surftrip Gedanken darüber zu machen, was alles mit muss – ansonsten sind die Gepäckgrenzen ganz schnell gesprengt, und es kann teuer werden. Im Netz gibt es unzählige Packlisten, ja sogar Programme, die beim Einpacken helfen sollen. Die Leute nehmen die wildesten Dinge mit auf die Reise: Selbstaufblasende Luftmatratzen, XXL-Sonnenschirm, Reisebügeleisen – warum sollte ich das benötigen, ich bügle ja nicht mal zu Hause!

Im Laufe der Jahre habe ich eine Packliste zusammengestellt, die für mich optimal funktioniert und alles fürs Surfen und das Leben abseits des Line-ups bereit hält. Jeder Surfer reist anders und hat verschiedene Anforderungen – aber für Surfanfänger, die zum ersten Mal auf einen Surftrip gehen, kann diese Liste als Inspiration dienen:

Surf-Equipment:

- Boardbag
- zwei Boards (6.0 Fish, 6.4 Shortboard)
- Finnen
- Finnenschlüssel
- zwei Leash
- Flickzeug
- zwei Wachs

- Straps
- Boardsocke
- Vorhängeschloss für Boardbag
- Neoprenanzug
- Neoprenschuhe
- Duct Tape

Kleidung:
- drei T-Shirts
- ein langärmliges Shirt
- ein langärmliges Baumwollhemd (Mücken!)
- eine Jeans
- eine kurze Hose
- zwei Boardshorts
- zwei Paar Socken
- vier Buxen
- ein Paar Turnschuhe
- ein Paar Flip-Flops

Elektronik:
- Laptop
- Tablet
- Telefon
- externe Festplatte
- kleine Kamera
- GoPro
- jede Menge Kabel

Reiseapotheke:
- Erste-Hilfe-Set
- Wasserfeste Sonnencreme
- Zinkcreme
- Wundsalbe

- Schmerzmittel
- Desinfektionsmittel
- Moskito-Spray
- Kohletabletten
- Antiallergikum
- Pinzette

Natürlich ist hier nicht alles aufgezählt, aber zumindest sind die essenziellen Dinge mit im Boardbag, wenn es losgeht. Oft werde ich gefragt, auf was ich denn bei einem Surftrip auf keinen Fall verzichten kann – dieses Utensil darf bei mir auf keinen Fall fehlen: Panzertape! Das stabile Klebeband hat mich schon aus den misslichsten Lagen gerettet: Von der Befestigung des Moskitonetzes bis hin zur Schnellreparatur des Surfbretts ist mit dem klebrigen Wunderwerkzeug (fast) alles möglich. Die absolute Basic-Packliste könnte also so aussehen: Kreditkarte, Zahnbürste, Surfbrett und Panzertape. Und auf was kannst du auf einer Reise auf keinen Fall verzichten?

109. GRUND

WEIL DU DIE QUALITÄT DER WELLEN AM GERÄUSCH ERKENNST

Es gibt verschiedene Arten, am Meer wach zu werden und den Surfcheck zu absolvieren.

Erstens: visuell! Du machst die Augen auf, hebst den Kopf vom Kopfkissen und schaust aus deinem Surfcamp- oder Hotelfenster hinaus aufs Meer, im besten Fall direkt auf den Surfspot. Es gibt weniges, was ich mir für diesen ersten Augenblick des Tages mehr wünsche als freie Sicht auf das Meer. Die Ruhe, die Gleichmäßigkeit und die Schönheit der Natur garantieren einen entspannten Start in den

Tag – außer natürlich die Wellen sind gut, dann kann auch durchaus mal Hektik ausbrechen.

Zweitens: virtuell! Du wachst auf, und dein erster Griff geht zum Handy. Was zeigt die Wellenvorhersage? Was kannst du auf der Live-Webcam erkennen? Was schreiben die Leute bei Facebook? Heutzutage ziehen viele Surfer den Blick ins mobile Endgerät der freien Sicht auf den Strand vor. Auch ich kann mich nicht davon freisprechen, dem Internet manchmal mehr Glauben zu schenken als meinen eigenen Sinnen – es ist halt einfach so bequem.

Drittens: akustisch! Meine bevorzugte Art des Aufwachens in der Nähe des Meeres. Noch im Halbschlaf nehmen deine Ohrmuscheln das leise Meeresrauschen auf, das vom Fenster bis an dein Bett herüberwabert. Der akustische Reiz surft über die Nervenbahnen in dein Gehirn, das dem Körper als Dank ein wohliges Gefühl schenkt. Vor meinem geistigen Auge entsteht ein breites Grinsen, während ich in der Zwischenwelt aus Traum und Wirklichkeit denke: Alles gut, du bist am Meer! Nach ein paar Minuten, in denen ich aus dem Schlaf durch das Meeresrauschen hindurch in den Tag auftauche, liege ich mit offenen Augen auf meinem Bett und höre einfach nur zu. Der Blick ist starr an die Decke gerichtet, einer dieser Momente, die auch als Tagträumen bezeichnet werden, und ich bin umgeben von einer Wolke aus Geräuschen, die ich mit Meer, Strand und Sonne assoziiere. Ein Mix aus emotionalem Glück und phonetischem Wohlgefühl lässt die Vorfreude auf die anstehende Surf-Session so groß werden, dass das Aufstehen kein Muss, sondern Genuss ist. Wenn ich längere Zeit an ein und demselben Surfspot genächtigt habe, kommt es vor, dass ich nach einiger Zeit alleine aufgrund des Klangs der Brandung sagen kann, ob die Wellen heute gut sind. Und ob es sich lohnt, dafür aufzustehen. Es ist relativ einfach zu hören, wann die Wellen klein sind und wann sie größer werden: je lauter, umso größer ist die Brandung.

Die große Kunst ist aber, am Klang herauszuhören, ob die Wellen an diesem Tag auch für Surfer geeignet sind. Ich habe für mich ein paar Kriterien herausgefiltert: Je mehr Rhythmus das Meeresrauschen hat, umso geordneter laufen die Wellen. Ungleichmäßiger und böiger Wind ist oft onshore, wenn du dagegen ein stetiges Pusten hörst, ist die Chance auf ablandigen Wind groß. Rechtsbrechende Wellen hören sich an wie … Scherz! Tatsächlich ist es aber auch mit der akustischen Wellenvorhersage wie bei vielen Aspekten des Surfens, eine Sache ist ganz entscheidend: Erfahrung! Nach ein paar Wochen des Zuhörens kannst du herausfiltern, wie die Wellen auf das Riff aufschlagen, ob sie sich schon am vorgelagerten Felsen brechen oder doch erst in der Nähe des Strandes. Fakt ist, dass ich es schon des Öfteren geschafft habe, mir alleine durch ein intensives Zuhören die Wellen vor meinem geistigen Auge in 3D zu kreieren – und sich diese dann tatsächlich von den »echten« Wellen gar nicht so sehr unterschieden haben.

Klar, morgens schnell aus dem Fenster auf den Surfspot schauen oder sich die Wellenvorhersage per E-Mail zusenden zu lassen ist einfach, bequem und schnell – kann aber auch jeder! Die akustische Wellenvorhersage ist etwas sehr Individuelles, jeder Mensch hört verschiedene Nuancen, jeder Surfer wird sich aus dem Gehörten seine eigene Welle formen und kreieren. Vielleicht ist die akustische Wellenvorhersage nicht die verlässlichste, mit Sicherheit aber die kreativste! Computergestützte Wettermodelle sind hilfreich, aber langweilig. Und nichts ist so leistungsstark und individuell kreativ wie der Rechner in deinem Oberstübchen. Mit akustischem »Mindsurfen« bescherst du dir einen entspannten Start in den Tag, musst dich für den Wellencheck nicht aus dem Bett raus in die Kälte quälen, und das mobile Endgerät darf sich auch noch mal entspannt auf die Seite drehen – win-win für alle!

110. GRUND

WEIL SICH STUDIEREN UND WELLENREITEN OPTIMAL KOMBINIEREN LASSEN

Meine Eltern wussten nicht, ob sie lachen oder weinen sollten, meine Freunde amüsierten sich köstlich. »Ich gehe für ein Auslandssemester nach Bali«, hatte ich verkündet und es eigentlich ernst gemeint. Während meines Studiums an der Deutschen Sporthochschule in Köln erfuhr ich von einem Freund, dass die Udayana-Universität auf Bali ein Austauschprogramm für deutsche Studenten anbietet und er definitiv dorthin gehen würde. Im Grunde wusste ich direkt, dass ich dabei bin, wollte aber noch mal darüber nachdenken. Sechs Monate Bali, Studieren am absoluten Surfhotspot – das war wohl, was man gemeinhin als eine »once-in-a-lifetime«-Chance bezeichnet. Okay, ich musste natürlich in die Uni, aber mit Sicherheit blieb da jede Menge Zeit, um die unzähligen Weltklassewellen auf der Insel der Götter zu surfen. Einen Tag später brachte ich meine Anmeldung zur Post.

Nachdem ich die Zusage bekommen hatte, fing ich an, mich mit den Gegebenheiten vor Ort zu beschäftigen. Was die Wellen anging, war alles schnell geklärt: Der absolute Wahnsinn! Und das Studium? Es sollte um »Business und Management« gehen, also BWL im weitesten Sinne – etwas, womit ich wirklich nichts am Hut hatte. Egal, ich hatte gerade das Grundstudium an der Sporthochschule absolviert und konnte eine kleine Pause ganz gut gebrauchen. Ob sich das Auslandssemester anrechnen ließ war nicht so ganz klar, aber irgendwie auch nicht so wirklich wichtig für mich. Im Vorlesungsplan fand sich auch ein täglicher Sprachkurs Indonesisch, und ich fand, dass es sich alleine dafür schon lohnte. Auf Kurse wie »Finance« konnte ich ganz gut verzichten – nahm mir aber vor, allem eine Chance zu geben.

Und so geschah es, dass ich an einem heißen Septembermorgen auf der indonesischen Insel Bali, irgendwo zwischen Kuta und der Bukit Peninsula, die schwere Tür zur Udayana-Universität aufstieß und eintauchte in ein völlig neues Abenteuer. Schnell stellte sich heraus, dass die Inhalte der Vorlesungen tatsächlich nichts für mich waren, die Stunde mit dem Sprachkurs »Bahasa Indonesia« wurde aber zu einem festen Programmpunkt auf meinem täglichen Stundenplan. Spannend war es natürlich auch, die anderen deutschen Studenten kennenzulernen – mit einigen bin ich bis heute befreundet. Wir verbrachten wenig Zeit im Vorlesungssaal, dafür umso mehr am Strand, in den Wellen und, um ehrlich zu sein, an der Theke. Selten habe ich in meinem Leben so viel gefeiert wie auf Bali, dort konnte man sieben Tage die Woche Party machen. Einzig das Surfen bewahrte mich davor, zum saufenden Partyanimal zu werden. Oft klinkte ich mich aus, wenn die anderen noch weiterzogen, schließlich wollte ich am nächsten Morgen mit der aufgehenden Sonne ins Wasser springen. Bezogen auf mein Können auf dem Surfbrett, war Bali ein riesiger Schritt. Auf der Insel habe ich richtig surfen gelernt – in großen Wellen, über scharfem Riff und mit sehr vielen Leuten im Wasser. Es war mein sechsmonatiges Trainingslager, kombiniert mit unfassbar viel Spaß abseits des Line-ups!

Manche meiner Kommilitonen hängten sich richtig rein und lernten, schrieben Prüfungen und ließen sich das Studium anrechnen – ich ließ es eher locker angehen. Wer allerdings will, der kann Wellenreiten und Studium durchaus gut miteinander verbinden – es gibt weltweit einige Unis, an denen beides möglich ist. In Deutschland findet man an der Uni Kiel eine auffallend hohe Anzahl an Surfern – Welle und Wind sind praktisch Teil des Campus! Auch San Sebastián in Spanien ist bei Boardsportlern gerne für ein Auslandsstudium oder Erasmus-Programm genommen. Und an der »University of the Sunshine Coast« in Australien gibt es sogar extra Vorlesungen und Surfkurse für wellenhungrige Studenten.

Was mich und mein Auslandsemester angeht – ich denke, nach all den Jahren ist es Zeit, mich zu offenbaren: Meine Eltern und Freunde hatten recht! Das halbe Jahr auf Bali bestand aus wenig Studieren und sehr, sehr viel Surfen. Und ich kann seitdem ein paar Sätze Indonesisch: Sampai jumpa teman saya, terimak kasih!

111. GRUND

WEIL SURFEN EINFACH DIE SCHÖNSTE NEBENSACHE DER WELT IST. PUNKT!

BEGRIFFE

Boardshorts	trägt ein Surfer als kurze Hose im Wasser
Line-up	Bereich, in dem die Surfer auf die Welle warten
Surf-Session	Zeit, die man beim Surfen verbringt
Wipe-out	Sturz beim Surfen
Wellen-Sets	Anordnung von mehreren Wellen hintereinander
landlocked	Surfer, der weitab des Meeres wohnt
Boardbag	Reisetasche für Surfbretter
mindsurfing	das gedankliche Surfen einer Welle
Surfcheck	das Überprüfen der Wellen
Channel	sichere Zone in der Brandung
Wellenface	vorderer Teil der Welle
Line	Fahrlinie auf der Welle
drop in	jemandem die Welle klauen
Take-off	das Losfahren auf der Welle
backside/frontside	Richtung, in der ein Surfer auf dem Brett steht
Shorebreak	Brandungszone nah am Strand
Heat	ein Durchgang bei Surfwettkämpfen
flat	keine Wellen
Morning Session	Surfen früh am Morgen

Close-out	Wellen brechen über ihre komplette Länge
sections	Abschnitte der Welle
Secret Spots	geheime Wellen, über die nur wenige Bescheid wissen
Leash	Fangleine am Surfbrett
Cutback	Manöver beim Surfen
Backsidecutback	Manöver beim Surfen
Homespot	die Welle nah beim Wohnort
Kooks	Surfanfänger
Peak	die Stelle, wo die Welle am besten zu erwischen ist
snaken	sich unerlaubt eine bessere Position erarbeiten, um die Welle zu erwischen
Huey	»Gott« der Surfer
over-the-falls	Sturz beim Surfen
boardbraker	Welle, die bekannt ist, Surfbretter zu zerstören
ding repair	Surfbrett-Reparatur
Surftalk	Fachsprache der Surfer
offshore	ablandiger Wind
onshore	auflandiger Wind

111 GRÜNDE, BRASILIEN ZU LIEBEN

ODYSSEE DURCH EIN LAND DER SUPERLATIVE,
SO GROSS UND VIELSEITIG WIE EIN KONTINENT

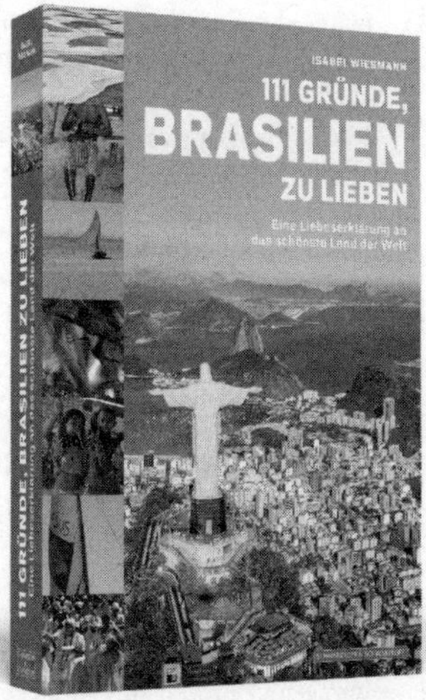

111 GRÜNDE, BRASILIEN ZU LIEBEN
EINE LIEBESERKLÄRUNG AN DAS SCHÖNSTE LAND DER WELT
Von Isabel Wiesmann
240 Seiten | Premium-Paperback
Plus zwei Farbteile á 16 Seiten
ISBN 978-3-86265-713-1 | Preis 14,99 €

111 Anekdoten führen auf unterhaltsame und informative Weise quer durch Brasilien, zu den klassischen Highlights und »must sees« sowie auch zu den weniger bekannten Paradiesen des größten und vielleicht facettenreichsten Tropenlandes der Erde, wo man Unglaubliches und Abenteuerliches erleben kann.

Isabel Wiesmann, die seit fast zehn Jahren in Brasilien lebt, nimmt den Leser mit auf eine literarische und persönliche Reise ins Herz Brasiliens, zu seinen liebenswerten Bewohnern, atemberaubenden Landschaften, endlosen Stränden, tropischen Inseln, unberührten Regenwäldern und beeindruckenden Kolonialstädten.

Brasilianische Lebensfreude, typische Traditionen, eine spannende Historie, farbenfrohen Feste – der Leser erlebt ein Land voller Exotik und Abenteuer, voller Naturwunder und Extreme.

WWW.SCHWARZKOPF-SCHWARZKOPF.DE

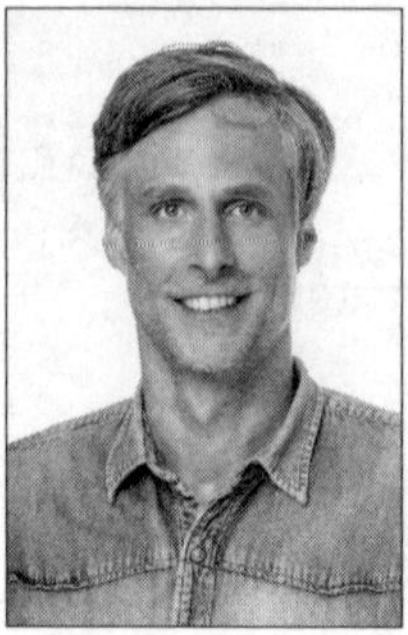

STEFAN HEINRICH, geboren 1977, fühlt sich am und im Wasser am wohlsten – aufgewachsen am Bodensee, wohnt er heute in Hamburg und Portugal und nennt die Welt sein Zuhause. Nach seinem Journalismus- und Sportstudium und einer zweijährigen Weltreise beschäftigt er sich inzwischen auch beruflich mit fernen Ländern und dem Surfen. Als Journalist und Redakteur arbeitet er im TV-, Print- und Onlinebereich – unter anderem für mareTV, diverse Tageszeitungen und Surfmagazine. »Das Surfen, die Wellen und der Ozean machen mich einfach glücklich«, sagt der Gründer der bekannten Surf- und Kitesurfblogs travelonboards.de und surflovetravel.com.

Stefan Heinrich
111 GRÜNDE, SURFEN ZU GEHEN
Eine Liebeserklärung an die Surfkultur, den Ozean und die Reise auf der Suche nach der perfekten Welle

ISBN 978-3-86265-755-1

BILDNACHWEIS
Autorenfoto: © www.ingasommer.de | Coverfoto: © Sonia Rutha |
Fotos in den Bildteilen und im Buch: © Sonia Rutha

VERLAG
Schwarzkopf & Schwarzkopf Verlag GmbH
Kastanienallee 32, 10435 Berlin
Telefon: 030 – 44 33 63 00
Fax: 030 – 44 33 63 044

INTERNET | E-MAIL
www.schwarzkopf-schwarzkopf.de
www.facebook.com/schwarzkopfverlag
info@schwarzkopf-schwarzkopf.de